808中日韩通用汉字
字理读本
（一）

北京文化硅谷 ◎ 编著

ARCTIME 时代出版
时代出版传媒股份有限公司
北京时代华文书局

图书在版编目（CIP）数据

808 中日韩通用汉字字理读本 : 全 2 册 / 北京文化硅谷编著 . -- 北京 : 北京时代华文书局 , 2016.4
ISBN 978-7-5699-0877-0

Ⅰ . ① 8… Ⅱ . ①北… Ⅲ . ①汉字－通俗读物 Ⅳ . ① H12-49

中国版本图书馆 CIP 数据核字 (2016) 第 076376 号

808 中日韩通用汉字字理读本（全 2 册）

编　　著 | 北京文化硅谷

出 版 人 | 杨红卫
总 策 划 | 韦俊康
选题策划 | 于　鹏　许　雁
编　　写 | 刘玉美　冷国东
责任编辑 | 胡俊生　孙　开
责任印制 | 刘　银

出版发行 | 时代出版传媒股份有限公司 http://www.press-mart.com
北京时代华文书局 http://www.bjsdsj.com.cn
北京市东城区安定门外大街 136 号皇城国际大厦 A 座 8 楼
邮编：100011　电话：010－64267955　64267677
印　　刷 | 北京中科印刷有限公司　010-69590320
（如发现印装质量问题，请与印刷厂联系调换）
开　　本 | 700×1000mm　1/16
印　　张 | 36.5
字　　数 | 400 千字
版　　次 | 2016 年 6 月第 1 版　　2016 年 6 月第 1 次印刷
书　　号 | ISBN 978-7-5699-0877-0
定　　价 | 78.00 元

前言

汉字镌刻着华夏文明的共同记忆，几千年来始终肩负着传承、传播中华民族优秀文化的使命。因此，每一个汉字都承载着独特的文化印记，焕发着无限的生命力与创造力，流淌在我们的血脉里。作为一个学习者，该如何从数万个汉字的浩瀚之海中，披沙取珠撷取精华、探索捷径，把握汉字的脉搏，轻松学习汉字呢？

本书以《808中日韩共同常用汉字字表》为字例，这808个汉字不仅是我们学习汉字的基础，而且也是日语和韩语中的基础字。学会这808个汉字，与韩国和日本的友人就可以进行轻松“笔谈”，到那儿去旅游也会更方便。另外，本书站在众多汉字“巨人”的肩膀上，将这808个汉字的字形演变进行展示，分析其造字意图和发展原理，解读汉字的本义与引申义，列举与中小学教材相对应的常用词汇与经典成语、歇后语、古诗文等以求学有所依、学有所用。

同类偏旁聚集，汉字归属一网打尽。汉字偏旁是汉字之纲，抓住偏旁部首这个纲，就可以捕捉到同类的一系列汉字。本书将同类汉字进行归纳学习，如先学“人”字，接着学习人字旁的“仁”“他”“代”“伏”“休”等字，这样将同族的字聚集在一起，便于区分记忆与学习。

甲金篆楷展示，字形演变一目了然。汉字经过数千年的发展，在不断的变化发展过程中，经过甲骨文、金文、大篆、小篆、隶书、楷书等多次重大转折与改变，形成了完备的字符体系，但同时也让许多汉字的字形离造字意图与造字原理越来越远。本书将甲骨文、金文、小篆、楷书这几个重要阶段的字形进行展现，不但能让人对其演变的过程一目了然，了解其根源，而且能够追根溯源，了解汉字的来历及发展进程。

造字意图分析，情境再现一览无余。汉字造字之初，源于象形字，而象形字的造字情景，则是“远取诸物，近取诸身”，源于古人对于周围事物的体悟与感知。本书对汉字的初始文字从形、义、音的角度进行分析，还原其造字情境，让人对汉字的源起有更加真实的领会与认知，对汉字本义的探究与学习也起到示源作用。

造字义理梳理，字义解析层层递近。汉字表意的特点，突出表现在其一字多义上，一个汉字的本义是什么？它的引申义又有多少？为什么会有这么多的引申义，引申义与本义的关系又是什么样的？它们之间有什么规律与联系吗？有的为什么还会有多个读音？有的为什么会有多个字形？本书对于这些问题也进行了一一列举，并对其字义进行层层解读、示例，使字义的脉络也更加清晰明了。

经典示例列举，实际应用举一反三。汉字学习的目的，是为了语用，那么在语用上什么才是最适合的语料呢？什么才是最简单易学的呢？对此，本书例举了中小学生常用的成语、歇后语、经典古诗文这三种语用材料。成语是一种长期沿用的固定短语，是汉语的精华与浓缩，积淀着中华民族的聪明才智，应用范围十分广泛，选用比较常用的与主字相结合的成语，这样更易记易学。歇后语是中华民族特有的一种语言形式，不但简短、形象，而且十分风趣，选择通俗易懂、充满智慧与哲理的歇后语，让汉字学习更加幽默、轻松。另外，还精选了与主字相结合的经典古诗文，这些古诗文不仅语言优美、内容丰富，而且有很强的节奏和韵律，朗朗上口、易诵易记。

如此，一方面，以一个主字为原点，可以系联出多个同类偏旁的字族；另一方面，以一个字为原点，可以形成一个从字到词语、成语、歇后语、古诗文的语库。两者的有机统一，从而使汉字学习更加轻松自如。

另外，本书还对多音字、多形汉字合并为一个汉字等进行列举，使读者既知道古诗文中的其然，也知其所以然，从而能更好地准确使用汉字，以及提高阅读古代典籍的能力。

由于作者水平有限，学识浅薄，在编写的过程中，难免会有错误及疏漏之处，敬请专家、学者和师友批评指正。

编　者

二〇一六年三月

目录

音序检字索引

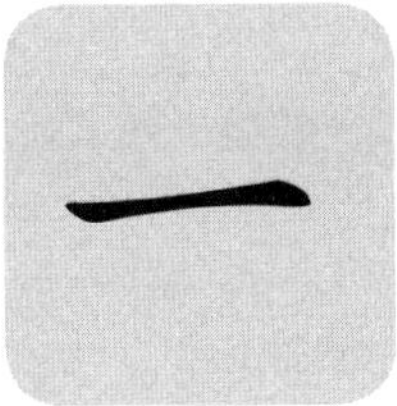

yī

甲骨文 金文 小篆 楷书

汉字造意

甲骨文字形，是一横画，是古人的记数符号，用来表示数目一。其字形一直延续至今，没有改变。

字义源流

一：本义是最小的正整数。引申出少许、短暂等含义，如：一提到他就来气、歇一歇；《说文解字》上说："一，惟初太始，道立于一。造分天地，化成万物。"这里的"一"，又有全体、同一等含义，由此引申指整体的、完全的，如：一心一意、一生一世、一览无余；还引申指相同、同样，如：一视同仁、千篇一律、一模一样；另外，又引申用作副词，表示都、一旦、一朝等意思，如：一定、一概、一大早。

妙语精粹

一诺千金　一言九鼎　一鼓作气　一马当先

一年之计在于春，一日之计在于晨。

黄河远上白云间，一片孤城万仞山。　——王之涣《凉州词》

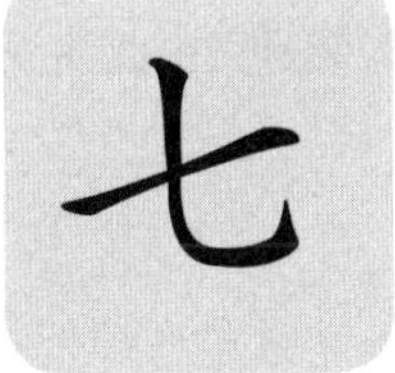

qī

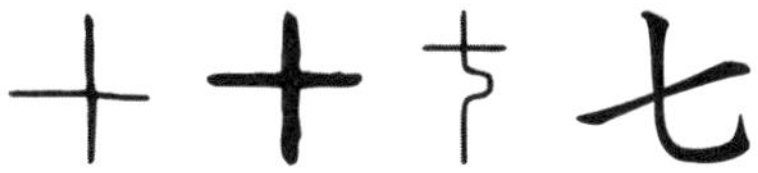

甲骨文 金文 小篆 楷书

汉字造意

甲骨文字形，由一横画和交叉的一竖组成，表示切断的意思。金文与甲骨文字形相同；小篆为了与“十”区别，将竖笔写成了四折曲笔；隶书将小篆的四折曲笔简化成折笔，由此演变为现在的字形。

字义源流

七：本义是切断。后被借用表示数目七，如：七次、七言、七律、七情。“七”还特指古代的一种辞赋文体，即七体；另外，农历正月初七，是传说中的人日，据说女娲初创世之时，在前六日，分别造出了鸡、狗、猪、羊、牛、马，在第七日造出了人，所以，农历正月初七就成为了人类的生日；再者，古时候，人们还认为“七”与死亡、鬼神有关，农历七月是鬼节，人死后，每过七天要祭奠一次，直到七次为止。

妙语精粹

七十二行　七嘴八舌　七手八脚　七擒七纵

七擒孟获——叫他口服心服

七八个星天外，两三点雨山前。　　　　——辛弃疾《西江月·夜行黄沙道中》

汉字造意

甲骨文字形，由三横画构成，表示数目三。金文承续甲骨文字形，由此演变为现在的字形。

字义源流

三：本义是数目三，如：三次、三家。后引申指多数、多次，如：三言两语、三番五次、三人行，必有我师焉（其中的三人，并不是指三个人，而可能是多个人）；但有时候，“三”也指为数不多的、很少的意思，如：三三两两、三两声、三寸不烂之舌。古人认为“道立于一，一生二，二生三，三生万物”。就是说，混沌太初的存在整体是“一”；然后由混沌太初的“一”，分出天地“二”极；天地二极之间，又生出人这第“三”部分；天、地、人三者，衍化出宇宙万物。

妙语精粹

不三不四　丢三落四　三头六臂　三顾茅庐
三伏天穿皮袄——不是时候
三更灯火五更鸡，正是男儿读书时。　　——颜真卿《劝学诗》

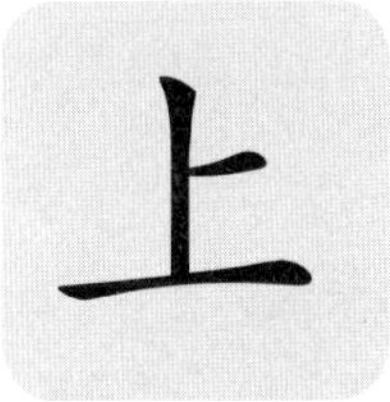

shàng

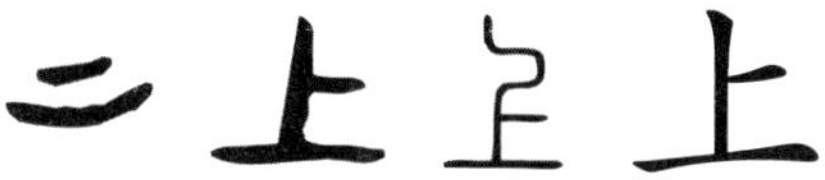

甲骨文　金文　小篆　楷书

汉字造意

甲骨文字形，由两条弯曲的横线组成，下面的一横较长，上面的一横较短，标示在上面的意思。金文字形，为区别于数目字“二”，在两横之间加一竖（指事符号），以显示纵的方向，由此演变为现在的字形。

字义源流

上：本义是指上面、高处，如：桌上、台上。由上面的意思，引申指上天、天帝；还引申指地位高的、在上面的，如：皇上、上级；又引申指品质好的、高等的，如：上等、上品；还可以作为动词用，表示向高处、上级部门接近、进献，如：上报、上奏；另外，作动词时，还有去、到、开始等意思，如：上学、上班、上菜；又引申指时间，如：上月、上周。

妙语精粹

计上心来　上下同心　逼上梁山　至高无上
矮子骑大马——上下两难
上邪，我欲与君相知，长命无绝衰。　　——《上邪》

汉字造意

甲骨文字形，由两弯曲的横线组成，上面的一横较长，下面的一横较短，标示在下面的意思。金文字形，为区别于数目字“二”，在两横之间加一竖(指事符号)，以显示纵的方向，由此演变为现在的字形。

字义源流

下：本义是下面，位置在下，如：桌下、台下、桥下。由下面的意思，引申指位置低的、地位低的，如：下级、下层、下面；还引申指品质差的、低等的，如：下等、下品；又作动词用，表示向低处、低级部分接近，如：下车、下台；另外，还有去、到、开始的意思，如：下乡、下雪；还引申指时间，如：下午、下次。

妙语精粹

承上启下　瓜田李下　下不为例　纵横天下

有理走遍天下，无理寸步难行。

下马饮君酒，问君何所之。　——王维《送别》

汉字造意

甲骨文字形，上面像花蒂的子房，下面像花蕊下垂的样子。金文、小篆承续甲骨文，稍有变动，由此演变为现在的字形。

字义源流

不：本义是花萼的花托。后本义逐渐消失不用，被借指否定、没有等意思，如：不是、不要、办不到、不明事理；还用作语气助词，如：好不吓人、对不。

妙语精粹

不三不四　取之不尽　一言不发　不分轻重

沉香木当柴烧——用材不当

莫道不销魂，帘卷西风，人比黄花瘦。——李清照《醉花阴·薄雾浓云愁永昼》

汉字造意

金文字形，是止（代指停止）字上加三个点，表示这不是一般的停止，而是生命的终止。小篆字形整齐化，由此演变为现在的字形。

字义源流

世：本义是生命的终止，即一世，如：如有王者，必世而后仁。古人的平均寿命大致为三十多岁，世因此借指三十，三十年大致为一代人，如：世代、世家；还引申指天下、人间、社会，与天上相对，如：世俗、世界。

妙语精粹

世外桃源　世世代代　世态炎凉　世风日下

苍蝇的世界观——哪里臭往哪里钻

世间无限丹青手，一片伤心画不成。——高蟾《金陵晚望》

zhōng
zhòng

汉字造意

甲骨文字形，上下有旌旗和飘带，中间竖立着旗杆，表示中间的意思。金文承续甲骨文字形，旗帜的方向略有改变；小篆省去旗上的飘带，笔画化，由此演变为现在的字形。

字义源流

中：本义是中心、当中，指一定范围内适中的位置，如：中间、中部。引申指时间的中间部分，如：中旬、中午；还引申指中间水平的，如：中等、中学；“中”在中国哲学里，代表不偏、正好的意思，也代表为人处世的一种态度，如：中正、中庸之道；表示以上意思时，读作：zhōng。另外，“中”又用作动词，表示达到目标、受到等意思，此时读作：zhòng，如：中标、中箭。

妙语精粹

水中捞月　中外驰名　雪中送炭　百发百中

魔术师变戏法——无中生有

天子呼来不上船，自称臣是酒中仙。　　——杜甫《饮中八仙歌》

zhǔ

汉字造意

甲骨文字形，上面是火焰，下面是灯座，像是点燃的灯火。古陶文字形，灯座与火焰的样子更加形象；小篆仍然保留着灯芯、灯座之形，由此演变为现在的字形。

字义源流

主：本义是灯头的火焰，此义后来由“炷”继承。由此引申出事物的根本、最主要的等意思，如：主体、主力、主要；还引申指首领、核心人物等，如：主人、君主、一家之主；又引申指控制、决策，如：主持、主张、主意、主见；也引申指财物的所有者，如：房主、车主；另外，也指对事物有决定的权力，如：民主、自主、主持、主权。

妙语精粹

主次不分　不由自主　先入为主　功高盖主

兔子坐上虎皮椅——六神无主

驿外断桥边，寂寞开无主。　　——陆游《卜算子·咏梅》

汉字造意

古文字形，上面像躺卧的人体，下面像熏燃的物品，意思是古人用艾草熏燃来治病。小篆字形整齐化，由此演变为现在的字形。

字义源流

久：本义是用艾草灸灼治病，后用“灸”来表示此义。“久”被借指时间长、长久，如：永久、久远、久等、久别；还引申指时间的长短，如：多久、十年之久。

妙语精粹

久病成医　久经风霜　久别重逢　天长地久

水滴石穿，绳锯木头断——日久见功夫

谁道闲情抛掷久？每到春来，惆怅还依旧。

——冯延巳《鹊踏枝·谁道闲情抛弃久》

乘

chéng
shèng

汉字造意

甲骨文字形，描画一个人爬到树上的样子，意思是人爬到树上，登高远望。金文承续甲骨文字形，稍有变化；小篆繁化，由此演变为现在的字形。

字义源流

乘：本义是站在树上登高远望，后本义消失。引申指高、升，如：乘城而呼；后引申指驾驶、骑坐，如：乘马、乘车、乘船、乘飞机；还引申指凭借、利用、趁着等，如：乘机、乘风、乘势；又指佛教的教义，如：大乘佛教、小乘佛教；又指进行乘法运算，如：加减乘除、乘法口诀；表示以上意思时，读作：chéng。乘还读作：shèng，指由四匹马拉的战车，叫做一乘。在中国古代，曾经用战车的数量来衡量一个国家军事力量的强弱，千乘之国就是指拥有很多战车（代指军队）的国家。

妙语精粹

乘胜追击　乘风破浪　乘龙快婿　乘热打铁

乘飞机打伞——兜风

昔人已乘黄鹤去，此地空余黄鹤楼。　——崔颢《黄鹤楼》

九

jiǔ

甲骨文 金文 小篆 楷书

汉字造意

甲骨文字形，像是曲钩的形状，意思是弯曲。金文稍有变化，由此演变为现在的字形。

字义源流

九：本义是弯曲。本义消失，被借作表示数目，如：九次、第九、九天；后引申指多数、数量大，如：九牛一毛、九曲回肠。九是最大的正整数，在中国传统文化中，被用来表示“极”“吉”等概念，如：九五至尊，表示权势、地位都极高的帝王；一言九鼎，表示说话十分有分量，能起很大的作用；朝廷里有九卿；皇城有九门，据说紫金城的房屋就有九千九百九十间半。

妙语精粹

九九归一　九死一生　九天揽月　三教九流

水缸里摸鱼——十拿九稳

九日重阳节，开门有菊花。　——王勃《九日》

事

shì

甲骨文 金文 小篆 楷书

汉字造意

甲骨文字形，由一只手和一个工具组成，意思是手里拿着工具，表示做工或从事某种劳动。金文承续甲骨文字形，由此演变为现在的字形。

字义源流

事：本义是做工或从事某种劳动。后引申指做、工作，如：从事、事业；还泛指事情、人所从事的活动及社会现象等，如：国事、事迹、事件；也指意外的麻烦、困境，如：事故、出事。

妙语精粹

多事之秋　郑重其事　无事生非　好事多磨

做梦娶媳妇——尽想好事

世事一场大梦，人生几度秋凉？　　　　——苏轼《西江月·世事一场大梦》

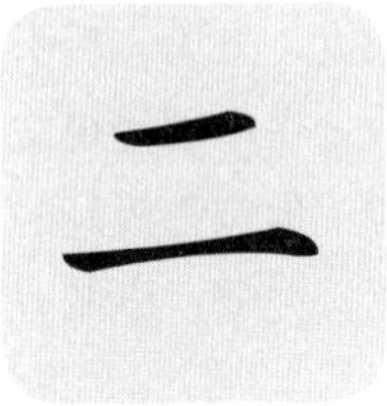

èr

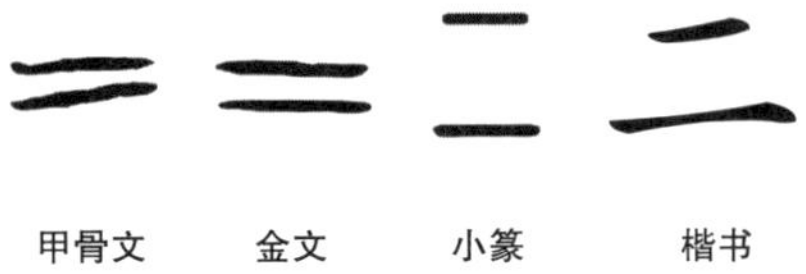

汉字造意

甲骨文字形，由上下两横画组成，表示数目二，由此演变为现在的字形。

字义源流

二：本义是数目二，如：二人同心、二老。二是最小的偶数，有成双成对的意思，并有一些专门的词来表达这一内涵，如：一双、一对、配偶。在中国传统文化中，认为单个的事物是不完整的，两个一对一双，才是完美、和谐的，譬如婚礼上要贴双喜，寓意喜上加喜。还引申指序数二、次等的，如：二哥、二愣子；又引申指两样、不同的，如：心无二用、不二价；也引申指双、可以并比，如：独一无二；另外，又引申指不专心、不忠贞，如：忠贞不二、三心二意。

妙语精粹

二龙戏珠　心无二用　二话不说　一石二鸟

双色圆珠笔——有二心

不知细叶谁裁出，二月春风似剪刀。　　　　——贺知章《咏柳》

五

wǔ

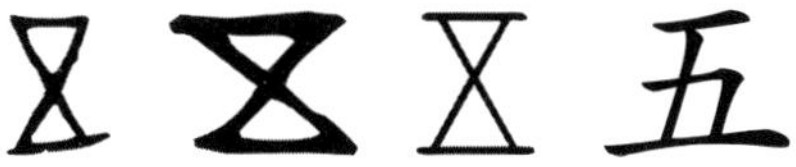

甲骨文　　金文　　小篆　　楷书

汉字造意

甲骨文字形，由上下两横和中间交叉的形状构成，意思是纵横交错。金文承续甲骨文字形，由此演变为现在的字形。

字义源流

五：本义是纵横交错。后本义消失，被借用表示数目五，如：五天、第五、五行、三山五岳。“五”在中国传统文化中很受欢迎，出现了许多美好含意的成语，如：五福临门、五谷丰登、学富五车。

妙语精粹

五花八门　五音不全　五味杂陈　三令五申

十五只吊桶打水——七上八下

五月榴花照眼明，枝间时见子初成。　　——朱熹《题榴花》

井

jǐng

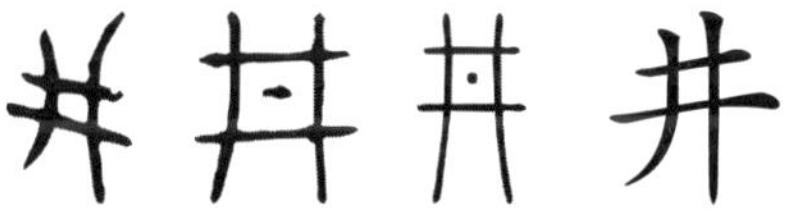

甲骨文　　金文　　小篆　　楷书

汉字造意

甲骨文字形，中间像是井口，外面像是井栏，意思是古人吃水用的水井。金文承续甲骨文字形，有的金文在方形框架中加一点（指事符号），表示井中有水；小篆承续金文字形，由此演变为现在的字形。

字义源流

井：本义是水井。引申指像水井一样的东西，如：矿井、油井、天井；古代人们聚集而居，要设水井供人饮用，因此又引申指人们居住的地方，如：乡井、市井。

妙语精粹

井底之蛙　井井有条　井然有序　背井离乡

井里的蛤蟆——不知天高地厚

金井梧桐秋叶黄，珠帘不卷夜来霜。　——王昌龄《长信秋词·其一》

汉字造意

甲骨文字形，像是人藏匿在“乚”（yǐn，表示隐蔽的地方）中，意思是逃亡。金文承续甲骨文字形，在人的部分变成一个折角；小篆承续金文字形，由此演变为现在的字形。

字义源流

亡：本义是逃亡、出走，如：流亡、亡命。引申指死亡，失去生命，如：伤亡、阵亡；又引申指消灭、失去、丢失等，如：亡国、亡羊补牢。

妙语精粹

唇亡齿寒　危亡关头　家破人亡　名存实亡

飞蛾扑火——自取灭亡

商女不知亡国恨，隔江犹唱后庭花。　——杜牧《泊秦淮》

交

jiāo

甲骨文　金文　小篆　楷书

汉字造意

甲骨文字形，描画一个人两腿左右交叉的样子，意思是两腿交叉站立。金文、小篆承续甲骨文字形，由此演变为现在的字形。

字义源流

交：本义是两腿交叉。引申指交叉、交错，如：交手、交织；还引申指接触、来往等，如：交往、邦交；又引申指托付、交给、接替等，如：交班、交换。

妙语精粹

悲喜交加　等价交换　交头接耳　交相呼应

猫鼠交朋友——信不得

世人结交须黄金，黄金不多交不深。　——张谓《题长安壁主人》

京

jīng

甲骨文　金文　小篆　楷书

汉字造意

甲骨文字形，描画高台上有塔楼或亭子的建筑之形，意思是建在高处的瞭望塔。金文与甲骨文略有不同；小篆将亭盖与亭阁分离，整齐化，由此演变为现在的字形。

字义源流

京：本义是高耸的亭台，如：于堑里筑京，皆高五六丈。后引申指国都、都城，如：北京、京城；还引申指高、大的意思，如：京仓、京陵；又引申指北京的简称，如：京剧、京杭大运河、京九线。

妙语精粹

京解之才　京辇之下　京兆画眉　京兆眉妩。

哥俩上京城——同奔前程

京国心烂漫，夜梦归家少。　——李贺《春归昌谷》

汉字造意

甲骨文字形，像是一个侧面站立的人形。金文承续甲骨文字形，由此演变为现在的字形。

字义源流

人：本义是人、人类，如：人民、人才、人口、人群、亲人、敌人、好人、工人。引申指别人、其他人，如：待人热诚、与人为善、先人后己；还引申指人的品德、性情、声誉，如：人品、人格、丢人、文如其人；又引申指人的身体，如：人累坏了、人很胖；也引申指人为的、人造的，如：天灾人祸。

妙语精粹

人财两空　人非草木　人才济济　人各有志

鹦鹉学舌——人云亦云

二十四桥明月夜，玉人何处教吹箫。　——杜牧《寄扬州韩绰判官》

rén

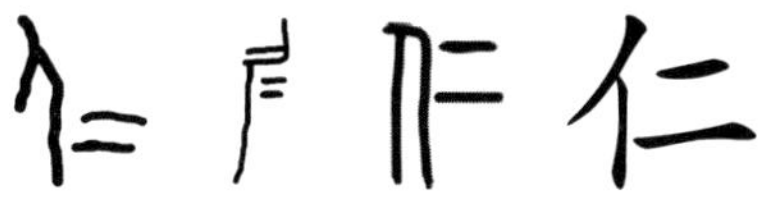

甲骨文 金文 小篆 楷书

汉字造意

甲骨文字形，由“人”和“二”组成，意思是人与人要相亲相爱，以爱自己之心来爱别人，由此演变为现在的字形。

字义源流

仁：本义是人与人相亲相爱，如：仁爱、仁慈、仁德、仁人志士。引申指恩惠、恩德，如：仁义、大仁大德、仁者见仁，智者见智；还引申指内心、内核，如：果仁、虾仁、瞳仁、花生仁；又引申用作敬辞，如：仁兄、仁台、仁伯。

妙语精粹

仁人志士　仁义之师　为富不仁　假仁假义

勇夫安识义，智者必怀仁。——李世民《赐萧瑀》

子夏曰：“博学而笃志，切问而近思，仁在其中矣。”——《论语·子张》

jīn

甲骨文 金文 小篆 楷书

汉字造意

甲骨文字形，由一个倒着的口形和一横组成，表示口中含有东西之意。金文字形稍有变化，下面的一横偏向右，并略有下折；小篆整齐化，由此演变为现在的字形。

字义源流

今：本义是口中含有东西，是“含”的本字。后假借为现在、当前，与古相对，如：今天、当今、今朝、今年；引申指此、这，如：今生今世、今遭（这一回）。

妙语精粹

今非昔比　博古通今　今夕何夕　借古讽今

今日复今日，今日何其少！今日又不为，此事何其了？　——文嘉《今日诗》

花明月暗笼轻雾，今宵好向郎边去。　——李煜《菩萨蛮·花明月暗笼轻雾》

他

tā

小篆

他

楷书

汉字造意

小篆字形，由“人”（表示与人有关）和“它”（表示别的、其他的）组成，用作表示第三人称的代词。隶变时，将“它”换成了“也”，由此演变为现在的字形。

字义源流

他：本义是第三人称，如：他人、其他、他们。用作男性的第三人称，如：他是干什么的？又引申指另外的、别的，如：他乡、他年、他方、他日。

妙语精粹

他山之石　流落他乡　他乡故知　别无他物

他年我若为青帝，报与桃花一处开。　——黄巢《题菊花》

他乡生白发，旧国见青山。　——司空曙《贼平后送人北归》

仙

xiān

汉字造意

小篆字形，仙有两个来源：一个由“人”和“䙴”（表示远离、高升）组成，意思是迁徙；另一个由“人”和“山”组成，表示在高山密林深处修炼，超脱凡人成仙。隶变后在楷书中分别写作僊和仙；汉字简化时，将两个字合并，统一写作仙。

字义源流

仙：本义有二，一、迁徙；二、神仙，如：八仙、仙境、仙人。古代传说中的神仙，他们大多隐居在高山、密林，不食人间烟火，超脱尘世，修炼得道，长生不老，具有超能力等。后引申指具有超出同类能力的，如：诗仙、酒仙、剑仙；又特指和道家有关的人或事物，如：仙翁、仙师、仙箓；还引申指死、逝去，如：仙逝、仙去；又特指仙人掌类植物，如：仙人球、仙人剑、仙人柱。

妙语精粹

仙山琼阁　九天仙女　飘飘欲仙　道骨仙风

八仙过海——各显神通

凌波仙子生尘袜，水上轻盈步微月。　——黄庭坚《王充道送水仙花五十支》

代

dài

小篆　楷书

汉字造意

小篆字形，由“人”（借指士兵）和“弋”（拴系绳子，可循环利用的箭）组成，表示更迭、代替之意，由此演变为现在的字形。

字义源流

代：本义是更迭、代替，如：替代、取代、代表。引申指时间、时期，如：时代、朝代、唐代；还引申指同一宗族姓氏里的辈分，如：世代、后代。

妙语精粹

代代相传　代人受过　千秋万代　风华绝代

龙王爷的后代——龙子龙孙

日月忽其不淹兮，春与秋其代序。　　——屈原《离骚》

令

lìng

甲骨文　金文　小篆　楷书

汉字造意

甲骨文字形，上面是一个向下的口形，下面是一个跪坐的人形，表示上级指示下级做事情。金文承续甲骨文字形，由此演变为现在的字形。

字义源流

令：本义是上级向下级发布命令、指示，如：责令、指令。由此引申指法规，如：诏令、军令；又引申指发布命令的人，如：县令、尚书令；还引申指使、让等意思，如：令人惊奇、令人神往；发布命令的人都具有一定的权威，所以又引申指让人尊敬的，如：令尊、令弟；古人在不同的时节，有不同的政令措施，以适应时节的变化，也就是时令，所以又引申指季节、时节，如：冬令、夏令、节令。

妙语精粹

令行禁止　军令如山　巧言令色　令人钦佩

一个将军一个令——不知听谁的

世味年来薄似纱，谁令骑马客京华？　——陆游《临安春雨初霁》

yǐ

甲骨文　金文　小篆　楷书

汉字造意

甲骨文字形，像一个人手拿农具的样子，意思是人在使用农具劳动。金文将人的部分简化，突出下面的工具之形；小篆进一步整齐化，由此演变为现在的字形。

字义源流

以：本义是用、使用，如：以一当十、以卵击石。现在主要作介词用，有依、凭、借等意思，如：以理服人、以身作则；还表示原因，如：不以物喜，不以己悲；还可以用在方位词前，表示时间、空间等的界限，如：以后、以来、四十岁以下；作连词用时，表示因果、并列等关系，如：以及、以资鼓励。

妙语精粹

以礼相待　以防万一　不以为然　以古喻今

蛇吞蝎子——以毒攻毒

东临碣石，以观沧海。　——曹操《观沧海》

仰

yǎng

金文 小篆 楷书

汉字造意

金文字形，由一个头向下的人和一个头朝上的人组成，意思是抬头、脸向上。小篆字形，又增加字符“人”（单人旁），整齐化，此演变为现在的字形。

字义源流

仰：本义是抬头、向上望，是“卬”的本字，如：仰头、仰泳。引申指敬仰、佩服等意思，如：仰慕、景仰。还引申指依赖、依靠的意思，如：仰仗、仰赖。

妙语精粹

仰不愧天　前仰后合　仰观俯察　俯仰一世

骑兵掉河里——人仰马翻

仰天大笑出门去，我辈岂是蓬蒿人。　——李白《南陵别儿童入京》

伏

fú

金文 小篆 楷书

汉字造意

金文字形，由“人”（代指猎人）和“犬”（表示猎犬）组成，像是猎人带着猎犬在野外狩猎。小篆字形整齐化，由此演变为现在的字形。

字义源流

伏：本义是趴卧、伺机出击，如：伏击、埋伏。由趴卧引申指隐藏、藏匿，如：

伏兵、伏笔；还引申指曲身、低下，如：伏身、伏案；又引申指屈服、降服等意思，如：伏法、伏输。

妙语精粹

老骥伏枥　连绵起伏　此起彼伏　十面埋伏

前有埋伏，后有追兵——进退两难

伏雨朝寒愁不胜，那能还傍杏花行。

——纳兰性德《浣溪沙·伏雨朝寒愁不胜》

伐

fá

汉字造意

甲骨文字形，由“人”和“戈”组成，像是用戈击杀人的头部之形，意思是用兵器砍杀敌人。金文承续甲骨文字形；小篆整齐化，由此演变为现在的字形。

字义源流

伐：本义是砍杀、杀戮，如：北伐、杀伐。引申指用刀等砍、劈，如：砍伐、伐木、采伐、滥砍乱伐；有战争就有功绩，所以又引申指功劳、战功，如：自伐其功、北救赵而西却秦，此五霸之伐也；又引申指损害，如：醉而不出，是谓伐德；又引申指除去，如：剥皮伐毛；又用作星名，如：参、伐以冬出，心、尾以夏见。

妙语精粹

杀伐决断　口诛笔伐　东征西伐　党同伐异

韩信伐楚——明修栈道，暗度陈仓

坎坎伐檀兮，置之河之干兮。　——《诗经·伐檀》

休

xiū

甲骨文 金文 小篆 楷书

汉字造意

甲骨文字形，描画一个人背靠着大树，在树下歇息的样子，意思是歇息。金文、小篆承续甲骨文字形，由此演变为现在的字形。

字义源流

休：本义是歇息，如：休息、休假。引申指暂停、停止等意思，如：休学、休战；还引申指不、不要等意思，如：休想、休妻、休要；因为劳动后的歇息会让人身心畅快，所以又引申指欢乐、吉庆的意思，如：休戚、休福。

妙语精粹

无休无止　善罢甘休　休兵罢战　喋喋不休

扳倒葫芦洒了油——一不做，二不休

休言女子非英物，夜夜龙泉壁上鸣。　——秋瑾《鹧鸪天·祖国沉沦感不禁》

位

wèi

金文 小篆 楷书

汉字造意

金文字形，描画一个人站立的样子，下面的一横指示出站立的地面，意思是人站立的位置、地方；《说文·人部》对“位”的解释：列中庭之左右，谓之位（意思是朝廷中朝臣站立的序列位置）。小篆另加“亻”（单人旁），与站立的“立”相区别，强调人站立的地方，由此演变为现在的字形。

字义源流

位：本义是官吏在朝廷上站立的位置，如：位于、地位。引申指地方、位置，如：座位、舱位、席位；还用作量词，如：几位、诸位、各位；由位置引申指职位、级别，如：官位、权位、地位；还特指君主的地位，如：皇位、即位。

妙语精粹

位高权重　三位一体　位极人臣　势位至尊

旅客上火车——各就各位

位卑未敢忘忧国，事定犹须待阖棺。　——陆游《病起书怀》

低

dī

小篆　　楷书

汉字造意

小篆字形，由“人”（表示与人相关）和“氐”（表示根部、下部）组成，意思是低头向下，由此演变为现在的字形。

字义源流

低：本义是垂手低头，如：低头思故乡。引申指接近地面的距离，表示矮小、短，与高相对，如：低矮、降低；还引申指标准在一般之下的，如：低温、低价；又引申指下等的、差的，如：低级、低等、低劣。

妙语精粹

低唱浅酌　低三下四　眉高眼低　山高水低

大象抓凤凰——眼高手低

低头弄莲子，莲子清如水。　——《西洲曲》

住

zhù

小篆 楷书

汉字造意

小篆字形，由“人”（表示与人有关）和“主”（表读音）组成，表示人在一个地方固定居留、不动，由此演变为现在的字形。

字义源流

住：本义是停留、停下，如：站住、停住。引申指在相对固定的某地长期居留，稳定生活，如：住宅、住宿、居住；还引申指停止、保持原来的状态，如：住口、闲不住；当在动词后面时，表示动作牢固、稳当，如：记住、捉住。

妙语精粹

招架不住　衣食住行　行住坐卧　按捺不住

出土的竹笋——捂不住

风前欲劝春光住，春在城南芳草路。——辛弃疾《玉楼春·风前欲劝春光住》

何

hé

甲骨文 金文 小篆 楷书

汉字造意

甲骨文字形，像是一个人肩上扛着戈的样子，表示扛、担负的意思。金文变成了“人”与“可”的组合，表示扛戈的士兵对行人进行盘问，由此演变为现在的字形。

字义源流

何：本义是扛着、负担，此义后来由“荷”表示。引申指盘问、询问，如：何人、何事；还引申表示感叹，如：何等壮阔、何必如此。

妙语精粹

曾几何时　何必当初　谈何容易　夫复何言

天要下雨，娘要嫁人——无可奈何

何当共剪西窗烛，却话巴山夜雨时。　——李商隐《夜雨寄北》

fú
fó

小篆　楷书

汉字造意

小篆字形，由“人”（表示与人有关）和“弗”（表示捆缚、矫正）组成，意思是不清楚、看不明白，由此演变为现在的字形。

字义源流

佛：本义是不清楚，如：仿佛，此时读作：fú。后来，用作音译字，多指佛教用语，这时读作：fó，如：佛祖、佛法、佛山、佛寺；又引申指佛像，如：卧佛、金佛、乐山大佛；又引申指佛号或佛经，如：口诵佛号、吃斋念佛；又用于一般的译音，如：佛罗伦萨、佛罗里达。

妙语精粹

青灯古佛　借花献佛　立地成佛　佛心蛇口

平时不烧香，临时抱佛脚。

登高望浮云，仿佛如旧丘。　——李白《赠崔郎中宗之》

作

zuò
zuō
zuó

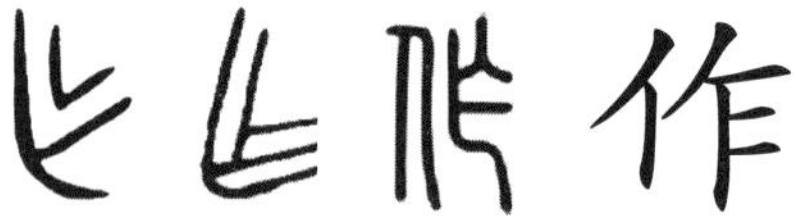

甲骨文 金文 小篆 楷书

汉字造意

甲骨文字形，下面像是刀形，上面像是纵横的纹路，意思是用刀削刻，制作器物。金文承续甲骨文字形；小篆增加字符“人”，整齐化，由此演变为现在的字形。

字义源流

作：本义是砍削、制作。引申指做事情、劳动等意思，如：工作、劳作；又引申指开始、兴起，如：风雨大作、发作；还引申指创作、创造，如：作品、写作；又引申指当成、成为，如：当作、认作；表示以上意思时，均读作：zuò。另外，还用来指人们制作器物的地方、场所，此时读作：zuō，如：手工作坊。作还有另外一个读音：zuó，如：作料，指烹调时用来增加滋味的油、盐、酱、醋和葱、姜、蒜、生姜、花椒、大料等。

妙语精粹

为非作歹　从中作梗　大有作为　乱作一团

龙王发脾气——兴风作浪

在天愿作比翼鸟，在地愿为连理枝。——白居易《长恨歌》

使

shǐ

甲骨文 金文 小篆 楷书

汉字造意

甲骨文字形，由一只手和一个工具组成，意思是手里拿工具，做工或从事某种劳动，与“吏”“事”同源，表示人的动作与行为。金文基本承续甲骨文字形；小篆增加字符“人”，表示被授予特殊使命的人员，由此演变为现在的字形。

字义源流

使：本义是命令、派人做事，如：使命、差使、出使。引申指用、使用，如：使劲、见风使舵；引申指负有特殊使命的，如：大使、使馆；还引申指叫、让、指令等意思，如：指使、使唤；又引申指假设、如果，如：假使、但使龙城飞将在，不教胡马度阴山。

妙语精粹

见风使舵　信使往来　不辱使命　颐指气使

十八般武艺全使出来——大显身手

出师未捷身先死，长使英雄泪满襟。　　——杜甫《蜀相》

汉字造意

甲骨文字形，像是描画小麦的样子，上面有麦秆、麦叶、麦穗之形。金文、小篆承续甲骨文字形，由此演变为现在的字形。

字义源流

来：本义是小麦。此义后来由“麦”继承，“来”则被借来表示从别处到此处的意思，如：过来、来访、来到、来者；还引申指时间从过去到现在，如：历来、未来、将来；还引申指发生、出现，如：来气、麻烦来了；还用作表示语气的助词，如：看来、从来、归去来兮。

妙语精粹

来之不易　来路不明　南来北往　饭来张口

诸葛亮皱眉头——计上心来

来岁花前，又是今年忆去年。　　　　——吕本中《减字木兰花·去年今夜》

lì

小篆　　楷书

汉字造意

小篆字形，由“人”（表示与人有关）和“列”（表示并排成行）组成，意思是将属于同一类的排放在一起，由此演变为现在的字形。

字义源流

例：本义是将属于同一类的排放在一起，如：荀纬等亦有文采，而不在此七子之例。引申指同类中有代表性的，如：举例、先例、示例；还引申指规定、规则，如：条例、体例；又引申指习惯性的、规律的，如：例会、例行公事；还用作量词，表示件、次，如：首例、多例。

妙语精粹

下不为例　史无前例　不乏先例　诸如此例

一旦失恩先左降，三年随例未量移。　　　　——白居易《自题》

幕府辍谏官，朝廷无此例。　　　　——杜甫《送樊二十三侍御赴汉中判官》

yī

甲骨文　　小篆　　楷书

汉字造意

甲骨文字形，描画一个人被衣服包裹的样子，表示人在衣服里有所倚凭，古人认为穿上衣服，不仅遮羞，而且保暖，是人类文明的开始。小篆字形，将“人”与“衣”变成左右结构，并整齐化，由此演变为现在的字形。

字义源流

依：本义是依凭、依靠，如：依傍、唇齿相依；引申指仰仗、仰赖，如：依托、依恋；还引申为紧挨着、接近的，如：白日依山尽；又引申指服从、听从，如：依从、皈依；也引申指按照、遵照，如：依照、依据。

妙语精粹

依依不舍　依模画样　依山傍水　百依百顺

枯藤缠大树——生死相依

依旧，依旧，人与绿杨俱瘦。　　——秦观《如梦令·春景》

便

biàn

pián

金文　小篆　楷书

汉字造意

金文字形，由“人”（表示与人有关）和“更”（表示变更、替换）组成，意思是人感觉不舒服时，就去变更、改变。小篆承续金文字形，由此演变为现在的字形。

字义源流

便：本义是安适、舒服，如：轻便、便利。引申指顺利的、适宜的时机，如：不便出面、不便公开；还引申指非正式的、简单平常的，如：便饭、随便；又指人的生理排泄，如：大便、小便；用作副词时，表示随即、就的意思；用作连词时，表示纵然、即便的意思；表示以上意思时，均读作：biàn。便还读作：pián，可用来形容肥胖，如：大腹便便；又能用来表示价格，如：便宜。

妙语精粹

便宜从事　不便之处　听其自便　随随便便

名牌货便宜卖——物美价廉

便做无情，莫也愁人苦。　——朱淑真《蝶恋花·送春》

俗 sú

金文　小篆　楷书

汉字造意

金文字形，由“人”（表示人的行为）和“谷”（表示人的欲求、习惯）组成，表示由人们共同的欲求而形成的一种习惯，也就是风俗。小篆承续金文字形，整齐化，由此演变为现在的字形。

字义源流

俗：本义是风尚、习俗，如：旧俗、民俗、风俗、约定俗成。引申指大众的、流行的，如：俗称、俗语、俗话、通俗、雅俗共赏；还引申指趣味不高雅、平庸的，如：俗气、粗俗、俗不可耐；也引申指凡世间的，与仙界相对，多作为佛家用语，如：尘俗、俗家、还俗。

妙语精粹

风俗人情　凡夫俗子　超凡脱俗　不落俗套

大年初一吃面条——移风易俗

屈子冤魂终古在，楚乡遗俗至今留。　——边贡《午日观竞渡》

保

bǎo

甲骨文　金文　小篆　楷书

汉字造意

甲骨文字形，描画一个大人背着一个幼儿的样子。古时候，幼儿很容易受到野兽等各种灾祸的威胁，所以，父母外出时，多把幼儿背在或抱在身上，以保护幼儿的生命安全。金文字形，将“人”与“子”写成左右结构，并将人的手讹变为“子”下一撇；小篆字形，“子”则讹变为“呆”，由此演变为现在的字形。

字义源流

保：本义是把孩子背在背上，保护孩子，如：保全、保命。引申指养育、抚养，如：保姆、保育；还引申指维护、护卫，如：保卫、保障；也引申指保证、担保，如：保险、作保。

妙语精粹

保家卫国　舍车保帅　明哲保身　自身难保

孙悟空保唐僧——忠心耿耿

当时能猎贤，保国兼保家。　——马戴《校猎曲》

信

xìn

金文　小篆　楷书

汉字造意

金文字形，由“人”（表示与人有关）和“口”（表示言语、说话）组成，意思是帮助别人捎口信。小篆承续金文字形，“口”变成了“言”，由此演变为现在的字形。

字义源流

信：本义是帮助别人捎口信，如：信息、口信、音信。引申指信件，如：书信、微信、家信、信纸；又引申指真诚、实在，如：诚信、信言、信誓旦旦；还引申指相信、信任，如：信赖、自信、坚信；也引申指信仰、信奉，如：信心、信念、信条、迷信；另外，也引申指随意、放任，如：信步、信天游、信口开河、信手拈来。

妙语精粹

信义为本　背信弃义　半信半疑　取信于人

大街得信小街传——道听途说

信言不美，美言不信。　　——《老子·八十一章》

xiū

小篆　　楷书

汉字造意

小篆字形，由攸（yōu，表示缓慢、从容）和彡（shān，借指装饰）组成，意思是细心地装饰，使之整齐美观，由此演变为现在的字形。

字义源流

修：本义是修饰、装饰，如：修剪、装修。引申指改造、整治，如：修改、修理；还引申指建造、兴建，如：修建、修筑；又引申指某种行为、动作，如：修指甲、修剪树枝；“修”还用在书写、创作方面，如：修书、修史；也用来表示学问、品行等的学习和锻炼，有使之更加完美的意思，如：修养、修为。

妙语精粹

年久失修　不修边幅　修身养性　修旧利废

新修的马路——没辙

取次花丛懒回顾，半缘修道半缘君。——元稹《离思五首·其四》

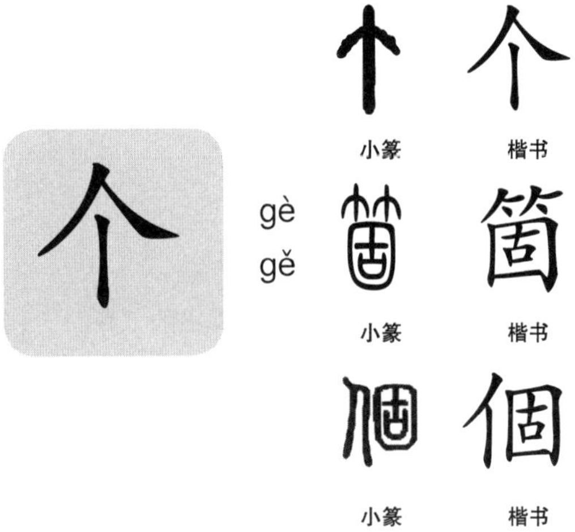

汉字造意

“个”的原始字形有“个”“箇”“個”三个：“个”，小篆字形是“竹”的一半，表示一枚竹钉，本义是竹钉等小物件；后又造“箇”字，将竹子的特点进一步明确，也表示一枚竹钉；“個”是表示一个人。汉字简化时，将三者合并，统一写作个。

字义源流

个：本义是竹钉，或单独的人或物，此义多见于古文，如：木千章，竹竿万个。后引申用作量词，如：几个人、三个苹果；还引申指单独的、不普遍的，如：个别人、个性；又引申指人或物形体的大小，如：高个子、小个子；表示以上意思时，均读作：gè。在方言中，个还读作：gě，如：自个儿，意思是自己。

妙语精粹

个人崇拜　个人主义　个中滋味　一个萝卜一个坑

大师傅打蛋——各个击破

好个主人家。不问因由便去嗏。病得那人妆晃了，巴巴。

——辛弃疾《南乡子·好个主人家》

借

jiè

 借

小篆 楷书

 藉

小篆 楷书

汉字造意

借由两个字演变而来，一个是借助的“借”，一个是表示草垫的“藉”。借的小篆字形，由耤假借而来，耤指用耒耜等农具掘土劳作，因此有借助之意，这个含义后来由“借”继承；藉由“艸”（表示草）和“耤”（代指处下）组成，表示草垫的意思。隶变后在楷书中分别写作借和藉；汉字简化时，将两个字合并，统一写作借。

字义源流

借：本义有二，一、借助，如：凭借、借口、借东风；二、草垫。由借助引申指借、借入、借出，如：借阅、借钱、好借好还、把手机借给他用一下；又引申指帮助，如：水天空阔，恨东风，不借世间英物；又引申指假使，如：借如今日死，亦足了一生；又引申指假托，如：借故闹事、借古讽今、借酒撒泼、所谓酒后吐真言，不过是借酒蒙脸，故意说给别人听罢了。

妙语精粹

借风使船　草船借箭　借花献佛　借题发挥

黄鼠狼借鸡——有借无还

借问酒家何处有，牧童遥指杏花村。　——杜牧《清明》

假

jiǎ
jià

小篆 楷书

汉字造意

小篆字形，由“人”（表示与人有关）和“叚”（jiǎ，表示借助）组成，意思是借助、凭借别人的力量达到目的，由此演变为现在的字形。

字义源流

假：本义是借助、凭借，如：狐假虎威、假公济私。引申指不真实的、冒充的，如：假话、假冒；还引申指推理论断、有待证实的，如：假如、假想、假设；表示以上意思时，均读作：jiǎ。假又读作：jià，表示工作或学习期间的暂停或休息，如：假日、病假、请假、休假。

妙语精粹

假传圣旨　真假难辨　冤假错案　虚情假意

猫哭耗子——假慈悲

假金方用真金镀，若是真金不镀金。　　——李绅《答章孝标》

伟

wěi

小篆 楷书繁 楷书简

汉字造意

小篆字形，由“人”（表示和人相关）和“韋”（借指高大、壮美）组成，意思是高大魁梧。隶变后在楷书中写作偉；汉字简化后写作伟。

字义源流

伟：本义是奇特、不同于一般的，如：伟丈夫、雄伟。引申指高大的、壮美的，如：身材魁伟、伟岸；还引申指崇高的、非凡的、让人尊敬的，如：丰功伟绩、伟业。

妙语精粹

魁梧奇伟　雄伟壮观　高风伟节　雄才伟略

蚂蚁拖扫把——伟大（尾大）

冯公岂不伟，白首不见招。　　——左思《咏史八首》

停

tíng

小篆

停

楷书

汉字造意

小篆字形，由“人”（表示与人相关）和“亭”（表示供旅人暂停歇息的建筑）组成，表示停止不动的意思，由此演变为现在的字形。

字义源流

停：本义是停住不动、止息，如：雨停了、停下。引申指暂时居住、停留，如：暂停、停数日；还引申指放置、停放，如：停车场、停泊；物品放置稳妥，才能停住，所以，又引申指妥帖，如：一切都准备停当了、穿戴停当。

妙语精粹

马不停蹄　停滞不前　七停八当　门不停宾

船到码头车到站——停止不前

停船暂借问，或恐是同乡。　　——崔颢《长干行·君家何处住》

备

bèi

甲骨文　金文　小篆　楷书繁　楷书简

汉字造意

甲骨文字形，像是一个人背着一个箭囊的样子，箭囊中插着两只箭矢，意思是在箭囊中放好箭矢。金文承续甲骨文字形，只不过人与箭囊的位置进行了调换；小篆承续金文字形；隶变后在楷书中写作備；汉字简化后写作备。

字义源流

备：本义是预先做出安排、计划，如：预备、准备、求全责备、有备无患；还引申指设施、设备，如：装备、军备；又引申指完成、形成、完美，如：完备、配备、德才兼备。

妙语精粹

备尝艰苦　以备不虞　德才兼备　攻其不备

饱带干粮晴带伞——有备无患

青林翠竹，四时俱备。——陶弘景《答谢中书书》

传

chuán
zhuàn

甲骨文　金文　小篆　楷书繁　楷书简

汉字造意

甲骨文字形，由“人”（表示与人有关）和“專”（一只手在纺车上纺线的样子，表示转动、传递、接续）组成，意思是古代供传递官府文书和军事情报的人，或来往官员途中食宿、换马的场所，也就是驿站。金文承续甲骨文字形，稍有变形；小篆整齐化，下面的“又”变形为“寸”；隶变后在楷书中写作傳；汉字简化后写作传。

字义源流

传：本义是驿站、驿馆。引申指传递、传送，如：传运、传家、传输、传统、传承、传授；还引申指散布、传播，如：宣传、流传、传达、传奇、传说、传闻；表示以上意思时，均读作：chuán。传还读作：zhuàn，引申指记录、记载历史的文体，如：传记、自传、列传。

妙语精粹

传为佳话　传为笑谈　传道授业　空谷传声

忠厚传家久，诗书继世长。

剑外忽传收蓟北，初闻涕泪满衣裳。　　　　——杜甫《闻官军收河南河北》

伤

shāng

小篆

傷

楷书繁

伤

楷书简

汉字造意

小篆字形，由“人”（表示与人有关）和“𥏻”（表示中箭受伤）组成，表示身体受到损害、破损。隶变后在楷书中写作傷；汉字简化后写作伤。

字义源流

伤：本义是身体受到创伤，如：伤员、伤病员。引申指损害、使受到损伤，如：伤风败俗、伤身体；还引申指受损坏的地方，如：伤口、伤痕累累；又引申指心痛、悲伤等，如：伤感、忧伤。

妙语精粹

劳民伤财　伤春悲秋　有伤风化　触景伤心

背后拉弓——暗箭伤人

平林漠漠烟如织，寒山一带伤心碧。　——李白《菩萨蛮·平林漠漠烟如织》

价

jià
jiè

小篆　楷书

小篆　楷书

汉字造意

价有两个来源：一个是中介之“价”，一个是价格之“價”。价的小篆字形，由“人”（表示与人有关）和“介”（代指中间、中介）组成，表示传送东西或传递事情的人，读作：jiè。價的小篆字形，由“人”（表示与人有关）和“贾”（表示商人、买卖）组成，表示商人之间的讨价还价，读作：jià。汉字简化时，价被借用为“價”的简化字形，其本义则由“介”继承。

字义源流

价：本义有二，一、传递东西或传递事情的人，如：价傧（导引和接待宾客的人、陪从）、价妇（仆妾），此义多见于古文；二、价值、价格，如：价钱、定价、电价、降价。由价格引申指钱币、费用，如：我付过价了，咱们把东西拿走吧；又引申指声望，如：身价倍增、身价百倍；又用作化学上的化合价，如：氯是负一价元素、氧是负二价元素。

妙语精粹

价值连城　漫天要价　物美价廉　无价之宝

绸子揩屁股——不惜代价

易求无价宝，难得有情郎。　——鱼玄机《赠邻女》

亿

yì

金文 小篆 楷书繁 楷书简

汉字造意

金文字形，上面是“言”（表示言语、想法），下面是“曰”（表示口），意思是心里的想法与向往。小篆字形整齐化，并增加字符“人”和“心”，强调与人的心理活动相关；隶变后在楷书中写作億；汉字简化后写作亿。

字义源流

亿：本义是心里的想法与向往。借指安宁、安乐，如：心亿则乐；后借指极大、极多，如：亿万富翁、成千上亿；还引申指数目一万万，也就是亿，如：三亿元、七亿人。

妙语精粹

亿万斯年　亿辛万苦　亿兆一心

亿兆同归寿，群公共保昌。　——李隆基《端午》

明圣钦承，子孙千亿。　——段文昌《享太庙乐章》

元

yuán

甲骨文 金文 小篆 楷书

汉字造意

甲骨文字形，像是在人的头顶加一横，指示出人的头部，意思是人头。金文、小篆承续甲骨文字形，由此演变为现在的字形。

字义源流

元：本义是人头，如：勇士不忘丧其元。引申指开始的、起初的，如：元旦、元配；还引申指第一的、为首的、大的，如：元首、元帅；又引申指基本的、主要的，如：元素、单元；另外，还用来指货币，如：银元、青菜三元一斤。

妙语精粹

开国元勋　三朝元老　返本朝元　一元复始

八月十五吃元宵——与众不同

今年元夜时，月与灯依旧。不见去年人，泪湿春衫袖。

——欧阳修《生查子·元夕》

兄

xiōng

甲骨文　金文　小篆　楷书

汉字造意

甲骨文字形，下面像是一个人形，上面像是一张口，表示已经能够开口说话的孩子，又有兄弟中的长者之意。金文承续甲骨文字形；小篆整齐化，由此演变为现在的字形。

字义源流

兄：本义是兄弟中的长者，也就是兄长，如：兄妹、兄弟。还指同辈亲戚中年纪比自己大的男子，如：堂兄、表兄；又用作对男子的尊称，如：仁兄、称兄道弟。

妙语精粹

兄友弟恭　难兄难弟　酒肉兄弟　亲如兄弟

孪生兄弟——不分彼此

四海皆兄弟，谁为行路人。　——《旧题苏武诗》

充

chōng

小篆 楷书

汉字造意

小篆字形，由倒着的“子”（表示小孩子）和“人”（表示与人有关）组成，意思是把婴儿养育成人，由此演变为现在的字形。

字义源流

充：本义是把婴儿养育成人，本义消失。引申指饱满、充足，如：充实、充裕；还引申指填满、装满等，如：充饥、充电；又引申指补足或凑足，如：充数、画饼充饥；还有担当、担任的意思，如：充任、充当；也指装作或假冒，如：冒充、充好汉。

妙语精粹

汗牛充栋　画饼充饥　充耳不闻　精力充沛

扫把戴草帽——冒充人

游深晚谷香充鼻，坐苦春松粉满衣。　　——齐己《山中春怀》

兆

zhào

金文 小篆 楷书

汉字造意

古文字形，像是古人占卜时，将龟甲灼烧后出现的裂纹，也就是征兆，巫师就是通过这种征兆来判断吉凶。小篆承续甲骨文字形，由此演变为现在的字形。

字义源流

兆：本义是灼烧龟甲而出现的裂纹，也就是卜兆，如：不占卦兆。引申指预示、预见，如：征兆、预兆、瑞雪兆丰年；还假借指天文数字“一百万”，如：兆赫、兆万。因为数目极大，所以又引申指众多，如：兆古，就是指遥远的古代；兆民，就是指众多的人民、百姓。

妙语精粹

不祥之兆　雪兆丰年　亿兆一心　五日京兆

黄鼠狼斋鸡——不是好兆头

偶应非熊兆，尊为帝者师。　——刘基《题太公钓渭图》

先

xiān

甲骨文　金文　小篆　楷书

汉字造意

甲骨文字形，上面是“止”（脚，借指行走），下面是“人”（借指人的行为），表示走在别人的前面。金文、小篆承续甲骨文字形，由此演变为现在的字形。

字义源流

先：本义是走在前面、前进，表示先行、先做的意思，如：率先、身先士卒。引申指时间在前的、顺序靠前的，如：领先、先进、捷足先登；还引申指事情发生之前的，如：先人后己、先天下之忧而忧；又引申指过去的、祖先，如：先贤、祖先、先辈。

妙语精粹

先声夺人　笨鸟先飞　一马当先　先礼后兵

吃过黄连喝蜂蜜——先苦后甜

转轴拨弦三两声，未成曲调先有情。　——白居易《琵琶行》

光

guāng

甲骨文　金文　小篆　楷书

汉字造意

甲骨文字形，上面像是火，下面像是一个跪坐的人，意思是人头上有火，借指光明。金文承续甲骨文字形，上面的火略有变化；小篆整齐化，由此演变为现在的字形。

字义源流

光：本义是光亮、光明，如：光辉、阳光。引申指景色、景物，如：风光、观光；还引申指时间，如：光阴、时光；又引申指好处、恩惠，如：借光、沾光；也引申指荣耀、光彩，如：光荣、光宗耀祖；还能指平滑、光滑的意思，如：油光、光洁；又引申指裸露的意思，如：光膀子、光头。

妙语精粹

光彩夺目　光芒万丈　光天化日　五光十色

风吹落叶——一扫光

半亩方塘一鉴开，天光云影共徘徊。　　——朱熹《观书有感》

免

miǎn

甲骨文　金文　小篆　楷书

汉字造意

甲骨文字形，下面像是一个人，上面像是帽子的形状，意思是人的头上戴着帽子。金文承续甲骨文字形，进一步简化；小篆整齐化后，失去了原来的形状，由此演变为现在的字形。

字义源流

免：本义是帽子，后被假借为免除、避免的意思，另造“冕”字表示本义。由免除引申指除去、脱掉，如：免冠照片、免礼；还引申指逃避、避开，如：幸免于难、避免；由此又可以引申指不许、不要，如：闲人免进、免税。

妙语精粹

在所难免　免开尊口　未能免俗　不可避免
傻小子不识“兔”字——免了
免归又破六年闲，每寄幽情烟水间。　——陆游《幽情》

儿 ér

甲骨文　金文　小篆　楷书繁　楷书简

汉字造意

甲骨文字形，下面是“人”字，上面像小孩子还未长全囟门的头部，表示幼儿、小孩子。金文承续甲骨文字形，突出幼儿长牙换牙的特点；小篆整齐化；隶变后在楷书中写作兒；汉字简化后写作儿。

字义源流

儿：本义是幼儿，如：儿童、儿科。引申指父母对子女的称呼，如：孩儿、儿女；又引申指男子，如：儿子、男儿；唐代以后又被当作后缀，用在词尾，表示情感的倾向，如：花儿、盆儿、瓶儿、玩儿。

妙语精粹

妻儿老小　儿女情长　视为儿戏　黄口小儿
直尺量曲线——没准儿
昼出耘田夜绩麻，村庄儿女各当家。　——范成大《夏日田园杂兴·其七》

汉字造意

甲骨文字形，像是箭头或刀尖等尖头器具，尖头器具可以刺进别的东西，因此有由外到内地进入之意。金文、小篆延承甲骨文，字形稍有变化；隶变后在楷书中写作入。

字义源流

入：本义是由外到内的进入，如：乘虚而入、入境。引申指参加、加入某个组织或状态，如：入学、入伍；由此引申指适合、相一致，如：入情入理、投入；还引申指交纳、放进，如：装入、入库；又引申指进入某地，如：入场、入席；由此引申指达到某种境地，如：入神、入梦。

妙语精粹

入不敷出　不堪入目　长驱直入　病从口入

泥人入海——有去无回

入春才七日，离家已二年。　　——薛道衡《人日思归》

汉字造意

甲骨文字形，外面像是房屋或洞穴之形，里面是“入”，表示从外面进入室内。金文承续甲骨文字形，稍有变化；小篆字形整齐化，由此演变为现在的字形。

字义源流

内：本义是进入住处，如：欲止不内（通“纳”，此时读作：nà，多见于古文）。内还读作：nèi，表示由外面进入室内，引申指里面，与外相对，如：内部、内地；由室内的，又引申指妻子或妻子家的亲戚，如：内人、内弟；还引申指身体或内心的，如：内脏、内疚。

妙语精粹

内忧外患　内紧外松　外圆内方　内外夹击

麻雀的内脏——小心肝儿

内官初赐清明火，上相闲分白打钱。　　——韦庄《长安清明》

全

quán

小篆　楷书

汉字造意

小篆字形，由“入”（借指内在、里面）和“王（表示玉石）”组成，意思是玉石的内部没有杂质，颜色纯净、完整无缺，也就是纯净的玉石，由此演变为现在的字形。

字义源流

全：本义是纯玉，如：天子用全，上公用龙，本义多见于古文，现已不常用。引申指完整、不缺少，如：齐全、周全、十全十美；还引申指整个、全部，如：全国、全体、全部；又引申指不受损伤的、没有毁坏的，如：保全、成全。

妙语精粹

顾全大局　文武双全　全神贯注　万全之策

啄木鸟找食——全凭一张嘴

天涯海角悲凉地，记得当年全盛时。　　——赵鼎《鹧鸪天·建康上元作》

两

liǎng

金文　小篆　楷书繁　楷书简

汉字造意

金文字形，像是两匹马拉的车的车轭，借指两匹马拉的马车。小篆承续金文字形，上面加一指事符号，表示车辕前面的衡木，由此演变为现在的字形。

字义源流

两：本义是两匹马拉的马车。引申指并列成对的、成双的，如：两手、两岸、两袖清风；还用作量词，表示重量单位，古代二十四铢为一两，十六两为一斤，如：十两、半斤八两；又引申指数目，如：两只鸟、两本书。

妙语精粹

两败俱伤　两极分化　两全其美　两小无猜

城墙上的草——风吹两边倒

两情若是久长时，又岂在朝朝暮暮。　　——秦观《鹊桥仙·纤云弄巧》

八

bā

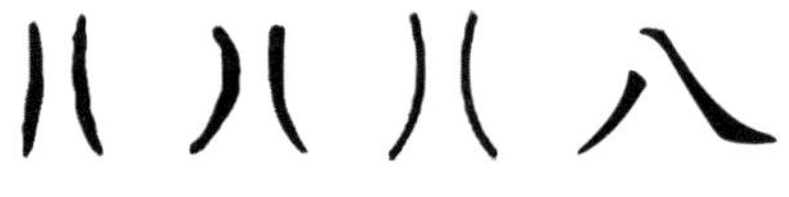

甲骨文　金文　小篆　楷书

汉字造意

甲骨文字形，由两条相背的弧线组成，表示物体被分离成两部分。金文、小篆承续甲骨文字形，由此演变为现在的字形。

字义源流

八：本义是拆分、分开。本义后由“分”代替，“八”被借作表示数目，指大于七、小于九的正整数，如：八卦、才高八斗、八仙过海。

妙语精粹

七上八下　八拜之交　五花八门　八面威风

人心换人心，八两换半斤。

八阵图名成卧龙，六韬书功在飞熊。　　——《蟾宫曲·怀古》

汉字造意

甲骨文字形，由“八”（表示分割、分配）和“口”（此处表示器皿之口）组成，意思是平分食物。金文承续甲骨文字形；小篆承续金文字形，下面的“口”变形为“厶”（私），由此演变为现在的字形。

字义源流

公：本义是平分食物。引申指公平、平均，如：公正、公开、公道、公理；还引申指共同的、集体的、国家的，如：公共、公众、公民、公款；又引申指公开的、不隐蔽的，如：公布、公告、公演、公报；也引申指对男子的尊称，如：诸公、公子、公公、外公；另外，也指雄性的动物，如：公牛、公鸡；再者，又用作度量衡的单位，如：公里、公斤、公升。

妙语精粹

公而忘私　大公无私　公平合理　假公济私

路灯照明——公道

二十二弦何太哀，请公勿渡立徘徊。　　——温庭筠《拂舞词》

汉字造意

甲骨文字形，描画一个圆形的茅庐，上面是倾斜的屋顶，两边是墙壁的样子，表示古人居住的茅屋。金文承续甲骨文字形；小篆字形，将屋顶讹变成半圆形，并整齐化；隶变时，将屋顶简化成一点一横，在楷书中写作六。

字义源流

六：本义是茅庐、草屋，此时读作：lù，本义消失，读音仅限于地名，如：六安（中国安徽省地名）、六合（中国江苏省地名）。后引申指数目，表示大于五、小于七的正整数，此时读作：liù，如：五颜六色、六六大顺；六在中国传统文化中有着吉祥的寓意，出现了很多与之相关的概念，如：六艺（礼、乐、射、御、书、数）、六亲（父、母、妻、子、兄、弟）等等。

妙语精粹

六畜兴旺　六朝金粉　六月飞霜　三头六臂

包公审案子——六亲不认

六朝文物草连空，天淡云闲今古同。

——杜牧《题宣州开元寺水阁阁下宛溪夹溪居人》

汉字造意

甲骨文字形，像是两只手捧着一个物品的样子，表示供奉、供献之意。金文承续甲骨文字形；小篆字形，将金文的“口”上移，写成了“廿”，并整齐化；隶变后在楷书中写作共。

字义源流

共：本义是供奉、供献，此时读作：gōng，如：共其羊牲。此义后多用“供”来表达，而“共”则被借作表示共同、一起的意思，此时读作：gòng，如：和平共处、共进午餐；又引申指总计，如：共计二十人、共用了三十元。

妙语精粹

荣辱与共　同舟共济　生死与共　同甘共苦

大家看电影——有目共睹

但愿人长久，千里共婵娟。——苏轼《水调歌头·丙辰中秋》

兵 bīng

甲骨文　金文　小篆　楷书

汉字造意

甲骨文字形，像是双手握着一把战斧（斤）的样子，表示手拿兵器之意，由此演变为现在的字形。

字义源流

兵：本义是兵器、武器，如：兵工厂、斩木为兵，揭竿为旗。后引申指拿武器的人，也就是士兵、战士，如：兵强马壮、草木皆兵；由士兵又引申指军队，如：兵力、兵变；还引申指军事、战争，如：纸上谈兵、兵荒马乱。

妙语精粹

兵不血刃　兵贵神速　哀兵必胜　缓兵之计

韩信点兵——多多益善

乃知兵者是凶器，圣人不得已而用之。——李白《战城南》

典

diǎn

甲骨文　金文　小篆　楷书

汉字造意

甲骨文字形，下面像是一双手，上面像是竹简，由双手整理书简，引申出文献、典籍之意。金文字形，将双手讹变为几案的形状，表示把典籍放在几案上；小篆字形整齐化，由此演变为现在的字形。

字义源流

典：本义是重要的文献、典籍，如：《永乐大典》（是一套编撰于中国明朝永乐年间的典籍，全书22937卷，11095册，约3.7亿字，是中国百科全书式的文献集）、经典、引经据典。引申指标准、典范、法律制度，如：典型、典雅、典章制度；还引申指典礼，如：盛典、庆典；又引申指主持、主管，如：典试、典狱；也可用作抵押的意思，如：典当、典卖。

妙语精粹

数典忘祖　朝章国典　三坟五典　明正典刑

古典演奏——老调重弹

卖我所乘马，典我旧朝衣。　　——白居易《晚春酤酒》

册

cè

甲骨文　金文　小篆　楷书

汉字造意

甲骨文字形，像是用绳子穿编起来的竹简、木牍，属于中国古代早期的文献资料。金文、小篆承续甲骨文字形，稍有变化，由此演变为现在的字形。

字义源流

册：本义是用绳子穿编起来的竹简、木牍。在中国古代，把书写在竹片上的叫做简，书写在木片上的叫做札或牍，把许多的简或牍编在一起，就成了册，相当于现在把一页页的纸装订起来就成了书一样。后来，册引申指古代帝王用来封官授爵的诏书，如：册封、册立；现在多用作量词，表示数目单位，如：两册书、一册集邮簿。

妙语精粹

典册高文　连篇累册　人手一册　高文大册

湘绣被面包画册——话（画）里有话（画）

越海传金册，华夷礼命行。　　——马戴《送册东夷王使》

汉字造意

甲骨文字形，中间像一条鱼，上下各是一横，代指捕捞工具，表示捕鱼用的竹笼可以再次重复使用。金文字形稍有变化，由此演变为现在的字形。

字义源流

再：本义是再次、第二次，如：一鼓作气，再而衰，三而竭。后引申指反复的、多次的，如：再见、再说一遍；还引申指更、更加，如：再多一点、再长高一点。

妙语精粹

再接再厉　一错再错　东山再起　再生父母

浅滩上放木排——一拖再拖

盛年不重来，一日难再晨。　　——陶渊明《杂诗》

dōng

甲骨文 金文 小篆 楷书

汉字造意

甲骨文字形，像是一根绳子两头打结的样子，表示终结文意；冬季是一年的最后一个季节，故而借“冬”来表示冬季。金文承续甲骨文字形，稍有变化；小篆在下部加上表示寒冷的冰凌形，上部将两点贯穿为一横，表示寒冷的冬季，字形整齐化，由此演变出现在的字形。

字义源流

冬：本义是终结，借指冬天、冬季，如：冬训、秋收冬藏。中国传统历法将一年分为春、夏、秋、冬四个季节，农历的十月至十二月为冬季，冬季天气寒冷，滴水成冰，植物落叶，动物休眠，候鸟南飞。冬还被借为象声词，如：鼓声冬冬、冬冬的敲门声，此义后来由“咚”继承。

妙语精粹

冬暖夏凉　冬温夏清　寒冬腊月　冬烘先生

冬天的暖水瓶——外冷内热

孟冬十月，北风徘徊，天气肃清，繁霜霏霏。　——曹操《冬十月》

bīng

金文 小篆 楷书

汉字造意

金文字形，由“水”和“两点”（表示冰凌）组成，表示水凝结而成的固体冰块。

小篆字形，将冰凌与水的位置对换，由此演变为现在的字形。

字义源流

冰：本义是水因寒冷冻结而成的固体，也就是冰凌，如：结冰、冰雹。引申指寒冷，如：冰凉、冷冰冰；还引申指洁白、晶莹、纯净等意思，如：冰清玉洁、一片冰心在玉壶；又用来指像冰一样的东西，如：冰糖、冰糕。

妙语精粹

冰肌玉骨　冰寒于水　冰雪聪明　冰天雪地

北极的冰川——顽固不化

冰雪林中著此身，不同桃李混芳尘。　——王冕《白梅》

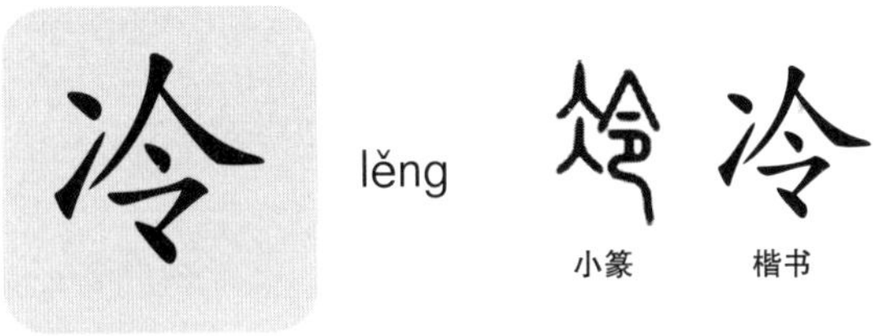

汉字造意

小篆字形，由“仌”（表示冰凌）和“令”（表示命令，兼表读音）组成，意思是天气寒冷，使水变成冰凌。隶变后在楷书中写作冷。

字义源流

冷：本义是温度低、天气寒冷，如：冷冻、冷饮。引申指缺少热情、缺乏关注，如：冷冰冰、冷言冷语；还引申指不热闹，如：冷落、冷清；又引申指少见的、不受欢迎的，如：冷僻、冷货；也引申指突然的，如：冷不丁的、冷不防、冷箭。

妙语精粹

冷言冷语　冷嘲热讽　残羹冷炙　人情冷暖

冰窖里打哈哈——冷笑

银烛秋光冷画屏，轻罗小扇扑流萤。　——杜牧《七夕》

出

chū

甲骨文　金文　小篆　楷书

汉字造意

甲骨文字形，上面像是一只脚，下面像是住所、城邑，意思是从住所向外走。金文承续甲骨文字形；小篆整齐化，由此演变为现在的字形。

字义源流

出：本义是外出、走出，如：出门、出发、出行、出海。引申指出现、显露，如：出产、出天花；还引申指生产、产出，如：出产、出品、出厂；又引申指超出、超越，如：出格、出类拔萃。

妙语精粹

出将入相　出乎意外　出谋划策　独出心裁

半路上杀出个程咬金——突如其来

君看一叶舟，出没风波里。　——范仲淹《江山渔者》

刀

dāo

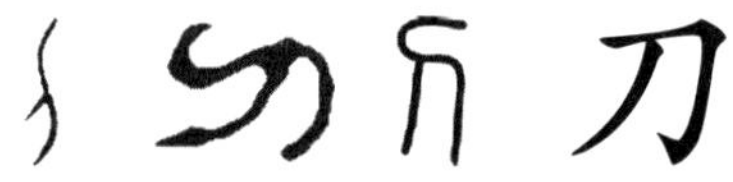

甲骨文　金文　小篆　楷书

汉字造意

甲骨文字形，描画一把刀的样子，上有刀柄、刀身，表示刀这种器物。金文承续甲骨文字形，稍有变化，由此演变为现在的字形。

字义源流

刀：本义是古代的一种兵器，如：刀光剑影、刺刀。引申指用来切割的器具，如：菜刀、削笔刀；还用来指像刀一样的东西，如：冰刀、石刀；又引申指切、砍的动作，如：一刀两断、刀刀致命。

妙语精粹

刀枪不入　宝刀不老　借刀杀人　刀光剑影

铲子切菜——不地道（抵刀）

我自横刀向天笑，去留肝胆两昆仑！　——谭嗣同《狱中题壁》

分

fēn
fèn

甲骨文　金文　小篆　楷书

汉字造意

甲骨文字形，由“八”（代指拆分）和“刀”组成，表示用刀把东西分成几部分。金文、小篆承续甲骨文字形，由此演变为现在的字形。

字义源流

分：本义是分开、分割，如：分界、划分、分工。引申指分配、分给，如：分发、分派；还引申指分离、分散，如：劳燕分飞、分神；又被用作数词，表示长度、时间和货币单位，如：分米、两点三十分、三角六分；表达以上意思时，均读作：fēn。分还读作：fèn，表示被分出去的部分，如：分量、知识分子；还表示原则、定制，如：分内之事、本分。

妙语精粹

分身乏术　分毫不差　分崩离析　分工合作

门里出身——强人三分

天下三分明月夜，二分无赖是扬州。　——徐凝《忆扬州》

刑 xíng

金文　小篆　楷书

汉字造意

金文字形，由“井”（表示木枷，古代的一种刑具）和“刀”（代指古代刑具）组成，意思是用牢笼囚禁、用刀砍杀来处罚犯了罪的人。小篆稍有变形，并整齐化，由此演变为现在的字形。

字义源流

刑：本义是用刀砍杀披枷戴锁的罪人，也就是处罚治罪，如：刑罚、死刑。引申指对罪犯的惩罚，如：严刑拷打、受刑。

妙语精粹

明正典刑　严刑峻法　礼乐刑政　明刑不戮

临刑唱大戏——视死如归

刑天舞干戚，猛志固常在。——陶渊明《读山海经》

列 liè

金文　小篆　楷书

汉字造意

金文字形，描画用刀对犯人进行分解，意思是古代对人进行肢解的一种残酷刑罚。小篆承续金文字形，整齐化，由此演变为现在的字形。

字义源流

列：本义是古代肢解身体的极刑，后表示分解、分开的意思，如：列地、列土封疆。引申指排列有序的，如：排成一列、列队、列表；还被用作量词，表示排成行的东西，如：一列火车、一列队伍。

妙语精粹

周游列国　列祖列宗　钟鸣鼎列　名列前茅

并列第一名——不相上下

虎鼓瑟兮鸾回车，仙之人兮列如麻。　——李白《梦游天姥吟留别》

chū

甲骨文　金文　小篆　楷书

汉字造意

甲骨文字形，左边像是衣服之形，右边像是刀形，表示用刀裁衣服，裁剪是做衣服的开始。金文承续甲骨文字形；小篆整齐化，由此演变为现在的字形。

字义源流

初：本义是用刀裁衣服。引申后泛指开始，如：起初、当初；又引申指原来、本来，如：最初、初创；还引申指第一次、刚开始，如：初一、初恋、初来乍到。

妙语精粹

初出茅庐　旭日初升　初露锋芒　如梦初醒

初生的牛犊——不怕虎

可怜九月初三夜，露似真珠月似弓。　——白居易《暮江吟》

判

pàn

小篆 楷书

汉字造意

小篆字形，由“半”（表示分开一半）和“刀”组成，意思是将东西一刀分成两半。隶变时，将刀变形为“刂”（立刀旁儿），在楷书中写作判。

字义源流

判：本义是分成两半、分开，如：自天地之剖判以至于今。引申指区分、辨别，如：判别、判断、判定；还引申指评断、裁定，如：审判、判案、判卷。

妙语精粹

判若两人　判然不同　判若水火　判冤决狱

糊涂官判案——是非不清

判天地之美，析万物之理。

——《庄子·天下》

别

bié

biè

甲骨文 小篆 楷书

汉字造意

甲骨文字形，左边是刀的形状，右边像是残骨的形状，表示用刀剔骨，将骨与肉分开。小篆字形，将“刀”与“骨”左右对调，由此演变为现在的字形。

字义源流

别：本义是将骨肉分开，仅见于古文。现多引申指分离、分开，如：别离、告别；还引申指另外的、别的，如：别人、别名；又引申指类型、种类，如：分门别类、级别、派别；表示以上意思时，均读作：bié。它还有另外一个读音：biè，表示否定、不要、不顺心等意思，如：别扭。

妙语精粹

别有洞天　别开生面　别无选择　别别扭扭

裁缝做嫁衣——替别人欢喜

接天莲叶无穷碧，映日荷花别样红。　　——杨万里《晓出净慈寺送林子方》

汉字造意

甲骨文字形，左边是一棵稻谷的样子，右边是一把刀，中间的小点代指掉落的谷粒，整体表示用刀收割庄稼之意。金文承续甲骨文字形；小篆承续金文字形，去掉了中间的谷粒，由此演变为现在的字形。

字义源流

利：本义是用刀收割庄稼。后本义消失，引申指锋利、刀口快，如：利剑、尖利、利刃；又引申指快、便捷，如：顺利、便利、利落；还引申指吉利、顺当，如：胜利、大吉大利；也被引申指有好处的、有益处的，如：利益、利润、利国利民。

妙语精粹

唯利是图　利害得失　利令智昏　干净利落

竹筒倒豆子——干脆利索

力拔山兮气盖世，时不利兮骓不逝。　　——项羽《垓下歌》

到

dào

金文 小篆 楷书

汉字造意

金文字形，由“至”（表示来到）和“人”（表示人的动作）组成，意思是人到达某地。小篆字形，误将右边的“人”讹变为“刀”，由此演变为现在的字形。

字义源流

到：本义是到达某地。后引申指到达、抵达，如：到家、到站、到任；又引申指去往、前往，如：到家里去、到北京去；还引申指周全、全顾得着，如：周到、面面俱到。

妙语精粹

水到渠成　马到成功　事到临头　白头到老

见到猫就怕——胆小如鼠

二月和风到碧城。万条千缕绿相迎。——晏几道《浣溪沙·二月和风到碧城》

则

zé

金文 小篆 楷书繁 楷书简

汉字造意

金文字形，由“鼎”和“刀”（表示用刀）组成，意思是用刀在鼎上刻镂记录；鼎在古代象征着权力和地位，是比较重要的器物，所以古人将法律条文及其他重要的文字铸刻在鼎上，以便流传。小篆承续金文字形，将“鼎”变成了“貝”；隶变后在楷书中写作則；汉字简化后写作则。

字义源流

则：本义是准则、法则，如：细则、守则、规则。引申指模范、榜样，如：以身作则；另外，还表示转折、因果等关系，如：欲速则不达、山不在高，有仙则名；又用作量词，表示条、款，如：一则新闻、一则日记。

妙语精粹

事缓则圆　穷则生变　以身作则　不平则鸣

逆水行舟——不进则退

水不在深，有龙则灵。　　——刘禹锡《陋室铭》

前

qián

甲骨文　金文　小篆　楷书

汉字造意

甲骨文字形，外面是“行”（表示道路），中间由“止”（表示脚）和“舟”（表示船）组成，意思是乘船前行，有的甲骨文去掉了外面的“行”。金文承续甲骨文中的简化字形；小篆承续金文字形，并增加字符“刀”，由此演变为现在的字形。

字义源流

前：本义是前行、前进，如：前往、勇往直前。引申指方位，表示正面朝着的，与后相对，如：前方、前面、房前屋后；还引申指时间，表示过去的、发生在前的，如：前年、前所未有；又引申指未来的、将来的，如：前景、前程万里；也用来指次序靠前的，如：前三名、前言。

妙语精粹

前车之鉴　前仰后合　前程似锦　前思后想

近视眼配眼镜——解决眼前问题

前村深雪里，昨夜一枝开。　　——齐己《早梅》

力

lì

甲骨文 金文 小篆 楷书

汉字造意

甲骨文字形，描画古代耕田用的农具，上部像是弯曲的扶手，下面像是耕田的尖头。金文承续甲骨文字形；小篆整齐化，由此演变为现在的字形。

字义源流

力：本义是耕田的农具。后本义消失，引申指体能、力气、力量，如：四肢无力、身强力壮；又引申指能量、能力，如：动力、药力、武力；还引申指技能、权势等，如：记忆力、权力、财力；也引申指尽心去做、争取达到，如：尽心尽力、努力。

妙语精粹

量力而行　力不从心　费力劳神　精力过人

以卵击石——自不量力

力田已告成，计日宜收藏。　　——黄燮清《秋日田家杂咏》

功

gōng

小篆 楷书

汉字造意

小篆字形，由“工”（表示工具）和“力”（表示用力）组成，意思是专心用力做事、劳动，就会有收获、收益，由此演变为现在的字形。

字义源流

功：本义是从事劳动、工作，如：农功、事求可，功求成。引申指成绩、业绩，如：功劳、成功、功德；还引申指本领、技能，如：功夫、唱功、练功；又引申指物理学上由于力的作用而产生的能量，如：功率、机械功。

妙语精粹

事半功倍　功高震主　功成名就　丰功伟绩

骑兵打胜仗——马到成功

三十功名尘与土，八千里路云和月。　　——岳飞《满江红·写怀》

汉字造意

金文字形，由“力”（表示农具）和“口”（表示张口说话）组成，意思是谎话、不实的语言。小篆字形整齐化，由此演变为现在的字形。

字义源流

加：本义是夸大不实的话，如：衣食所安，弗敢加也。引申指增加、增多，如：加快、加大、加强；还引申指施加、强加，如：加密、加注；又引申指把一物放在另一物之上、加上，如：加冠（中国古代男子二十岁行加冠礼，表示已经成年）、加冕（古代君主即位时所举行的仪式，把皇冠加戴在君主的头上）。

妙语精粹

风雨交加　雪上加霜　横加指责　加官晋爵

鞭打千里驹——快马加鞭

大风起兮云飞扬，威加海内兮归故乡，安得猛士兮守四方！

——刘邦《大风歌》

汉字造意

小篆字形，由“且”（zǔ，表示祖先、神灵）和“力”（表示用力）组成，意思是得到神灵的帮助，由此演变为现在的字形。

字义源流

助：本义是帮助，如：助人为乐、助手、赞助、资助、得道多助，失道寡助；引申指商代的一种租赋制度，如：殷人七十而助。

妙语精粹

拔刀相助　助纣为虐　鼎力相助　爱莫能助

拔苗助长——急于求成

荒烟凉雨助人悲，泪染衣襟不自知。　　　——王安石《送和甫至龙安微雨》

汉字造意

金文字形，由“甬”（yǒng，有柄的钟，代指有力，兼表读音）和“戈”（表示武器）组成，表示士兵无所畏惧，胆大敢拼。小篆承续金文字形，“戈”变形为“力”；隶变后在楷书中写作勇。

字义源流

勇：本义是有胆量、有力气，如：勇敢、英勇、勇气、奋勇、勇士。引申指凶猛，如：狡捷过猴猿，勇剽若豹螭；又引申指不推诿，如：勇于负责、勇于担当；又引申指士兵，如：兵勇、劲勇；中国清代，战争时临时招募的兵士称为“乡勇”。

妙语精粹

智勇双全　勇冠三军　勇者不惧　见义勇为

徒手打老虎——有勇无谋

壮士纷纷施勇烈，威名赳赳自昭彰。　——郑光祖《杂剧・钟离春智勇定齐》

miǎn

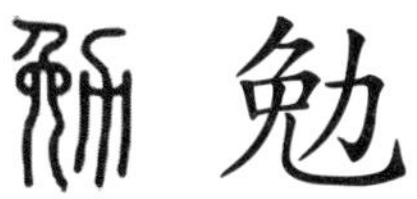

小篆　　楷书

汉字造意

小篆字形，由“免”（表示除去的意思）和“力”（表示用力）组成，意思是虽然力量不够，但仍然尽力去做某事，由此演变为现在的字形。

字义源流

勉：本义是尽力、努力，如：勤勉、奋勉、勉力。引申指劝诫、激励，如：勉励、共勉、互勉；还引申指力量不够或不情愿还尽力去做，如：勉强、勉力、勉为其难。

妙语精粹

勉为其难　勉勉强强　勖勉有加　有则改之，无则加勉

及时当勉励，岁月不待人。　——陶渊明《杂诗》

知力耕可以得谷，勉贸可以得货。　——王充《论衡》

动

dòng

金文　小篆　楷书繁　楷书简

汉字造意

金文字形，由一个被刺瞎眼睛的奴隶、一个包袱（东）和“土”组成，表示背负重物之意。小篆字形，转变为“重”和“力”的组合；隶变后在楷书中写作動；汉字简化后写作动。

字义源流

动：本义是移动、行动，即指位置的变化，如：动手、动武、动口、移动、挪动、风吹草动。引申指行为、举动，如：动作、一举一动；还引申指感情的变化，如：感动、动人、动情。

妙语精粹

惊心动魄　动荡不安　楚楚动人　动人心弦

石狮子的眼睛——动不得

疏影横斜水清浅，暗香浮动月黄昏。　　——林逋《山园小梅·其一》

务

wù

金文　小篆　楷书繁　楷书简

汉字造意

金文字形，由“矛”（表示武器）和“攴”（pū，表示手拿武器攻击）组成，意思是尽力攻击。小篆承续金文字形，下面增加字符“力”，强调用力的状态，并整齐化；隶变后在楷书中写作務；汉字简化后写作务。

字义源流

务：本义是努力去做、致力、从事，如：不务正业、务工、务农。引申指事情、事务，如：公务、任务、服务、特务；还引申指极力、必须，如：务必、务须。

妙语精粹

险恶务尽　不识时务　当务之急　陈言务去

服务员端茶——和盘托出

桃李务青春，谁能贯白日。　　——李白《长歌行》

胜

shèng

小篆

勝

楷书繁

胜

楷书简

汉字造意

小篆字形，由“朕”（表示掌舵行船）的变形和“力”组成，表示能够承担、经得住之意。隶变后在楷书中写作勝；汉字简化时，借用了“胜”（原指腥臭之气）的字形。

字义源流

胜：本义是能够承担、经得住，如：胜任、不胜酒力。引申指超过、占优势的，如：优胜、以少胜多；还引申指打败对方，或达到目的，如：胜利、胜券在握；又引申指美好的、优美的，如：胜景、名胜古迹。

妙语精粹

胜利在望　战无不胜　反败为胜　乘胜追击

常胜将军——百战百胜

胜日寻芳泗水滨，无边光景一时新。　　——朱熹《春日》

劳

láo

甲骨文　金文　小篆　楷书繁　楷书简

汉字造意

甲骨文字形，由带有小点的“衣”和两个“火”组成，表示夜里在火光下缀衣辛劳之意。金文承续甲骨文，字形稍变；小篆字形变化较大，并用字符“力”替换了下边的字形，表示体力操劳之意；隶变后在楷书中写作勞；汉字简化后写作劳。

字义源流

劳：本义是缀衣辛劳，引申后泛指体力操劳，如：劳累、劳务、劳动。引申指功劳、成绩，如：功劳、劳苦功高；还引申指从事劳动的人，如：劳工、劳资关系；又引申指慰问、犒赏，如：慰劳、犒劳、劳军；也可以用在口语，表示请别人做事的客气话，如：劳驾、劳烦。

妙语精粹

劳燕分飞　积劳成疾　不劳而获　以逸待劳

大网捕小鱼——劳而无功

劳歌一曲解行舟，红叶青山水急流。　——许浑《谢亭送别》

势

shì

小篆　楷书繁　楷书简

汉字造意

小篆字形，由“埶”（yì，表示移栽植物，兼表读音）和“力”（代指外力、威力）组成，表示施加外力，让植物生长旺盛。隶变后在楷书中写作勢；汉字简化后写作势。

字义源流

势：本义是植物生长旺盛，今本义消失。引申指强力、权力，如：权势、得势、势均力敌；还引申指威力、力量，如：声势、气势；又引申指事物发展的趋向、情势，如：发展势头、来势汹汹；也指自然界或物体的形貌，如：山势、地势、手势。

妙语精粹

势不可挡　蓄势待发　大势所趋　气势汹汹

看着地图摆阵势——纸上谈兵

南山与秋色，气势两相高。　——杜牧《长安秋望》

勤

qín

金文　小篆　楷书

汉字造意

金文字形，由“堇”（qín，指黄黏土）和“力”（表示用力）组成，表示劳累、劳苦之意。小篆承续金文字形，并整齐化，由此演变为现在的字形。

字义源流

勤：本义是劳累、劳苦，如：勤劳、勤苦。引申指尽力做事、不偷懒，如：勤快、勤奋、勤能补拙；还引申指经常、多次的，如：勤来勤往、勤洗澡、勤换衣服；又引申指事务、劳动，如：勤务兵、出勤。

妙语精粹

勤劳勇敢　勤奋好学　勤俭持家　克勤克俭

哈巴狗摇尾巴——献殷勤

学向勤中得，萤窗万卷书。　——汪洙《勤学》

劝

quàn

小篆 楷书繁 楷书简

汉字造意

小篆字形，由“雚”（guàn，表示读音）和“力”（表示用力、努力）组成，意思是共同努力。隶变后在楷书中写作勸；汉字简化后写作劝。

字义源流

劝：本义是勉励、鼓励，如：劝勉、劝学。引申指说服、使人听从，忠告、建议，如：劝说、劝告、劝阻、劝谏；还引申指勤勉、努力，如：劝业、劝耕。

妙语精粹

劝百讽一　劝善惩恶　演古劝今　劝善规过

听人劝，吃饱饭。

劝君更尽一杯酒，西出阳关无故人。　　——王维《送元二使安西》

化

huà

甲骨文 金文 小篆 楷书

汉字造意

甲骨文字形，像是正反两个人形，表示两人不一样、不一致，有变化、改变的意思。金文承续甲骨文字形，整齐化，由此演变为现在的字形。

字义源流

化：本义是变化、改变，如：转化、冥顽不化。引申指教化、改变某人的言行，如：感化、化作、春风化雨；又引申指化学，如：化工、化疗、化合物；还引申指消化、消除，如：食古不化、化食；也可作为名词、形容词的后缀，一般放在句尾，如：简化、绿化、自动化；另外，僧人、道士向人请求布施，也称为“化”，如：化缘、化斋。

妙语精粹

逢凶化吉　潜移默化　光天化日　出神入化

悬崖上勒马——化险为夷

落红不是无情物，化作春泥更护花。　　——龚自珍《己亥杂诗·其五》

北

běi
bèi

甲骨文　金文　小篆　楷书

汉字造意

甲骨文字形，像是两个人背靠背站着的样子，表示相违背、不一致。金文承续甲骨文字形，由此演变为现在的字形。

字义源流

北：本义是相背，是“背”的本字，如：违背、背离；作名词时，也表示脊背、背部；表示以上意思时，均读作：bèi。后被借作表示方向——北，与南相对，此时读作：bĕi，如：北方、北京、南北、北国。

妙语精粹

走南闯北　大江南北　南征北战　追亡逐北

南辕北辙——越走越远

舍南舍北皆春水，但见群鸥日日来。　　——杜甫《客至》

区

qū
ōu

甲骨文 金文 小篆 楷书繁 楷书简

汉字造意

甲骨文字形，由“乚”（表示范围）和“品”（表示许多物品）组成，表示将物品收集在一个容器里，意思是收藏。金文承续甲骨文字形，稍有改变；小篆承续金文字形，整齐化；隶变后在楷书中写作區；汉字简化后写作区。

字义源流

区：本义是收藏、藏匿。后本义消失，引申指地域的分界，如：区别、区分；还引申指一定范围的，如：市区、开发区、风景区；又引申指行政区划，如：北京市朝阳区、区政府；也引申指很少的、不屑一顾，如：区区小事、何乃太区区；表示以上意思时，均读作：qū。区还可以作为姓氏，此时读作：ōu。

妙语精粹

首善之区　区区此心　力济九区　瓜区豆分

核桃栗子一起收——不加区别

区区精卫鸟，衔木空哀吟。　　——李白《寓言三首》

十

shí

甲骨文 金文 小篆 楷书

汉字造意

甲骨文字形，像是一竖画，有说是竖立的树枝或木棍之形，表示数目十。金文字形，在一竖的中间加一点；小篆承续金文字形，并将中间的一点拉长，由此演变为现在的字形。

字义源流

十：本义是数目十，也就是大于九、小于十一的正整数，如：十个、十里。引申指数量很多的，如：十万八千里、十年树木，百年树人；在中国古代，十还有齐全、完备的意思，如：十全十美、十分漂亮。

妙语精粹

十面埋伏　十拿九稳　十里洋场　一目十行

十个指头——有长有短

十年磨一剑，霜刃未曾试。　　——贾岛《剑客》

qiān

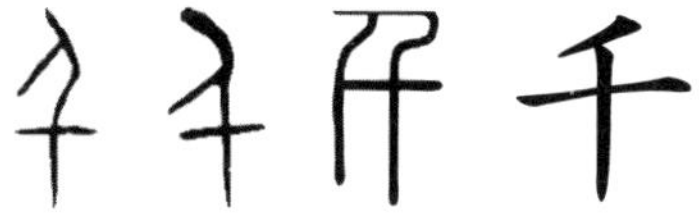

甲骨文　金文　小篆　楷书

汉字造意

甲骨文字形，像是在人的腿部加一指事符号，表示不停地行走。金文承续甲骨文字形，由此演变为现在的字形。

字义源流

千：本义是迁移，代指数目一千，如：千米、千克。后引申指很多，如：千军万马、千言万语、千方百计、千秋、千古、千金。说到千金，最初指的并不是女儿，而是儿子，传说南北朝时，谢庄常向别人夸奖儿子谢朏的才华，说：真吾家千金也！直到元、明之后，才用来指女儿，如：这是谁家的千金？就是问：这是谁家的女儿？

妙语精粹

千篇一律　千变万化　千古独步　千锤百炼

千里送鹅毛——礼轻情意重

千古兴亡多少事？悠悠。不尽长江滚滚流。

——辛弃疾《南乡子·登京口北固亭有怀》

午

wǔ

甲骨文 金文 小篆 楷书

汉字造意

甲骨文字形，像是两头粗、中间细的棒杵，是古人用来舂（chōng）米的工具。金文字形，上部变成了箭头形状，下部变成了一点；小篆字形，将下部一点拉长为横，由此演变为现在的字形。

字义源流

午：本义是古代舂米工具——棒杵。本义消失，后被借用为地支第七位，如：甲午战争、丙午年；还用来指时间，如：午时（指上午十一点到下午一点）、午睡、午餐；还指十二生肖中的马，如：午马。

妙语精粹

旁午构扇　旁午走急　祁奚举午　午日三公

端午节划龙舟——载歌载舞

午醉醒来愁未醒，送春春去几时回。　——张先《天仙子·水调数声持酒听》

半

bàn

金文 小篆 楷书

汉字造意

金文字形，上面是“八”（表示分开、分解），下面是“牛”（表示牛），表示将牛一分为二，也就是分成两半。小篆承续金文字形；隶变时，将上面的“八”变成了两点，笔画化，在楷书中写作半。

字义源流

半：本义是一半，一分为二，如：半辈子、半斤八两、一年半载。引申指处于中间的，如：半夜、半路上、半天；还引申指部分的、很少的，如：一星半点、半文不值；又引申指不完全的，如：半成品、一知半解。

妙语精粹

半壁江山　半途而废　半文半白　半梦半醒

半路上丢算盘——失算了

灯火已收正月半，山南山北花撩乱。——王安石《渔家傲·灯火已收正月半》

汉字造意

甲骨文字形，由“衣”（表示衣服）和“爻”（表示交错的符号标记）组成，表示古代奴隶或士兵身上穿的带有标记的衣服，以与常人相区别。金文承续甲骨文字形，并省简部分笔画；小篆承续金文字形，整齐化，由此演变为现在的字形。

字义源流

卒：本义是古代供隶役穿的一种衣服。后来也指穿这种衣服的人，如：狱卒、士卒、兵卒；引申指完毕、结束，如：卒业、卒岁；还引申指死亡，如：生卒年月；表示以上意思时，均读作：zú。卒还读作：cù，表示突然的意思，如：卒然、卒死，与“猝”相通。

妙语精粹

仓卒之际　身先士卒　无名小卒　丢卒保车

小卒子过河——有去无回

怯卒非战士，炎方难远行。　　——李白《古风·其三十四》

协

xié

甲骨文 金文 小篆 楷书繁 楷书简

汉字造意

甲骨文字形，上面是三个“力”（古代农具，此处表示一起用力），下面是一个“口”（表示呼喊），表示众人集体劳动时，一起大声呼喊着，共同用力来做事。金文字形，像是众多猎狗合力围捕猎物；小篆承续甲骨文字形，删减字符“口”，增加字符“十”，表示齐心合力；隶变后在楷书中写作協；汉字简化后写作协。

字义源流

协：本义是合作、共同努力做事，如：协同作战、协商、协议。引申指和睦、和谐，如：今刘表新亡，二子不协；还引申指帮助、辅助，如：协理、协助；又引申指调整、调和，如：协调、协商、妥协。

妙语精粹

协心戮力　君子协定　同心协德　齐心协力

众人拔河——同心协力

芳时协金奏，赐宴同群臣。　　　　——李适《中和节赐百官燕集因示所怀》

南

nán
nā

甲骨文 金文 小篆 楷书

汉字造意

甲骨文字形，上面像绳子，下面像是钟一样的乐器，意思是南方闽越地区少数民族的乐器，这种乐器是瓦制的，像钟一样可以敲击。金文、小篆承续甲骨文字形，由此演变为现在的字形。

字义源流

南：本义是古代南方闽越一带的钟鼓之类的乐器，如：以雅以南。因为这种乐器是南方的，后引申表示方向南，与北相对，如：南边、江南、南腔北调。在佛教用语“南无阿弥陀佛”中，则读作：nā。

妙语精粹

南来北往　南征北讨　南辕北辙　南柯一梦

不撞南墙不回头——倔强

春风又绿江南岸，明月何时照我还。　——王安石《泊船瓜洲》

汉字造意

甲骨文字形，上面是一只向下按的手，下面是一个跪着的人，意思是用手按着一个人的头，让其跪下、服从。金文、小篆承续甲骨文字形；隶变时，将上下结构改为左右结构，在楷书中写作印。

字义源流

印：本义是按压，如：印堂、烙印。后引申指印信、图章，如：印章、符印、盖印；还引申指留下的痕迹，如：手印、脚印、印在脑海里；又引申指印刷，也就是将文字、图画等印到纸等其他物品上，如：印制、打印、复印；也引申指符合、验证与事实相符，如：印证、心心相印。

妙语精粹

画沙印泥　金印如斗　飞鸿印雪　封金挂印

下雪天走路——一步一个脚印

不知夫子将心印，印破人间万卷书。——皮日休《鲁望戏题书印囊奉和次韵》

危

wēi

危

小篆　楷书

汉字造意

小篆字形，由“产”（表示人在山崖上）和“卩”（jié，表示跪坐之人）组成，意思是人在山崖或山顶上，身处十分危险的境地。隶变后在楷书中写作危。

字义源流

危：本义是高、高处，如：危墙、危楼。引申指危险、不安全的，如：危房、危难、危机；还引申指端正的、挺直的，如：正襟危坐、危言危行；又引申指伤害、损害，如：危害、危及生命；也指人快去世了，如：生命垂危、病危。

妙语精粹

危机四伏　危急关头　临危不惧　危言耸听

脖子上磨刀——危险到顶

细草微风岸，危樯独夜舟。——杜甫《旅夜书怀》

卷

juàn

juǎn

quán

卷

小篆　楷书

汉字造意

小篆字形，由“卩”（jié，表示跪坐之人）和“券”（juàn，表示读音）

的省形组成，意思是弯曲、曲膝而跪，由此演变为现在的字形。

字义源流

卷：本义是曲膝，是“蜷”的本字，读作：quán，引申指弯曲、曲折，如：卷曲、卷娄。卷还读作：juǎn，表示把物品弯成半圆形或半筒形，如：卷心菜、卷珠帘、卷席；还引申指用强力带动，如：卷土重来、龙卷风；又引申指成卷的物品，如：花卷、胶卷、烟卷。卷又读作：juàn，表示书籍、书本，如：上卷、下卷、卷帙（书卷成束，用布装裱起来称“帙”，也就是书套。现一般指书籍）；还表示能够舒展和弯转成圆筒形的书画，如：画卷、手卷；也表示考试用的纸张，如：试卷、答卷；又表示分类保存的文件、档案，如：案卷、卷宗。

妙语精粹

席卷天下　席卷而逃　手不释卷　开卷有益

油画里卷国画——话（画）里有话（画）

贾生诗卷惠休装，百叶莲花万里香。　　——李洞《题晰上人贾岛诗卷》

hòu

甲骨文　金文　小篆　楷书

汉字造意

甲骨文字形，由“厂”（hǎn，表示山岩）和“㫗”（表示墓室、地宫）组成，意思是在山崖上开凿巨大的帝王陵墓，因为古代帝王的墓地不仅占地面积大，而且封土高，就像是山丘、山陵，所以后来也称帝王墓为陵。金文、小篆承续甲骨文字形，由此演变为现在的字形。

字义源流

厚：本义是山陵高厚，如：厚葬、见于厚土。引申指物体上下之间的距离，如：厚度、厚颜、一尺厚的雪；还引申指财物丰富，如：丰厚、家底厚实；又引申指待人诚实、忠诚，如：忠厚、厚道；也引申指多、重、大的意思，如：厚礼、厚爱、厚重、待遇优厚；另外，也指酒的味道浓郁，如：酒味醇厚。

妙语精粹

厚今薄古　厚颜无耻　厚此薄彼　天高地厚

举起碾盘打月亮——不知天高地厚

东野穷愁死不休，高天厚地一诗囚。　　　——元好问《论诗三十首·十八》

原

yuán

金文　小篆　楷书

汉字造意

金文字形，描画出山崖下有泉水，水涓涓向外流出的样子，意思是水的源头。小篆承续金文字形，由此演变为现在的字形。

字义源流

原：本义是源泉、水流的源头，是“源”的本字，如：原清则流清，原浊则流浊。后引申指原由、根源，如：原因、原故、原委；还引申指开始的、最初的，如：原始、原配、原罪；又引申指未经加工的，如：原煤、原料、原油；也可用来指请求宽恕的意思，如：原谅、情有可原；又引申指广阔而平坦的地方，如：草原、平原、原野。

妙语精粹

原封不动　物归原主　问鼎中原　星火燎原

白骨精遇上了孙悟空——原形毕露

死去元知万事空，但悲不见九州同。　　　——陆游《示儿》

去

qù

甲骨文　金文　小篆　楷书

汉字造意

甲骨文字形，上面是“大”（表示人），下面是“口”（wéi，表示住所），意思是人离开住所，到外面去。金文承续甲骨文字形；小篆字形，“口”不再封闭，整齐化，由此演变为现在的字形。

字义源流

去：本义是离开，如：去处、去国、去向不明。引申指除去、除掉，如：去掉、去皮、失去；还引申指前往某地，如：去学校、去外国；又引申指时间，表示过去的，如：去年、去岁；也可用来表示距离，如：相去不远、去村十里。

妙语精粹

去本就末　来去匆匆　人去楼空　来龙去脉

长竹竿进巷道——直来直去

一曲新词酒一杯，去年天气旧亭台。　——晏殊《浣溪沙·一曲新词酒一杯》

参

shēn

cān

cēn

甲骨文　金文　小篆　楷书繁　楷书简

汉字造意

甲骨文字形，下面像是一个人形，上面像是三颗星闪烁的样子，意思是参星在天空，人在下面仰望天空，观察星象。金文承续甲骨文字形，并在下面增加字符“彡”，表示星光闪烁的样子；小篆字形，将三颗星变成“晶”，下部“人”与“彡”

合并变形；隶变时，将上面的“晶”变形为“厽”，在楷书中写作参；汉字简化后写作参。另外，“葠”（草药名）“蓡”（人参、党参等）两字，也与“参”合并为统一字形。

字义源流

参：本义是星名，二十八宿之一，如：人生不相见，动如参与商。同时，作为“葠”“蓡”的简化字，表示植物的名字，如：人参、党参、西洋参；表示以上意思时，均读作：shēn。参还读作：cān，表示加入、参加，进见、参拜，探究、对照等意思，如：参军、参见、参照、参考。参还读作：cēn，意思是不一致、不整齐，如：参差（cī）不齐、参差错落。

妙语精粹

毁誉参半　古木参天　参辰日月　晨参暮礼

参天的大树——高不可攀

参横斗转欲三更，苦雨终风也解晴。　　　　——苏轼《六月二十日夜渡海》

汉字造意

甲骨文字形，描画出一只右手的样子，意思是右手。金文承续甲骨文字形；小篆承续金文字形，并整齐化，由此演变为现在的字形。

字义源流

又：本义是右手。后引申指多次重复、再、更等意思，如：又一次、想了又想、春风吹又生；还引申指递进、更进一步，如：又上层楼、路不远，车子又快，一会就到了；也引申指几种情况并存，如：又快又好、又高又大。

妙语精粹

又惊又喜　欲言又止　又当别论　玄之又玄

长江后浪推前浪——一波未平，一波又起

又送王孙去，萋萋满别情。　　——白居易《赋得古原草送别》

及

jí

甲骨文　金文　小篆　楷书

汉字造意

甲骨文字形，左边是一个人的形象，右下方是一只手的形象，意思是一只手从后面赶上，并抓住前面的人。金文承续甲骨文字形；小篆承续金文字形，整齐化，由此演变为现在的字形。

字义源流

及：本义是追上并抓住，如：来得及、望尘莫及。引申指达到、到位，如：涉及、及格、及第（指科举考试应试中选，因榜上题名有甲乙次第）；还引申指趁着、不误时，如：及时、及早安排；又引申指比得上，能与之相比，如：我不及他、他不及你；也引申指并列、又，如：以及、老吾老以及人之老；又引申指连累，如：波及、城门失火，殃及池鱼；又特指兄死弟继王位，如：诸侯传位自与家，父子曰世，兄弟曰及。

妙语精粹

鞭长莫及　推己及物　爱屋及乌　不可企及

骑牛追马——望尘莫及

桃花潭水深千尺，不及汪伦送我情。　　——李白《赠汪伦》

友

yǒu

甲骨文 金文 小篆 楷书

汉字造意

甲骨文字形，像是两只同一朝向的手，意思是两只手方向一致，寓意两个人目标一致、相互帮助。金文、小篆承续甲骨文字形；隶变时，字形发生变化，在楷书中写作友。

字义源流

友：本义是相互协作，如：友善、友好。引申指关系亲密的人、志同道合的人，如：亲友、朋友、战友、良师益友；还引申指亲密的、友好的，如：友邦、友邻。

妙语精粹

呼朋唤友　同窗故友　金兰之友　卖友求荣

多年的朋友——老交情

况吾与子渔樵于江渚之上，侣鱼虾而友麋鹿，驾一叶之扁舟，举匏樽以相属。

——苏轼《前赤壁赋》

反

fǎn

甲骨文 金文 小篆 楷书

汉字造意

甲骨文字形，由“厂”（hǎn，表示山崖）和“又”（表示手）组成，表示手心翻转向外、攀缘山崖。金文、小篆承续甲骨文字形，由此演变为现在的字形。

字义源流

反：本义是手心翻转，攀缘山崖，古时多写作“扳”。引申指翻转、颠倒、回过头来，如：反复、反对、反问、反击、反思；还引申指相反的、相对的，与“正”相对，如：反面、反话、反常、反季节；又引申指类推，如：举一反三；另外，也用作副词，如：反而、相反、反倒。

妙语精粹

易如反掌　反唇相讥　反复无常　辗转反侧

阿婆留胡子——反常

反复相思字，中有故人心。　　——韦应物《效何水部二首》

qǔ

甲骨文　金文　小篆　楷书

汉字造意

甲骨文字形，由“耳”和“又”（表示手）组成，这种构思来源于古代战争，在抓住俘虏或杀敌后，人们常割其左耳作为计功的凭证。金文、小篆承续甲骨文字形，稍有变化；隶变后在楷书中写作取。

字义源流

取：本义是割取敌人的左耳，来计算功劳，如：郑国多盗，取人于萑苻之泽。引申指获得、得到，如：取得、获取、录取、取胜；还引申指选择、选取，如：取名、取景、舍生取义；又引申指采用、采纳，如：吸取、采取、可取。

妙语精粹

取长补短　断章取义　咎由自取　取之不尽

唐僧取经——千辛万苦

男儿何不带吴钩，收取关山五十州。　　——李贺《南园十三首・其五》

受

shòu

甲骨文　金文　小篆　楷书

汉字造意

甲骨文字形，像是两只手中间有一只舟，也就是船，意思是用船运送货物，再由人用手来传递物品。金文承续甲骨文字形；小篆将“舟”简化成“冖”，整齐化，由此演变为现在的字形。

字义源流

受：本义是运送、接受，如：受命、受奖、受训、受理。引申指遭遇、受到，如：遭受、受骗、受苦受累；还引申指合适的、可心的，如：说话受听、心里不好受。

妙语精粹

受宠若惊　担惊受怕　临危受命　挨饿受冻

眼睛藏沙——不能忍受

何时眼前突兀见此屋，吾庐独破受冻死亦足！——杜甫《茅屋为秋风所破歌》

口

kǒu

甲骨文　金文　小篆　楷书

汉字造意

甲骨文字形，描画出人张开嘴的形状，意思是人的嘴，由此演变为现在的字形。

字义源流

口：本义是人的嘴巴，如：口腔、口技、口语、口味。引申指人员、家庭成员，如：人口、户口、口粮；还引申指出入的地方，如：出口、入口、关口、瓶口；又引申指行业、管理系统，如：专业对口、安全口、教育口；另外，也可以用作量词，表示数量，如：一口锅、三口人、一口气。

妙语精粹

口齿伶俐　口是心非　心直口快　心服口服

口含糍粑——难开腔

牧童归去横牛背，短笛无腔信口吹。　——雷震《村晚》

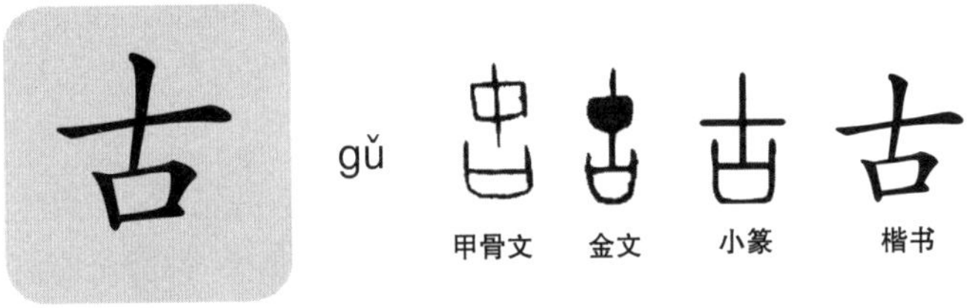

汉字造意

甲骨文字形，下面是“口”（表示口口相传），上面是“十”（表示数量多），意思是很久以前的事情，都是靠人口口相传而得以流传的。金文承续甲骨文字形，稍有变化，由此演变为现在的字形。

字义源流

古：本义是久远的年代、古时候，与“今”相对，如：古代、远古、考古、古董。引申指祖先、前代人，如：作古；又引申指质朴的，如：古朴、古雅、人心不古；又引申指固执的、奇特的，如：古板、刁钻古怪。

妙语精粹

古道热肠　谈古论今　古色古香　亘古不变

博物馆的陈列品——老古董

古宫闲地少，水港小桥多。　——杜荀鹤《送人游吴》

句

jù
gōu

甲骨文　金文　小篆　楷书

汉字造意

甲骨文字形，由“丩”（表示弯曲连结）和“口”（表示言语）组成，意思是语调曲折，古人读书多在语句停顿处打钩来标注，以此来表示一个完整意思的语言单位，也就是句子。金文承续甲骨文字形，稍有变化；小篆在金文的基础上进一步繁化、整齐化；隶变后在楷书中写作句。

字义源流

句：本义是语言的最小单位，如：造句、句号、句读（jù dòu，古文没有标点符号，为了方便阅读，人们便在文中自行加注标记，这就是句读。句是一小段语意完整的语词，读是句中语意未完，但语气可以停顿的一小段语词），此时读作：jù；又用作量词，用于诗文、言语或时段的计量，如：他读了两句诗、我就说一句。它还有另一个读音：gōu，引申指弯曲、曲折、钩子等意思，现多用“勾”或“钩”来表达此意，只在古语或地名中保留此字，如：高句（gōu）丽（lí），就是古代中国对古代朝鲜一个国家的称呼。

妙语精粹

句斟字酌　金章玉句　一言半句　断章摘句

合起来讲五句——三言两语

两句三年得，一吟双泪流。　——贾岛《题诗后》

可

kě
kè

甲骨文 金文 小篆 楷书

汉字造意

甲骨文字形，右边像是劳动工具之形，左边的“口”表示声音，整体表示歌以助劳之意。金文承续甲骨文字形，由此演变为现在的字形。

字义源流

可：本义是歌以助劳，此义后来由“歌”继承。引申指许可、赞同，如：认可、模棱两可、可以；还引申指适合的、舒心的，如：可口、可心、可体；又引申指能、能够，如：可能、可靠、可取；也引申指值得，如：可歌可泣、可观、可怜；表示以上意思时，均读作：kě。还用作中国古代鲜卑、突厥、回纥、蒙古等族君主的称号，此时读作：kè，如：可汗。

妙语精粹

可歌可泣　可乘之机　不可思议　机不可失

迷途的羔羊——无家可归

桃花一簇开无主，可爱深红爱浅红。　　——杜甫《江畔独步寻花·其五》

史

shǐ

甲骨文 金文 小篆 楷书

汉字造意

甲骨文字形，上面像是笔或簿册，下面是“又”（表示手），意思是手拿笔或简册的人掌管文书记录，也就是古代的史官。金文、小篆承续甲骨文字形，由此演变为现在的字形。

字义源流

史：本义是掌管文书的史官，如：左史、太史（中国古代的官职，因年代不同其具体的职责也不同。西周、春秋时太史掌管起草文书，策命诸侯卿大夫，记载史事，编写史书，兼管国家典籍、天文历法、祭祀等）。引申指史官记录下来的东西，如：史册、史稿、史记、史书；还引申指历史，如：中国史、世界史、名垂青史。

妙语精粹

史无前例　良史之才　青史流芳　稗官野史

汉家青史上，计拙是和亲。——戎昱《咏史》

千年史册耻无名，一片丹心报天子。——陆游《金错刀行》

汉字造意

甲骨文字形，像是右手之形，表示右手。金文字形，在下面加了一个“口”，表示用口来帮助，意思是口手并用，后用“佑”来表示此义；小篆承续金文字形，整齐化，由此演变为现在的字形。

字义源流

右：本义是帮助、辅助，如：右援、右助。引申指方位词，与“左”相对，如：右方、右侧；在中国古代，左右的尊卑并不固定，现在待客时通常以右为尊，让尊贵的客人坐在右边；还引申指思想保守的、传统的，如：右派、右倾、右翼。

妙语精粹

左右为难　左思右想　难出其右　左右逢源

左耳朵进右耳朵出——耳旁风

左右寂无言，相看共垂泪。——王维《羽林骑闺人》

各

gè

甲骨文 金文 小篆 楷书

汉字造意

甲骨文字形，由“止”（表示脚趾）和“囗”（wéi，表示住所、城邑）组成，意思是向住所、城邑前进，也就是到那儿去。金文、小篆承续甲骨文字形，由此演变为现在的字形。

字义源流

各：本义是到来，如：王在东门，夕，王各。后本义消失，被假借表示群体里的个体，如：各自、各别、各司其职；还引申指每个的，如：各家各户、全国各地。

妙语精粹

各取所需　各有利弊　各有千秋　各个击破

斧大好砍树，针小能穿布——各有各用处

横看成岭侧成峰，远近高低各不同。——苏轼《题西林壁》

合

hé

甲骨文 金文 小篆 楷书

汉字造意

甲骨文字形，由“亼”（表示器皿的盖子）和“口”（此处表示盛东西的器皿）

组成，以盖子扣在器皿上来表达合拢、闭上之意。金文承续甲骨文字形，由此演变为现在的字形。

字义源流

合：本义是合拢、闭上、盖上，如：合眼、合上书、愈合。引申指聚在一起的、连结，如：合伙、合作、联合、结合；还引申指相一致的、符合的，如：合情合理、合身、合适；又引申指加在一起、总共，如：合计、折合；也用来指整个的、全部的，如：合家、合村。

妙语精粹

合二为一　貌合神离　合情合理　日月合璧

和尚的木鱼——合不拢嘴

合欢桃核终堪恨，里许元来别有人。　　　　——温庭筠《南歌子词二首》

汉字造意

甲骨文字形，上部像是祭祀时陈列的祭品，下部像是表示言语的口，意思是祭祀时说一些美好、吉祥的话，对天地神灵进行赞颂。金文承续甲骨文字形，由此演变为现在的字形。

字义源流

吉：本义是吉祥、吉利，如：万事大吉、吉时、吉服（古代祭祀时穿的礼服）。引申指美、善、好的、幸运的，如：吉时、吉言、吉庆、逢凶化吉；另外，还用作音译字，如：吉他。

妙语精粹

吉祥如意　万事大吉　吉星高照　避凶就吉

武大郎娶妻——凶多吉少

卜征从献吉，守器属元良。　　——李元嘉《奉和同太子监守违恋》

同

tóng
lòng

甲骨文　金文　小篆　楷书

汉字造意

甲骨文字形，由“凡”（表示劳动工具）和“口”（表示众人一起呼喊劳动号子）组成，意思是古代集体劳动时，众人喊着号子，一起用力。金文承续甲骨文字形，由此演变为现在的字形。

字义源流

同：本义是聚拢、汇集，如：同流合污、同声相应、同气相求。引申指相同、一样，如：同意、同盟、同辈；还引申指一致的、一齐的，如：共同、陪同、同心同德；又引申指统一，如：死去元知万事空，但悲不见九州同；又引申指参与，如：不知三军之事而同三军之政者，则军士惑矣；又引申指和谐，如：离世别群，而无不同；又引申作介词，表示和、跟的意思，如：同他谈谈、同上次一样、这次春游谁与你同去；表示此上意思时，均读作：tóng。不过，在“胡同”一词中，却读作：tòng。

妙语精粹

同仇敌忾　志同道合　同舟共济　同心协力

大伙都唱一个调——异口同声

毕竟西湖六月中，风光不与四时同。　　——杨万里《晓出净慈寺送林子方》

名

míng

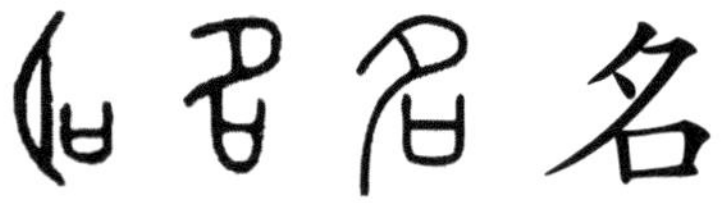

甲骨文 金文 小篆 楷书

汉字造意

甲骨文字形，由“口”（表示问话）和“夕”（月亮，代指夜晚）组成，表示夜晚看不清对面来人，互报姓名以分辨来者是谁。金文承续甲骨文字形，将左右结构调整为上下结构，由此演变为现在的字形。

字义源流

名：本义是人的名字，如：姓名、取名、签名、名称。引申指事物的名称，如：书名、国名、地名；还引申指名声、名望、名号，如：名誉、英名、出名、名人、名师、名言；又引申指说出、说明，如：不可名状、莫名其妙；另外，也可用作量词，表示人，如：五名学生、六名教师。

妙语精粹

举世闻名　名副其实　驰名中外　名垂千古

矿工下井——头名（明）

名岂文章著，官因老病休。——杜甫《旅夜书怀》

向

xiàng

甲骨文 金文 小篆 楷书

汉字造意

甲骨文字形，上部像是一座房屋的墙壁，下部像是在墙壁上开的一个洞，意思是房屋通风采光的窗户。古代的建筑，一般是坐北朝南，前面是堂（议事行礼的地方），后面是室（就寝歇息的地方），朝南的堂要设门和窗，而朝北的室则需要开窗通风采光。金文承续甲骨文字形，由此演变为现在的字形。

字义源流

向：本义是窗户，如：塞向墐户。引申指方向、方位，如：东南方向、向前、风向；还引申指对着、朝着，如：向往、志向、向日葵；又引申指接近、临近，如：向晚、年向八十；也引申指偏袒、袒护，如：偏向、向着他。

妙语精粹

欣欣向荣　所向披靡　人心所向　改恶向善

十字街头迷了向——晕头转向

鹅鹅鹅，曲项向天歌。　　——骆宾王《咏鹅》

汉字造意

甲骨文字形，由“尹”（表示手执权杖，治理）和“口”（表示发布命令）组成，意思是能够手执权杖、发布命令的人，也就是国家的最高领导者，我们称之为君主的人。金文承续甲骨文字形，由此演变为现在的字形。

字义源流

君：本义是国家的最高领导人，如：国君、明君、昏君。引申指有德行的人、对人的尊称，如：君子、张君、平原君（魏无忌，战国时期魏国著名的军事家、政治家）。

妙语精粹

请君入瓮　谦谦君子　君子协定　正人君子

太上老君开处方——灵丹妙药

君不见黄河之水天上来，奔流到海不复回；君不见高堂明镜悲白发，朝如青丝暮成雪。

——李白《将进酒》

否

fǒu

pǐ

金文 小篆 楷书

汉字造意

金文字形，由“不”（表示反对、不同意）和“口”（表示言语）组成，表示不赞成、不是这样的意思。小篆承续金文字形，由此演变为现在的字形。

字义源流

否：本义是否定、不是，如：否认、否决。用在否定问句，多在句尾，意思是不，如：可否？廉颇老矣，尚能饭否？表示以上意思时，读作：fǒu。还引申指恶、坏、不好的意思，此时读作：pǐ，如：否极泰来、臧否人物。

妙语精粹

进退可否　矢口否认　无所可否　不置可否

知否，知否？应是绿肥红瘦。——李清照《如梦令·昨夜雨疏风骤》

日月不当融，天时有否泰。——阮籍《咏怀八十二首》

吹

chuī

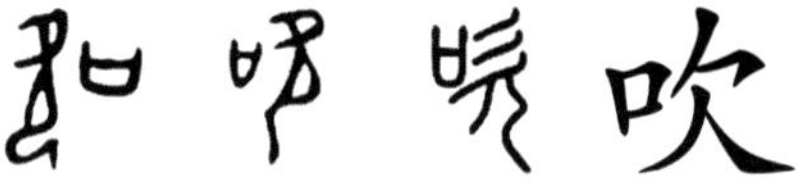

甲骨文 金文 小篆 楷书

汉字造意

甲骨文字形，由“欠”（表示张嘴跪坐的人形）和“口”（表示张口呼气）组成，意思是嘴唇合拢、用力呼气。金文承续甲骨文字形，调换“欠”与“口”的位置；小篆承续金文字形，整齐化，由此演变为现在的字形。

字义源流

吹：本义是合嘴用力呼气，如：吹火、吹口琴、吹笛子。引申指空气流动，如：风吹草动、吹拂、沾衣欲湿杏花雨，吹面不寒杨柳风；还引申指说大话、夸口，如：吹牛、吹捧、自我吹嘘；又引申指传到，如：倘若吹到他的耳朵里，那可就坏了；也引申指关系破裂、事情失败，如：他俩吹了、生意吹了。

妙语精粹

吹毛求疵　自吹自擂　风吹日晒　吹吹打打

吹起来的肥皂泡——不攻自破

沾衣欲湿杏花雨，吹面不寒杨柳风。　——志南《绝句》

汉字造意

甲骨文字形，由“牛”（表示祭祀用的牛，也称为牺牲）和“口”（表示祈祷、诉说）组成；古时候，人们祭祀神灵时，一般用牛来作为牺牲、贡品，来祈求神灵降福。金文承续甲骨文字形，由此演变为现在的字形。

字义源流

告：本义是祈祷、诉说、上报，如：祷告、家祭无忘告乃翁。引申指说给别人听、告诉，如：告知、转告、劝告；还引申指向行政司法部门控诉、检举，如：控告、告状、原告；又引申指宣布、公布事情，如：公告、布告、告示；也引申指表明、请求的意思，如：自告奋勇、告别、告老还乡。

妙语精粹

求亲告友　大功告成　首战告捷　无可奉告

城墙上点烽火——告急

辜负我，悔怜君，告天天不闻。——牛峤《更漏子·春夜阑》

汉字造意

小篆字形，由“口”（表示吃、品尝）和“未”（表示还没有发生的意思，兼表读音）组成，意思是人在吃食物前，要先品尝一下味道，由此演变为现在的字形。

字义源流

味：本义是舌头尝到的滋味，如：口味、品味、味觉、三月不知肉味。引申指鼻子闻到的味道，如：气味、腥味、臭味、汗味、泥土味；还引申指情趣、趣味，如：耐人寻味、品味、体味、玩味、枯燥无味、剪不断，理还乱，是离愁，别是一番滋味在心头；又引申指食物，如：野味、美味；也可以用作量词，表示菜或中药的种类，如：三味菜、五味中药。

妙语精粹

津津有味　索然无味　山珍海味　回味无穷

肚脐眼上挂钥匙——开味（胃）

老来情味减，对别酒、怯流年。——辛弃疾《木兰花慢·滁州送范倅》

呼

hū

甲骨文 金文 小篆 楷书

汉字造意

甲骨文字形，像是人张口吐气的样子，意思是呼吸、吐气。金文承续甲骨文字形；小篆增加字符“口”，突出吐气的内涵，由此演变为现在的字形。

字义源流

呼：本义是吐气，如：呼吸、呼噜。引申指呼喊、喊叫，如：呼唤、呼吁、招呼、呼应；还引申为象声词，如：呼啦啦、风呼呼地吹。

妙语精粹

呼风唤雨　呼之欲出　一命呜呼　大声疾呼

龙王爷作法——呼风唤雨

五花马，千金裘，呼儿将出换美酒，与尔同销万古愁。　——李白《将进酒》

命

mìng

甲骨文 金文 小篆 楷书

汉字造意

甲骨文字形，由倒过来的“口”（表示发布指令）和跪坐的“人”（表示等待指令）组成，意思是对人发布指令，让其做事情。金文承续甲骨文字形，增加字符“口”，强调张口发布命令；小篆整齐化，由此演变为现在的字形。

字义源流

命：本义是上级对下级发布命令、指示，如：奉命、遵命、抗命。引申指规定、称呼，如：命名、命题；还引申指注定的，如：命运、算命、生死由命，富贵在天；又引申指生命，如：救命、拼命、人命关天。

妙语精粹

命中注定　亡命之徒　耳提面命　为民请命

梦里失火喊救命——虚惊一场

命如南山石，四体康且直！　　——《孔雀东南飞》

和

hé
hè
huó

甲骨文　金文　小篆　楷书

金文　小篆　楷书

汉字造意

“和”的源起有“龢”与“和”两个字形。“龢”的甲骨文是由“龠”（古时的一种乐器）与“禾”（表示整齐一致）组成，意思是乐音协调共振。金文承续甲骨文字形，由此演变为“龢”。“和”的初始字形是金文，由“口”（表示用嘴巴吹）和“禾”（表示禾管）组成，意思是吹奏用禾管制作的乐器，发出协同共振的乐音。小篆承续金文字形，由此演变为现在的字形。现在，“龢”与“和”合并使用，统一写作和。

字义源流

和：本义是和谐、协调，如：应和、和声、鸾凤和鸣。引申指平静、温和，如：祥和、和平、和议、和亲；还引申指连带，如：和盘托出、和衣而卧；又引申指数学加法运算的结果，如：二加三的和是五；也引申指连词，表示同、与、跟，如：我和你、和老师一起；另外，还表示体育比赛中的平局，如：和棋、和局；

表示以上意思时，均读作：hé。和还读作：hè，表示附和、响应的意思，如：和诗、一唱一和、曲高和寡。另外，和还读作：huó，表示掺杂、混合，如：和面、和泥。

妙语精粹

和睦相处　风和日丽　一团和气　和颜悦色

服务员上茶——和盘托出

湖光秋月两相和，潭面无风镜未磨。——刘禹锡《望洞庭》

哀

āi

金文　小篆　楷书

汉字造意

金文字形，由“衣”和“口”（表示哭号）组成，意思是穿着丧服哭。小篆承续金文字形，由此演变为现在的字形。

字义源流

哀：本义是悲伤、悲痛，如：哀伤、悲哀、哀思、哀求、哀叹。引申指悼念，如：哀悼、默哀；又引申指爱，如：鸟飞返乡，禹走归窟，狐死首丘，寒将翔水，各哀其所生；又引申指父母之丧，如：居哀毁灭，孝道淳至；还引申指怜悯、同情，如：哀怜、哀其不幸，怒其不争。

妙语精粹

节哀顺变　喜怒哀乐　哀鸿遍野　哀兵必胜

九州风气恃风雷，万马齐喑究可哀。——龚自珍《己亥杂诗》

风急天高猿啸哀，渚清沙白鸟飞回。——杜甫《登高》

品

pǐn

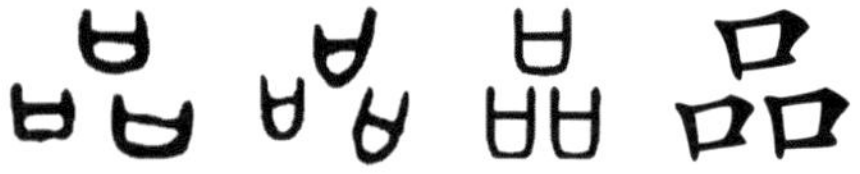

甲骨文　金文　小篆　楷书

汉字造意

甲骨文字形，由三个“口”（代指人）组成，表示多人、众多之意。金文承续甲骨文字形，由此演变为现在的字形。

字义源流

品：本义是众多。引申指等级、种类，如：品级、品种、品类、一品大员（古代官员的等级）；还引申指物品，如：赠品、产品、战利品；又引申指品尝、品味，如：品评、品酒、品茶；也引申指人的品质，如：品德、品行、人品。

妙语精粹

品学兼优　品头论足　品貌非凡　评头品足

玉石店里的珍品——精雕细刻

对兹佳品酬佳节，桂拂清风菊带霜。　——曹雪芹《螃蟹咏》

唱

chàng

小篆　楷书

汉字造意

小篆字形，由“口”（表示歌唱）和“昌”（表示读音）组成，意思是领唱，也就是众人一起歌唱时，由一人起头发出声音，带着大家一起大声歌唱。隶变后在楷书中写作唱。

字义源流

唱：本义是领唱，如：唱和。引申指歌唱，如：唱歌、演唱、唱词；还引申指大声叫、高喊，如：唱名、唱票。

妙语精粹

浅吟低唱　夫唱妇随　一唱三叹　渔舟唱晚

唱戏的拜天地——一会儿的夫妻

莫唱当年长恨歌，人间亦自有银河。　　——袁枚《马嵬》

商

shāng

甲骨文　金文　小篆　楷书

汉字造意

甲骨文字形，由“辛”（代指刑罚）和“丙”（表示器物的底座）组成，意思是评量、权衡后定罪。金文承续甲骨文字形，下面加“口”，强调商量、讨论之意；小篆承续金文字形，整齐化，由此演变为现在的字形。

字义源流

商：本义是量刑定罪。引申指计算、估量，如：商算、商度、商羊（传说中一种能预知雨的鸟）；还引申指商量、讨论，如：商议、商讨、协商；又引申指买卖、商业活动，如：商行、商人、富商；另外，还作为两数相除得到的比值，如：商数；商还是中国古代的一个朝代名。

妙语精粹

士农工商　富商大贾　在商言商　共商国是

仿造的商标——冒牌货

商山风雪壮，游子衣裳单。　　——孟郊《商州客舍》

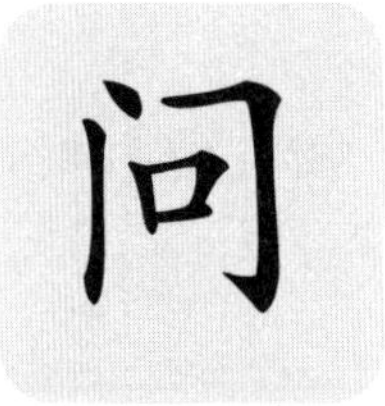

wèn

甲骨文　金文　小篆　楷书繁　楷书简

汉字造意

甲骨文字形，由“門”（表示房屋的门）和“口”（代指用口询问）组成，意思是在门口询问。金文、小篆承续甲骨文字形；隶变后在楷书中写作問；汉字简化后写作问。

字义源流

问：本义是询问，寻求得到答案，如：提问、问题、顾问。引申指审问、判决，追究责任，如：讯问、问罪、问责；还引申指探望、看望，表示关心，如：慰问、问好、问寒问暖。

妙语精粹

刨根问底　有问必答　问心无愧　明知故问

孔夫子拜师——不耻下问

儿童相见不相识，笑问客从何处来。　——贺知章《回乡偶书》

shàn

甲骨文　金文　小篆　楷书

汉字造意

甲骨文字形，突出羊头和羊的眼睛，表示安详、美好的意思。金文字形，由“羊”和两个“言”组成，表示言语吉祥、美好；小篆笔画化，下面的两个“言”省去一个，由此演变为现在的字形。

字义源流

善：本义是吉利、美好的话语。引申指美好、善良，如：善心、善待、慈善、尽善尽美；还引申指友好、友爱，如：亲善、友善、和善；又引申指擅长、长于，如：善长、善于、善战、能歌善舞；也引申指容易、易于，如：善变、善忘、多愁善感。

妙语精粹

循循善诱　独善其身　从善如流　长袖善舞

黄鼠狼进宅院——来者不善

择其善者而从之，其不善者而改之。——《论语·述而》

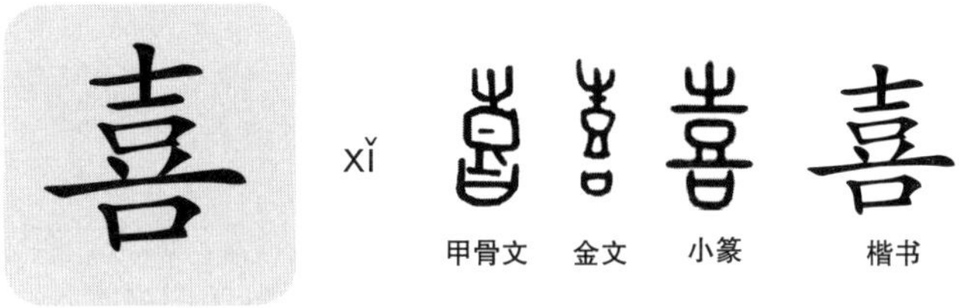

汉字造意

甲骨文字形，由“壴”（鼓，代指庆典）和“口”（嘴，代指欢笑）组成，表示人们在庆祝活动时击鼓欢笑的情景。金文承续甲骨文字形，由此演变为现在的字形。

字义源流

喜：本义是欢乐、高兴，如：喜庆、欢喜、喜气、喜事、喜报、喜洋洋。引申指爱好、喜爱，如：喜欢、喜好、好大喜功、喜光植物；还引申指令人高兴、值得庆贺的、特别指结婚，如：贺喜、报喜、喜宴、喜酒、喜帖；另外，又特别指女子怀孕，如：她有喜了。

妙语精粹

喜出望外　喜怒哀乐　欢天喜地　喜新厌旧

半道上遇亲人——喜相逢

不以物喜，不以己悲。——范仲淹《岳阳楼记》

丧

sàng
sāng

甲骨文 金文 小篆 楷书繁 楷书简

汉字造意

甲骨文字形，由一棵树和几个“口”组成，这种构思来自中国古人的养蚕经验，最初，人们并不采集桑叶，而是直接把蚕放养到桑树上，丧指的就是桑叶被蚕吃掉，因此有丧失、死亡的意思。金文承续甲骨文字形；小篆讹变为“哭”（表示伤心、哭叫）和“亡”（表示死亡，兼表读音）的组合；隶变后在楷书中写作喪；汉字简化后写作丧。

字义源流

丧：本义是丧失、死亡，如：丧生、丧命、灰心丧气。引申指失去、消失，如：丧胆、沦丧、丧权辱国；还引申指失败、灭亡，如：丧师、丧国之社（国家灭亡，无人祭祀的宗庙）；表示以上意思时，均读作：sàng。丧还读作：sāng，表示与死人相关的事情，如：丧事、丧礼、丧钟。

妙语精粹

丧家之犬　玩物丧志　如丧考妣　闻风丧胆

暖水瓶爆裂——丧胆

誓扫匈奴不顾身，五千貂锦丧胡尘。　　　　——陈陶《陇西行四首·其二》

单

dān
shàn
chán

甲骨文 金文 小篆 楷书繁 楷书简

汉字造意

甲骨文字形，像是带杈的木棍之形，在杈杆的两端可以系上石头等，古人用它来攻击野兽或敌人，是一种捕猎工具。金文、小篆承续甲骨文字形；隶变后在楷书中写作單；汉字简化后写作单。

字义源流

单：本义是古代的一种打猎工具，也可以用作战斗的武器，如：夫兹，以单则胜，以守则固。引申指不复杂的，如：简单、单纯；还引申指单独的、一个，如：单身、单独、单间、落单；又引申指薄弱，如：单薄、势单力薄；另外还作为奇数，与偶数相对，如：单日、单号；表示以上意思时，均读作：dān。单还用作地名，如：单县（在山东省），此时读作：shàn。另外，又读作：chán，如：单于，指古代游牧民族的最高首领。

妙语精粹

形只影单　单枪匹马　单刀直入　身单力薄

失群的大雁——孤孤单单

月黑雁飞高，单于夜遁逃。欲将轻骑逐，大雪满弓刀。

——卢纶《塞下曲·其三》

汉字造意

金文字形，由“吅”（xuān，两个口，表示大声呼叫）和“厰”（表示山岩险峻）组成，意思是教令紧急，俨然不可侵犯。小篆承续金文字形，整齐化；隶变后在楷书中写作嚴；汉字简化后写作严。

字义源流

严：本义是教令紧急，不可违抗，如：是月也，申严号令。引申指威严、严厉，如：严肃、尊严、庄严；还引申指紧密的、没有缝隙的，如：严密、严丝合缝、严紧；又引申指认真、不放松，如：严格、严谨、严禁；也引申指厉害的、程度深的，如：严寒、严刑、严重。

妙语精粹

义正词严　严阵以待　严惩不贷　父严子孝

屋檐下吊石磙——严（檐）重

朔风厉严寒，阴气下微霜。　——阮籍《咏怀八十二首》

汉字造意

甲骨文字形，像是四横，用来表示数目四。金文变成上面像是鼻口，下面像出气之形的“呬”（xì，表示喘息的意思）；小篆承续金文字形，省去了下面的两短横，由此演变为现在的字形。

字义源流

四：本义是数目四，二的倍数，如：四季、四肢、四年级。引申指多方面的，如：四面八方、四通八达。在中国传统文化中，“四”还是一个吉利的数字，如：四海升平、文房四宝；中国人逢年过节时，要吃“四喜丸子”；有些地方的婚俗中，要送“四样礼”，寓意成双成对。

妙语精粹

四平八稳　名扬四海　五湖四海　三从四德

乌江岸上困霸王——四面楚歌

南朝四百八十寺，多少楼台烟雨中。　——杜牧《江南春》

huí

甲骨文 金文 小篆 楷书

汉字造意

甲骨文字形，像是一个流水漩涡的形状，意思是旋转向前的流水。金文承续甲骨文字形，只是漩涡的方向不同；小篆字形变成了大口中间有小口之形，并由此演变为现在的字形。

字义源流

回：本义是漩涡。引申指回旋、旋转，如：巡回、迂回、回形针；还引申指掉转头、返回，如：回家、回归、回顾、回马枪；又引申指答复、报答，如：回信、回复、回报；也引申指量词，表示次数，如：头一回、回合。

妙语精粹

妙手回春　回味无穷　荡气回肠　春回大地

赵子龙出兵——回回胜

回看射雕处，千里暮云平。　　——王维《观猎》

yīn

甲骨文 金文 小篆 楷书

汉字造意

甲骨文字形，像是一个人躺在席子上的样子，表示席子、垫子的意思。金文承续甲骨文字形，由此演变为现在的字形。

字义源流

因：本义是席子、坐垫。引申指依靠、凭借，如：因材施教、因人而异；还引申指理由、原由，如：因为、因而、原因；又引申指沿袭、承接，如：因此、因袭、因循守旧。

妙语精粹

因地制宜　因小失大　前因后果　业因果报

打蛇随棍上——因势利导

因思杜陵梦，凫雁满回塘。　　——温庭筠《商山早行》

kùn

甲骨文　小篆　楷书

汉字造意

甲骨文字形，由“囗”（wéi，四周封闭之形，表示范围）和“木”（代指木头）组成，意思是用木头制作的简易木门。小篆承续甲骨文字形，由此演变为现在的字形。合并字“睏”，是由“目”（表示眼睛）和“困”（代指受阻、艰难）组成，表示想入睡，睁不开眼睛。今“睏”已废弃不用，统一字形为“困”。

字义源流

困：本义是古代的简易木门。本义消失，后引申指受限、围困，如：困境、困难、受困；还引申指艰难、穷苦，如：穷困、困苦；又引申指疲乏、困乏，如：困顿、困倦；也引申指睡觉，如：困觉。

妙语精粹

艰难困苦　困兽之斗　人困马乏　扶危救困

蛟龙困在沙滩上——威风扫地

黄师塔前江水东，春光懒困倚微风。　　——杜甫《江畔独步寻花·其五》

gù

小篆 楷书

小篆字形，由“囗”（wéi，表示四周封闭）和“古”（表示长久，兼表读音）组成，表示牢不可破的意思，由此演变为现在的字形。

字义源流

固：本义是坚固、牢不可破，如：牢固、固若金汤。引申指结实、牢靠，如：稳固、巩固、固定；还引申指坚定、坚决，如：固守、固执、固防。

妙语精粹

固步自封　固执己见　根深蒂固　将取固予

石膏做冰糕——顽固不化

叶落根偏固，心虚节更高。　——《咏竹五首》

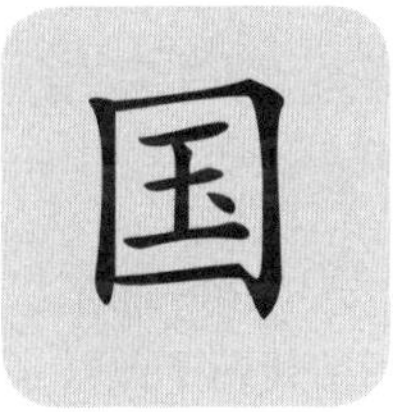

guó

甲骨文 金文 小篆 楷书繁 楷书简

汉字造意

甲骨文字形，由“戈”（表示武器）和“囗”（wéi，此处表示城邑，人类聚居的地方）组成，表示用武力守卫的城邑。金文承续甲骨文字形，在“囗”的四周加横线，强调疆域的界线；小篆字形，另加“囗”表示地域的边界；隶变后在楷书中写作國；汉字简化后写作国。

字义源流

国：本义是邦国，古代的邦国就是一座城邑及其周围的区域，如：方国、当禹之时，天下万国。引申指国家，如：中国、美国、国旗、国号、国歌；还引申指全国最突出的、能代表国家的，如：国花、国手、国脚；另外，又特别指中国的，如：国学、国画、国粹。

妙语精粹

国泰民安　国富民强　倾国倾城　精忠报国

出国的大轮船——外行（航）

僵卧孤村不自哀，尚思为国戍轮台。　　——陆游《十一月四日风雨大作》

园

yuán

小篆　楷书繁　楷书简

汉字造意

小篆字形，由“囗”（wéi，表示范围）和“袁”（表示读音）组成，意思是种植花果、树木的地方。隶变后在楷书中写作園；汉字简化后写作园。

字义源流

园：本义是用栅栏围起来的田地，如：菜园、果园、花园。引申指圈起来供人游览、娱乐观光的地方，如：公园、动物园、游乐园；还引申指古代帝王以及亲族的墓地，如：园庙（帝王墓地所建之宗庙）、园陵（帝王的墓地）。

妙语精粹

春色满园　梨园子弟　目不窥园　三年不窥园

八十岁老人进幼儿园——返老还童

春色满园关不住，一枝红杏出墙来。　　——叶绍翁《游园不值》

圆

yuán

小篆 楷书繁 楷书简

汉字造意

小篆字形，由“囗”（wéi，表示范围）和“員”（表示鼎口的圆形，兼表示读音）组成，意思是圆形的东西。隶变后在楷书中写作圓；汉字简化后写作圆。

字义源流

圆：本义是圆形，如：圆圈、方圆、圆心、圆周。引申指像圆形或球形的，如：椭圆、半圆、汤圆；还引申指周全、完备，如：圆满、团圆、打圆场；又引申指宛转、流畅，如：圆润、字正腔圆；也引申指灵活、变通，如：圆滑、圆通。

妙语精粹

珠圆玉润　花好月圆　自圆其说　规矩方圆

八月十五团圆节——一年一回

圆荷浮小叶，细麦落轻花。　——杜甫《为农》

图

tú

金文 小篆 楷书繁 楷书简

汉字造意

金文字形，由“囗”（wéi，表示国土疆域）和“啚”（表示边远的地方）组成，意思是疆域内的所有地方，也就是地图。小篆承续金文字形；隶变后在楷书中写作圖；汉字简化后写作图。

字义源流

图：本义是地图、版图，如：图穷匕见、世界地图。引申指线条描画出来的形象，如：图画、图章、图腾、插图；还引申指计划、谋划，如：图谋不轨、试图、企图、唯利是图。

妙语精粹

奋发图强　励精图治　按图索骥　大展宏图

醉翁之意不在酒——另有所图

功盖三分国，名成八阵图。　——杜甫《八阵图》

团

tuán

金文　小篆　楷书繁　楷书简

汉字造意

金文字形，由“囗”（wéi，表示围绕）和“專”（纺车用的纺锤，有旋转、转动的意思）组成，表示旋转成圆形。小篆承续金文字形；隶变后在楷书中写作團；汉字简化后写作团。

字义源流

团：本义是圆形，如：团扇、团镜。引申指圆形或球形的东西，如：线团、云团、菜团子；还引申指聚合在一起，如：团圆、团结、团聚；又引申指团体、组织，如：集团、社团、军团、马戏团；也引申作量词，表示成堆或成团的事物，如：一团麻、一团糟、一团毛线。

妙语精粹

花团锦簇　精诚团结　一团和气　乱作一团

纺纱厂的烂线团——头绪太乱

团扇复团扇，奉君清暑殿。　——刘禹锡《团扇歌》

土

tǔ

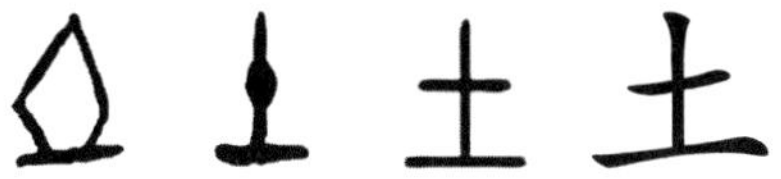

甲骨文　金文　小篆　楷书

汉字造意

甲骨文字形，上面像是一堆土的形状，下面的一横代指地面，意思是泥土、土壤。金文承续甲骨文字形，上面的空心部分，变成一个实心的点；小篆字形，将实心的点拉长为线，由此演变为现在的字形。

字义源流

土：本义是泥土、土壤，如：沙土、黄土、五色土。引申指土地、地域，如：领土、国土；还引申指地方的、当地的，如：土特产、故土、乡土、土著；又引申指原始的、不合潮流的，如：土里土气、土包子。

妙语精粹

面如土色　风土人情　挥金如土　守土有责

好花离了土——活不成

锄禾日当午，汗滴禾下土。谁知盘中餐，粒粒皆辛苦。　　——李绅《悯农》

在

zài

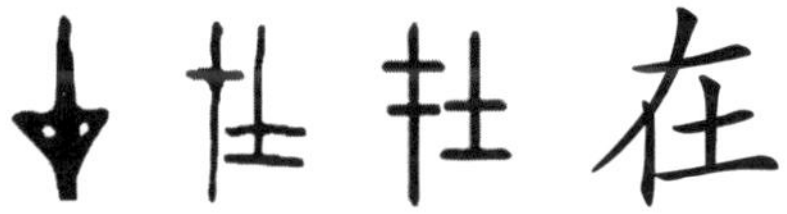

甲骨文　金文　小篆　楷书

汉字造意

甲骨文字形，与“才”同形，像是草木刚刚露出地面的样子，借草木初生表示存在的意思。金文字形，加了表示类属的“土”，来强调生存在土地上；小篆整齐化，由此演变为现在的字形。

字义源流

在：本义是存在、存活，如：健在、青春常在。引申指居于、处于某个位置、状态，如：在家、在座、在职、在野党；还引申指正在进行的行为或动作，如：在吃饭、在看电影；又引申指取决于、在于，如：胜券在握、一年之计在于春，一日之计在于晨。

妙语精粹

在劫难逃　迫在眉睫　历历在目　心不在焉

空心墙——不实在

我来问道无馀说，云在青天水在瓶。　　——李翱《赠药山高僧惟俨·其一》

地

dì

de

金文　小篆　楷书

汉字造意

金文字形，由“阜”（代指悬崖）“豕”（表示野猪）和“土”（代指地面）组成，以野猪从高处坠落于地面，来表达大地、陆地的意思。小篆字形，变成了“土”（表示泥土、土地）和“也”（表示虫蛇）的组合，表示虫蛇生存的空间，由此演变为现在的字形。

字义源流

地：本义是大地、陆地，如：山地、陆地、田地。引申指所处的居所、地方，如：地区、内地、地盘、地址；还引申指领土、疆域，如：领地、封地、收复失地；又引申指地球上的土壤，如：地质、地表、地震；表示以上意思时，均读作：dì。地还可以作为助词，此时读作：de，如：慢慢地走、静静地听。

妙语精粹

因地制宜　惊天动地　顶天立地　开天辟地

空中楼阁——不着实地

此地别燕丹，壮士发冲冠。——骆宾王《易水送别》

均

jūn

金文 小篆 楷书

汉字造意

金文字形，由“土”（表示泥土、土地）和“匀”（表示平均、相等）组成，表示均分土地之意。小篆承续金文字形，变成左右结构，并由此演变为现在的字形。

字义源流

均：本义是平均分配土地，如：均田、均地。引申指公平、均衡，如：机会均等、势均力敌、均摊；还引申指相同、同样的，如：均匀、均等、平均；又引申指都、全部，如：均已办齐、均无差错。

妙语精粹

权均力敌　苦乐不均　利益均沾　不患寡而患不均

朝廷吃煎饼——均（君）摊

阳和发生均孕育，鸟兽有情知不足。——孟郊《覆巢行》

城

chéng

金文 小篆 楷书

汉字造意

金文字形，左边像是由两个城楼护卫的都邑，右边像是一个长柄大斧，意思是由墙垣和武力保护的都邑。古代的都邑一般都有防御敌人的高墙，大多有两重，里面的叫“城”，外面的叫“郭”，而且还有大量的武装来保护。小篆字形，将左边的都邑变成了“土”（城墙多用泥土筑成），由此演变为现在的字形。

字义源流

城：本义是城墙，如：城池、万里长城、城楼、东城。引申指城墙以内的地方，如：城区、东城、南城；又引申指城市，与乡村相对，如：城镇、都城、进城、城乡差别；还引申指某种大型的商业市场，如：美食城、图书城、地下商城；又指传说中守护城池的神，如：城隍、城隍庙。

妙语精粹

众志成城　价值连城　胸无城府　城下之盟

横扛竹子——进不得城

青海长云暗雪山，孤城遥望玉门关。　　——王昌龄《从军行七首·其四》

汉字造意

甲骨文字形，左边像是枷锁一样的刑具，右边是一个半跪着的人形，表示犯人双手被枷锁铐住。金文承续甲骨文字形，变成左右结构；小篆承续金文字形；隶变后在楷书中写作執；汉字简化后写作执。

字义源流

执：本义是拘押、抓捕，如：操未及言，左右已将吉平执下。引申指抓住、拿着，如：执笔、执鞭；还引申指操作、实行，如：执行、执勤、执法；又引申指坚持、固执，如：执着、各执己见、执意如此。

妙语精粹

执迷不悟　执而不化　披坚执锐　各执一词

打抱不平的说理——仗义执言

死生契阔，与子成说。执子之手，与子偕老。——《诗经·击鼓》

基

jī

甲骨文　金文　小篆　楷书

汉字造意

甲骨文字形，上部像是土石，下部像是一个箕畚（古代装东西的竹筐），意思是用箕畚装土筑墙，这是筑墙的开始，也就是打地基。金文承续甲骨文字形，将“其”与“土”调换位置，由此演变为现在的字形。

字义源流

基：本义是墙根、墙基，如：地基、根基、基本、基石。引申指事物根本的、开始的，如：基业、基层、基数；又引申指经营、谋划，如：周公初基作新大邑于东国洛，四方民大和会；还引申指化学名词，表示化合物分子中结构比较稳定的原子团，如：基团、氨基、羧基。

妙语精粹

墙高基下　开基立业　开基创业　积基树本

豆腐打地基——底子软

往事乾坤在，荒基草木遮。——朱庆馀《长城》

堂

táng

金文　小篆　楷书

汉字造意

金文字形，像是高台上建有宫殿的样子，意思是高大的宫室、殿堂。小篆字形，则将上部变成了“尚”（表示高大），由此演变为现在的字形。

字义源流

堂：本义是高大的宫殿、房屋，如：殿堂、正堂、礼堂、澡堂、四世同堂。引申指古代审案办事的地方，如：升堂、对簿公堂；古代的“明堂”，是同族人祭祀、修礼的地方，所以又引申指同祖的亲属关系，如：堂兄、堂叔；还引申指容貌或仪表上的庄重大方，如：堂堂正正、相貌堂堂；也用作量词，表示分批、分节，如：一堂课、一堂家具。

妙语精粹

济济一堂　富丽堂皇　相貌堂堂　登堂入室

大厅中央挂字画——堂堂正正

手种堂前垂柳，别来几度春风？　——欧阳修《朝中措·平山堂》

坚

jiān

小篆　楷书繁　楷书简

汉字造意

小篆字形，由“臣”（竖立的眼睛，表示向上看）“又”（手，代指抓取、够取）和“土”组成，以人站在土块上够取高处之物，反衬出土块的结实，因此有牢固、坚硬等意思。隶变后在楷书中写作堅；汉字简化后写作坚。

字义源流

坚：本义是牢固、坚硬，如：坚固、坚实、坚挺。引申指思想、意志、主张等不动摇、不改变，如：坚信、坚定、坚持、坚贞、坚决；还引申指硬实的、结实的，如：坚冰、坚果、坚土、坚船利炮。

妙语精粹

坚持不懈　坚强不屈　无坚不摧　坚忍不拔

金刚石做钻头——无坚不摧

千磨万击还坚劲，任尔东西南北风。　——郑燮《竹石》

报

bào

甲骨文　金文　小篆　楷书繁　楷书简

汉字造意

甲骨文字形，左边是古代的刑具枷锁之形，中间是一个半跪着的人形，右边是一只手，意思是抓获犯人。金文承续甲骨文字形；小篆变成左右结构，整齐化；隶变后在楷书中写作報；汉字简化后写作报。

字义源流

报：本义是按照法律判决犯人，如：报而罪之。引申指告诉、告知，如：报告、报警、报信；还引申指回应、报答，如：回报、报复、报酬；又引申指传递信息的文字材料，如：电报、海报、报纸、画报。

妙语精粹

恩将仇报　以德报怨　捷报频传　通风报信

报时的公鸡——不用催

俏也不争春，只把春来报。待到山花烂漫时，她在丛中笑。

——毛泽东《卜算子·咏梅》

场

chǎng

小篆　楷书繁　楷书简

汉字造意

小篆字形，由“土”（表示土地）和“昜”（yáng，表示阳光照耀的状态）组成，表示古代祭祀神灵用的平坦空地（一说是晾晒谷物的场地），由此演变为现在的字形。

字义源流

场：本义是祭祀神灵的平地，如：灵场之威。引申指人们举行仪式的场所，表演的戏台，如：场景、出场、登场；还引申指空地、人们聚集的场所，如：打谷场、农场、操场、广场、机场、商场；又引申指物质存在的一种形态，如：电场、磁场；另外，还用作量词，表示次数等，如：一场电影、两场雨、三场比赛。

妙语精粹

逢场作戏　驰骋疆场　立场不稳　十里洋场

操场上捉迷藏——无处藏身

醉卧沙场君莫笑，古来征战几人回。　——王翰《凉州词》

增

zēng

小篆　楷书

汉字造意

小篆字形，由“土”（表示土地）和“曾”（代指上升）组成，表示添加泥土，由此演变为现在的字形。

字义源流

增：本义是添加，如：增长、增强、增产、增高、而山不加增。

妙语精粹

与日俱增　日增月益　身价倍增　增砖添瓦

花果山来了孙悟空——增寿（兽）

林表明霁色，城中增暮寒。　——祖咏《终南望余雪》

汉字造意

金文字形，像是雄性动物的生殖器，借指健壮有力的青年男子。小篆承续金文字形，由此演变为现在的字形。

字义源流

士：本义是健壮有力的青年男子，多用来指古代的士兵，如：士卒、士气、武士。引申指青年男子，如：士别三日，当刮目相看；还引申指有地位、有技能、有教养的人，如：士族、士大夫、谋士、博士、绅士、学士；又引申指对人的美称，如：壮士、勇士、志士、女士。

妙语精粹

文人墨士　饱学之士　礼贤下士　仁人志士

大力士耍扁担——轻而易举

风萧萧兮易水寒，壮士一去兮不复还。　——《史记·刺客列传》

壮

zhuàng

小篆 楷书繁 楷书简

汉字造意

小篆字形，由“爿”（pán，表示床）和“士”（表示青年男子）组成，意思是身体强壮、高大的男子，由此演变为现在的字形。

字义源流

壮：本义是人身高体壮，如：壮士、壮汉、年轻力壮。引申指雄壮、豪迈的，如：豪言壮志、壮烈；还引申指盛大、宏伟的，如：壮丽、壮阔；又引申指增加勇气和力量，如：壮行、壮胆、壮门面、气壮山河。

妙语精粹

老当益壮　壮士断腕　理直气壮　豪情壮志

黄忠上阵——老当益壮

老当益壮，宁移白首之心；穷且益坚，不坠青云之志。——王勃《滕王阁序》

寿

shòu

金文 小篆 楷书繁 楷书简

汉字造意

金文字形，由“老”（代指年老）和“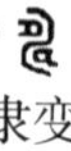”（表示绵长）组成，表示老人活得时间长久。小篆承续金文字形，整齐化；隶变后在楷书中写作壽；汉字简化后写作寿。

字义源流

寿：本义是人的生命时间长，长寿，如：寿命、寿星、福寿、高寿。引申指生日，如：拜寿、贺寿、寿面、寿礼；还引申指对老人死亡的含蓄说法，如：寿衣、寿材。

妙语精粹

万寿无疆　寿比南山　福寿绵绵　延年益寿

儿子成亲父做寿——好事成双

神龟虽寿，犹有竟时。　　——曹操《龟虽寿》

汉字造意

金文字形，像是一个有头、有手、有脚的人形，表示一个四肢健壮、高大威武的人；指上古时候生活在中原地区的人，也就是诸夏或华夏。小篆承续甲骨文字形，略有简化，整齐化，由此演变为现在的字形。

字义源流

夏：本义是高大威武的中国人，也泛指中国，如：华夏（中国古代汉民族的自称，最早起源于黄河流域和中原一带，是中华民族的祖先，现在我们还自称“华夏”）、诸夏。引申指朝代的名字，如：夏朝、西夏；还引申指一年中的第二个季节，也就是夏季，如：夏天、夏至、夏令营、冬暖夏凉。

妙语精粹

夏炉冬扇　无冬历夏　春风夏雨　三冬二夏

穿冬衣摇夏扇——不知冷热

首夏犹清和，芳草亦未歇。　　——谢灵运《游赤石进帆海》

xī

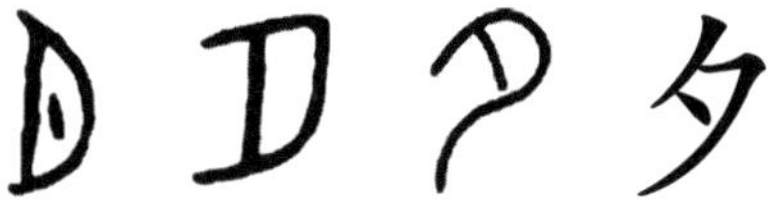

甲骨文　金文　小篆　楷书

汉字造意

在甲骨文中，“月”与“夕”均像是一弯月亮，表示夜晚之意，区别在于：“夕”的字形中有“点”（代指月光），“月”的字形包含有“点”和无“点”两种。金文字形，“月”和“夕”进一步分化，固定为“月”中有“点”，而“夕”中无“点”；小篆承续金文字形，由此演变为现在的字形。

字义源流

夕：本义是夜晚，如：除夕、前夕、七夕节（又叫乞巧节，是流行于中国和汉字文化圈诸国的一个传统文化节日。相传，农历七月七日夜或七月六日夜，女子在庭院里，朝着天空中的织女星乞拜，希望也能像天上的织女那样心灵手巧，所以称作“乞巧”。后来，随着牛郎织女七月七日“鹊桥相会”爱情故事的广泛传播，女子们仰望星月、乞巧的同时，更希望能找到如意郎君，有一个幸福美满的家庭）。借指傍晚、黄昏，如：夕阳、朝夕相处、夕阳无限好，只是近黄昏、天有不测风云，人有旦夕祸福；又引申指睡眠，如：劳生苦昼短，展转不能夕；又引申指每日、每月、每季、每年的最后一段，如：岁之夕、月之夕、日之夕，则庶民受之。

妙语精粹

危在旦夕　朝不保夕　朝令夕改　今夕何夕

除夕进厨房——你忙我也忙

青山依旧在，几度夕阳红。　　——杨慎《临江仙·滚滚长江东逝水》

外

wài

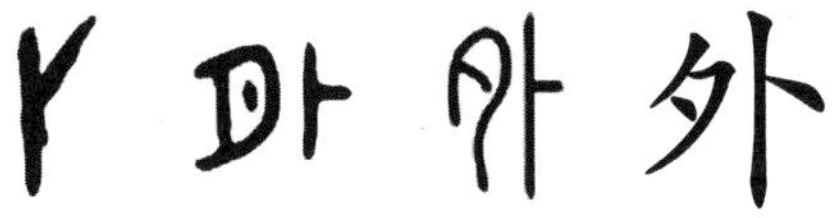

甲骨文　金文　小篆　楷书

汉字造意

甲骨文字形，像是占卜之形，意思是占卜。金文字形，左边加一个“月”字，意思是夜晚占卜，这多是因为有特殊、例外的情况发生；小篆字形，将“月”转变为“夕”，由此演变为现在的字形。

字义源流

外：本义是例外的占卜。本义消失，引申指不在一定范围之内的，如：外面、外部、野外、国外；还引申指外表的、表面的，如：里外不一、外观、外形；又引申指疏远、背离，如：外心、外人；也引申指母亲、妻子、姐妹或女儿方面的亲戚，如：外甥、外婆、外孙；另外，还引申指非正式的、非正规的，如：外史、外传、外快。

妙语精粹

秀外慧中　外强中干　外柔内刚　外厉内荏

外甥打灯笼——照旧（舅）

山外青山楼外楼，西湖歌舞几时休。　——林升《题临安邸》

多

duō

甲骨文　金文　小篆　楷书

汉字造意

甲骨文字形，像是两块肉的样子，古时候，食物是平均分配的，同时占有两块肉，就意味比别人多拿了。金文承续甲骨文字形，由此演变为现在的字形。

字义源流

多：本义是数量多，如：多数、多年、多如牛毛、多种多样。引申指超出、超过，如：多余、多心、多管闲事；还引申指某种程度，如：好得多，天气多好呀！又引申指剩余、多出的，如：三斤多、十多岁。

妙语精粹

见多识广　聚少离多　多愁善感　多事之秋

白天打手电——多此一举

多情自古伤离别，更那堪冷落清秋节。　　——柳永《雨霖铃·寒蝉凄切》

yè

金文　小篆　楷书

汉字造意

金文字形，由“亦”（表示腋下，代指两边皆有）和“夕”（表示月亮）组成，表示从夜晚到天亮的时间，也就是夜晚。小篆承续金文字形，由此演变为现在的字形。

字义源流

夜：本义是夜晚，如：夜间、夜行、夜幕、夜班。引申用作量词，表示修饰、限制，如：三天两夜、今夜、昨夜。

妙语精粹

三更半夜　没日没夜　夜长梦多　夜不成寐

半夜拔河——暗中使劲

情人怨遥夜，竟夕起相思。　　——张九龄《望月怀远》

大

dà

dài

甲骨文 金文 小篆 楷书

汉字造意

甲骨文字形，像是一个正面站立的成人之形，本义是大人。金文承续甲骨文字形，由此演变为现在的字形。

字义源流

大：本义是大人。后引申指长大、成长，如：养大、壮大；还引申指年纪大的、长辈的，如：老大、大哥、大叔；又引申指超过的、超常，比一般的大，与“小”相对，如：大家、大量、大型、大房间；也引申指规模、程度超出一般的，如：大规模、天大亮了、大发雷霆、大张旗鼓；表示以上意思时，均读作：dà。大还读作：dài，如：大王、大夫。

妙语精粹

顾全大局　天下大乱　财大气粗　贻笑大方

蚂蚁扛大树——自不量力

大漠沙如雪，燕山月似钩。何当金络脑，快走踏清秋。

——李贺《马诗二十三首·其五》

天

tiān

甲骨文 金文 小篆 楷书

汉字造意

甲骨文字形，像是一个正面站立的人形，上面突出的方框表示人的头顶。金文承续甲骨文字形，将方框变成一横，由此演变为现在的字形。

字义源流

天：本义是人的头顶，如：天灵盖、天庭饱满。引申指天空，如：天际、天边、天象；还引申指上面的，如：天窗、天花板、天线；又引申指时间、天气，如：明天、夏天、阴天、晴天；也引申指天然的、自然的，如：天才、天生、天性、天职。

妙语精粹

暗无天日　惊天动地　异想天开　浑然天成

满天挂鱼网——遮不住太阳

碧云天，黄叶地，秋色连波，波上寒烟翠。　——范仲淹《苏幕遮·碧云天》

汉字造意

金文字形，由“大”（表示正面站立的人形）和下面的一点组成，表示比大还要大的意思。古文承续金文字形，下面的一点变成两横；隶变后在楷书中写作太。

字义源流

太：本义是更大、极大，如：太空、太极、太学。引申指身份或地位高的，如：太祖、太上皇、太子、太后；还引申指极其的、过分的，如：太高、太红、太快、太难。

妙语精粹

天下太平　欺人太甚　太平盛世　离题太远

太阳离开地皮——亮了

本是同根生，相煎何太急？　——曹植《七步诗》

夫

fū
fú

甲骨文 金文 小篆 楷书

汉字造意

甲骨文字形，像是一个正面站立的人形，上面的一横指示头部的位置，古代礼制，男子二十岁时就要束发戴簪，表示已经成人。金文承续甲骨文字形，由此演变为现在的字形。

字义源流

夫：本义是成年男子，如：匹夫、老夫、懦夫。引申指女子的配偶，如：丈夫、妹夫、夫婿；还引申指从事某种劳动的人，如：车夫、农夫、樵夫、伙夫；表示以上意思时，均读作：fū。夫还被借作虚词，此时读作：fú，如：夫天地者、逝者如斯夫。

妙语精粹

凡夫俗子　夫唱妇随　一夫当关　匹夫之勇

周郎妙计安天下——赔了夫人又折兵

岱宗夫如何，齐鲁青未了。　　——杜甫《望岳》

央

yāng

甲骨文 金文 小篆 楷书

汉字造意

甲骨文字形，像人脖子上戴着木枷的样子，表示中间、中心的意思。金文承续甲骨文字形，由此演变为现在的字形。

字义源流

央：本义是中间、中心，如：中央、央视、央行。引申指尽头、完结，如：夜未央、乐未央；还引申指请求、恳求，如：央求、央告、央请。

妙语精粹

长乐未央　东央西告　死告活央　东央西浼

堂前中央挂灯笼——正大光明

明月皎皎照我床，星汉西流夜未央。　　——曹丕《燕歌行二首·其一》

失

shī

金文　小篆　楷书

汉字造意

金文字形，像是一只手中有物品掉落之形，表示手未抓牢掉落。小篆承续金文字形，由此演变为现在的字形。

字义源流

失：本义是失掉、丢失，如：失去、失道、失业、失学。引申指损失、找不到，如：失败、错失良机、消失、迷失；还引申指没把握、没达到，如：失职、失信、失望、失算。

妙语精粹

惊慌失措　万无一失　失之交臂　得不偿失

一失足成千古恨——悔之莫及

惟觉时之枕席，失向来之烟霞。　　——李白《梦游天姥吟留别》

奉

fèng

甲骨文 金文 小篆 楷书

汉字造意

甲骨文字形，像是双手拿一束禾苗之形，表示双手恭敬地捧着谷物，在神灵前祭祀祈祷五谷丰登。金文承续甲骨文字形，并将禾苗之形演变为“丰”；小篆承续金文字形，并增加字符“手”；隶变后在楷书中写作奉。

字义源流

奉：本义是双手恭敬地捧着，如：奉书、奉献。引申指献给、送给，如：贡奉、奉送；还引申指接受，如：奉命、奉旨；又引申指尊重、尊敬、供养，如：崇奉、信奉、奉养、侍奉；另外，还用作敬辞，用于自己的行为与对方有关时，如：奉劝、奉迎、奉赠、奉陪。

妙语精粹

廉洁奉公　奉公守法　百般奉承　奉若神明

呼延庆打雷——奉命来的

但将千岁叶，常奉万年杯。　　——赵彦昭《奉和元日赐群臣柏叶应制》

女

nǚ

甲骨文 金文 小篆 楷书

汉字造意

甲骨文字形，像是一个双手交叉、双膝跪坐的女子之形，表示端庄贤淑的女子。金文承续甲骨文字形，稍有变化，由此演变为现在的字形。

字义源流

女：本义是女子，如：妇女、女神、女士、女权。引申指未出嫁的女子，如：窈窕淑女、少女、女娃娃；还引申指女儿，如：子女、亲生女、生儿育女。

妙语精粹

女娲补天　男女有别　儿女情长　金童玉女

皇帝的闺女——金枝玉叶

女娲炼石补天处，石破天惊逗秋雨。　——李贺《李凭箜篌引》

好

hǎo

hào

甲骨文　金文　小篆　楷书

汉字造意

甲骨文字形，描画一个女子抱着一个小孩子的形象，表示女子生育儿女，是一件十分美好的事情。金文承续甲骨文字形，由此演变为现在的字形。

字义源流

好：本义是美好，如：好感、好意、好心、好评。引申指优良、善良，如：良好、较好、好言好语；还引申指友爱、和睦，如：友好、和好、相好、言归于好；又引申指美满的、令人满意的，如：好事、好运、好汉、好话；表示以上意思时，均读作：hǎo。好还读作：hào，表示喜欢、喜爱的意思，如：好奇、爱好、好胜、好逸恶劳。

妙语精粹

争强好胜　洁身自好　敏而好学　好事多磨

梅兰芳唱旦角——拿手好戏

好山好水看不足，马蹄催趁月明归。　——岳飞《池州翠微亭》

如

rú

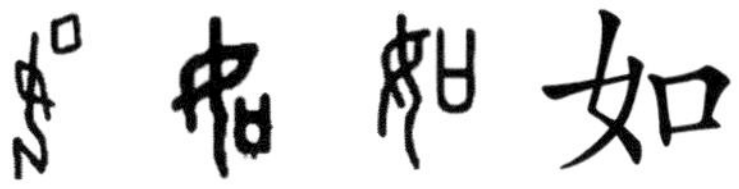

甲骨文　金文　小篆　楷书

汉字造意

甲骨文字形，由“女”和“口”组成，表示发布命令让女子听从、服从。金文承续甲骨文字形，由此演变为现在的字形。

字义源流

如：本义是顺从、服从，如：如实、如意、如愿。引申指前往、前去，如：如厕、如今；还引申指及、比得上，如：今不如昔、不如他；又引申指符合、一致，如：如期、如数；另外，也表示相似、相仿、举例，如：比如、例如、如同、如鱼得水；用作连词时，表示如果的意思，如：假如。

妙语精粹

如狼似虎　目光如炬　如履薄冰　如虎添翼

三十晚没月亮——年年如此

日出江花红胜火，春来江水绿如蓝。　——白居易《忆江南》

妙

miào

小篆　楷书

汉字造意

小篆字形，由“女”（表示女子）和“少”（表示小、年轻）组成，意思是年幼的少女，由此演变为现在的字形。

字义源流

妙：本义是少女，如：妙龄少女。少女内心纯真、外表美丽动人，给人以十分美好的感觉，引申指美好、美妙，如：绝妙、精妙、妙语连珠；还引申指神奇、巧妙，如：妙计、奥妙、妙手回春。

妙语精粹

神机妙算　惟妙惟肖　妙不可言　妙笔生花

扁鹊开处方——妙手回春

公子王孙芳树下，清歌妙舞落花前。　——刘希夷《白头吟》

mèi

甲骨文　金文　小篆　楷书

汉字造意

甲骨文字形，描画一棵禾苗和一个跪坐的女子之形，表示同一父母的比自己小的女子，也就是妹妹。金文承续甲骨文字形，由此演变为现在的字形。

字义源流

妹：本义是妹妹，如：姐妹、兄妹、姊妹、小妹。引申指同辈中比自己小的女子，如：表妹、堂妹、师妹；还引申指年轻的女子，如：川妹、湘妹、打工妹、外来妹。

妙语精粹

手帕姊妹　香火姊妹　舞台姐妹

孙权嫁妹——赔了夫人又折兵

爷娘闻女来，出郭相扶将；阿姊闻妹来，当户理红妆；小弟闻姊来，磨刀霍霍向猪羊。　——《木兰辞》

qī

甲骨文　金文　小篆　楷书

汉字造意

甲骨文字形，描画一个跪坐着的长发女子之形，旁边是一只手的样子，这种构思来自古时抢婚习俗的生动图景。金文字形，变成上插发簪的样子，下面的“女”转变为“母”，突出了女子结婚后成为人妻的特征；小篆字形，又变成一只手抓住女子的脖子之形，由此演变为现在的字形。

字义源流

妻：本义是男子的配偶、妻子，如：夫妻、妻女、妻室、未婚妻。

妙语精粹

糟糠之妻　患难夫妻　夫妻反目　结发夫妻

夫妻开店——齐心合力

结发为夫妻，恩爱两不疑。　——《留别妻》

zǐ

小篆　楷书

汉字造意

小篆字形，由“女”（表示女子）和“𠂔”（表示读音）组成，意思是姐姐，由此演变为现在的字形。

字义源流

姊：本义是姐姐，如：姊妹、姊姊、姊弟。

妙语精粹

手帕姊妹　香火姊妹

妈妈的姊妹好几个——多疑（姨）

姊妹弟兄皆列土，可怜光彩生门户。　　——白居易《长恨歌》

始

shǐ

金文　小篆　楷书

汉字造意

金文字形，由“女”（表示女子）和“目”（表示怀孕、怀胎）组成，以女子怀胎表示生命的开始。小篆承续金文字形，整齐化，由此演变为现在的字形。

字义源流

始：本义是开始、开头，如：始祖、原始、始终。引申指当初、初始，如：始发、创始人、始作俑者；还引申指才、刚刚，如：方始、始悟、春蚕到死丝方尽，蜡炬成灰泪始干；又引申指正在、正好，如：人间四月芳菲尽，山寺桃花始盛开；又引申指方才、然后，如：十五从军征，八十始得归。

妙语精粹

慎终如始　开山始祖　有始有终　善始善终

半路开小差——有始无终

乱入池中看不见，闻歌始觉有人来。　　——王昌龄《采莲曲》

姓 xìng

甲骨文 金文 小篆 楷书

汉字造意

甲骨文字形，由“生”（表示生产、生育）和“女”（表示女子）组成，以生儿育女的女子作为家族的起源，“姓者，统其祖考之所自出；氏者，别其子孙之所自分。”就是说，“姓”可以知道他的家族是从哪里来的，“氏”则是同一家族里不同的子孙分支，秦汉之后，姓氏合为一体使用。金文承续甲骨文字形，“女”变成人形，与“生”的位置调换；小篆字形，又转变为“女”和“生”的组合，由此演变为现在的字形。

字义源流

姓：本义是标志家族的符号或字，如：姓名、贵姓、百家姓、指名道姓。引申指平民，如：百姓、万姓。

妙语精粹

隐姓埋名　尊姓大名　指名道姓　黎民百姓

平民百姓见玉帝——一步登天

昔者河边叟，谁知隐与仙。姓名终不识，章句此空传。

——张九龄《奉和圣制经河上公庙》

威 wēi

金文 小篆 楷书

汉字造意

金文字形，由“戌”（表示斧钺之类的刑具）和“女”（表示与女子有关）组成，意思是一个弱小的女子面对一把巨大的斧钺，感到强大的威严与震撼力。小篆承续金文字形，整齐化，由此演变为现在的字形。

字义源流

威：本义是威严。引申指令人敬畏的、尊严，如：威严、威风、权威；还引申指强大的力量，如：威力、示威、国威、威震四海；又引申指刑罚，如：威令（刑法或军政命令）、威辟（重刑苛法）。

妙语精粹

恩威并施　耀武扬威　威武不屈　八面威风

赵云大战长板坡——大显神威

劳歌大风曲，威加四海清。　——李世民《咏风》

婚

hūn

小篆

婚

楷书

汉字造意

小篆字形，由“女”（表示与女子有关）和“昏”（表示傍晚、黄昏）组成，由此演变为现在的字形。古时候有抢婚的习俗，多在黄昏时分进行，后来，就形成了黄昏时分结婚的习俗。

字义源流

婚：本义是结婚、婚礼，男女正式结为夫妻，如：新婚、婚庆、婚姻、婚期、成婚、完婚。

妙语精粹

新婚燕尔　婚丧嫁娶　指腹为婚　男大当婚

包办的婚姻——身不由己

结发为妻子，席不暖君床。暮婚晨告别，无乃太匆忙。　——杜甫《新婚别》

妇

fù

甲骨文 金文 小篆 楷书繁 楷书简

汉字造意

甲骨文字形，描画一个跪坐的女子和一把扫帚的样子，意思是女子在家中打扫卫生、做饭等，表示已经结婚的女子。金文承续甲骨文字形，将“女”与“帚”的位置调换；小篆承续金文字形；隶变后在楷书中写作婦；汉字简化后写作妇。

字义源流

妇：本义是已婚的女子，如：主妇、少妇、孕妇、媳妇。引申指女子，如：妇女、妇联、妇科。

妙语精粹

夫唱妇随　妇人之仁　妇孺皆知　愚夫愚妇

单身汉娶媳妇——自作主张

妇姑相唤浴蚕去，闲看中庭栀子花。　　——王建《雨过山村》

子

zǐ

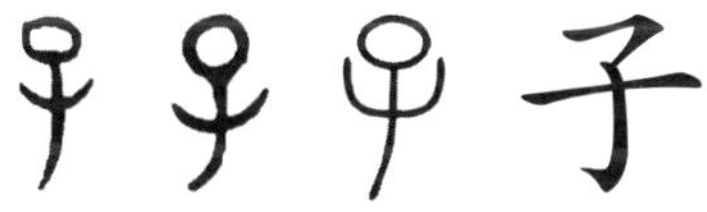

甲骨文 金文 小篆 楷书

汉字造意

甲骨文字形，描画一个初生婴儿的形状，表现出婴儿圆圆的脑袋、两条伸展在外的胳膊、被包裹在一起的双腿，意思是出生不久的婴儿。金文、小篆承续甲骨文字形，由此演变为现在的字形。

字义源流

子：本义是婴儿，如：孩子、独生子、子孙。引申指男性，如：男子、儿子、爱子、父子；还引申指受人尊敬的男性，如：夫子、老子、孔子、诸子；又引申指人，如：学子、游子、女子、妻子；也引申指幼小的、娇嫩的，如：子猪、子叶；另外，还引申指动物的卵或植物的籽实，如：鱼子、种子、松子；又被假借为地支第一位，与天干搭配使用来纪年、纪时，如：甲子、子时；又指古代爵位中第四位——子爵；子还可以放在词尾，作为后缀，如：房子、桌子、刀子、帽子、车子、垫子。

妙语精粹

天之骄子　谦谦君子　才子佳人　浪子回头

插根筷子当旗杆——竖不起来

松下问童子，言师采药去。——贾岛《寻隐者不遇》

字

zì

金文　小篆　楷书

汉字造意

金文字形，由“宀”（mián，表示房屋）和“子”（表示婴儿）组成，表示在房屋里生孩子。小篆承续金文字形，整齐化，由此演变为现在的字形。

字义源流

字：本义是生孩子，如：苦山有木，服之不字。引申指女子出嫁，如：待字闺中；后假借指记录语言的符号文字，也就是汉字，古人把象形系统文字（包括：象形字、指事字、会意字）称为“文”，把由“文”滋生创造而来的形声系统文字（包括：转注字、形声字、假借字）称为“字”，合称为“文字”；由汉字之义，还引申指书法的字体，如：草字、篆字、柳字、欧字；又引申指书法作品，如：字画、字幅；也指成年人的名号，如：李白，字太白；另外，还引申指合同、契约，如：字据、签字盖章。

妙语精粹

白纸黑字　咬文嚼字　字字珠玑　十字路口

耗子啃书本——咬文嚼字

云中谁寄锦书来，雁字回时，月满西楼。

——李清照《一剪梅·红藕香残玉簟秋》

存

cún

小篆

存

楷书

汉字造意

小篆字形，由“子”（表示孩子）和“才”（表示刚长出来的植物，有稳定之意）组成，意思是定居生活，繁衍后代，由此演变为现在的字形。

字义源流

存：本义是生存、存在，如：存活、依存、共存。引申指保留、存放，如：留存、寄存、保存、存车；还引申指关怀、怀念，如：存问、温存、存恤；又引申指安顿、止息，如：存身；又引申指余下的，如：库存、存货；又引申指有，如：上士闻道，勤而行之；中士闻道，若存若亡；下士闻道，大笑之，不笑不足以为道。

妙语精粹

荡然无存　去伪存真　名存实亡　硕果仅存

卖布不带尺子——存心不良（量）

箫鼓追随春社近，衣冠简朴古风存。　　——陆游《游山西村》

孝

xiào

甲骨文 金文 小篆 楷书

汉字造意

甲骨文字形，像是一个孩子搀扶着一个弯腰驼背、长发飘散的老人之形，表示孩子孝顺老人之意。金文、小篆承续甲骨文字形，略有变化，由此演变为现在的字形。

字义源流

孝：本义是孝敬老人，如：孝顺、孝心、尽孝、孝子。引申指丧事，如：守孝、吊孝；还引申指丧服，如：戴孝、孝衣。俗语说：百善孝为先，“孝”是中华民族的传统美德之一，《说文·老部》上说：“孝，善事父母者”，其基本含义是善于侍奉和赡养父母的意思；中国汉代还把“孝廉”作为选拔官吏的科目之一，只有那些“孝顺亲长、廉能正直”的人，才能被推举为官。

妙语精粹

父慈子孝　忠孝两全　忠孝节义　孝子贤孙

孔夫子面前讲孝经——冒充斯文

夫孝，天之经也，地之义也。——《孝经·三才》

季

jì

甲骨文 金文 小篆 楷书

汉字造意

甲骨文字形，上面像是一棵禾苗，下面像是一个小孩子的样子，表示幼小的孩子。金文承续甲骨文字形，上面的“禾”稍有变形，由此演变为现在的字形。

字义源流

季：本义是家中最小的孩子，如：季子、季女、季弟。引申指最小的，排行最后的，如：季军（前三名中的最后一名）、季春（春季的最后一个月）；还引申指时节、时段，如：季节、春季、秋季、旺季、季风。

妙语精粹

季孙之忧　元方季方　伯仲叔季　伯歌季舞

高山上的青松——四季常青

休数岁时月季，仙家栏槛长春。 ——赵师侠《月季》

孙

sūn

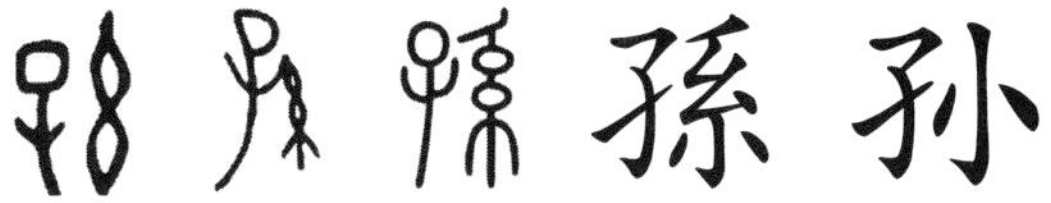

甲骨文　金文　小篆　楷书繁　楷书简

汉字造意

甲骨文字形，由“子”（表示小孩子）和“糸”（mì，表示绳索、连续不断）组成，意思是孩子再有孩子，也就是孙子。金文、小篆承续甲骨文字形，整齐化；隶变后在楷书中写作孫；汉字简化后写作孙。

字义源流

孙：本义是孙子，如：外孙、祖孙、长孙、孙女。引申指孙子之后的各代，如：玄孙、曾孙、子子孙孙；还引申指再生或滋生的植物，如：稻孙、孙竹（竹的枝根末端所生的竹）。

妙语精粹

名落孙山　不肖子孙　凤子龙孙　炎黄子孙

孙猴子赴蟠桃宴——不请自来

春草明年绿，王孙归不归？ ——王维《送别》

学

xué

甲骨文　金文　小篆　楷书繁　楷书简

汉字造意

甲骨文字形，上面像是两只手拿着筹算，进行运算与学习，下面像是房屋之形，意思是在学堂里接受教育。金文承续甲骨文字形，并增加字符“子”，表示孩子接受教育；小篆承续金文字形；隶变后在楷书中写作學；汉字简化后写作学。

字义源流

学：本义是学习、接受教育，如：上学、求学、学生、学问、学历。引申指学习的地方，也就是学校，如：小学、大学、学院、学府；还引申指掌握的知识、学问，如：国学、数学、学艺、真才实学；又引申指学术的流派，如：儒学、红学、哲学、心理学；也引申指模仿，如：学鸡叫、邯郸学步、鹦鹉学舌。

妙语精粹

饱学之士　牙牙学语　敏而好学　不学无术

夜莺学乌鸦叫——变坏了

黑发不知勤学早，白首方悔读书迟。　——颜真卿《劝学诗》

宅

zhái

甲骨文　金文　小篆　楷书

汉字造意

甲骨文字形，上面像是一个屋顶的样子，下面是一个托架的样子，表示用托木架梁，建造房屋。金文承续甲骨文字形，由此演变为现在的字形。

字义源流

宅：本义是住处、房舍，如：宅院、大宅、内宅、宅第。引申指存、在，如：宅心仁厚、宅心知训；还引申指墓穴，如：阴宅、宅兆（坟墓的四界）。

妙语精粹

宅中图大　深宅大院　魂不守宅　寸田尺宅

王爷的宅院——层层深入

岐王宅里寻常见，崔九堂前几度闻。　——杜甫《江南逢李龟年》

宇

yǔ

甲骨文　金文　小篆　楷书

汉字造意

甲骨文字形，上面像是一个屋顶，下面像是支撑的柱梁，意思是房屋的屋檐。金文承续甲骨文字形，由此演变为现在的字形。

字义源流

宇：本义是屋檐，如：宇堂、上栋下宇。引申指房屋、空间，如：屋宇、庙宇、庭宇、广宇；还引申指无限延伸的空间，如：宇宙、宇航、天宇；又引申指风度、仪容，如：气宇轩昂、眉宇不凡。

妙语精粹

气吞宇宙　琼楼玉宇　声振寰宇　席卷宇内

悠悠天宇旷，切切故乡情。　——王昌龄《西江夜行》

我欲乘风归去，又恐琼楼玉宇，高处不胜寒。——苏轼《水调歌头·丙辰中秋》

守

shǒu

甲骨文 金文 小篆 楷书

汉字造意

甲骨文字形，由“宀”（mián，房屋，代指财产或领地）和“寸”（表示手）组成，意思是对财产或领地的保护。金文承续甲骨文字形，稍有变化；小篆承续金文字形，整齐化，由此演变为现在的字形。

字义源流

守：本义是保护、守卫，如：守护、坚守、把守。引申指官府的职责、职守，如：我无官守，我无言责也；又引申指遵循、遵守，如：守信、守时、守约；又引申指维持原状，如：保守、守旧；另外，也指人的节操，如：操守。

妙语精粹

魂不守舍　守口如瓶　守株待兔　闭关自守

穿新鞋走老路——因循守旧

开荒南野际，守拙归园田。——陶渊明《归园田居》

安

ān

甲骨文 金文 小篆 楷书

汉字造意

甲骨文字形，由“宀”（mián，表示房屋）和“女”（表示女子）组成，表示女子在屋中静坐，有安静、安全的意思。金文承续甲骨文字形，由此演变为现在的字形。

字义源流

安：本义是安全、平安，如：安静、安定、安稳、安心、安宁、安闲。引申指定居、居住，如：安家、安顿、安居乐业；还引申指把事物放在一定的地方，如：安置、安排、安装；又引申指使乐意、感到满足，如：安眠、安歇、随遇而安、安之若素。

妙语精粹

居安思危　局促不安　安家落户　安然无恙

保险柜里安家——图的是安全

春风得意马蹄疾，一日看尽长安花。　——孟郊《登科后》

汉字造意

小篆字形，由“宀”（mián，表示房屋）和“元”（表示读音）组成，意思是修缮房屋，使之整齐、完整，没有缺损，由此演变为现在的字形。

字义源流

完：本义是使房屋整齐、完整，如：以敝邑之为盟主，缮完葺墙，以待宾客。引申指完整、齐备，如：完备、完好、完善、完美；还引申指结束、完成，如：完结、完毕、完婚、完稿；又引申指消耗尽、没有了，如：米吃完了、煤用完了。

妙语精粹

完美无缺　完璧归赵　完美无瑕　破巢完卵

吴刚砍桂树——没完没了

有孙母未去，出入无完裙。　——杜甫《石壕吏》

宗

zōng

甲骨文 金文 小篆 楷书

汉字造意

甲骨文字形，由“宀”（mián，表示房屋）和“示”（表示祖先和神灵的牌位）组成，表示祭拜神灵和祖先的地方，也就是宗庙、祖庙。金文承续甲骨文字形，并由此演变为现在的字形。

字义源流

宗：本义是宗庙、祖庙，如：宗祠、宗仪。引申指祖先及同一祖先的家族，如：祖宗、宗室、宗族、宗主、宗亲；同一宗族往往有很多人，由此又引申为量词，表示“批”或“件”，如：一宗事、大宗物品；由宗族又引申指同一祖师传下来的流派，如：宗派、宗教、宗师、正宗；由被后人尊崇的祖先，引申出本源、归向等含义，如：宗旨、朝宗。

妙语精粹

光宗耀祖　一代宗师　宗庙社稷　文宗学府

祖宗三代的家务事——一言难尽

汉家宗室独称贤，遗事闲中见旧编。——张继《河间献王墓》

官

guān

甲骨文 金文 小篆 楷书

汉字造意

甲骨文字形，由“宀”（mián，表示房屋）和“𠂤”（表示屁股印儿，即臀部坐在地上留下的印记）组成，表示供行人止歇的处所。金文承续甲骨文字形，由此演变为现在的字形。

字义源流

官：本义是供行人止歇的处所。引申指官府、官署，如：官场、官厅、官衙；又引申指在政府、官府担任职务的人，如：官员、官吏、清官、文官；还引申指国家的、公家的，如：官办、官费、官方；又引申指生物体上的器官：感官、五官、官能；另外，还用作对人的尊称，如：客官、看官。

妙语精粹

官复原职　官逼民反　加官晋爵　高官厚禄

当官不坐高板凳——平起平坐

官河水静阑干暖，徙倚斜阳怨晚秋。

——史达祖《鹧鸪天·卫县道中有怀其人》

宙

zhòu

甲骨文　小篆　楷书

汉字造意

甲骨文字形，由“宀”（mián，表示房屋）和“由”（表示支撑屋顶的支架）组成，表示支撑房屋的中柱、脊檩。小篆承续甲骨文字形，由此演变为现在的字形。

字义源流

宙：本义是栋梁，如：而燕雀佼之，以为不能与之争于宇宙之间。引申指天空，如：宙外、宙合；还引申指“往古来今”的时间，如：宇宙、宙始（远古）。

妙语精粹

名垂宇宙　气吞宇宙

往古来今谓之宙，四方上下谓之宇。　　——刘安《淮南子·齐俗》

始知宇宙阔，下看三江流。天晴见峨眉，如向波上浮。

——岑参《登嘉州凌云寺作》

定

dìng

金文　小篆　楷书

汉字造意

甲骨文字形，由“宀”（mián，表示房屋）和“正”（是“征”的初文，表示战争）组成，以人们结束征战回到家中，来表达安稳、安居之意。金文承续甲骨文字形，由此演变为现在的字形。

字义源流

定：本义是安稳、安居，如：定居、稳定。引申指固定的、不变的，如：定都、定价、定音、定论、定律、定义；还引申指安静、镇静，如：镇定、心神不定、坚定；又引申指参选约定，如：规定、商定、定金；又引申指订婚的聘礼，如：对象已经相好了，只等着选日子下定了。

妙语精粹

惊魂未定　气定神闲　一锤定音　坚定不移

定航的班机——继往开来

只愿君心似我心，定不负相思意。　　——李之仪《卜算子·我住长江头》

客

kè

甲骨文　金文　小篆　楷书

汉字造意

甲骨文字形，由“宀”（mián，表示房屋）和“各”（表示到来、来到，也表读音）组成，意思是从外面来到房屋里。金文承续甲骨文字形，由此演变为现在的字形。

字义源流

客：本义是从外面到来的客人，如：宾客、客户、请客、会客。引申指外出、寄居外地的人，如：旅客、客居、游客；还引申指奔走各地从事某种活动的人，如：说客、政客、侠客；又引申指商业、服务行业对顾主的敬称，如：顾客、来客、乘客；也引申指外来的、非内部的，如：客串、客座教授；另外，还指不以主观意志为转移的，如：客体、客观。

妙语精粹

不速之客　骚人墨客　宾客盈门　反客为主

飞机上的客人——高贵

客路青山外，行舟绿水前。　——王湾《次北固山下》

室

shì

甲骨文　金文　小篆　楷书

汉字造意

甲骨文字形，由“宀”（mián，表示房屋）和“至”（表示停止，这里指休息）组成，意思是人休息的地方，也就是内室。古人的房屋，前面的一间大厅叫“堂”，是人们会客、议事的地方；堂后面的一间叫“室”，多是正妻居住；室的东西两间叫“房”，多是侍妾居住。金文承续甲骨文字形，由此演变为现在的字形。

字义源流

室：本义是休息的房间，如：卧室、寝室。引申指妻子，如：妻室、内室；还引申指家、家族，如：家室、皇室、十室九空；又引申指房间、住宅，如：教室、办公室、阅览室、档案室；又特指皇族、皇朝，如：将军既帝室之胄，信义著于四海；又引申指器官内部的空腔，如：心室、脑室。

妙语精粹

同室操戈　登堂入室　十室九空　引狼入室

候车室里的挂钟——群众观点

斯是陋室，惟吾德馨。　　——刘禹锡《陋室铭》

金文　小篆　楷书

汉字造意

金文字形，由“宀”（mián，表示房屋）“口”（代指言语）和“丰”（gài，表示割伤之形）组成，意思是家庭成员之间因言语而造成的伤害。小篆承续金文字形，由此演变为现在的字形。

字义源流

害：本义是伤害、损害，如：妨害、危害、祸害、迫害。引申指灾难的、有坏处的，如：灾害、害虫、为民除害；还引申指使受损伤、破坏，如：害人、被害；又引申指遭受、遇到，如：害怕、害羞、害病、害喜；也引申指杀死、谋杀，如：害死、暗害、杀害、遇害。

妙语精粹

害群之马　为民除害　不知利害　图财害命

害啥病吃啥药——对症下药

害群应自慑，持法固须平。　　——岑参《饯王岑判官赴襄阳道》

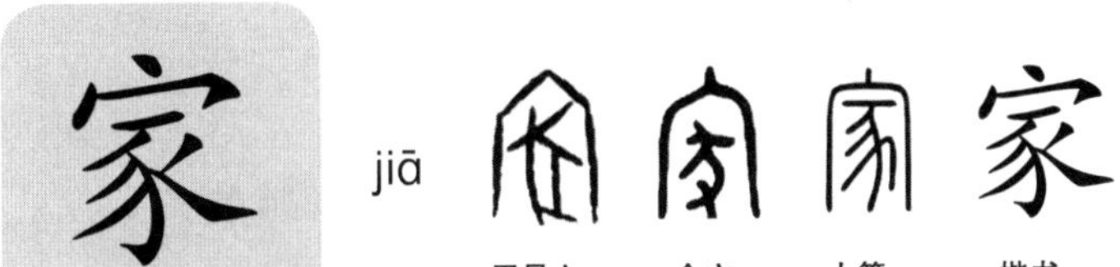

jiā

甲骨文　金文　小篆　楷书

汉字造意

甲骨文字形，由“宀”（mián，表示房屋）和“豕”（表示猪）组成，表示家中养猪。古时候，人们在房子的上层居住、下层养猪，猪是家庭财富的象征，这种构思，表达了“家”是人们安居乐业的居所之意。金文承续甲骨文字形，由此演变为现在的字形。

字义源流

家：本义是人们稳定的居所、住处，如：安家、搬家、家园、家居。引申指家庭、家族，如：家长、家人、娘家、家父、家谱、家训、家禽；还引申指派别、流派，如：儒家、道家、阴阳家、自成一家；又引申指有某种特长、专长的人，如：专家、画家、科学家、艺术家；也引申指经营某种行业或具有某种身份的人家，如：酒家、农家、船家、东家；另外，还可以用作量词，表示家庭或企业，如：一家商店、三家工厂。

妙语精粹

万家灯火　书香世家　万贯家财　国破家亡

半天云里拉家常——空谈

烟笼寒水月笼沙，夜泊秦淮近酒家。　　——杜牧《泊秦淮》

容

róng

甲骨文　金文　小篆　楷书

汉字造意

甲骨文字形，由“冂”（jiōng，表示窗户、岩穴之形）和“谷”（表示山谷）组成，意思是容纳、盛放。金文承续甲骨文字形，稍有变化，由此演变为现在的字形。

字义源流

容：本义是包含、容纳，如：容器、容积、容身之所。引申指人的大度、包容，如：宽容、容忍；还引申指允许、让，如：容许、不容分说；又引申指人的相貌、表情，如：容貌、面容、美容、倦容；也引申指事物的景象、状态，如：校容、军容、阵容、市容。

妙语精粹

有容乃大　无所不容　笑容可掬　义不容辞

海纳百川，有容乃大。壁立千仞，无欲则刚。

秋容淡如水，昨暮到江城。　——陆游《七月十七夜五更起坐至旦》

宿

sù

xiǔ

xiù

甲骨文　金文　小篆　楷书

汉字造意

甲骨文字形，描画出一个人躺在房间的席上休息的样子，意思是住宿、休息。金文承续甲骨文字形；小篆承续金文字形，只是将人与席子的位置进行了调换，由此演变为现在的字形。

字义源流

宿：本义是睡觉、住宿，如：借宿、露宿、宿舍、宿营。引申指隔夜的、隔年的，如：宿雨、宿根；还引申指原有的、一直存在的，如：宿愿、宿志、宿敌；又引申指老的、长期做某件事的，如：宿将、宿儒、名宿；表示以上意思时，均读作：sù。另外，还用来表示夜晚的数量，此时读作：xiǔ，如：半宿、一宿。还作为中国古代天文学上用来表示星座的概念，也就是星宿，此时读作：xiù，譬如“二十八星宿”，就是古人为了观测天象及日、月、星辰的运行规律，选取作为观测标志的二十八颗星。

妙语精粹

晓行夜宿　风餐露宿　双宿双飞　旧仇宿怨

一滴水流进大海——有了归宿

茅亭宿花影，药院滋苔纹。　　——常建《宿王昌龄隐居》

甲骨文　金文　小篆　楷书

汉字造意

甲骨文字形，由“宀”（mián，代指房屋）和“山”组成，意思是形状像堂屋一样的大山。金文承续甲骨文字形，并增加字符“必”；小篆承续金文字形，由此演变为现在的字形。

字义源流

密：本义是形状像堂屋一样的山。本义消失，后引申指深、幽深，如：密恩、密深；还引申指接近、关系好的，如：密切、密友、亲密；又引申指隐蔽的、不公开的，如：秘密、密码、泄密、告密；也引申指细致、没有疏漏的，如：精密、严密、细密。

妙语精粹

百密一疏　深山密林　过从甚密　密不透风

一个方凳坐俩人——亲密无间

竹深树密虫鸣处，时有微凉不是风。　——杨万里《夏夜追凉》

富

fù

金文　小篆　楷书

汉字造意

金文字形，由“宀”（mián，代指房屋）和“酉”（表示酒坛子）组成，意思是家中酒坛常满，生活富足。小篆承续金文字形，整齐化，由此演变为现在的字形。

字义源流

富：本义是财物多、富足，如：富贵、富裕、富豪、富强。引申指多、充足，如：丰富、富矿、富饶、富庶；还引申指使富有，如：富民强国；又引申指财物、财产，如：富润屋，德润身；又引申指年少，未来岁月多，如：年富力强。

妙语精粹

穷家富路　富贵不淫　为富不仁　荣华富贵

富贵人家的小姐——弱不禁风

富贵必从勤苦得，男儿须读五车书。　——杜甫《柏学士茅屋》

寒

hán

金文 小篆 楷书

汉字造意

金文字形，像是房屋中间有一个人，人的四周堆放着柴草，人脚下的两横表示冰，意思是冬天结冰的时候，人们在屋子里用草取暖，以此来表示寒冷。小篆承续金文字形，整齐化，由此演变为现在的字形。

字义源流

寒：本义是气温低、寒冷，如：天寒地冻、寒风、寒夜、寒假。引申指清贫、贫穷，如：寒门、寒舍、贫寒、寒酸；还引申指恐惧、害怕，如：胆寒、心寒。

妙语精粹

饥寒交迫　十年寒窗　寒冬腊月　胆战心寒

良言一句三冬暖，恶语伤人六月寒。

孤舟蓑笠翁，独钓寒江雪。　——柳宗元《江雪》

察

chá

小篆 楷书

汉字造意

小篆字形，由“宀”（mián，表示房屋）和“祭”（表示手拿肉食在祭台上祭祀神灵）组成，意思是祭祀神灵，希望得到上天的神示，这时须仔细观察，由此演变为现在的字形。

字义源流

察：本义是仔细观看、观察，如：察觉、察看、审察、察言观色。引申指调查、考核，如：考察、视察、侦察；还引申指明智、智慧，如：察士、察议。

妙语精粹

察今知古　洞察一切　察己知人　明察暗访

电子显微镜——明察秋毫

水至清则无鱼，人至察则无徒。　　——《汉书·东方朔传》

实

shí

金文　小篆　楷书繁　楷书简

汉字造意

金文字形，由“宀”（mián，表示房屋）“田”（表示田地）和“贝”（古人用贝壳作为钱币，意思是钱财）组成，意思是有房屋、有田地、有钱财的家庭，自然是富裕、充实的人家。小篆字形，转变为“宀”和“贯”（穿成串的钱币）的组合，意思是家中装满了钱币，也就是富裕；隶变后在楷书中写作實；汉字简化后写作实。

字义源流

实：本义是钱财很多、富裕，如：殷实、富实。引申指充满、充实，如：实心、荷枪实弹；还引申指植物的种子，如：果实、春华秋实；又引申指客观存在的、真实的，如：实在、事实、现实、实惠；也引申指不虚假的、真诚的，如：诚实、忠实、确实、实话实说；另外，也用作副词，表示其实、果然、终于等意思，如：确实、实属无奈、实不相瞒。

妙语精粹

名符其实　名存实亡　老实巴交　货真价实

实心竹子吹火——一窍不通

积实绕僧房，攀枝置药囊。　　　　——刘商《曲水寺枳实》

汉字造意

小篆字形，由“宀”（mián，表示房屋）和“舄”（xì，表示读音）组成，意思是移动、放置。隶变后在楷书中写作寫；汉字简化后写作写。

字义源流

写：本义是移动、放置，如：御食于君，君赐余，器之溉者不写，其余皆写。引申指抄录、书写，如：抄写、写信、写作；还引申指描画、效仿，如：写生、写意、写真、写照；又引申指描述事情、创作，如：描写、写景、编写、写论文。

妙语精粹

轻描淡写　绘声写影　能写会算　传神写照

王羲之写字——入木三分

小筑幽栖与拙宜，读书写字伴儿嬉。　　　　——陆游《岁暮》

汉字造意

小篆字形，由“又”（表示手）和一横（指事符号）组成，表示距离手掌一寸远的地方，又叫“寸口”，这是中医诊脉的部位，由此演变为现在的字形。

字义源流

寸：本义是寸口、寸脉。引申指长度单位，如：三寸、六尺五寸长；还引申指很短、很小，如：寸心、分寸、寸土必争、寸步难行、一寸光阴一寸金；在方言中，寸又指凑巧，如：说来可真寸，他伸着胳膊打了个哈欠，就把腰给闪了。

妙语精粹

肝肠寸断　得寸进尺　聊表寸心　尺寸之地

打蛇打到七寸上——恰到好处

一寸柔肠情几许？薄衾孤枕，梦回人静，侵晓潇潇雨。

——惠洪《青玉案·绿槐烟柳长亭路》

汉字造意

金文字形，由“止”（表示脚）和“又”（表示手）组成，用“以手捉脚”的构思，来表达持拿、控制，使之停留之意。小篆字形，“又”演变为“寸”；由此演变为现在的字形。

字义源流

寺：本义是持拿、控制，使之停留。引申指古代官署的名称，秦以官员任职之所，通称为寺，如：寺正、寺舍、大理寺（职掌审核刑狱案件的部门）；又引申指佛教的庙宇，东汉时，印度僧人用白马驮经来中国传播佛教，当朝皇上命令当时负责外交事务的官署“鸿胪寺”接待，并在洛阳西兴建“白马寺”，后来，“寺”便成为寺院的泛称，如：少林寺、甘露寺、相国寺、寺庙。

妙语精粹

古寺青灯　跑了和尚跑不了寺

寒山寺里的大钟——搬不动

清晨入古寺，初日照高林。曲径通幽处，禅房花木深。

——常建《题破山寺后禅院》

射

shè

甲骨文　金文　小篆　楷书

汉字造意

甲骨文字形，像是箭在弓上的样子，意思是射箭。金文承续甲骨文字形，并添加字符“又”（表示手），表示用手拉弓射箭；小篆字形，把“弓”和“矢”讹变为“身”，“又”变成了“寸”，整齐化，由此演变为现在的字形。

字义源流

射：本义是拉弓射箭，如：射手、射伤、射杀、射日。引申指借推力或弹力发出，如：发射、扫射、射击、射门；还引申指气体或液体等受到压力迅速流出，如：喷射、注射；又引申指放出光、热、电波等，如：辐射、射线、照射、反射；另外，还表示有所指、猜测，如：暗射、影射、含沙射影。

妙语精粹

羿射九日　胡服骑射　一射之地　射人先射马

发射出去的火箭——扶摇直上

隔座送钩春酒暖，分曹射覆蜡灯红。　——李商隐《无题·昨夜星辰昨夜风》

将

jiāng
jiàng
qiāng

甲骨文　金文　小篆　楷书繁　楷书简

汉字造意

甲骨文字形，由“爿”（pán，表示几案、床）“肉”（表示肉食）和“鼎”（表示烹饪的器皿）组成，意思是把烹饪的肉放到几案上。金文承续甲骨文字形，将“鼎”省去，另加字符“寸”，突出手的动作，表示奉献之意；小篆承续金文字形；隶变后在楷书中写作將；汉字简化后写作将。

字义源流

将：本义是指把肉放在几案上，因此有奉献、祭享的意思，如：我将我享，维羊维牛。引申指搀扶、扶持，如：惯于长夜过春时，挈妇将雏鬓有丝、爷娘闻女来，出郭相扶将；还引申指带领、统领，如：将军、将率；又引申作介词，表示“拿”“用”等意思，如：将功赎罪、恩将仇报；也用作副词，表示“将要”，如：将近、将来；表示以上意思时，均读作：jiāng。另外，将还读作：jiàng，引申指将官、率领等意思，如：将士、将领、猛将、兵来将挡，水来土掩，没什么好犹豫的。将又读作：qiāng，表示请、希望，如：岑夫子，丹丘生，将进酒，杯莫停。与君歌一曲，请君为我倾耳听。

妙语精粹

干城之将　调兵遣将　常胜将军　登台拜将

大将军骑马——威风凛凛

将军角弓不得控，都护铁衣冷难着。　　——岑参《白雪歌送武判官归京》

尊

zūn

甲骨文　金文　小篆　楷书

汉字造意

甲骨文字形，描画出双手捧着一个酒器之形，表示真诚献酒。金文承续甲骨文字形，酒器上增加了细致的花纹；小篆承续金文字形，将下面的双手变形为“寸”，由此演变为现在的字形。

字义源流

尊：本义是古代盛酒的礼器，用于祭祀或宴请宾客，《周礼》记载有六尊：牺尊、象尊、著尊、壶尊、太尊、山尊。引申指尊贵、地位高的，如：尊敬、尊命、尊师、尊崇；还引申指对人的尊称，如：令尊、尊长、县尊；又引申指敬重、推崇，如：自尊、尊重；另外，还用作量词，表示单位，如：一尊神像、三尊酒坛、两尊大炮。

妙语精粹

妄自尊大　尊师重道　尊贤敬老　九五之尊

猴子坐到旗杆上——唯我独尊

万里中原烽火北，一尊浊酒戍楼东。酒阑挥泪向悲风。

——张孝祥《浣溪沙·霜日明霄水蘸空》

对

duì

甲骨文　金文　小篆　楷书繁　楷书简

汉字造意

甲骨文字形，右边是一只手的形状，左边是手持战斧或仪仗之形（一说是大臣手拿笏板上朝，在朝堂上对答的情景），意思是两军对阵。金文承续甲骨文字形，左下边变形为“土”，右边的“手”变形为“寸”；小篆承续金文字形；隶变后在楷书中写作對；汉字简化后写作对。

字义源流

对：本义是回答、应答，如：无言以对、对答、应对、对歌。引申指两者相对、面对、对立，如：对联、对阵、对面、对岸；还引申指相当、相配，如：门当户对、对象、对头；又引申指向着、朝着，如：对门、对待、对于；也引申指正确的，如：对错、答对啦！又引申指按照标准检查是否相符，如：核对、查对、校对、对质；另外，还用作量词，表示两个，如：一对夫妻、一对花瓶。

妙语精粹

临军对阵　成双成对　对景伤情　对症下药

成对的蝴蝶——比翼双飞

对酒当歌，人生几何。譬如朝露，去日苦多。　　——曹操《短歌行》

汉字造意

甲骨文字形，由三个竖点组成，表示细小的沙粒。金文承续甲骨文字形；小篆字形，像是从中间向两边进行拆分，由拆分后的个体与拆分前的总体相比较，表示减小、微小的意思，由此演变为现在的字形。

字义源流

小：本义是细、微，与“大”相对，在对比中分出大小，如：细小、微小、小节、小巧。引申指范围、规模、数量、容量等不及一般或所比较的对象，如：小镇、小费、小气、小品、小卖部；还引申指时间短，如：小坐、小住；又引申指年幼的、年轻的，如：小孩子、小朋友、小伙子、小字辈；另外，还作为谦辞使用，如在别人面前称呼自己为小弟、小妹等。

妙语精粹

事无大小　小中见大　两小无猜　谨小慎微

金弹打飞鸟——因小失大

小荷才露尖尖角，早有蜻蜓立上头。　　——杨万里《小池》

少

shǎo
shào

甲骨文　金文　小篆　楷书

汉字造意

甲骨文字形，是“小”的分化字，在“小”的下面加一点，表示较少、不多的沙粒。金文字形，将下面的一点拉长，变成了一撇；小篆承续金文字形，由此演变为现在的字形。

字义源流

少：本义是数量小，不多，与“多”相对，如：少数、少许、少量、多少。引申指数量不足，缺少、减少，如：缺斤少两、必不可少、一分不少；还引申指丢失、遗失，如：少了一本书；又引申指暂时、稍微，如：少候、少停、少歇；表时以上意思时，均读作：shǎo。少还读作：shào，表示年轻的，与“老”相对，如：青少年、少儿、少妇、少男少女；还引申指层次、级别低的，如：少师、少将、少校、少爷。

妙语精粹

少不更事　男女老少　积少成多　少见多怪

三毛的头发——稀少

少年易老学难成，一寸光阴不可轻。　　——朱熹《劝学诗》

就

jiù

甲骨文　金文　小篆　楷书

汉字造意

甲骨文字形，上面是“亯”（表示宗庙祭祀的场所），下面是“京”（表示高大的建筑），表示往很高、极高的地方去祭祀神灵。金文承续甲骨文字形，上面的部分共用，下面笔画简省；小篆则变成“京”和“尤”（表示特殊、超出）的组合，意思是极高、极远，由此演变为现在的字形。

字义源流

就：本义是到高处去。引申指趋向、靠近，如：就近、就地、就坐、避重就轻；还引申指成功、完成，如：成就、造就、一挥而就；又引申指承受、接受，如：就职、就学、就医；也引申指立刻、马上，如：就来、就去、春天就要来了；另外，还表示依照、根据，如：就着、就事论事。

妙语精粹

去危就安　从容就义　按部就班　另谋高就

山坡上烧火——就地取材（柴）

谁料同心结不成，翻就相思结。　　　　——夏完淳《卜算子·秋色到空闺》

尺

chǐ

金文　小篆　楷书

汉字造意

金文字形，像是在胳膊的肘弯处标示一点，表示从手腕到肘的距离，也就是一尺。小篆字形，胳膊讹变为“尸”（表示弯曲的人体），肘弯处的一点拉长为曲线，由此演变为现在的字形。

字义源流

尺：本义是长度单位，十寸为一尺，如：尺寸、尺码、英尺。引申指标有长度单位的器具，如：尺子、卡尺、卷尺、标尺；还引申指像尺子一样的东西，如：镇尺、戒尺、计算尺；又引申指短小、狭小，如：尺地、咫尺天涯。

妙语精粹

得寸进尺　寸长尺短　尺寸之地　百尺竿头

木匠的折尺——能曲能伸

危楼高百尺，手可摘星辰。不敢高声语，恐惊天上人。——李白《夜宿山寺》

汉字造意

甲骨文字形，像是一个人身后拖着一条尾巴形装饰物的样子，这是古人在捕猎野兽时的装扮，后来在庆典上也用作饰物，表示动物的尾巴。小篆将“人”变形为“尸”，尾巴形的饰物变形为“毛”，由此演变为现在的字形。

字义源流

尾：本义是动物的尾巴，如：马尾、尾羽、尾骨、虎头蛇尾。引申指事物的末尾、最后，如：年尾、船尾、收尾、尾气；还引申指跟随在后面，如：尾随、尾追；又用作量词，表示只、条，如：一尾鱼、两尾金鱼。

妙语精粹

畏首畏尾　彻头彻尾　虎头蛇尾　从头到尾

兔子尾巴——长不了

莺嘴啄花红溜，燕尾点波绿皱。 ——秦观《如梦令·春景》

汉字造意

小篆字形，由“尸”和“句”组成，意思是人在狭窄的空间里要弯腰曲背，不得伸展，由此演变为现在的字形。

字义源流

局：本义是拘束、局促，如：局迫、局室、局限。引申指事物的结构、部分，如：局部、格局；还引申指事物的形势、状态，如：时局、局势、大局、结局；又引申指机构的名称，如：邮局、商标局、民航局、书局；也引申指某些活动，如：饭局、棋局、骗局；另外，也用作量词，表示次数，如：平局、三局两胜。

妙语精粹

局外之人　顾全大局　陷入僵局　局促不安

民航局开张——有机可乘

高田如楼梯，平田如棋局。 ——杨慎《出郊》

汉字造意

金文字形，由“尸”（表示弯曲的人体）和“古”（表示读音）组成，表示腿足弯曲、身体不动地蹲着（古人的一种坐法）。小篆承续金文字形，由此演变为现在的字形。

字义源流

居：本义是蹲着、闲坐，如：不宜居见长者。引申指居住，如：家居、分居、隐居；还引申指住地、房屋，如：邻居、故居；又引申指处于、位于，如：居中、后来居上、居安思危、居高临下；也引申指存放、安置，如：居心、囤积居奇。

妙语精粹

深居简出　甘居人后　乐业安居　后来居上

十年无战事——安居乐业

居高声自远，非是藉秋风。　　——虞世南《蝉》

汉字造意

籀文字形，由“尸”（表示弯曲的人体）“厂”（表示半穴居式的住所）和“至”（表示到达）组成，表示人到达自己居住的地方。小篆承续籀文字形，由此演变为现在的字形。

字义源流

屋：本义是住所、房舍，如：房屋、木屋、小屋、里屋。引申指车盖，如：黄屋（古代帝王的车上用黄缯做的车盖，也指帝王的车辆）、屋社（王朝倾覆的代称）。

妙语精粹

房前屋后　金屋藏娇　叠床架屋　高屋建瓴

花猫蹲在屋脊上——唯我独尊

姑苏城外一茅屋，万树梅花月满天。　　——唐寅《把酒对月歌》

展

zhǎn

小篆　　楷书

汉字造意

小篆字形，由“尸”（表示与身体相关）和“衺”（表示展开、伸展）的省形组成，意思是舒展开衣服坐下，由此演变为现在的字形。

字义源流

展：本义是伸开、伸展，如：展开、展翅、发展、舒展。引申指陈列、展示、显现，如：展览、画展、展现、施展；还引申指延缓、放大、扩大，如：展期、展缓、拓展、扩展；又引申指转身、翻身，如：忧心展转、展转反侧。

妙语精粹

迎风招展　展翅高飞　愁眉不展　一筹莫展

大鹏展翅——前程万里

扶病从摩诘，销忧得仲宣。展书明细字，烹茗湿疏烟。

——曾几《雪中登王正中书阁》

山

shān

甲骨文　　金文　　小篆　　楷书

汉字造意

甲骨文字形，像是三座山峰连绵起伏的样子，意思是由土块、石头堆积而成的庞大、高耸的部分，也就是山峰。金文承续甲骨文字形，中间部分填实；小篆整齐化、线条化，由此演变为现在的字形。

字义源流

山：本义是大山，如：山峰、山丘、山路、雪山。引申指形状像山一样的事物，如：山墙、冰山、人山人海；还引申指声音巨大的、响亮的，如：山响、山呼万岁、山盟海誓；又引申指粗俗的，如：山野村夫。

妙语精粹

名山胜水　日落西山　寿比南山　名山大川

乌鸦唱山歌——不堪入耳

山一程，水一程，身向榆关那畔行，夜深千帐灯。

——纳兰性德《长相思·山一程》

岛

dǎo

小篆

岛

楷书

汉字造意

小篆字形，由“鸟”（表示小鸟）和“山”（表示山峦）组成，意思是可以让鸟儿栖息的水中陆地或山峦，由此演变为现在的字形。

字义源流

岛：本义是岛屿，江海或湖泊里四周被水围绕着的陆地，面积比大陆要小，如：海岛、鸟岛、蛇岛。还指三面环水，一面连接大陆的陆地，也就是半岛，如：山东半岛、辽东半岛；又引申指交通路口设置的一小块地方，如：交通岛、安全岛。

妙语精粹

琼岛春云　郊寒岛瘦　岛瘦郊寒

冰岛上的土地爷——没人拜

蜂蝶去纷纷，香风隔岸闻。欲知花岛处，水上觅红云。　　——韩愈《花岛》

崇

chóng

小篆 楷书

汉字造意

小篆字形，由“山”（表示高山）和“宗”（表示祭祀祖先的高大殿堂）组成，意思是高大的山峰，由此演变为现在的字形。

字义源流

崇：本义是又高又大的山，如：崇阿、崇山峻岭。引申指高大，如：崇高、崇论宏议；还引申指尊敬、敬仰，如：崇敬、崇信、崇尚、崇拜；又引申指提倡，如：崇利而简义，高力而尚功；又引申指重、叠，如：失于政，陈于兹，高后丕乃崇降罪疾。

妙语精粹

崇洋媚外　权重望崇　偃武崇文　推崇备至

对着穿衣镜作揖——自我崇拜

崇高自有配，孤陋何足干。——张九龄《荆州作二首》

川

chuān

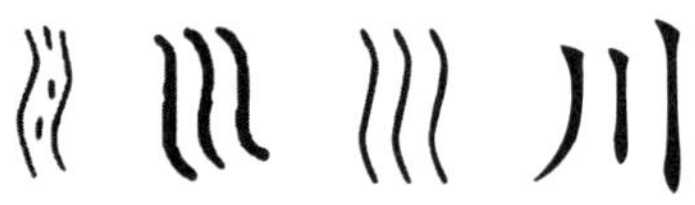

甲骨文 金文 小篆 楷书

汉字造意

甲骨文字形，描画出中间是流水，两边是河岸的形状，表示河流。金文承续甲骨文字形，中间的流水由虚线变成实线，由此演变为现在的字形。

字义源流

川：本义是河流、水道，如：山川、河川、川流不息。引申指平原、平地，如：平川、秦川；另外，还特指四川省的简称，如：川菜、川剧、川军。

妙语精粹

名山大川　一马平川　海纳百川　虎落平川

百川归海　　大势所趋

欲渡黄河冰塞川，将登太行雪满山。　　——李白《行路难》

汉字造意

甲骨文字形，像是古代工匠使用的曲尺之形。金文承续甲骨文字形，空间填实，稍有变形；小篆字形，将下面的部分变成一横，由此演变为现在的字形。

字义源流

工：本义是工匠用的曲尺、用具，如：工尺、工具。引申指使用工具的人，如：工人、民工、电工、木工、工程师；还引申指运用工具从事的劳动、工作，如：做工、手工、打工、加工；又引申指技巧、技能，如：精工、工笔、唱工；也引申指劳动的对象，如：化工、轻工、工程、竣工；另外，还引申指擅长、善于，如：工于心计、工书善画。

妙语精粹

异曲同工　能工巧匠　鬼斧神工　士农工商

长工吃犒劳——难得的好处

乐工虽在耳如壁，不分清浊即为聋。——白居易《华原磬－刺乐工非其人也》

左

zuǒ

甲骨文 金文 小篆 楷书

汉字造意

甲骨文字形，像一只左手之形。金文承续甲骨文字形，并在右下方添加字符“工”（表示工具），意思是用工具来辅助、帮助；小篆承续金文字形，由此演变为现在的字形。

左：本义是帮助、辅佐。此义后来用“佐”来表示，“左”被借作表示方位，与“右”相对，如：左方、左侧、左将军；还引申指非主流的、非正统的，如：旁门左道、左性子；又引申指思想倾向激进的、偏激的，如：左翼作家、左派、左倾；又引申指横竖、反正，如：事已至此，左不过就是个掉脑袋，没什么大不了的。

妙语精粹

左右逢源　左思右想　左右开弓　左邻右舍

没路标的三岔口——左右为难

老夫聊发少年狂，左牵黄，右擎苍。　　——苏轼《江城子·密州出猎》

巨

jù

金文 小篆 楷书

汉字造意

金文字形，右边是一个站立的人形，左边是一个画方的工具（表示曲尺）之形，意思是用尺丈量土地。小篆字形，省去右边的人形，由此演变为现在的字形。

字义源流

巨：本义是丈量土地，借指画直线、方形的工具，如：巨矱（法度）。引申指大的、特别大的，如：巨大、巨变、巨响、巨富、巨头；还引申指高超、杰出，如：巨著、巨人、巨制。

妙语精粹

事无巨细　鸿篇巨著　富商巨贾　名流巨子

白了尾巴尖的狐狸——老奸巨猾

长江巨浪征人泪，一夜西风共白头。　　——宋琬《江上阻风》

汉字造意

甲骨文字形，像是绳子弯曲盘绕之形，意思是用绳子来捆绑、打结，以表示记数或记事。金文承续甲骨文字形，由此演变为现在的字形。

字义源流

己：本义是盘绕的绳线。后假借表示自己的“己”，如：己方、知己、先人后己、身不由己、己欲立而立人，己欲达而达人；引申指天干第六位，与地支配合使用来记时，如：己丑、己卯、己亥。

妙语精粹

舍己救人　损人利己　据为己有　奉公克己

搬起石头砸自己的脚——自作自受

莫愁前路无知己，天下谁人不识君。　　——高适《别董大》

已

yǐ

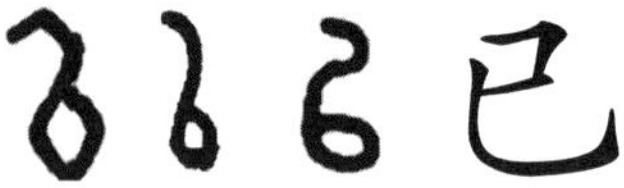

甲骨文 金文 小篆 楷书

汉字造意

甲骨文字形，像是一个头朝下的胎儿之形，意思是胎儿已经长成，怀孕停止，胎儿即将出生。金文、小篆承续甲骨文字形，线条化、笔画化，由此演变为现在的字形。

字义源流

已：本义是怀孕停止。后假借为停止、结束，如：已经、已然、大哭不已、死而后已；引申指过去的、从前的，如：已往、已婚、已知、事已至此。

妙语精粹

孜孜不已　情非得已　木已成舟　死而后已

穷人卖儿女——迫不得已

已是黄昏独自愁，更著风和雨。——陆游《卜算子·咏梅》

市

shì

甲骨文 金文 小篆 楷书

汉字造意

甲骨文字形，上面是“之”（表示去、前往），下面是“冂”（表示一定的区域、范围），表示到市场上去。金文字形，下面的“冂”变成了“兮”（表示嘈杂的声音），表示市场有嘈杂的叫卖声，是进行货物交易的地方；小篆承续金文字形，笔画化，由此演变为现在的字形。

字义源流

市：本义是进行货物交易的地方，也就是市场，如：集市、街市。引申指买、卖的行为、动作，如：市酒、市马、市药；还引申指价格，如：行（háng）市、随行就市；又引申指行政区划，如：城市、北京市、上海市、直辖市；另外，也引申指度量衡单位，如：市尺、市斤。

妙语精粹

门庭若市　海市蜃楼　市井小人　悬壶济世

集市上买东西——挑挑拣拣

先生已得道，市井亦容身。救病自行药，得钱多与人。　　——张籍《隐者》

bù

金文　小篆　楷书

汉字造意

金文字形，上部是“父”（表示手持工具的男子，兼表读音），下面是“巾”（表示棉、麻等织物），意思是劳动时穿的麻布。小篆承续金文字形，笔画化；隶变后在楷书中写作布。

字义源流

布：本义是棉麻织物，如：棉布、布料、绸布、布衣、布鞋。引申指铺开、展开，如：分布、遍布、乌云密布；还引申指公开、传播，如：公布、布告、宣布、发布；又引申指安排、布置，如：布防、布景、布局。

妙语精粹

行兵布阵　布裙荆钗　布衣之交　星罗密布

懒婆娘的裹脚布——又臭又长

日照香炉生紫烟，遥看瀑布挂前川。　　——李白《望庐山瀑布》

xī

大篆 楷书

汉字造意

篆文字形，上面是“爻”（yáo，表示丝织品针线交错的样子），下面是“巾”（表示棉、麻等织成的布），意思是织物稀疏交错的样子，由此演变为现在的字形。

字义源流

希：本义是稀疏、少见，后多写作“稀”，如：希有、希罕、希世、珍希。引申指希望、盼望，如：希求、希图、希冀；还引申指仰慕，如：希古（仰慕古人）、希贤（仰慕贤者）；另外，还用作副词，表示程度，非常、极，如：希嫩（非常嫩）、希松（极为轻松平常）。

妙语精粹

希世之才　一线希望　大音希声　望风希旨

希特勒上台——不可一世

知音者诚希，念子不能别。行行天未晓，携酒踏明月。——韩愈《知音者诚希》

shī

甲骨文 金文 小篆 楷书繁 楷书简

汉字造意

甲骨文字形，像是臀部坐在地上留下的印记，因此有止歇、驻扎之意。驻扎是军旅之常事，因此又借指军旅。金文字形，增加字符“帀”（zā，表示从某处走来），止歇、驻扎之意更为明显，由此演变为现在的字形。

字义源流

师：本义是止歇、驻扎。引申指军旅，如：挥师、班师、会师；又用作中国古代军队的编制，两千五百人为一师，如：五人为伍，五伍为两，四两为卒，五卒为旅，五旅为师。还引申指榜样、老师，如：师范、师表、教师、师生；又引申指有专门技能的人，如：技师、琴师、律师、摄影师；也引申指学习、效仿，如：师从、师承；另外，也指对和尚或道士的尊称，如：法师、禅师。

妙语精粹

劳师动众　尊师重道　良师益友　兴师问罪

大师傅熬稀粥——不在话下

王师北定中原日，家祭无忘告乃翁。　　——陆游《示儿》

席

xí

甲骨文　金文　小篆　楷书

汉字造意

甲骨文字形，像是一张用草或竹子纺织而成的供人休息用的垫子。金文字形，上面变成了“厂”（hǎn，表示山崖、简易的房屋），下面变成了“巾”（代指垫布），意思是房屋内铺着坐卧用的垫子；小篆变成了由“庶”的省形和“巾”组成的“席”，由此演变为现在的字形。

字义源流

席：本义是供人坐卧用的垫子，如：草席、竹席、凉席、炕席。引申指座位、座次，如：主席、出席、列席；还引申指职务、职位，如：西席、教席、副主席；又引申指成桌的饭菜、酒食，如：酒席、宴席；另外，引申用作量词，表示场、次，如：一席酒、一席话。

妙语精粹

席地而坐　寝不安席　席卷天下　座无虚席

黄毛娃娃坐上席——人小辈大

别院深深夏席清，石榴开遍透帘明。 ——苏舜钦《夏意》

常

cháng

小篆

常

楷书

汉字造意

小篆字形，由“尚”（表示读音）和“巾”（表示布衣）组成，表示古人穿的连体裙，由此演变为现在的字形。

字义源流

常：本义是古人穿的下衣，也就是裙子，如：太常、常服。引申指长久的、不变的，如：常年、常住、常数；还引申指一般的、普通的，如：常识、常规、常人、常态、平常；又引申指多次发生、常常，如：常用、经常、常来常往；又引申指常规、常法，如：纲常、伦常、三纲五常；又引申指规律，如：天行有常，不为尧存，不为桀亡。

妙语精粹

反复无常　非同寻常　老生常谈　习以为常

常在河边走，哪有不湿鞋。

常恐秋节至，焜黄华叶衰。 ——《长歌行》

平

píng

金文　小篆　楷书

汉字造意

金文字形，由“亏”（表示气息平舒）和“八”（表示平分、分开）组成，意思是语气自然平和、舒展。小篆承续金文字形，稍有变化，笔画化，由此演变为现在的字形。

字义源流

平：本义是语气平和舒缓，如：平气、平远。引申指平坦，没有高低起伏，如：平面、平原；还引申指相等、没有差距，如：公平、平均、平局、平辈；又引申指安静、安定，如：平安、平息、平叛；也引申指平常的、普通的，如：平日、平凡、平淡、平常。

妙语精粹

坎坷不平　四海升平　平步青云　如履平地

登上山顶望平地——回头见高低

平生不下泪，于此泣无穷。　——李白《江夏别宋之悌》

年

nián

甲骨文　金文　小篆　楷书

汉字造意

甲骨文字形，上面是一束成熟的谷物之形，下面是一个人弓着背之形，意思是庄稼成熟，人们将谷物背回去。金文承续甲骨文字形，并在“人”的腿部添加一点，变成“千”（表示移动），使收割庄稼之意更为明显；小篆承续金文字形，由此演变为现在的字形。

字义源流

年：本义是谷物成熟，如：年成、年景、年荒。古代中国把农作物的一个生长周期作为时间单位，也就是一年，如：明年、今年、年代、近年；还引申指中国的传统节日，如：过年、年货、年画；又引申指年纪、年岁，如：青年、老年、年轻、年轮；也引申指每年的、一年一次的，如：年会、年薪、年利率。

妙语精粹

十年寒窗　年年有余　成年累月　三年五载

春夏秋冬——年年有

去年元夜时，花市灯如昼。　　——欧阳修《生查子·元夕》

幸

xìng

小篆

幸
楷书

汉字造意

小篆字形，由“夭”（表示夭折、死亡）和“屰”（nì，表示违背、相反）组成，表示从死亡走向相反的情况，也就是逢凶化吉，这是生产力低下时，人们最大的幸事，由此演变为现在的字形。

字义源流

幸：本义是意外地得到好处或消除灾害，也就是幸运，如：侥幸、幸免、幸亏；引申指幸福、快乐，如：荣幸、庆幸、欣幸；还引申指偏爱、宠爱，如：幸驾、幸临、巡幸；又引申指希望，如：幸勿推却、幸来告语之。

妙语精粹

幸灾乐祸　三生有幸　使心用幸　不幸言中

失火唱山歌——幸灾乐祸

幸有清溪三百曲，不辞相送到黄州。 ——苏轼《梅花二首》

幼

yòu

甲骨文 金文 小篆 楷书

汉字造意

甲骨文字形，由“力”（一种耕田的农具，这里代指力量）和“幺”（yāo，表示单根细丝线）组成，意思是年幼力量小的。金文承续甲骨文字形，“力”与“幺”连成一体；小篆则变形为左右结构，整齐化，由此演变为现在的字形。

字义源流

幼：本义是幼小，如：幼儿、幼年、幼教、幼稚。引申指动植物没长大的、刚出生的，如：幼苗、幼虫、幼芽。

妙语精粹

幼学壮行 长幼尊卑 长幼有序 男女老幼

三代人出门——扶老携幼

宫城南面有深山，尽将老幼藏其间。 ——张籍《相和歌辞·董逃行》

序

xù

小篆 楷书

汉字造意

小篆字形，由“广”（yǎn，表示房屋）和“予”（表示读音）组成，意思是隔开两旁夹室与正室的墙，也指厢房，由此演变为现在的字形。

字义源流

序：本义是正堂两边的墙。引申指顺序、先后，如：次序、工序、程序、秩序；还引申指开始的、第一的，如：序言、序曲、序文、序幕；又引申指古代地方办的学校，如：庠序。

妙语精粹

长幼有序　言之有序　杂乱无序　井井有序

炒菜时必不可少的工序——添油加醋

三阳丽景早芳辰，四序佳园物候新。　——李隆基《春日出苑游瞩》

店

diàn　店

楷书

汉字造意

“店”由“广”（yǎn，表示房屋）和“占”（表示读音）组成，意思是古时人们在房屋内放置器物的土台。

字义源流

店：本义是放东西的土台。引申指古代商人陈放货物的地方、商铺，如：商店、店铺、书店、连锁店；还引申指旅馆、客店，如：旅店、酒店、住店。

妙语精粹

药店飞龙　夫妻店　独此一家，别无分店　前不着村，后不着店

玩具店里的刀枪——中看不中用

野店临西浦，门前有橘花。停灯待贾客，卖酒与渔家。　——张籍《宿江店》

度

dù

duó

 度

小篆 楷书

汉字造意

小篆字形，由“庶”（表读音）的省形和“又”（表示手）组成，表示古代没发明尺子之前，人们多用手、手臂等量长短，由此演变为现在的字形。

字义源流

度：本义是计量长度的标准或工具，如：尺度、度量、度规、测度。引申指事物所达到的状况，如：程度、风度、幅度、态度；还引申指法律、规则、准则，如：法度、制度；又引申指经历、过，如：度过、度假、欢度新年；另外，还引申指多种计量单位，如：角度、经度、厚度、年度、季度、热度、硬度、浓度、高度、透明度；表示以上意思时，均读作：dù。度还读作：duó，表示测量、计算的意思，如：揣度、忖度。

妙语精粹

暗度陈仓　风度翩翩　置之度外　一年一度

温度计掉冰箱——直线下降

羌笛何须怨杨柳，春风不度玉门关。　——王之涣《凉州词》

庭

tíng

 庭

小篆 楷书

汉字造意

小篆字形，由“广”（yǎn，表示房屋）和“廷”（指古代君主接待朝臣、

处理政务的地方，兼表读音）组成，意思是房屋的正室、厅堂，由此演变为现在的字形。

字义源流

庭：本义是房屋的正堂、大厅，如：庭宇、庭训、家庭、大庭广众。引申指房屋前的院子，如：庭院、门庭若市、洒扫庭除；还引申指办理政务的地方或机构，如：庭阁、法庭、庭审、民庭。

妙语精粹

大相径庭　过庭之训　分庭抗礼　改换门庭

鱼鹰下洞庭——大有作为

庭院深深深几许，杨柳堆烟，帘幕无重数。

——欧阳修《蝶恋花·庭院深深深几许》

汉字造意

“广”的字形有两个，一个是“广”（yǎn，表示房屋），甲骨文字形，像是依山而建的宽大房屋，由此演变为现在的字形。另一个是“廣”，由“广”（表示房屋）和“黄”（表示读音）组成，意思是四周没有墙壁的宽大房屋。现在，这两个字形统一合并，写作广。

字义源流

广：本义是四周没有墙壁的大房屋。引申指宽大的、宽阔的，如：宽广、广阔、广场、广博；还引申指大量的、数量多的，如：广大群众、大庭广众、兵多将广；又引申指普遍、广泛，如：推广、广播、广告、广开财路。

妙语精粹

广开言路　集思广益　广而告之　地广人稀

济公的扇子——神通广大

安得广厦千万间，大庇天下寒士俱欢颜。　　——杜甫《茅屋为秋风所破歌》

汉字造意

金文字形，由“廴”（yǐn，表示延长）和“聿”（指手持笔，这里代指法律、法规）组成，意思是国家建立法律、典章。小篆承续金文字形，由此演变为现在的字形。

字义源流

建：本义是建立典章制度，如：建法、建中。引申指创造、建立，如：建树、建设、建党、建国、建交、建功立业；还引申指建筑、建造，如：兴建、修建、筹建；又引申指提出的新想法、意见，如：建议、建策、建言；又引申指倾倒，如：高屋建瓴；又用作水名，如：建江，也就是闽江，福建省的名称即由此而来；又通“健”，表示刚健，如：建德若偷，质真若渝。

妙语精粹

建功立业　众建贤才　高屋建瓴　运筹建策

寒光犹恋甘泉树，淑景偏临建始花。　　——李显《立春日游苑迎春》

天下光宅，海内雍熙。上玄降鉴，方建隆基。　　——武则天《曳鼎歌》

式

shì

小篆　楷书

汉字造意

小篆字形，由“工”（表示工具、规制）和“弋”（yì，表示读音）组成，意思是建筑房屋、制作器物等都要有一定的规制、模式，由此演变为现在的字形。

字义源流

式：本义是物体外形的规矩、标准，如：式样、新式、模式、范式。引申指示范、榜样，如：式范；还引申指特定的规格，如：制式、格式、程式；又引申指特定内容、程序的仪式，如：开幕式、阅兵式、毕业式；也引申指某些学科中表示关系或规律的符号组合，如：公式、算式、化学方程式；另外，在语法上，表示说话者的主观态度与方式，如：命令式、启发式。

妙语精粹

金相玉式　各式各样　一式一样

多年的师傅——老把式

惠施不肯干万乘，卜式未必穷一经。　——李白《悲歌行》

弓

gōng

甲骨文　金文　小篆　楷书

汉字造意

甲骨文字形，描画了一张上好弦的弓，弓是古人打猎、战争使用的一种武器。金文承续甲骨文字形，只是弓的方向不同，由此演变为现在的字形。

字义源流

弓：本义是古人射箭或发射弹丸用的一种工具，如：弓箭、弓弩、左右开弓。引申指像弓一样的东西，如：弹弓、琴弓、足弓；还引申指弯曲，如：弓腰、弓身。

妙语精粹

杯弓蛇影　鸟尽弓藏　楚弓楚得　跃马弯弓

开弓不放箭——虚张声势

挽弓当挽强，用箭当用长。射人先射马，擒贼先擒王。

——杜甫《前出塞九首·其六》

汉字造意

甲骨文字形，由“弓”（表示弓箭）和“大”（表示人）组成，意思是人要拉弓射箭。金文承续甲骨文字形，只是弓和人的位置调换，而且人形更加形象；小篆字形，省去人形，将“弓”的位置调换到左边，右边加“丨”（表示箭矢），表示拉弓射箭，由此演变为现在的字形。

字义源流

引：本义是将弓拉开，如：引弓、拉弓引箭。引申指拉、拉开，如：牵引、引力、引而不发；还引申指带领、招来，如：引领、引导、指引、引言、引进、引火烧身；又引申指凭证或理由，如：引经据典、引以为荣、引用。

妙语精粹

引狼入室　抛砖引玉　引咎自责　穿针引线

舞台上的灯光——引人注目

林暗草惊风，将军夜引弓。——卢纶《和张仆射塞下曲·其二》

弟

dì

甲骨文　金文　小篆　楷书

汉字造意

甲骨文字形，由“弋”（yì，表示带绳子的箭或戈）和缠绕的绳索组成，意思是将绳索有次序地缠绕到弋上。金文承续甲骨文字形；小篆笔画化，由此演变为现在的字形。

字义源流

弟：本义是次序、顺序，如：次弟，后写作“第”。假借指同辈中年龄比自己小的男子，如：兄弟、弟弟、表弟、堂弟；还泛指比自己年纪小的男子，如：老弟、师弟、愚弟；又引申指老师对学生的称呼，如：徒弟、弟子。

妙语精粹

梨园子弟　误人子弟　称兄道弟　纨绔子弟

哥俩坐班房——难兄难弟

有弟皆分散，无家问死生。——杜甫《月夜忆舍弟》

弱

ruò

小篆　楷书

汉字造意

小篆字形，由两支弯曲的弓和下面的“彡”（shān，表示像毛发之类的细柔之物）

组成，意思是柔软、柔弱，由此演变为现在的字形。

字义源流

弱：本义是力量小的，如：软弱、弱小、弱不禁风。引申指年幼的、年纪小的，如：老弱病残、弱冠（古代指男子二十岁左右，举行加冠礼，表示已经成人了）；还引申指不如、有差距的，如：弱点、弱项、弱视、弱者。

妙语精粹

体弱多病　恃强凌弱　不甘示弱　弱不禁风

茅草秆打狗——软弱无力

弱柳青槐拂地垂，佳气红尘暗天起。　　——卢照邻《长安古意》

强

qiáng

qiǎng

jiàng

小篆　楷书

小篆　楷书

汉字造意

强的原始字形有“強”和“彊”两个。強的小篆字形，由“弘”（表示读音）和“虫”组成，意思是米中的小黑虫；隶变后在楷书中写作强。彊的小篆字形，由“弓”（弓箭，表示武力）和“畺”（表示疆域、边界）组成，表示广大的疆域要用强劲的武力来保卫，后来，此义由“疆”来代替。现在，強和彊两字合并，统一写作强。

字义源流

强：本义有二，一、米中的小黑虫，后借用作“彊”；二、弓很硬、有力，如：强弩。由弓有力引申指健壮、有力，如：强壮、富强、强健、强大；还引申指超过、胜过，程度高，如：强项、好强、强硬、争强好（hào）胜；又引申指用强力、硬性地，如：强占、强攻、强横（hèng）；也引申指加重、程度加深，如：强化、增强；表达以上意思时，均读作：qiáng。强还读作：qiǎng，表示迫使、逼迫，如：强迫、强辩、勉强、强人所难。强又读作：jiàng，表示固执、不顺从，如：强嘴、倔强。

妙语精粹

博闻强记　恃强凌弱　自强不息　强弩之末

强扭的瓜不甜，强摘的花不香。

暮笳吹塞月，晓甲带胡霜。自到云中郡，于今百战强。

——刘长卿《代边将有怀》

形

xíng

小篆

形

楷书

汉字造意

小篆字形，由“幵”（“井”的变形，表示读音）和“彡”（表示描绘事物的图形、花纹）组成，意思是按照事物的形状进行描画，也就是事物的原形，由此演变为现在的字形。

字义源流

形：本义是事物的形态、实体，如：形体、形貌、形容、形状。引申指事物的外观、样子，如：地形、圆形、线形、图形、变形；还引申指人的相貌、体态，如：体形、身形、整形；又引申指事物表现出的特征、趋势，如：形势、情形。

妙语精粹

奇形怪状　得意忘形　放浪形骸　彪形大汉

月光下散步——形影不离

形影忽不见，翩翩伤我心。　——曹植《杂诗七首·其一》

彼

bǐ

小篆　楷书

汉字造意

小篆字形，由“彳”（chì，表示行走）和“皮”（表示分离，兼表读音）组成，意思是离开这里到别的地方，由此演变为现在的字形。

字义源流

彼：本义是别处、另外的地方。假借为那个、那些、那里，如：彼此、彼处、彼岸；还引申指对方、他人，如：不分彼此、知彼知己、由此及彼。

妙语精粹

非此即彼　此起彼伏　厚此薄彼　顾此失彼

半斤对八两——彼此彼此

彼此当年少，莫负好时光。　　——李隆基《好时光·宝髻偏宜宫样》

往

wǎng

甲骨文　金文　小篆　楷书

汉字造意

甲骨文字形，由“之”（表示去、到的意思）和“王”（表示读音）组成，意思是从一个地方走向另一个地方。金文承续甲骨文字形，并增加字符“彳”（chì，表示行走），突出前往的意思；小篆承续金文字形，整齐化，由此演变为现在的字形。

字义源流

往：本义是去、前去，如：来往、前往、过往、往返。引申指过去的时间，如：往日、往事、以往、往年；还引申用作介词，表示朝、向，如：往前、往上、前往。

妙语精粹

南来北往　一来一往　长此以往　礼尚往来

打掉牙往肚里吞——忍气吞声

往往花移色，交交鸟换鸣。云将京国远，水别卫河清。

——祝允明《自末春入初夏归舟即事》

待

dài

dāi

金文　小篆　楷书

汉字造意

金文字形，由“彳”（chì，表示行走）和“寺”（此处代指侍立，兼表读音）组成，意思是等候。小篆承续金文字形，由此演变为现在的字形。

字义源流

待：本义是等待、等候，如：待到、待机、拭目以待。引申指以某种态度对待人或物，如：接待、招待、优待、待遇；表示以上意思时，均读作：dài。待还读作：dāi，表示停留，如：在北京只待了一天。

妙语精粹

宽以待人　整装待发　另眼相待　以逸待劳

外婆待外甥——诚心实意

待到秋来九月八，我花开后百花杀。冲天香阵透长安，满城尽带黄金甲。

——黄巢《不第后赋菊》

lǜ

甲骨文　金文　小篆　楷书

汉字造意

甲骨文字形，由“彳”（chì，表示道路、规则）和“聿”（yù，表示用笔书写，兼表读音）组成，意思是制定法律、规则。金文承续甲骨文字形，并增加字符“止”；小篆字形，又减省了“止”，由此演变为现在的字形。

字义源流

律：本义是法律、规则，如：律令、军律、规律、定律。引申指约束、限制，如：律己、自律、纪律；中国古代把校定乐音高低的标准称为律吕，将声音分为六律（阳律，奇数律）和六吕（阴律，偶数律），也就是“十二律”。所以，“律”还引申指音韵的某种节奏，如：音律、旋律、韵律、格律。

妙语精粹

东风入律　金科玉律　严于律己　清规戒律

八股文的格式——千篇一律

条风开献节，灰律动初阳。百蛮奉遐赆，万国朝未央。——李世民《正日临朝》

hòu

甲骨文　金文　小篆　楷书

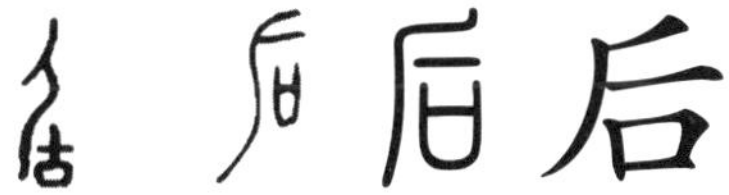

甲骨文　金文　小篆　楷书

汉字造意

“后”的原始字形有“後”和“后”两个。後的甲骨文字形，由“彳”（chì，表示道路）“幺”（yāo，丝绳，此处表示捆绑）和“夂”（suī，倒置的脚）组成，意思是脚被绳索牵绊，行走缓慢，而被落（là）在后面。金文、小篆承续甲骨文字形；隶变后在楷书中写作後。后的甲骨文字形，由“人”（此处指妇女）和一个倒着的“子”（表示小孩子）组成，表示生育孩子多的妇女，在母系氏族时期，生育能力往往决定妇女的社会地位和权力，因此被称作“后”。金文、小篆承续甲骨文字形，“人”稍有变形，“子”变形为“口”，用来指发号施令的君主、帝王；隶变后在楷书中写作后。现在，“後”与“后”合并使用，统一写作后。

字义源流

后：本义有二，一、古代的帝王、君主，如：后羿；二、时间上较晚的、将来的，与“先”相对，如：后辈、后代、后期、日后、空前绝后。由时间上的先后，引申指空间上背面的、反面的，与“前”相对，如：后门、后进、后学、屋后、山后；又引申指次序靠后的，如：后排、后三名。

妙语精粹

争先恐后　承前启后　前倨后恭　后起之秀

包公的尚方宝剑——先斩后奏

最爱东山晴后雪，软红光里涌银山。　　——杨万里《最爱东山晴后雪》

汉字造意

甲骨文字形，像是一只脚在土地上行走的样子，旁边的小点表示扬起的尘土，意思是行走。金文字形，由“辵”（chuò，表示行走）和“土”（表示土地，兼表读音）组成，意思是步行；小篆承续金文字形；隶变后在楷书中写作徒。

字义源流

徒：本义是步行，如：徒步、徒行。引申指没有凭借的、空的，如：徒手、徒然、徒劳无益；还引申指同一类的人，如：教徒、党徒、学徒；又引申指有不良行为的人，如：匪徒、赌徒、叛徒；也引申指刑法，如：徒刑、有期徒刑、无期徒刑。

妙语精粹

徒有虚名　亡命之徒　徒劳无功　市井之徒

船老大带徒弟——从何（河）说起

百川东到海，何时复西归？少壮不努力，老大徒伤悲。　　——《长歌行》

得

dé
děi
de

甲骨文　金文　小篆　楷书

汉字造意

甲骨文字形，由一只手拿着一个贝组成，以手中持贝表示得到、获取之意。金文承续甲骨文字形，左边加字符“彳”（chì，表示道路），强调在路上得到贝；小篆承续金文字形，“贝”讹变为“見”，“又”变为“寸”；隶变时，“見”又变成了“旦”，在楷书中写作得。

字义源流

得：本义是获取、得到，如：取得、获得、得奖、得胜。引申指适当、满足，如：得体、得当、得法、得意；还引申指完成、实现，如：得志、得逞、得了；又引申指可以或不可以，如：不得、不得不；表示以上意思时，均读作：dé。得还读作：děi，多用在口语中，如：可得注意、得挨批评。另外，得还读作：de，用在动词或形容词后，作助词，如：好得很、甜得很、拿得动、办得到。

妙语精粹

洋洋自得　得意忘形　得天独厚　捷足先得

白衣秀士当寨主——容不得人

得欢当作乐，斗酒聚比邻。　　——陶渊明《杂诗》

从

cóng

甲骨文　金文　小篆　楷书繁　楷书简

汉字造意

甲骨文字形，由两个相跟的人形组成，表示两个人一前一后相随而行。金文承续甲骨文字形，只是两个人的方向有所改变；小篆字形，增加字符“辵”（chuò，表示行走），强调行走的动作；隶变后在楷书中写作從；汉字简化后写作从。

字义源流

从：本义是随行、跟随，如：跟从、随从、待从、仆从。引申指顺从、听从，如：依从、盲从、师从、从命、从容；还引申指参加、加入，如：从事、从军、从政、从艺；又引申指按照、采取，如：从简、从快、从重、从严；也引申指次要的、附属的，如：从犯、从句、从属；另外，还可以用作介词，表示根据、经过等，如：从前、从而、从此、从新。

妙语精粹

军法从事　从天而降　祸从口出　从善如流

从小娇惯的公主——随心所欲

从今若许闲乘月，拄杖无时夜叩门。　——陆游《游山西村》

德

dé

甲骨文　金文　小篆　楷书

汉字造意

甲骨文字形，由“彳”（chì，表示道路）“目”（表示眼睛）和“十”（表示直出符号）组成，表示顺道直行之意；金文字形，在下面添加了个“心”，突出心地正直之意；小篆承续金文字形，并在“目”和“心”之间添加一横，由此演变为现在的字形。

字义源流

德：本义是顺道直行。引申指人们在社会生活中应遵循的准则和规范，如：品德、道德、公德、德行；还引申指心意、信念，如：同心同德、离心离德；又引申指感激、恩惠，如：恩德、功德、德泽、感恩戴德；也引申指美好的德行，如：德高望重、德才兼备。

妙语精粹

厚德载物　歌功颂德　德艺双馨　仁义道德

怀君恋明德，归去日相思。　　——李白《赠柳圆》

阳春布德泽，万物生光辉。　　——《长歌行》

汉字造意

甲骨文字形，像是人或动物心脏的形状。金文承续甲骨文字形，稍有变化；小篆整齐化，由此演变为现在的字形。

字义源流

心：本义是心脏，如：心胸、心跳、心肝、心房。引申指人的心理活动、精神、情感等，如：心理、心思、心爱、心情、心声；还引申指主要的、中央的，如：中心、重心、核心、地心、圆心。

妙语精粹

同心同德　惊心动魄　归心似箭　痛心疾首

鲁班皱眉头——别具匠心

谁言寸草心，报得三春晖。　　——孟郊《游子吟》

必

bì

金文　小篆　楷书

汉字造意

金文字形，由“八”（表示分开）和“弋”（表示做标记用的小木桩）组成，表示用小木桩来划分地界。小篆承续金文字形，整齐化，由此演变为现在的字形。

字义源流

必：本义是分界的标记。引申指确定、肯定，如：必然、必须、势必、未必；还引申指坚定、坚决，如：必要、必定、必胜、必由之路。

妙语精粹

盛极必衰　哀兵必胜　言多必失　睚眦必报

二虎相争——必有一伤

同是天涯沦落人，相逢何必曾相识。　　——白居易《琵琶行》

忍

rěn

金文　小篆　楷书

汉字造意

金文字形，由“刃”（表示用刀切割）和“心”（表示内心）组成，意思是忍受刀割。小篆承续金文字形，整齐化，由此演变为现在的字形。

字义源流

忍：本义是忍耐、忍受，如：容忍、忍让、忍痛、忍无可忍。引申指克制、抑制，如：忍住、忍泪、忍俊不禁；还引申指狠心、残酷，如：忍心、残忍。

妙语精粹

忍气吞声　隐忍不发　忍辱偷生　忍饥受饿

心字头上一把刀——忍了吧

柔情似水，佳期如梦，忍顾鹊桥归路。　　——秦观《鹊桥仙·纤云弄巧》

汉字造意

金文字形，由“之”（表示去、前往）和“心”（表示内心的愿望）组成，意思是心里想去的地方。小篆承续金文字形，整齐化；隶变时，将“之”讹变为“士”，在楷书中写作志。

字义源流

志：本义是内心的打算、目标，如：志向、志愿、志气、同志。引申指记载、记录，如：志怪、志喜、杂志、县志；还引申指标记、记号，如：标志。

妙语精粹

众志成城　玩物丧志　人穷志短　矢志不渝

梁山上的兄弟——志同道合

壮志饥餐胡虏肉，笑谈渴饮匈奴血。　　——岳飞《满江红·写怀》

忘

wàng

金文 小篆 楷书

汉字造意

金文字形，由“亡”（表示消失、消亡）和“心”（代指记忆）组成。小篆承续金文字形，整齐化，由此演变为现在的字形。

字义源流

忘：本义是不记得，忘记，如：忘事、忘掉、忘却、健忘、忘食、忘身、忘情、忘我、忘年交。

妙语精粹

念念不忘 得意忘形 公而忘私 见利忘义

吃米不记种田人——忘本

扫庭秋漏滴，接话贵忘眠。静夜人相语，低枝鸟暗迁。

——曹松《与胡汾坐月期贯休上人不至》

忙

máng

忙

楷书

汉字造意

忙属于后起字。楷书字形，由“忄”（表示内心的想法、思想）和“亡”（表示读音）组成，意思是内心慌乱不安。

字义源流

忙：本义是慌乱、急迫，如：忙乱、慌忙、急忙、不慌不忙。引申指事情多，没有多余的时间，如：繁忙、农忙、忙碌；还引申指急于、赶快，如：赶忙、连忙。

妙语精粹

忙里偷闲　手忙脚乱　忙中有失　忙忙碌碌

裁缝师傅手中忙——穿针引线

儿童散学归来早，忙趁东风放纸鸢。　　——高鼎《村居》

忠

zhōng

金文　小篆　楷书

汉字造意

金文字形，由“中”（表示中间，正而不偏）和“心”（表示内心的想法、思想）组成，意思内心公正、不偏私情。小篆承续金文字形，整齐化，由此演变为现在的字形。

字义源流

忠：本义是尽心尽力、忠诚无私，如：忠诚、忠心、忠实、忠告。引申指品行端正，如：忠贞、忠厚、忠信；在中国古代社会，“忠”又指臣子对君主的效忠，如：忠良、忠臣、精忠报国。

妙语精粹

忠肝义胆　尽忠报国　忠人之事　赤胆忠心

关公保刘备——赤胆忠心

时危见臣节，世乱识忠良。　　——鲍照《代出自蓟北门行》

快

kuài

小篆 楷书

汉字造意

小篆字形，由“心”（表示内心的想法、思想）和“夬”（guài，代指分决、兼表读音）组成，意思是舒畅、畅快。隶变时，将“心”偏旁化为“忄”（竖心旁），在楷书中写作快。

字义源流

快：本义是畅快、高兴，如：快乐、痛快、愉快、欢快。引申指迅速，与“慢”相对，如：快速、快车、快件、快捷、进步快；还引申指赶紧、加速，如：赶快、快来、快去；又引申指就要、马上，多用在口语中，如：快来了、快开学了、天快黑了；也引申指机敏、反应快，如：脑子快、反应快；另外，也指锋利，如：这刀真快！

妙语精粹

眼明手快　亲痛仇快　心直口快　快马加鞭

脚底抹油——溜得快

一壶酒，一竿身，快活如侬有几人。　　——李煜《渔父·浪花有意千里雪》

念

niàn

甲骨文 金文 小篆 楷书

汉字造意

甲骨文字形，由“口”（表示嘴里说着的）和“心”（表示心里惦记、想念）组成，意思是心里想着、口里说着，十分想念、惦记。金文承续甲骨文字形，上面的“口”变成了“今”（同“吟”，表示嘴里念叨着）；小篆承续金文字形，整齐化，由此演变为现在的字形。

字义源流

念：本义是思念、惦记，如：想念、惦念、纪念、怀念。引申指思考、心里的想法、看法，如：信念、意念、杂念、理念；还引申指说、读、诵读，如：念书、念经、念白、念叨；又引申指学习、读书，如：念小学、念大学。

妙语精粹

心心念念　一念之差　万念俱灰　不念旧恶

小和尚念经——有口无心

念去去，千里烟波，暮霭沉沉楚天阔。　　——柳永《雨霖铃·寒蝉凄切》

怒

nù

小篆

怒

楷书

汉字造意

小篆字形，由“奴”（表示被役使，兼表读音）和“心”（表示内心的想法、态度）组成，意思是被人役使而心里生气，由此演变为现在的字形。

字义源流

怒：本义是生气、不满、发怒，如：愤怒、怒火、怒气、恼怒。引申指气势强盛、奋起，如：怒骂、怒吼、怒放、怒涛。

妙语精粹

横眉怒目　恼羞成怒　天怒人怨　雷霆之怒

杜十娘怒沉百宝箱——人财两空

怒发冲冠，凭栏处，潇潇雨歇。抬望眼，仰天长啸，壮怀激烈。

——岳飞《满江红·写怀》

思

sī

小篆

思

楷书

汉字造意

小篆字形，由“囟”（xìn）和“心”组成，由此演变为现在的字形。囟指囟门，婴儿头顶的囟门尚未闭合，上面的头皮常随着心跳而跳动，因此有心脑相通的意味。心有所动，再用脑子想一想，这个考虑的过程就是“思”。

字义源流

思：本义是深想、考虑，如：思考、思索、反思。引申指想念、怀念，如：思念、相思、思乡；又引申指想法、观念，如：思想、构思、文思；又引申指心情、心绪，如：思绪、心思、忧思。

妙语精粹

集思广益　匪夷所思　三思而行　见利思义

走一步，思三思——考虑周到

思悠悠，恨悠悠，恨到归时方始休。月明人倚楼。

——白居易《长相思·汴水流》

急

jí

小篆

急

楷书

汉字造意

小篆字形，由“及”和“心”组成，由此演变为现在的字形。及原指从背后赶上并抓住前面的人，心表示一种心情、心态，在将及未及时，抓人的与被抓的都会处于一种焦躁的状态，急指的就是这种焦躁状态。

字义源流

急：本义是将及未及时心里的焦躁状态，如：焦急、急迫、急促。引申指迅速、赶快，如：急雨、急流、急行军；又引申指迫切、紧迫，如：急事、救急、十万火急。

妙语精粹

急人之难　当务之急　急公好义　急中生智

急水滩头的大鱼——经过风浪

春潮带雨晚来急，野渡无人舟自横。　——韦应物《滁州西涧》

性

xìng

小篆

性

楷书

汉字造意

小篆字形，由“心”和“生”组成，由此演变为现在的字形。心代指人之本源，生原指草木破土萌发，性指的就是人与生俱来的本能、特质。

字义源流

性：本义是人与生俱来的本能、特质，如：秉性、性格、个性。引申指事物本身具有的性质、作用，如：属性、性能、黏性；又特指性别，如：男性、女性、雌性；又引申指两性相吸的自然欲望，如：性欲、性趣、性行为。关于人性，中国传统文化有着不同的说法，譬如告子说：“食、色，性也。”人从动物而来，食与色确实属于人的本性。但若仅仅如此，人与动物又有什么分别呢？因此孟子说：“人之所以异于禽兽者几希，庶民去之，君子存之。”这里的“几希”指的就是向善之心，是人所以区别于动物之处，类似于《中庸》里“天命之谓性”中的“天命”。

妙语精粹

性情中人　本性难移　修身养性　化性起伪

海椒（辣椒）命，姜桂性——越老越辣

少无适俗韵，性本爱丘山。　　——陶渊明《归园田居·其一》

怨

yuàn

怨

小篆　楷书

汉字造意

小篆字形，由“夗”（原指盘作一团做攻击状的蛇）和“心”（代指人的情绪）组成，表示不满情绪郁积于心，即愠怒、不满之意，由此演变为现在的字形。

字义源流

怨：本义是愠怒、不满，如：怨言、怨气、怨声载道。引申指责备、发泄不满情绪，如：抱怨、埋怨、怨天尤人；又引申指仇恨，如：恩怨、积怨、怨恨。

妙语精粹

恩怨分明　以德报怨　任劳任怨　自怨自艾

犊子踢牛婆（母牛）——以怨报德

怨别自惊千里外，论交却忆十年时。　　——高适《东平别前卫县李寀少府》

恨

hèn

恨

小篆　楷书

汉字造意

小篆字形，由“心”（表示心情）和“艮”（原指人回头张望）组成，表示人心有不甘，遗憾、懊悔之意，由此演变为现在的字形。

字义源流

恨：本义是遗憾、懊悔，如：一失足成千古恨。引申指仇视、仇怨，如：仇恨、怨恨、恨之入骨。

妙语精粹

报仇雪恨　怀恨在心　相见恨晚　国恨家仇
瞪着眼睛咬牙——怀恨在心
转朱阁，低绮户，照无眠。不应有恨，何事长向别时圆？
——苏轼《水调歌头·丙辰中秋》

恩 ēn

汉字造意

小篆字形，由“因”（代指依托、凭借）和“心”（代指心情）组成，表示心有依托之意，由此演变为现在的字形。

字义源流

恩：本义是心有依托。引申指外来的帮助、好处，如：恩德、恩情、感恩；又引申指关怀、宠爱，如：恩准、恩爱、恩赐。

妙语精粹

恩重如山　恩威并重　忘恩负义　恩怨分明
李鬼害李逵——恩将仇报
度尽劫波兄弟在，相逢一笑泯恩仇。　——鲁迅《题三义塔》

悟

wù

 悟

小篆 楷书

汉字造意

小篆字形，由“心”和“吾”组成，由此演变为现在的字形。吾有自我之意，“自我之心”就是本心，在中国传统文化里，本心就是人之本源。悟指的就是对人之本源的探寻和认知，即觉醒。

字义源流

悟：本义是觉醒，包含领会、理解、明白等内容，如：参悟、觉悟、悟道、了悟、领悟、顿悟。

妙语精粹

大彻大悟　执迷不悟　幡然悔悟　恍然大悟

二郎神斗孙悟空——以变应变

幼敏悟过人，读书辄成诵。——欧阳修《画地学书》

患

huàn

 患

小篆 楷书

汉字造意

小篆字形，由“串”和“心”组成，由此演变为现在的字形。患像是心头积压一串东西（也叫“块垒”），因此表示忧虑、担心之意。

字义源流

患：本义是忧虑、担心，如：不患寡而患不均，不患贫而患不安。引申指疾病、得病的人，如：疾患、患者、病患；又引申指灾难、祸害，如：祸患、水患、患难与共。

妙语精粹

患得患失　患难之交　养虎遗患　防患未然

饱带干粮晴带伞——有备无患

不患人之不己知，患不知人也。　　——《论语·学而》

悲

bēi

悲

小篆　楷书

汉字造意

小篆字形，由“非”（代指违背）和“心”（代指心情）组成，表示事与愿违的哀伤心情，由此演变为现在的字形。

字义源流

悲：本义是事与愿违的哀伤心情，如：悲哀、悲伤、悲痛。引申指同情、怜悯，如：慈悲、悲悯、悲天悯人；又用作副词，表示悲伤地、痛苦地，如：悲歌、悲号、悲鸣。

妙语精粹

悲喜交集　兔死狐悲　悲欢离合　乐极生悲

被窝里抹眼泪——独自悲伤

晨起动征铎，客行悲故乡。　　——温庭筠《商山早行》

情

qíng

情

小篆 楷书

汉字造意

小篆字形，由“心”（代指心意）和“青”组成，由此演变为现在的字形。“青”由“生”和“井”组成，水是生命之源，植物在水井边生长，自然较他处更为青葱旺盛，青因此指充满活力、生机的状态。充满活力的心意自然会触动他人，情指的就是可以触动他人的心意。

字义源流

情：本义是可以触动他人的心意，如：情意、激情、热情。引申指内心感受、心绪，如：情调、情趣、情绪；情存在于人际之间，因此又指人与人缔结的某种关系，如：人情、情面、求情；情真才能动人，由此引申指事物发展的实况，如：事情、情况、情报。

妙语精粹

触景生情　情不自禁　风土人情　儿女情长

背后施一礼——没人领情

此夜曲中闻折柳，何人不起故园情。　　——李白《春夜洛城闻笛》

惜

xī

惜

小篆 楷书

汉字造意

小篆字形，由“心”和“昔”（代指时光流逝）组成，表示对逝去时光的怀念，由此演变为现在的字形。

字义源流

惜：本义是对逝去时光的怀念，即怀旧，如：叹惜、惋惜、可惜。引申指珍视、爱护、舍不得，如：珍惜、爱惜、不惜余力。

妙语精粹

爱惜羽毛　怜老惜贫　怜香惜玉　惺惺相惜

电线杆改筷子——可惜了材料

惜春长怕花开早，何况落红无数。　——辛弃疾《摸鱼儿·更能消几番风雨》

惠

huì

金文　小篆　楷书

汉字造意

金文字形，由“叀”和“心”组成，由此演变为现在的字形。叀来自中国古代纺车的转轮，在此取旋转、灵便之意。纺织属于古代女子的专务，惠因此特指女子心灵手巧。

字义源流

惠：本义是女子心灵手巧，如：贤惠。引申指聪明，如：聪惠、秀外惠中，此义后来用“慧”表示；心灵手巧的人自然能创造更多的价值，使自身富足，由此引申指好处、有益的，如：实惠、优惠、互惠；人在富足后，往往更愿意帮助他人，由此引申指恩情、仁爱，如：恩惠、惠民政策、惠及全民。

妙语精粹

惠风和畅　惠然肯来　小恩小惠　好行小惠

痴客劝主人——惠而不费

惠远祠前晋溪水，翠叶银花清见底。　——元好问《过晋阳故城书事》

恶

wù ě è

小篆

惡
楷书繁

恶
楷书简

汉字造意

小篆字形，由“亚”和“心”组成，由此演变为现在的字形。亚原指商代的四通道墓室，墓室位于地下，由此引申出次一等、压制等含义。恶指的就是心有重压的状态。

字义源流

恶：本义是心有重压的状态。引申指反感、无法接受，此时读作：wù，如：厌恶、憎恶、深恶痛绝。这种状态反映在生理上，会使人产生想要呕吐的感觉，此时读作：ě，如：恶心。由反感引申出可恨的、残酷的、罪过等含义，此时读作：è，如：恶霸、恶斗、疾恶如仇。

妙语精粹

惩恶扬善　恶名昭著　不念旧恶　恶贯满盈

恶人先告状——反咬一口

世情薄，人情恶，雨送黄昏花易落。　　——唐婉《钗头凤·世情薄》

想

xiǎng

小篆

想
楷书

汉字造意

小篆字形，由“相”和“心”组成，由此演变为现在的字形。“相”由“木”和“目”组成，原指用眼睛端详树木。“相”和“心”组合后，表示对事物的“端详”，不过此时用的不是眼睛，而是心。

字义源流

想：本义是用心端详某件事物，如：想念、怀想、想象。引申指希望、打算，如：他想玩游戏、你想上大学；又引申指思考、思虑，如：想法、思想、想来想去；又引申指思考的结果，如：理想、梦想、感想。

妙语精粹

冥思苦想　想入非非　异想天开　朝思暮想

当了皇帝想成仙——贪得无厌

想当年，金戈铁马，气吞万里如虎。——辛弃疾《永遇乐·京口北固亭怀古》

愁

chóu

小篆

愁

楷书

汉字造意

小篆字形，由“秋”和“心”组成，由此演变为现在的字形。秋天草木凋零，万物萧疏，人有感于此，常会生出悲凉、忧郁的感触。愁指的就是人在秋天的感伤、忧虑。

字义源流

愁：本义是人在秋天的感伤、忧虑。引申后泛指一般意义上的感伤、忧虑，如：莫愁前路无知己，天下谁人不识君；又引申指感伤的心情、情绪，如：一种相思，两处闲愁。此情无计可消除，才下眉头，却上心头。

妙语精粹

愁眉苦脸　愁肠百结　多愁善感　独坐愁城

皇帝的女儿——不愁嫁

问君能有几多愁，恰似一江春水向东流。——李煜《虞美人·春花秋月何时了》

小篆　楷书

汉字造意

小篆字形，由“音”和“心”组成，由此演变为现在的字形。音与言的区别，在于“口”中多了一横，言表示开口说话，音则表示话的内涵，如：话外之音。意指的就是心中的想法、愿望，即心思、念头的意思。

字义源流

意：本义是心思、念头，如：意愿、得意、意中人。引申指感觉，如：意识、暖意、诗意；又引申指想、动念，如：出其不意、意料之中；又引申指感情，如：爱意、情意、情投意合；又引申指思念，如：回忆（意是忆的初文）。

妙语精粹

诚心诚意　差强人意　得意忘形　春意盎然

抱着黄连做生意——苦心经营

意长翻恨游丝短。尽日相思罗带缓。　——严仁《玉楼春·春思》

金文　小篆　楷书繁　楷书简

汉字造意

金文字形，像是一个双手捧“心”，扭头张嘴诉说衷情的人，表示心有不舍的怜惜之情。小篆字形，增加字符“夂”（suī，倒置的脚），表示不愿分开的内涵；隶变后在楷书中写作愛；汉字简化时，去掉了“愛”中之“心”，并将“夂”转变为“友”。

字义源流

爱：本义是心有不舍的怜惜之情，如：爱怜、爱惜、爱护。引申指人与人之间的亲密情感，如：母爱、父爱、友爱；又引申指男女相恋，如：情爱、恩爱、求爱；又引申指喜欢、习惯，如：爱玩、爱笑、爱好；又引申指吝惜、舍不得，如：尔爱其羊，吾爱其礼。

妙语精粹

洁身自爱　爱憎分明　爱屋及乌　相亲相爱

豆腐白菜——各有所爱

停车坐爱枫林晚，霜叶红于二月花。——杜牧《山行》

感

gǎn

小篆

感

楷书

汉字造意

小篆字形，由“咸”（代指同一、完全）和“心”组成，表示人心受外界影响而产生的触动、震动，由此演变为现在的字形。

字义源流

感：本义是人心受外界影响而产生的触动、震动，如：感触、感动、感谢。引申指知觉、反应，如：感冒、感觉、好感；又引申指知觉、反应的内容，如：口感、美感、读后感；又引申指影响，如：天人感应、交感巫术。

妙语精粹

感情用事　感激涕零　感慨万千　感天动地

林黛玉的性子——多愁善感

感时花溅泪，恨别鸟惊心。——杜甫《春望》

慈

cí

小篆　楷书

汉字造意

小篆字形，由“兹”和“心”组成，由此演变为现在的字形。兹的字形来自婴儿和母体之间断开的两段脐带，由脐带引申出滋生的含义，由母亲对婴儿无私、无限的怜惜之情，引申出慈爱的含义。

字义源流

慈：本义是母亲对婴儿无私、无限的怜爱之情，如：慈爱、慈祥。引申指上对下、长对幼的仁爱、怜爱，如：仁慈、敬老慈幼；又特指母亲，如：家慈；又用作佛教用语，如：慈悲、大慈大悲。

妙语精粹

心慈手软　慈悲为怀　慈乌反哺　慈眉善目

如来佛心肠弥陀面——一身慈善

慈母手中线，游子身上衣。

——孟郊《游子吟》

庆

qìng

甲骨文　金文　小篆　楷书繁　楷书简

汉字造意

甲骨文字形，由鹿类动物之形和“文”（代指花纹）组成，表示长有美丽皮毛的鹿。金文字形，将“文”讹变为“心”；小篆承续金文字形，并增加字符“夂”（suī，倒置的脚，代指鹿蹄）；隶变后在楷书中写作慶；汉字简化后写作庆。

字义源流

庆：本义是长有美丽皮毛的鹿。鹿皮是古代珍贵的礼物，引申指祝贺，如：庆祝、庆典、庆贺；又引申指福、吉祥，如：积善之家，必有余庆；又引申指值得祝贺的事情或纪念日，如：国庆、校庆、店庆。

妙语精粹

普天同庆　举手相庆　率土同庆　额手称庆

阿庆嫂倒茶——滴水不漏

游鹍翔雁出其下，庆云清景相回旋。　　——刘禹锡《飞鸢操》

忧

yōu

金文　小篆　楷书繁　楷书简

汉字造意

金文字形，像是一个人举手挠头，正在发愁的样子。小篆字形，由“页”（头）“心”和“夊”（suī，表示倒置的脚）组成，表示人思虑重重，不愿离去；隶变后在楷书中写作憂；汉字简化时，借用了“忧”（原指心动）的字形，写作忧。

字义源流

忧：本义是思虑重重、放心不下，如：忧愁、忧虑、忧心。引申指令人担心的事情，如：高枕无忧、内忧外患；又特指父母的丧事，如：丁忧。

妙语精粹

杞人忧天　忧国忧民　无忧无虑　饱经忧患

看戏掉眼泪——替古人担忧

先天下之忧而忧，后天下之乐而乐。　　——范仲淹《岳阳楼记》

汉字造意

意是忆的初文，有思念之意。隶变时增加字符“心”，在楷书中写作憶；汉字简化后写作忆。

字义源流

忆：本义是思念，如：江南忆，最忆是杭州。山寺月中寻桂子，郡亭枕上看潮头。何日更重游？引申指回想，如：回忆、追忆；又引申指记住不忘，如：记忆、失忆。

妙语精粹

记忆犹新　忆苦思甜　行思坐忆

最好的记忆——过目成诵

此情可待成追忆，只是当时已惘然。　——李商隐《锦瑟》

汉字造意

在金文中，“应”与“鹰”原本是同一个字，由伸出手臂的人、鸟儿和一个点儿（代指肉块）组成，原指豢养鹰等猛禽，豢养的鹰经由主人放出后，召之即飞回落在肩膀上。小篆字形，增加了字符“广”（代指鹰站立的架子）和“心”，表示顺遂人心、召之即回之意；隶变后在楷书中写作應；汉字简化后写作应。

字义源流

应：本义是鹰对主人的召之即回，即回应，如：反应、应答、应和。引申指该当、理当如此，如：应该、应当、理应；又引申指承诺下来，如：应允、应许、答应；又引申指恐怕，如：此曲只应天上有，人间能得几回闻。

妙语精粹

一呼百应　临机应变　应有尽有　得心应手

飞行员的降落伞——随机应变

家童鼻息已雷鸣。敲门都不应，倚杖听江声。

——苏轼《临江仙·夜饮东坡醒复醉》

成 chéng

甲骨文　金文　小篆　楷书

汉字造意

甲骨文字形，由竖立的战斧和一竖组成，表示战斧从上向下的劈砍。金文承续甲骨文字形；小篆字形，将一竖讹变为“丁”；隶变后在楷书中写作成。

字义源流

成：本义是战斧从上向下的劈砍。引申指和解、盟定，如：郑伯请成于陈、往而成之；又引申指做完、实现、达到，如：成功、成交、成立；又引申指事物生长、发展到应有的完备状态，如：成长、收成、成熟；又引申指劳动创造的结果，如：成果、坐享其成；又引申指变为、变成，如：形成、构成、说成；又引申指百分之百的，如：成年累月、成天干活；又用作表示程度的量词，如：七成新、八成饱。

妙语精粹

功败垂成　浑然天成　成竹在胸　七步成诗

笔杆子吞进肚——胸有成竹

采得百花成蜜后，为谁辛苦为谁甜。 ——罗隐《蜂》

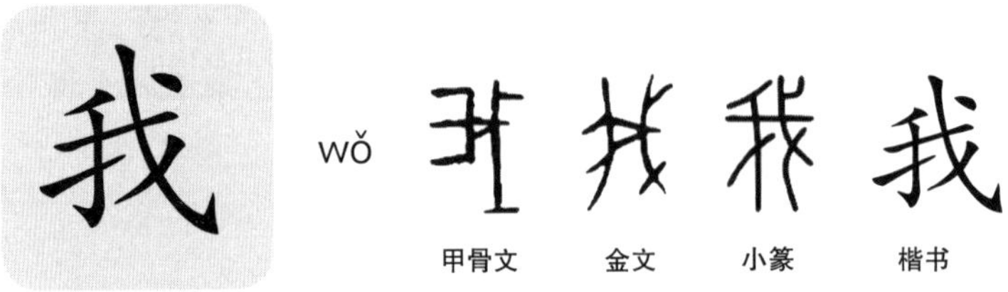

汉字造意

甲骨文字形，像是带齿的刀具之形，是中国古代的一种兵器。金文承续甲骨文字形；小篆字形变化较大；隶变后在楷书中写作我。

字义源流

我：本义是中国古代的一种兵器。假借为第一人称代词，如：我们、自我、忘我、我行我素、唯我独尊。

妙语精粹

敌众我寡　自我陶醉　舍我其谁　时不我待

你做生意我教书——人各有志

知我者，谓我心忧；不知我者，谓我何求。 ——《诗经·黍离》

汉字造意

金文字形，由“单”（一种兵器）和“戈”（一种兵器）组成，这两种中国古代常见兵器组合在一起，自然含有打斗、拼杀之意。小篆承续金文字形，且整齐化；隶变后在楷书中写作戰；汉字简化后写作战。

字义源流

战：本义是打斗、拼杀，如：战斗、挑战、浴血奋战、大战三百回合。引申指战争，如：内战、战役、世界大战；又引申指激烈的争斗，如：商战、论战、舌战群儒；又引申指哆嗦、发抖，如：寒战、战栗。

妙语精粹

南征北战　孤军作战　百战百胜　背水一战

夏天打冷战——不寒而栗

美人自刎乌江岸，战火曾烧赤壁山，将军空老玉门关。

——张可久《卖花声·怀古》

hù

甲骨文　小篆　楷书繁　楷书简

汉字造意

甲骨文字形，像是门柱和单扇门板之形，表示单扇门之意，由此演变为现在的字形。

字义源流

户：本义是单扇门。引申后泛指门，如：独门独户、夜不闭户；又引申指人家、住家，如：户口、家喻户晓、住着几户人；又引申指户头，如：开户、过户、客户；又引申指家族的社会地位，如：门户、门当户对、门户之见；又引申指从事某种职业的人，如：猎户、农户、个体户。

妙语精粹

家喻户晓　安家落户　夜不闭户　自立门户

纸糊的窗户——一捅就破

指点江山，激扬文字，粪土当年万户侯。　——毛泽东《沁园春·长沙》

suǒ

金文 小篆 楷书

汉字造意

金文字形，由“户”和“斤”（表示斧子）组成，由此演变为现在的字形。《说文·斤部》上说：“所，伐木声也。从斤，户声。”本义是砍伐木头的声音，本文从此说。

字义源流

所：本义是伐木声。后来借用表示住房、住处，如：处所、场所；又用作量词，相当于个、座，如：一所房子、一所学校；又引申指机构的名称，如：研究所、所长；又引申指位置、地位，如：譬如北辰，居其所而众星共（拱）之；又与动词合成名词性短语，如：所有、所谓。

妙语精粹

无所畏惧　死得其所　大势所趋　所向披靡

曹操败走华容道——不出所料

飘飘何所似，天地一沙鸥。 ——杜甫《旅夜书怀》

shǒu

金文 小篆 楷书

汉字造意

金文字形，像是五指伸开的手掌，由此演变为现在的字形。

字义源流

手：本义是手掌，如：手足、握手、赤手空拳。引申指擅长某种技能或做某种事的人，如：高手、能手、刽子手、拖拉机手；又引申指人，如：对手、凶手、打手；又引申指技能、方法，如：手艺、手段、毒手；又引申指亲自，如：手札、手稿、手谕；又引申指经手的次数，如：第一手资料、二手货。

妙语精粹

眼疾手快　眼高手低　得心应手　握手言和

城楼上的卫兵——高手（守）

红酥手，黄藤酒，满城春色宫墙柳。　　——陆游《钗头凤·红酥手》

汉字造意

甲骨文字形，像是草木初生的样子，表示初生的草木。金文承续甲骨文字形，只不过将中间的空隙填实；小篆字形变化较大；隶变后在楷书中写作才。

字义源流

才：本义是初生的草木。引申指木料或木材的性质，如：五才之用，无或可废；又引申指人、物的资质，如：天才、才性；又引申指能力、智力，如：人才、才能、才华横溢；又引申指某类人，如：将才、蠢材、栋梁之才。

妙语精粹

才高八斗　才富五车　江郎才尽　人尽其才

百尺竿头挂剪刀——高才（裁）

才道莫伤神，青衫湿一痕。　　——纳兰性德《菩萨蛮·新寒中酒敲窗雨》

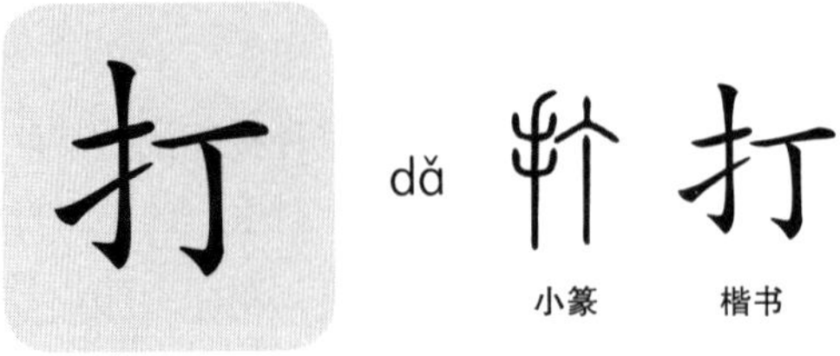

dǎ

小篆 楷书

汉字造意

小篆字形，由“手”和“丁”（代指钉子）组成，表示手持器物敲击钉子，因此有敲击、撞击之意，由此演变为现在的字形。

字义源流

打：本义是敲击、撞击，如：打铁、打字、拍打。引申指斗殴、进攻，如：打仗、殴打、打斗；又引申指收获、提取，如：打猎、打鱼、打水；又引申指制造、编结，如：打首饰、打毛衣；又引申指风霜雷电等自然现象及对物体的侵袭、拍打，如：打闪、打雷、霜打；又引申指去掉，如：打蛔虫、打胎；又引申指使用某种装置发射或发出，如：打枪、打电报；又引申指玩，如：打球、打牌、打麻将。

妙语精粹

歪打正着　倒打一耙　趁热打铁　抱打不平

打肿脸充胖子——死要面子活受罪

山河破碎风飘絮，身世浮沉雨打萍。　——文天祥《过零丁洋》

fú

金文 小篆 楷书

汉字造意

金文字形，由“夫”（表示人）和“又”（表示手）组成，表示用手搀扶之意。小篆字形，将“又”替换为“手”，并移到了左边，由此演变为现在的字形。

字义源流

扶：本义是扶持、搀扶，如：扶一把、扶老携幼。引申指支持使物不倒，如：扶手，蓬生麻中，不扶而直；又引申指帮助，如：辅佐、扶植、救死扶伤；又引申指拄着、手按着，如：扶墙而立、扶栏远眺。

妙语精粹

扶摇直上　扶老携幼　济困扶危　扶颠持危

扶得东来西又倒——顾此失彼

古木阴中系短篷，杖藜扶我过桥东。　　——志南《绝句》

承

chéng

甲骨文　金文　小篆　楷书

汉字造意

甲骨文字形，由“廾”（gǒng，表示双手）和“卩”（jié，表示跪着的人）组成，表示双手朝上托着他人之意。金文承续甲骨文字形；小篆字形，在下边增加了一只手；隶变后在楷书中写作承。

字义源流

承：本义是双手朝上托着他人。引申后泛指托着、接着，如：承载、承重、承诺；又引申指受力的物体，如：轴承、石承；又引申指接续、传继，如：传承、承续；又引申指顺从、侍奉，如：奉承、承颜；又引申指客气，如：承情、承恩。

妙语精粹

承上启下　一脉相承　承前启后　承欢膝下

脖子上安轴承——脑袋灵活得很

侍儿扶起娇无力，始是新承恩泽时。　　——白居易《长恨歌》

技

jì

小篆 楷书

汉字造意

小篆字形，由“手”和“支”（代指手折竹枝）组成，由此演变为现在的字形。《说文·手部》上说：“技，巧也。从手，支声。”本义是某一方面的能力、本领，本文从此说。

字义源流

技：本义是某一方面的能力、本领，如：技巧、技能、技术、口技、杂技、黔驴技穷、技高一筹、一技之长。

妙语精粹

雕虫小技　奇技淫巧　神乎其技　无计可施

最高超的技术——鬼斧神工

文章一小技，于道未为尊。起予幸斑白，因是托子孙。

——杜甫《贻华阳柳少府》

投

tóu

小篆 楷书

汉字造意

小篆字形，由“手”和“殳”（代指投掷）组成，表示将手中的石块、标枪等武器投掷出去，由此演变为现在的字形。

字义源流

投：本义是扔、掷，如：投石问路、投鼠忌器。引申指放进、进入，如：投递、投资；又引申指跳进去，如：投河、投井；又引申指加入、加盟，如：投奔、投胎；又引申指迎合，如：投机、投缘；又引申指赠送，如：投桃报李；又引申指抛弃、弃置，如：投笔从戎；又引申指漂洗，如：投洗干净、多投几遍。

妙语精粹

情投意合　举手投足　意气相投　走投无路

苍蝇会蜘蛛——自投罗网

望门投止思张俭，忍死须臾待杜根。　——谭嗣同《狱中题壁》

抱

bào

小篆

抱

楷书

汉字造意

小篆字形，由“手”和“包”（代指围裹）组成，表示用手臂围裹、包揽，由此演变为现在的字形。

字义源流

抱：本义是用手臂围裹、包揽，如：拥抱、怀抱、抱拳。引申指凝聚，如：抱团儿、营魄抱一；又引申指心存、带着，如：抱歉、抱怨、抱病坚持；又引申指环绕，如：环抱、拱抱。

妙语精粹

抱打不平　抱残守缺　报仇雪恨　见素抱朴

抱着蜡烛取暖——无济于事

宁可枝头抱香死，何曾吹落北风中。　——郑思肖《寒菊》

zhāo

小篆　　楷书

汉字造意

小篆字形，由“手”和“召”（代指款待）组成，表示款待客人的意思，由此演变为现在的字形。

字义源流

招：本义是款待客人，如：招待。引申指挥手并呼唤，如：招手、招摇、招呼；又引申指吸引、邀约，如：招聘、招标、招生；又引申指手法、手段，如：招式、绝招、高招；又引申指动摇，如：招认、招供、招不招。

妙语精粹

屈打成招　金字招牌　招蜂惹蝶　招摇过市

中了状元招驸马——好事成双

路人借问遥招手，怕得鱼惊不应人。　　——胡令能《小儿垂钓》

bài

金文　　小篆　　楷书

汉字造意

金文字形，由“手”和“来”（表示麦类作物）组成，表示拔起麦子祭献祖神。小篆字形，演变为两手相并，表示拜揖、磕头之意，由此演变为现在的字形。

字义源流

拜：本义是拔起麦子祭献祖神。引申指拜揖、磕头，如：跪拜、叩拜、三拜九叩；又引申指妥协，如：甘拜下风；又引申指行礼祝贺，如：拜年、拜寿；又引申指举行仪式授予官职，如：拜相、拜将；又用作副词，表示虔诚地、庄重地，如：拜访、拜别、拜谢、拜读。

妙语精粹

八拜之交　甘拜下风　登台拜将　顶礼膜拜

拜堂的夫妻——谢天谢地

杜鹃再拜忧天泪，精卫无穷填海心。　　——黄遵宪《题梁任父同年》

拾

shí

小篆

拾

楷书

汉字造意

小篆字形，由“手”和“合”组成，表示手与物并在一起，即捡取之意，由此演变为现在的字形。

字义源流

拾：本义是捡取，如：拾金不昧、路不拾遗。引申指整理、整顿，如：收拾、拾掇；又借用为大写的十，如：拾块钱。

妙语精粹

俯拾皆是　拾遗补阙　拾人牙慧　俯拾仰取

床头上拾钱——自己哄自己

粉霞红绶藕丝裙，青洲步拾兰苕春。　　——李贺《天上谣》

chí

金文 小篆 楷书

汉字造意

寺是持的本字。金文字形，由“止”（脚）和“又”（手）组成，用“以手捉脚”的构思，来表达持拿、控制，使之停留之意。小篆字形，“又”演变为“寸”，且增加字符“手”，由此演变为现在的字形。

字义源流

持：本义是持拿、控制，如：持家、支持、主持、操持。引申指提出主张，如：各持己见、持论公允；又引申指保住不变，如：坚持、保持、持续；又引申指挟制，如：劫持、挟持。

妙语精粹

旷日持久　老成持重　鹬蚌相持　持之以恒

狗争骨头——相持不下

为君持酒劝斜阳，且向花间留晚照。　——宋祁《玉楼春·春景》

zhǐ

小篆 楷书

汉字造意

小篆字形，由“手”和“旨”组成，由此演变为现在的字形。旨有美味之意，人在品尝美味时，习惯于先用食指沾一些尝尝，指因此也就有了手指的意思。

字义源流

指：本义是手指，如：拇指、食指、染指。引申指用手比画，如：指向、指挥、指路；又引申指引导、提示，如：指点、指导、指示；又引申指揭示错误，如：指摘、指责、指控；又引申指希望、仰仗，如：指望、指靠。

妙语精粹

十指连心　令人发指　屈指可数　了如指掌

裁缝师傅戴戒指——顶真（针）

臣心一片磁针石，不指南方不肯休。——文天祥《扬子江》

授

shòu

小篆

授

楷书

汉字造意

小篆字形，由“手”和“受”组成，由此演变为现在的字形。受有给予、交付的意思，与“手”组合后仍表此意。

字义源流

授：本义是给予、交付，如：授意、授权、授予。引申指传输知识、教，如：传授、授课、教授。

妙语精粹

口传心授　授人以柄　授业解惑　面授机宜

孔夫子当教授——古为今用

授以神药，金丹满握。蟪蛄蒙恩，深愧短促。——李白《相和歌辞·来日大难》

采

cǎi

甲骨文　金文　小篆　楷书

汉字造意

甲骨文字形，像是用手摘取树上的果实，表示摘取之意。金文字形，简省了树上的果实，成为“爪”和“木”的组合，由此演变为现在的字形。

字义源流

采：本义是摘取，如：采花、采蜜、采蘑菇。引申指搜集、整理，如：采风、采访、采集；又引申指选用，如：采用、采纳；又引申指挖掘，如：采矿、采煤、采伐；又引申指光彩，如：神采奕奕、兴高采烈、神采飞扬。

妙语精粹

博采众长　采薪之忧　没精打采　文采风流

苍蝇采花——装疯（蜂）

采菊东篱下，悠然见南山。　——陶渊明《饮酒·其五》

探

tàn

小篆　楷书

汉字造意

小篆字形，由“手”“穴”“又”（手）和“火”组成，表示人手持火把进洞探寻。隶变时，将“又”和“火”合并为“木”，在楷书中写作探。

字义源流

探：本义是人手持火把进洞探寻，如：探险、探路。引申指把手伸进去摸索，如：探究、探囊取物；又引申指侦查、测试，如：刺探、打探、探测；又引申指做侦查工作的人，如：探员、侦探、神探；又引申指看望、访问，如：探亲、探访、探视。

妙语精粹

探幽索隐　探本穷源　探囊取物　探汤蹈火

大江里撑船——探不到底

蓬山此去无多路，青鸟殷勤为探看。　——李商隐《无题·相见时难别亦难》

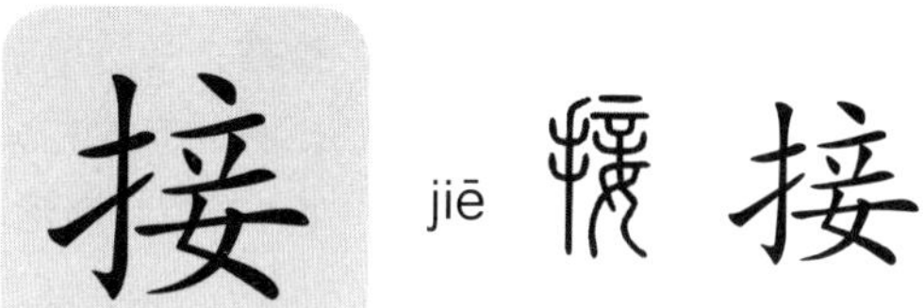

小篆　楷书

汉字造意

小篆字形，由“手”和“妾”组成，由此演变为现在的字形。妾原指女性奴隶，接表示对女性奴隶的掠夺，因此与“劫”的发音相似。

字义源流

接：本义是掠夺女性奴隶。引申指嫁接，如：移花接木；又引申指接触、交合，如：接吻、交头接耳、短兵相接；又引申指并连、连起来，如：接壤、连接、直接；又引申指不中断、顶替，如：接班、接替、接力；又引申指互相招呼，如：接待、迎接、接见；又引申指用手托住，如：接生、接住、接受。

妙语精粹

接二连三　接风洗尘　摩肩接踵　交头接耳

太阳落坡月上山——接连不断

桃花流水窅然去，别有天地非人间。　——李白《山中问答》

推

tuī

小篆　　楷书

汉字造意

小篆字形，由“手”和“隹”（表示小鸟）组成，由此演变为现在的字形。《说文·手部》上说：“推，排也。从手，隹声。”本义是对物体向外用力，本文从此说。

字义源流

推：本义是手向外用力使物体移动，如：推门、推车、推开。引申指运行、展开，如：推动、推行、推广；又引申指举荐、选举，如：推荐、推选、推举；又引申指尊崇、赞许，如：推重、推崇；又引申指演绎、测定，如：推理、推测、推论；又引申指拒绝、辞让，如：推卸、推脱、推诿；又引申指时间的后延，如：推迟、推延。

妙语精粹

推本溯源　推心置腹　推崇备至　顺水推舟

大胖子推磨——杜撰（肚转）

斜阳流水推篷坐，翠色随人欲上船。　　　——纪昀《富春至严陵山水甚佳》

扬

yáng

金文　　小篆　　楷书繁　　楷书简

汉字造意

金文字形，由摊开的双手、“玉”和“日”（太阳，代指彰显）组成，表示双手持玉欣赏、赞叹。小篆字形，将“玉”和“日”合并为“昜”（yáng），由此演变为现在的字形。

字义源流

扬：本义是持玉赞赏。引申指突出、彰显，如：张扬、扬声器、扬眉吐气；又引申指赞赏，如：表扬、赞扬、颂扬；又引申指突出的、彰显的，如：得意洋洋、趾高气扬；又引申指高举，如：扬场、扬帆、扬汤止沸。

妙语精粹

名扬四海　耀武扬威　扬眉吐气　激浊扬清

屎壳郎坐轮船——臭名远扬

故人西辞黄鹤楼，烟花三月下扬州。　——李白《送孟浩然之广陵》

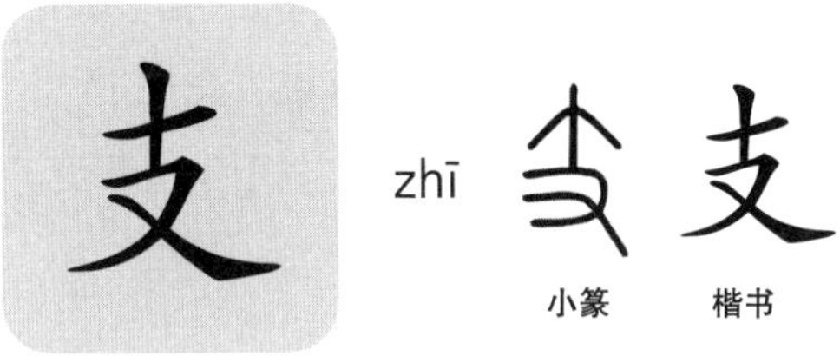

小篆　楷书

汉字造意

小篆字形，由“又”（表示手）和“竹”的一部分组成，表示折下的一段竹枝，由此演变为现在的字形。

字义源流

支：本义是折下的一段竹枝。引申指从主体上分化、派生的部分，如：支流、分支、支脉；又引申指分开、分散，如：支解、支走、支离破碎；又引申指分派、指使，如：支配、支使；又引申指尽力撑住、维持，如：支持、支援、支撑；又引申指供给或领取，如：支付、预支、开支；又用作量词，如：一支笔、一支曲子。

妙语精粹

空头支票　支支吾吾　笑不可支　八方支持

没骨子的伞——支撑不开

薄晚支颐坐，中宵枕臂眠。一从身去国，再见日周天。　——白居易《除夜》

收

shōu

小篆　　楷书

汉字造意

小篆字形，由“丩”（代指锁定、控制）和“攴”（pū，代指持械击打）组成，表示逮捕、拘押之意，由此演变为现在的字形。

字义源流

收：本义是逮捕、拘押，如：收审、收监、收押。引申指控制、结束，如：收工、收手、收尾；又引申指聚拢、归置，如：收集、收拾；又引申指获得、取得，如：回收、收益、没收；又引申指收割庄稼，如：秋收、丰收、收获；又引申指接受、容纳，如：接收、收养、收留。

妙语精粹

鸣金收兵　名利双收　旱涝保收　美不胜收

刘备摔孩子——收买人心

肠已断，泪难收。相思重上小红楼。——辛弃疾《鹧鸪天·晚日寒鸦一片愁》

改

gǎi

金文　　小篆　　楷书

汉字造意

金文字形，左边像是一条蛇，右边是“攴”（pū，表示手持棍杖），表示持棒试探以使蛇避让，即打草惊蛇之意。小篆字形，将蛇形讹变为“已”，由此演变为现在的字形。

字义源流

改：本义是打草惊蛇，使之避让。由蛇受到惊吓后走开，引申出转变、变更的含义，如：改变、改写、改组；又引申指纠正错误，如：悔改、改正、改过迁善。

妙语精粹

痛改前非　乔装改扮　朝令夕改　改头换面

长衫改夹袄——取长补短

雕栏玉砌应犹在，只是朱颜改。　　　　——李煜《虞美人·春花秋月何时了》

放

fàng

金文　小篆　楷书

汉字造意

金文字形，由“方”（表示方向、远方）和“攴”（pū，手持棍杖，代指驱赶、强迫）组成，表示驱逐、流放之意，由此演变为现在的字形。

字义源流

放：本义是把人驱赶到边远地区，即流放，如：放逐、放黜。引申指强行遣送，如：下放、外放；又引申指舍弃，如：放弃、放血、排放；又引申指搁置，如：放下、堆放、存放；又引申指解除约束，如：放假、释放、放任；又引申指放牧，如：放马、放羊；又引申指发放、投入，如：放贷、投放、放毒；又引申指播送，如：放映、播放、放电影；又引申指使置于某种状态，如：放大、放慢、放明白些；又引申指发射、发出，如：放枪、放屁、放火。

妙语精粹

有的放矢　放虎归山　放诞不羁　心花怒放

案板底下放风筝——飞不起来

东风夜放花千树。更吹落、星如雨。　　　　——辛弃疾《青玉案·元夕》

政

zhèng

金文 小篆 楷书

汉字造意

金文字形，由“正”（代指正确）和“攴”（pū，代指强制）组成，表示强制使正确，即纠正的意思，由此演化为现在的字形。

字义源流

政：本义是纠正。引申指匡正、治理，如：盖善政者，视俗而施教；又引申指有关治国所采取的一切措施，如：政治、政党、政令、政府；又引申指政治上的统治权力，如：行政、执政、施政；又引申指政府部门主管的业务，如：邮政、财政、市政；又特指帮助别人处理家庭事务的工作，如：家政。

妙语精粹

各自为政　大政方针　勤政爱民　政令不一

楚庄王理政——一鸣惊人

为政以德，譬如北辰，居其所而众星共之。 ——《论语·为政》

故

gù

金文 小篆 楷书

汉字造意

金文字形，由“古”（代指旧事、陈迹）和“攴”（pū，代指驱使、强制）组成，表示旧事得以流传的原因，由此演变为现在的字形。

字义源流

故：本义是原因，如：缘故、借故、无故。引申指意外的事，如：变故、事故、故障；又引申指故意、存心，如：明知故犯、故弄玄虚；又引申指过去的，如：故居、故人、故交；又引申指死亡，如：病故、亡故、已故；又用作连词，相当于所以、因此，如：故而、故此。

妙语精粹

吐故纳新　饱经世故　一见如故　欲擒故纵

吕洞宾讲故事——神话

举头望明月，低头思故乡。　　——李白《静夜思》

效

xiào

甲骨文　金文　小篆　楷书

汉字造意

甲骨文字形，由“交”（双腿交叉之人形）和“攴”（pū，代指操作、强制）组成，表示仿照、模仿之意，由此演变为现在的字形。

字义源流

效：本义是仿照、模仿，如：效法、仿效、上行下效。引申指奋力、全力以赴，如：效忠、效劳、效力；又引申指动作、行为产生的功用、结果，如：效果、成效、见效。

妙语精粹

上行下效　以观后效　东施效颦　以儆效尤

风湿药无效——打不通关节

西施宜笑复宜颦，丑女效之徒累身。　　——李白《玉壶吟》

jiù

金文　小篆　楷书

汉字造意

金文字形，由“求”（表示伸手抓取）和“攴”（pū，代指强制、驱使）组成，表示制止、阻止之意，由此演变为现在的字形。

字义源流

救：本义是制止、阻止，如：所以救奸，所以当罪。由制止灾患引申出帮助的含义，如：营救、救援、救兵、搭救；又引申指使人脱离灾难、危险，如：救灾、救火、救命、救济。

妙语精粹

救死扶伤　舍己救人　救亡图存　济世救人

抱干柴救烈火——越帮越忙

救赵挥金槌，邯郸先震惊。　——李白《侠客行》

bài

甲骨文　金文　小篆　楷书繁　楷书简

汉字造意

甲骨文有两种字形：一种由“鼎”和“攴”组成；一种由“贝”和“攴”组成。这两种字形，均含有持械击打使之毁坏之意。金文字形，由“攴”和两个“贝”组成；小篆字形，“贝”的数量又减少为一个，由此演变为现在的字形。

字义源流

败：本义是毁坏，如：败家、败坏。引申指破旧、衰落，如：破败、衰败；又引申指腐烂变质，如：腐败；又引申指战争或竞赛的失利，如：失败、成败；又引申指使消散、解除，如：败火、败兴。

妙语精粹

转败为胜　功败垂成　两败俱伤　原形败露

猪八戒败阵——倒打一耙

胜败兵家事不期，包羞忍耻是男儿。　　——杜牧《题乌江亭》

教

jiào

jiāo

甲骨文　金文　小篆　楷书

汉字造意

甲骨文字形，由“爻”“子”和“攴”组成，由此演变为现在的字形。爻有明通之意，子指孩子，攴有强制之意，三根会意出训诲、指导，以使孩子明通道理的含义。

字义源流

教：本义是训诲、指导，如：教育、指教。引申指施政教化，如：政教、教令；又引申指宗教，如：佛教、道教；表示以上意思时，均读作：jiào。教还读作：jiāo，表示传授知识、技能，如：教书育人、教徒弟。

妙语精粹

言传身教　三教九流　孺子可教　谆谆教诲

教猴子爬树——多此一举

问世间、情为何物，直教生死相许？　　——元好问《摸鱼儿·雁丘词》

gǎn

甲骨文 金文 小篆 楷书

汉字造意

甲骨文字形，由“干”（表示猎叉）“又”（手）和倒着的“豕”（表示野猪）组成，表示手持猎叉迎击野猪之意。金文字形，“豕”的字形变化较大，“干”的字形消失，并增加陷阱之形，已经看不出迎击野猪的样子了；小篆继续形变，由此演变为现在的字形。

字义源流

敢：本义是手持猎叉迎击野猪。引申后泛指有勇气、有胆量，如：敢死队、敢作敢当；又引申指勇猛、进取，如：果敢、勇敢；又引申指有把握做某种判断，如：谁敢保证？你敢这么说吗？又用作谦辞，表示自己的行为冒昧，如：敢烦、敢请。

妙语精粹

不敢苟同　勇猛果敢　不敢自专　汗不敢出

皇上的颜色——没人敢用

近乡情更怯，不敢问来人。　——宋之问《渡汉江》

sàn
sǎn

金文 小篆 楷书

汉字造意

金文字形，由“𣏟”（表示麻杆类易脱皮的植株）和“攴”（pū，表示手持棍杖）组成，表示手持棍杖抽打麻皮，使之松散、分离。小篆在金文字形基础上，增加字符“肉”；隶变后在楷书中写作散。

字义源流

散：本义是分离、分开，如：离散、解散。引申指分发、使分开，如：散布、散播；又引申指抒发、派遣，如：散心、散闷；表示以上意思时，均读作：sàn。散又读作：sǎn，表示不受约束，如：松散、懒散、散文、散人；又引申指零碎的，如：散装、零散、散居。

妙语精粹

烟消云散　零零散散　人心涣散　魂飞魄散

西瓜地里散步——左右逢源（圆）

谁家玉笛暗飞声，散入春风满洛城。　　——李白《春夜洛城闻笛》

敬

jìng

甲骨文　金文　小篆　楷书

汉字造意

甲骨文字形，像狗两耳上竖、蹲踞警惕之形，是“警”的初文，后来引申为“敬”，表示恭谨、认真的意思。金文字形，增加字符“口”（代指命令）和“攴”（pū，代指强制），以强调恭谨、认真之意；小篆字形整齐化，由此演变为现在的字形。

字义源流

敬：本义是做事恭谨、认真，如：敬业、敬事、居处恭，执事敬，与人忠。引申后泛指严肃、慎重，如：敬慎、敬重；又引申指有礼貌地对待，如：尊敬、恭敬；又引申指有礼貌地奉上，如：敬酒、敬茶；又引申指虔诚地供奉，如：敬佛、敬神；又引申指尊重，如：致敬、敬礼；又用作谦辞，表示谦恭有礼，如：敬请光临、敬谢不敏；又引申指警惕、戒备，如：维予小子，夙夜敬止。

妙语精粹

肃然起敬　敬老爱幼　敬而远之　敬如上宾

瞎子敬神——盲目崇拜

怡然敬父执，问我来何方？问答乃未已，驱儿罗酒浆。——杜甫《赠卫八处士》

敌

dí  敵 敌

小篆　楷书繁　楷书简

汉字造意

小篆字形，由“啇”和“攴”（pū，代指持械击打）组成；隶变后在楷书中写作敵；汉字简化后写作敌。《说文・攴部》上说：“敌，仇也。从攴，啇声。”本义是相互冲突、不能相容的对立双方，即仇人的意思，本文从此说。

字义源流

敌：本义是仇人，如：仇敌、大敌当前、敌我双方。引申指抵挡、对抗，如：以一敌十、寡固不可以敌众，弱固不可以敌强；又引申指相对抗的，如：敌意、敌人、敌军；又引申指相当、同等，如：匹敌、势均力敌；又引申指嫡系、正宗，如：立正敌者，不使庶孽疑焉。

妙语精粹

同仇敌忾　如临大敌　大敌当前　敌众我寡

前有强敌后有追兵——进退两难

天下英雄谁敌手？曹刘。生子当如孙仲谋。

——辛弃疾《南乡子・登京口北固亭有怀》

数

shǔ
shù
shuò

小篆　楷书繁　楷书简

汉字造意

小篆字形，由“娄”（代指连续）和“攴”（pū，代指用手操作）组成，表示查点、统计之意，由此演变为现在的字形。

字义源流

数：本义是查点、统计，如：数九、数伏、数典忘祖。引申指列举过错，加以惩罚，如：数落、历数；又引申指比较起来最突出的，如：数一数二、数他最棒；表示以上意思时，均读作：shǔ。数又读作：shù，表示数目的意思，如：人数、岁数、次数；又引申指计算、量化的符号，如：算数、数学、数码、数字；又引申指不确定的约数，如：数次、数年。数又读作：shuò，表示频繁的意思，如：频数、数见不鲜。

妙语精粹

寥寥可数　一目数行　屈指可数　数典忘祖

矮子排队——倒数第一

京口瓜洲一水间，钟山只隔数重山。　——王安石《泊船瓜洲》

文

wén

甲骨文　金文　小篆　楷书

汉字造意

甲骨文字形，像是一个胸部刺有纹身的人形，本义是纹身。金文字形，胸部的纹身图案稍作变化；小篆字形，省略掉了纹身图案，由此演变为现在的字形。

字义源流

文：本义是纹身。纹身具有心理暗示和自我保护功能，由此引申指掩饰，如：文饰、文过饰非；又引申指纹理，如：水文、木文；又引申指象形系统文字，包括：象形字、指事字、会意字，字由文孳生而来，属于形声系统文字，包括：转注字、形声字、假借字，文和字统称为文字，如：识文断字、说文解字；又引申指由文字构成的篇章，如：文章、作文；又引申指文体，如：散文、议论文、记叙文；又引申指书面化的，有史记载的，如：文化、文明、文雅、文言；又引申指知书达理的，从事教化的，如：文人、文官；又引申指柔和的，如：文火、文静、斯文。

妙语精粹

文韬武略　斯文扫地　一纸空文　不立文字

被窝里放屁——能文（闻）能武（捂）

江山故宅空文藻，云雨荒台岂梦思。　　　　——杜甫《咏怀古迹五首·其二》

料

liào

金文　　小篆　　楷书

汉字造意

金文字形，由“米”（代指粮食）和“斗”（代指称量工具）组成，表示以斗量米之意，由此演变为现在的字形。

字义源流

料：本义是以斗量米。引申指估计、揣测，如：料想、料事如神；又引申指处理、照管，如：照料、料理；又引申指可资利用的物资，如：木料、布料；又引申指可做参考的素材，如：史料、资料。

妙语精粹

出乎意料　不出所料　难以预料　偷工减料

烂木头刻章——不是这块料

料峭春风吹酒醒，微冷，山头斜照却相迎。　——苏轼《定风波·三月七日》

新

xīn

甲骨文　金文　小篆　楷书

汉字造意

甲骨文字形，由“斤”（表示斧子）“辛”（表示凿子）和“木”（树）组成，表达用斧、凿等工具砍柴之意。金文承续甲骨文字形；小篆字形整齐化；隶变后在楷书中写作新。

字义源流

新：本义是砍柴，这个含义后来由“薪”代替。古代钻木取火，四季所用取火柴木不同，换季时需要更换新的柴木，称为“新火”或“改火”，由此引申出初始之意，如：新颖、新旧、新鲜；又引申指时间上的刚刚，如：新闻、新娘、新鞋、新酒；又引申指使变新，如：更新、创新、吐故纳新；又引申指新鲜，如：渭城朝雨浥轻尘，客舍青青柳色新；又特指刚收获的粮食或蔬菜，如：农乃登谷，天子尝新，先荐寝庙。

妙语精粹

推陈出新　标新立异　焕然一新　万象更新

新战士打靶——头一回

空山新雨后，天气晚来秋。　——王维《山居秋暝》

方 fāng

甲骨文 金文 小篆 楷书

汉字造意

甲骨文字形，像是中国古代农具“耒”的形状，由此演变为现在的字形。

字义源流

方：本义是耒。借用为四方之方，如：东方、西方、四方。引申指地域、区域，如：地方、远方、方言；又引申指相关联的一边或一侧，如：甲方、乙方、双方；又引申指方形或类似方形的东西，如：方队、方圆、一方砚台；又引申指策略、法则，如：方法、方略、药方；又引申指正好、刚刚才，如：方便、方才、方兴未艾。

妙语精粹

四面八方　如梦方醒　外圆内方　方便之门

旧方抓药——还是老一套

水光潋滟晴方好，山色空蒙雨亦奇。——苏轼《饮湖上初晴后雨》

施 shī

小篆 楷书

汉字造意

小篆字形，由“㫃”（yán，表示旗帜）和“也”（表示蛇）组成，表示旗帜起伏飘扬之意，由此演变为现在的字形。

字义源流

施：本义是旗帜起伏飘扬。引申指散布、给予，如：布施、施加、施肥、乐善好施；又引申指实行、推行，如：实施、措施、施工、因材施教；又引申指设置，如：设施、立法施度。

妙语精粹

博施济众　发号施令　倒行逆施　施而不费

床底下练武——施展不开

家国兴亡自有时，吴人何苦怨西施。　　——罗隐《西施》

旅

lǚ

甲骨文　金文　小篆　楷书

汉字造意

甲骨文字形，由“㫃”（yán，表示旗帜）和“从”（代指众人）组成，由此演变为现在的字形。在原始社会，众人聚集在旗帜之下，通常带有军事目的，旅因此表达士兵追随旗帜、行军征战，即军旅之意。

字义源流

旅：本义是军旅。引申指中国古代军队编制单位，具体为：五人为伍，五伍为两，四两为卒，五卒为旅，五旅为师，一旅就是五百人的军队；引申后泛指军队，如：劲旅、铁旅；又引申指现代军队的编制单位，在军、师之下，在团、营之上，如：旅长；又引申指出行、远游，如：旅行、旅客、旅店。

妙语精粹

进旅退旅　整旅厉卒　一成一旅　振兵释旅

吃饭馆，住旅店——啥事不管

人生如逆旅，我亦是行人。　　——苏轼《临江仙·送钱穆父》

族

zú

甲骨文　金文　小篆　楷书

汉字造意

甲骨文字形，由“㫃”（yán，表示旗帜）和“矢”（表示箭）组成，由此演变为现在的字形。旗帜具有召集的功能，箭矢代指武装力量，两根会意出一起打猎、作战的人类血亲群落，即氏族。

字义源流

族：本义是氏族，如：族长、族人、家族、宗族。引申指具有相同文化背景的群体，如：民族、种族、汉族、外族；又引申指具有某种共性的事物或人，如：上班族、追星族、暴走族。

妙语精粹

名门望族　聚族而居　株连九族　非我族类，其心必异

藏族人穿衣服——露一手

本与鹪鹩群，不随凤凰族。　——李白《空城雀》

日

rì

甲骨文　金文　小篆　楷书

汉字造意

甲骨文字形，外边像是太阳的形状，中间的一点表示阳光，整体表示太阳之意，由此演变为现在的字形。

字义源流

日：本义是太阳，如：旭日、日出、红日。引申指白天，即从日出到日落这段时间，如：日夜、日场、夜以继日；人们的活动主要集中在白天，因此又引申指一整天，如：今日、明日、昨日；又引申指时间，如：假日、节日、过日子；又引申指每一天的，如：日常、日记、日渐。

妙语精粹

日夜兼程　蒸蒸日上　暗无天日　白日升天

盲人干活——不分日夜

日日思君不见君，共饮长江水。　　——李之仪《卜算子·我住长江头》

早

zǎo

小篆

早

楷书

汉字造意

小篆字形，由“日”（表示太阳）和“甲”（表示盾牌）组成，以阳光照在盾牌上的反光，反衬出清晨阳光灿烂的状态。隶变时，转变为“日”和“十”的组合，在楷书中写作早。

字义源流

早：本义是太阳升起的清晨，如：早晨、清早、早上。引申指靠近清晨的时段，如：早点、早市、早操；又引申指时间靠前的、提前的，如：早期、早熟、早稻；又引申指以前，如：早先、早年；又引申指清晨见面的问候语，如：您早、早上好。

妙语精粹

起早贪黑　早出晚归　早朝晏罢　为时过早

早开的红梅——一枝独秀

儿处早莺争暖树，谁家新燕啄春泥。　　——白居易《钱塘湖春行》

明

míng

甲骨文 小篆 楷书

汉字造意

甲骨文有两种字形：一种由“月”和“囧”（窗户）组成，表示月光穿窗而入，将室内照亮；一种由“日”和“月”组成，以太阳、月亮这两个发光天体来代指光亮。这两种字形，均含有光亮的意思。小篆分别承续甲骨文的两种字形；隶变后在楷书中分别写作朙和明；汉字简化后，以明为正体。

字义源流

明：本义是光亮，如：明亮、明灯、明晃晃。引申指显露的、清楚的，如：明细、明文、明信片；又引申指了然的、觉悟的，如：聪明、明智、明达；又引申指下一轮的，如：明天、明年、明晚；又引申指正常的视力，如：失明、复明。

妙语精粹

心明眼亮　聪明睿智　淡泊明志　公正廉明

孔明加子龙——智勇双全

明月几时有？把酒问青天。　　——苏轼《水调歌头·丙辰中秋》

易

yì

甲骨文 金文 小篆 楷书

汉字造意

甲骨文有两种字形：一种像是从一个容器向另一个容器倾注酒水；另一种在此基础上进行了简化，只保留了倾注酒水的容器的一部分（包括提手），以及表示液体的三个点。金文字形，主要承续于甲骨文中的简化字形，变得像一只飞鸟；小篆整齐化，由此演变为现在的字形。

字义源流

易：本义是赏赐美酒，是赐、锡的本字，只不过此时赏赐的已不止于美酒，还包括贝、金属等财物。由赏赐的给出，引申指更易、变化，如：贸易、交易、寒暑易节、移风易俗；由赏赐美酒的举手之劳，引申指轻松、不费劲儿，如：容易、简易、易如反掌；又特指《周易》，也称为《易经》。

妙语精粹

改弦易辙　轻而易举　平易近民　不易之论

百岁养儿子——得之（子）不易

易求无价宝，难得有情郎。——鱼玄机《赠邻女》

汉字造意

甲骨文字形，由横写的“巛”（chuān，代指波涛汹涌的洪水）和“日”（代指时间）组成，表示大洪荒的远古时代。金文、小篆字形，“巛”发生讹变，由此演变为现在的字形。

字义源流

昔：本义是大洪荒的远古时代。引申指流逝的时光，即从前，如：往昔、昔日、抚今追昔、今胜于昔；又引申指傍晚、夜晚，如：其乐非特朝昔之乐也，其获非特凫雁之实也；又引申指末尾、终了，如：孟夏之昔，杀三叶而获大麦。

妙语精粹

今非昔比　抚今痛昔　今昔之感　今是昔非

风箱板做棺材——昔日受气今盛人

昔我往矣，杨柳依依。今我来思，雨雪霏霏。　　　　——《诗经·采薇》

星

xīng

甲骨文　金文　小篆　楷书

汉字造意

甲骨文字形，由两个小方块（代指星星）和“生”（代指植物）组成，古人认为星星是有生命的，像果子一样长在植物上，因此才会有明有暗，有流星逝去，有星空变幻。金文字形，星星直接长在了“生”上，并且增加表示光亮的小点儿；小篆字形，星星的数量减少为一个，由此演变为现在的字形。

字义源流

星：本义是星星，如：金星、火星、土星、星座、星云、流星。引申指小而明亮的事物，如：五角星、两眼冒金星；又引申指细小、零碎的东西，如：星星之火、唾沫星儿；又引申指秤杆上标志重量单位的金属小点，如：秤星、定盘星；又引申指光芒环绕、使人仰慕的人，如：歌星、影星、明星、球星、寿星。

妙语精粹

星罗密布　披星戴月　斗转星移　快步流星

老寿星的脑袋——宝贝疙瘩

纤云弄巧，飞星传恨，银汉迢迢暗度。　　　　——秦观《鹊桥仙·纤云弄巧》

chūn

甲骨文　金文　小篆　楷书

汉字造意

甲骨文字形，由“艸”（草）、日（太阳）和“屯”（表示种子生根发芽）组成，表示阳光普照、草木萌发的春天。金文字形，字符的位置发生调整；小篆承续金文字形，且整齐化；隶变时，将“艸”和“屯”合并简化，在楷书中写作春。

字义源流

春：本义是春天、春季，如：春风、春光。引申指生机，如：妙手回春、病树前头万木春；又引申指人或动物情欲的萌动，如：思春、春梦；又引申指喜色，如：满面春风；又引申指酒，如：剑南春、玉壶买春。

妙语精粹

枯木逢春　春色满园　阳春白雪　大地回春

春天的蜜蜂——闲不住

春宵一刻值千金，花有清香月有阴。　——苏轼《春宵》

zuó

小篆　楷书

汉字造意

小篆字形，由“日”（代指日子、时间）和“乍”（代指刚刚、才）组成，表示刚刚过去的一天，即昨天之意，由此演变为现在的字形。

字义源流

昨：本义是刚刚过去的一天，如：昨天、昨日。引申后泛指过往，如：昨是今非、昨日之日不可留。

妙语精粹

昨天的剩饭——吵（炒）起来了

昨夜西风凋碧树。独上高楼，望尽天涯路。

——晏殊《蝶恋花·槛菊愁烟兰泣露》

悟已往之不谏，知来者之可追。实迷途其未远，觉今是而昨非。

——陶渊明《归去来兮辞》

汉字造意

金文字形，由“日”和“正”组成，中间的短竖强调日中直射，因此有端直、端正之意。小篆字形，简省了中间的短竖，由此演变为现在的字形。

字义源流

是：本义是端直、端正。引申指正确，如：是非、实事求是；又引申指肯定、答应，如：是的、但是、可是；又引申为代词，表示这、这样，如：如是我闻、由是可知。

妙语精粹

寸阴是惜　俯拾皆是　是非曲直　各行其是

白骨精照镜子——里外不是人

是他春带愁来，春归何处？却不解、带将愁去。

——辛弃疾《祝英台近·晚春》

时

shí

甲骨文　金文　小篆　楷书繁　楷书简

汉字造意

甲骨文字形，由“日”和“之”（表示前往）组成，表示太阳运行以成四时，即节令、季节之意。金文承续甲骨文字形；小篆字形，增加字符“寸”（表示手），演变为“日”和“寺”的组合；隶变时，将“寺”上之“止”讹变为“土”，在楷书中写作時；汉字简化后写作时。

字义源流

时：本义是节令、季节，如：时令、时节。引申指岁月、光阴，如：时间、时代、时空；又引申指当下的、应季的，如：时事、时装、时髦；又引申指适当的机会，如：时机、时候、时运；又引申指计时的单位，如：小时、子时、午时。

妙语精粹

曾几何时　待时而动　独步一时　不合时宜

半夜鸡叫——乱了时辰

时见幽人独往来，缥缈孤鸿影。　——苏轼《卜算子·黄州定慧院寓居作》

晚

wǎn

小篆　楷书

汉字造意

小篆字形，由“日”和“免”（代指蒙覆）组成，表示太阳被蒙覆的时候，即日落时分，由此演变为现在的字形。

字义源流

晚：本义是日落时分，如：晚霞、晚饭、渔舟唱晚。引申指黑天，如：晚上、夜晚、晚班；又引申指时间上的靠后，如：晚年、晚秋、晚辈；又引申指迟到，如：晚点、来晚了。

妙语精粹

相见恨晚　大器晚成　起早贪晚　晚生后学

三十晚上盼初一——指日可待

三杯两盏淡酒，怎敌他、晚来风急。　　　——李清照《声声慢·寻寻觅觅》

zhòu

金文　小篆　楷书繁　楷书简

汉字造意

金文字形，由“日”（太阳）和“聿”（表示用笔画）组成，表示白天与黑夜的界线。小篆字形，变为“日”和“画”的组合，含义不变；隶变后楷书中写作晝；汉字简化后写作昼。

字义源流

昼：本义是白天，如：白昼、昼夜、昼伏夜出。

妙语精粹

昼夜兼行　不舍昼夜　昼耕夜诵　昼阴夜阳

稻草人干活——不分昼夜

薄雾浓云愁永昼。瑞脑销金兽。　　　——李清照《醉花阴·薄雾浓云愁永昼》

jǐng
yǐng

小篆 楷书

汉字造意

小篆字形，由“日”和“京”（代指高）组成，表示高照的日光，由此演变为现在的字形。

字义源流

景：本义是日光，如：返景入深林，复照青苔上。引申指风光，如：风景、景色；又引申指情况，如：情景、前景；又引申指表演布置的景物，如：布景、外景；表示以上意思时，均读作 jǐng。景是影的本字，在古文中常表示影子，此时读作：yǐng，如：天下云集响应，赢粮而景从。

妙语精粹

良辰美景　触景生情　高山景行　景行行止

睡梦里观景致——尽想好事

良辰美景奈何天，赏心乐事谁家院？　　　　——汤显祖《游园惊梦·皂罗袍》

qíng

小篆 楷书 星的甲骨文

汉字造意

小篆字形，由“夕”和“生”组成，此处的“夕”指的并非月亮，而是星星，这从“星”的甲骨文字形，以及《说文》对“晴”的解释上可以互证，《说文·夕部》上说：“姓，雨而夜除星见也。”姓指的就是夜晚雨止星现，其读音也来自于星。隶变后在楷书中写作姓；在楷书俗体字中，也以“日”和“青”的组合来表达青天白日，即晴朗的含义；汉字简化时，规范晴为正体。

字义源流

晴：本义是夜晚雨止星现。引申后泛指天空无云或少云，如：晴天、晴朗、晴雨表、晴空万里。

妙语精粹

雨过天晴　晴天霹雳　阴晴不定　称雨道晴

八月的天气——阴晴不定

天意怜幽草，人间重晚晴。　　——李商隐《晚晴》

汉字造意

小篆字形，由“日”和“者”（代指附着）组成，表示烈日附着于身，即炎热之意，由此演变为现在的字形。

字义源流

暑：本义是炎热，如：酷暑、寒暑。引申指暑气，即烈日造成的热气，如：中暑、避暑；又引申指炎热的季节，如：暑假、暑期；又引申指节气名，如：大暑、小暑。

妙语精粹

寒来暑往　暑雨祁寒　寒耕暑耘　寒暑易节

寒暑表里的水银柱——能上能下

西江风候接南威，暑气常多秋气微。　　——白居易《秋热》

暖

nuǎn

暖

小篆 楷书

汉字造意

小篆有两种字形：一种由“火”和“爰”（代指援用）组成，表示借助于火加温御寒之意；另一种由“日”和“爰”组成，表示借助于太阳加温御寒之意。隶变时，承续了小篆的第二种字形，在楷书中写作暖。

字义源流

暖：本义是加温御寒，如：暖手、暖脚、暖心话。引申指暖和，如：温暖、暖流、春暖花开。

妙语精粹

嘘寒问暖　人情冷暖　冷暖自知　乍暖还寒

属暖水瓶的——外冷里热

竹外桃花三两枝，春江水暖鸭先知。　　　　——苏轼《惠崇春江晚景》

暗

àn

暗

小篆 楷书

汉字造意

小篆字形，由“日”和“音”组成，由此演变为现在的字形。《说文·日部》上说：“暗，日无光也。从日，音声。”本义是光线不足或无光的状态，本文从此说。

字义源流

暗：本义是光线不足或无光的状态，如：阴暗、昏暗、天昏地暗。引申指不鲜艳、无光泽，如：暗红色、印堂发暗；又引申指私下里的、不公开的，如：暗示、暗恋、暗箭伤人；又引申指愚昧的、糊涂的，如：暗弱、暗昧、偏信则暗。

妙语精粹

暗度陈仓　暗无天日　柳暗花明　天昏地暗

暗屋里穿针——难过

遥知不是雪，为有暗香来。　　——王安石《梅花》

汉字造意

莫是暮的初文。甲骨文字形，像是太阳落在草木丛中，表示夜晚即将来临之意。金文承续甲骨文字形；小篆整齐化；由于莫被借用为表示否定的虚词，故而隶变时，人们在原字形基础上增加字符“日”，由此创造出“暮”字，并由其承续莫的本义。

字义源流

暮：本义是傍晚、黄昏，如：暮霭、暮歌、晨钟暮鼓。引申指较晚的、将尽的，如：暮年、迟暮、暮春三月。

妙语精粹

朝思暮想　桑榆暮景　朝朝暮暮　美人迟暮

黄昏走到悬崖边——日暮途穷

暮云收尽溢清寒，银汉无声转玉盘。　——苏轼《阳关曲·暮云收尽溢清寒》

暴

bào
pù

小篆　楷书

汉字造意

小篆字形，由“日”“米”（代指粮食）“廾”（gǒng，表示双手）等字符组成，表示双手摊开粮食在太阳下暴晒。隶变后在楷书中写作暴。

字义源流

暴：本义是暴晒，此时读作：pù，如：一暴十寒，此义后来由“曝”承续。暴也读作：bào，表示残酷的、凶狠的，如：暴君、暴政、暴徒；又引申指猛烈的、急躁的，如：暴雨、暴利、暴躁；又引申指显露、公开，如：暴露、暴光。

妙语精粹

暴风骤雨　自暴自弃　暴跳如雷　除暴安良

暴风雨中的航船——顶风破浪

吾徒胡为纵此乐，暴殄天物圣所哀。　——杜甫《又观打鱼》

曲

qū
qǔ

甲骨文　金文　小篆　楷书

汉字造意

甲骨文字形，像是用竹木编制的筐、篓等器物的局部剖面图，表示筐、篓等器具。金文承续甲骨文字形；小篆承续金文字形，并有所变化；隶变后在楷书中写作曲。

字义源流

曲：本义是竹木编制的筐、篓等器具。引申指弯的、不直的，如：弯曲、曲折；

又引申指弯绕地、错误地，如：曲进、曲解；又引申指弯曲的地方，如：水曲、河曲；表示以上意思时，均读作 qū。又引申指节奏多变的乐音，此时读作：qǔ，如：歌曲、乐曲。

妙语精粹

异曲同工　曲意逢迎　一曲阳关　九曲回肠

闭着眼睛哼曲子——心里有谱

千载琵琶作胡语，分明怨恨曲中论。　　　　　——杜甫《咏怀古迹·其三》

更

gēng

gèng

甲骨文　金文　小篆　楷书

汉字造意

甲骨文字形，由“丙”和“攴”组成，是“鞭”的本字，表示鞭子之意。金文字形，字符“丙”增加为两个；小篆又变回为甲骨文字形，且整齐化；隶变后在楷书中写作更。

字义源流

更：本义是鞭子。由以鞭驱马引申出改变的含义，如：更改、变更、更新；又引申指轮流、交替，如：更休、更相庆祝；又引申指中国古代夜间的计时单位，如：三更、打更；表示以上意思时，均读作 gēng。更又用作虚词，表示次数的增多或程度的加深，此时读作：gèng，如：更加、更快、更上一层楼。

妙语精粹

万象更新　半夜三更　自力更生　少不更事

傻小子不识打更——敲竹杠

更能消、几番风雨。匆匆春又归去。——辛弃疾《摸鱼儿·更能消几番风雨》

书

shū

甲骨文 金文 小篆 楷书繁 楷书简

汉字造意

甲骨文字形，由“聿”（手持刀笔）和“口”（代指器物）组成，像是在器物上刻画，因此有刻画、记载的含义。金文字形，由“聿”和“者”（代指附着）组成，表示手持刀笔附着于物，同样有刻画、记载的含义；小篆承续金文字形，且整齐化；隶变后在楷书中写作書；汉字简化后写作书。

字义源流

书：本义是刻画、记载，如：书契、秉笔直书、罄竹难书。引申指汉字的字体，如：隶书、楷书、行书；又引申指装订成册的著作，如：书籍、图书；又特指《尚书》，是为五经之一，五经包括：《诗经》《尚书》《礼记》《周易》《春秋》；又引申指信函，如：家书、书信；又引申指公文，如：申请书、说明书。

妙语精粹

书香门第　知书达理　读书识字　一介书生

小学生看书——念念不忘

书山有路勤为径，学海无涯苦作舟。　　——韩愈《古今贤文·劝学篇》

最

zuì

古文 小篆 楷书

汉字造意

古文字形，由“宀”（mián，表示房屋）和“取”（表示割敌左耳以计战功）

组成，以人们在一起核算军功，引申出聚集的含义。小篆字形，将“宀”讹变为“冃”；隶变后在楷书中写作冣，俗体字也写作最；汉字简化后，规范最为正体。

字义源流

最：本义是聚集，如：会犹最也。由聚集引申指总计、合计，如：最大将军青凡七出击匈奴；聚则多，多则第一，因此有程度到达顶点之意，如：最快、最好、最后、世界之最。

妙语精粹

为善最乐　不耻最后

最长的腿——一步登天

最是一年春好处，绝胜烟柳满皇都。　　——韩愈《早春》

汉字造意

甲骨文字形，由“合”（上、下两个字符，表示会合）和一个字符（中间类似于“日”的字形，代指某个地方）组成，表示向此处会合之意。金文字形，中间的字符逐渐繁化；小篆承续金文字形，且整齐化；隶变后在楷书中写作會；汉字简化后写作会。

字义源流

会：本义是会合，如：会集、会谈。引申指人群聚集的活动，如：会议、开会、宴会；又引申指组织、团体，如：协会、行会、会员；又引申指理解、接受，如：领会、会心、体会；又引申指能够，如：我会了、会不会；表示以上意思时，均读作：huì。会又读作：kuài，表示共同地、总地，如：会计。

妙语精粹

聚精会神　融会贯通　牵强附会　心领神会

飞机上开会——高谈阔论

会桃花之芳园，序天伦之乐事。——李白《春夜宴从弟桃花园序》

甲骨文　金文　小篆　楷书

汉字造意

甲骨文字形，像是一弯残月，中间的一点表示月光，由此演变为现在的字形。

字义源流

月：本义是月亮，如：新月、明月、风花雪月。引申指月光，如：花前月下、落月满屋梁，犹疑照颜色；又引申指月相，如：新月、满月、上弦月、下弦月；又引申指时间单位，以月亮绕行地球一周的时间为标准，如：闰月、三月、十二月；又引申指按月的，如：月刊、月薪、月票；又引申指形状或颜色像月亮的，如：月饼、月门、月白色；又引申指妇女怀孕的月份，或分娩后一个月的时间，如：足月、临月、坐月子。

妙语精粹

峥嵘岁月　披星戴月　长年累月　众星捧月

百年松树，五月芭蕉——粗枝大叶

海上生明月，天涯共此时。——张九龄《望月怀远》

yǒu

甲骨文　金文　小篆　楷书

汉字造意

甲骨文字形与“牛”相似，牛羊等家畜是财富的象征，古人以此来表达拥有的内涵。金文字形另起炉灶，以手里抓块儿肉来表达拥有的实在感；小篆承续金文，由此演变为现在的字形。

字义源流

有：本义是拥有，如：富有、占有、有权有势。引申指存在，如：有病、有关、前边有个人；又引申指发生，如：有进步、有变化、今晚有电影；又用作敬语，表示客气，如：有请、有劳。

妙语精粹

别有用心　有始有终　人各有志　游刃有余

八十老翁吹喇叭——有气无力

有情不管别离久。情在相逢终有。　——晏几道《秋蕊香·池苑清阴欲就》

fú

甲骨文　金文　小篆　楷书

汉字造意

甲骨文有两种字形：一种像是以手抓持一个跪着的人，表示俘虏的含义；另一种在此基础上增加字符“凡”（船），表示迫使俘虏上船离乡的含义。金文承续甲骨文第二种字形，由此演变为现在的字形。

字义源流

服：本义是俘虏。引申指被迫接受、认同，如：服从、服气、水土不服；又引申指承担、承受，如：服务、服刑、服役；又引申指吞咽，如：服药、口服、内服外敷；又引申指穿、戴，如：佩服、服丧、服饰；又引申指衣物，如：衣服、服装、校服。

妙语精粹

以理服人　水土不服　胡服骑射　心悦诚服

裁缝铺的衣服——一套一套的

余幼好此奇服兮，年既老而不衰。　　——屈原《离骚》

汉字造意

甲骨文字形，由“臣”（竖立的眼睛）“人”和“土”组成，像是一个人正站在土堆上张目远眺。金文有两种字形：一种承续甲骨文，并增加字符“月”，表达望月怀远之意；一种将“臣”换做“亡”（代指离人），同样增加字符“月”，表达期望离人归返之意。小篆承续金文的后一种字形，且整齐化；隶变后在楷书中写作望。

字义源流

望：本义是登高远眺。引申指极目远眺，如：遥望、远望、一望无际；又引申指期盼、期待，如：期望、盼望、胜利在望；又引申指口碑、名气，如：威望、望族、德高望重；又引申指拜访、问候，如：看望、探望、拜望；又引申指农历每月十五，如：望朔、望日、既望；又引申指察看病人气色，是中医看病的四种基本方法之一，具体包括：望、闻、问、切。

妙语精粹

望穿秋水　望梅止渴　望风而逃　大喜过望
出洞的老鼠——东张西望
蜀道之难，难于上青天，侧身西望长咨嗟！　　——李白《蜀道难》

朝

zhāo
cháo

甲骨文　金文　小篆　楷书

汉字造意

甲骨文字形，由“草”“日”和“月”组成，表示太阳刚刚升起，月亮还未落尽的早晨。金文字形，将“月”讹变为“川”；小篆字形，又将“川”讹变为“舟”；隶变时，又将“舟”变回为“月”，在楷书中写作朝。

字义源流

朝：本义是早晨，如：朝阳、朝露、朝气蓬勃。引申指日、天，如：今朝、明朝、有朝一日；又引申指初，如：孟春之朝、岁之朝；又引申指东方，如：先王立司南以端朝夕（东西）；表示以上意思时，均读作：zhāo。朝又读作：cháo，指臣子早晨拜见帝王，如：朝拜、早朝、上朝；又引申指帝王接受朝拜的地方，即朝廷，如：朝政、朝纲、朝野；又引申指朝代，如：汉朝、唐朝、宋朝；又引申指面对的方向，如：朝向、朝阳、大路朝天；又引申指向、对，如：朝前走、朝后看。

妙语精粹

仰面朝天　朝三暮四　朝令夕改　百鸟朝凤
板凳倒地——四脚朝天
朝辞白帝彩云间，千里江陵一日还。　　——李白《早发白帝城》

期

qī
jī

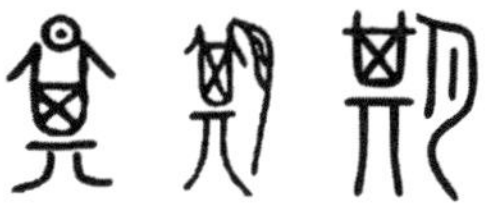

期

金文　小篆　楷书

汉字造意

金文有两种字形：一种由“其”（簸箕，表示拣选）和“日”（太阳，代指时间）组成；一种由“其”和“月”（月亮，代指时间）组成。这两种字形，均表示拣选出来的某个时间，即约定的时间段之意。小篆承续金文后一种字形，由此演变为现在的字形。

字义源流

期：本义是约定的时间段，如：期货、期限、婚期。引申指对约定的希望、指望，如：期盼、期待、期许；又引申指一个时间循环，即一轮，如：周期、星期、期刊；表示以上意思时，均读作：qī。期又读作：jī，表示满一轮，如：期年、期月。

妙语精粹

为期不远　后会有期　不期而遇　计日可期

亡羊补牢——为期不晚

天长地久有时尽，此恨绵绵无绝期。　——白居易《长恨歌》

808中日韩通用汉字

字理读本

（二）

北京文化硅谷 ◎ 编著

时代出版传媒股份有限公司
北京时代华文书局

木

mù

甲骨文 金文 小篆 楷书

汉字造意

甲骨文字形,像是一棵树的简图,能分辨出树枝、树干、树根等部分,指的就是树,由此演变为现在的字形。

字义源流

木：本义是树，如：树木、木叶、伐木。引申指木本的，如：木棉、木芙蓉；又引申指木料，如：木头、木板、木匠；又引申指感觉不灵敏，如：木讷、木然、麻木不仁。

妙语精粹

入木三分　枯木逢春　草木皆兵　呆若木鸡

长江里漂木头——付（浮）之东流

秋风萧瑟天气凉，草木摇落露为霜。　　——曹丕《燕歌行二首·其一》

未

wèi

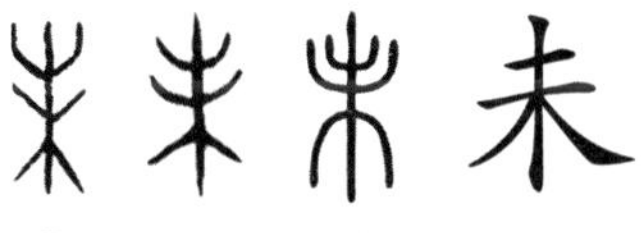

甲骨文 金文 小篆 楷书

汉字造意

甲骨文字形，像是树木枝杈重叠茂盛的样子，由此演变为现在的字形。

字义源流

未：本义是树木枝繁叶茂。枝繁叶茂则有遮蔽的功能，遮蔽则使人看不清楚，由此引申指或然的状态，表示还没有，如：未来、未病、方兴未艾、未雨绸缪；又相等于不，如：未知、未曾、未必、未敢苟同；又借作地支的第八位，如：乙未、丁未、午马未羊。

妙语精粹

闻所未闻　童心未泯　生死未卜　尸骨未寒

麦子未熟秧未插——青黄不接

未信此情难系绊，杨花犹有东风管。——苏轼《蝶恋花·蝶懒莺慵春过半》

末

mò

金文　小篆　楷书

汉字造意

金文字形，由“木”和一短横组成，强调所指为树梢，由此演变为现在的字形。

字义源流

末：本义是树梢，如：末梢、本末倒置、末大必折，尾大不掉。引申指事物的尽头，如：末端、始末、穷途末路；又引申指时间在后的，如：末期、周末、末班车；又引申指衰败，如：公侯之有冠礼也，夏之末造也；又引申指微小的、细碎的，如：微末、末务、细枝末节；又引申指碎屑，如：肉末、茶叶末、辣椒末；又引申指中国传统戏曲角色名，主要扮演中年男子，戏曲角色包括：生、旦、净、末、丑。

妙语精粹

舍本逐末　强弩之末　叨陪末座　天末凉风

叫花子跳井——穷途末路

凉风起天末，君子意如何。——杜甫《天末怀李白》

本

bĕn

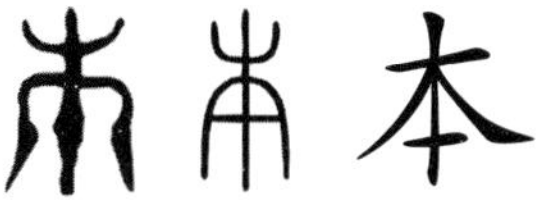

金文　小篆　楷书

汉字造意

金文字形，像是在树根处加粗，以强调所指为树根。小篆字形，将树根加粗处连成横线，由此演变为现在的字形。

字义源流

本：本义是树根，如：草本、木本、本草纲目。引申指事物发展的源头，如：本源、本金、本领；又引申指起初、原来，如：本来、本能、本性难移；又引申指自己方面的，如：本人、本色、本乡本土；又引申指现今的，如：本月、本次、本届；又引申指依据，如：本着治病救人的原则；又引申指依据的经典、册子，如：书本、剧本、账本；又用作量词，相当于册，如：一本书。

妙语精粹

一本万利　本性难移　照本宣科　追本溯源

变戏法的本领——全凭手快

本是同根生，相煎何太急？　——曹植《七步诗》

朱

zhū

甲骨文　金文　小篆　楷书

汉字造意

甲骨文字形，在树干处标示一“点”，以强调所指为树干。金文延承甲骨文字形；小篆字形，将这一“点”拉长为“线”，由此演变为现在的字形。

字义源流

朱：本义是树干。借指赤心木，如：有树，赤皮支干，青叶，名曰朱木；引申后泛指大红色，如：朱砂、朱笔、朱漆、朱门。

妙语精粹

白发朱颜　朱唇玉面　朱颜鹤发　傅粉施朱

朱德的扁担——有名有姓

朱门酒肉臭，路有冻死骨。　——杜甫《自京赴奉先县咏怀五百字》

cái

小篆　楷书

汉字造意

小篆字形，由“木”和“才”（代指资质）组成，表示树木的可用部分，即木料，由此演变为现在的字形。

字义源流

材：本义是木料，如：木材、板材。引申指原料，如：钢材、药材、器材；又引申指资料，如：素材、教材、题材；又特指棺木，如：寿材、棺材；又用作“才”，指资质，如：天生我材必有用，千金散尽还复来；又引申指具有某种资质的人，如：庸材、蠢材。

妙语精粹

楚材晋用　因材施教　栋梁之材　五短身材

背着棺材上战场——往最坏处想

天生我材必有用，千金散尽还复来。　——李白《将进酒》

村

cūn

小篆 楷书

汉字造意

小篆字形，由“屯”（代指驻扎）和“邑”（表示人口聚集的地方）组成，表示人口长期聚集、生活的村屯。隶变后在楷书中写作邨，另外，楷书中还有“木”和“寸”组成的异体字“村”；汉字简化后，规范村为正体。

字义源流

村：本义是村屯、村庄，如：农村、乡村。引申后泛指聚集的地方，如：画家村、度假村、奥运村；又引申指粗鄙、土气，如：村话、村俗。

妙语精粹

村野匹夫　千村万落　村歌社鼓　村夫俗子

农村的老黄牛——苦了一辈子

山重水复疑无路，柳暗花明又一村。——陆游《游山西村》

东

dōng

甲骨文 金文 小篆 楷书繁 楷书简

汉字造意

甲骨文字形，由“朿”（棍囊，一种袋子）和“一横”（代指物品）组成，表示这是装有物品的袋子。金文承续甲骨文字形；小篆承续金文字形，且整齐化；隶变后在楷书中写作東；汉字简化后写作东。

字义源流

东：本义是装有物品的袋子。引申后，泛指物品为“东西”，如：你拿着啥东西？古人日出而作，起来后扛着“东”（代指袋子）去采摘狩猎，通常把太阳作为出行方位的参考，后来便用“东”来指代日出的方向，即东方，如：东亚、东北、山东；又引申指东道主或主人，如：做东、东家、房东。

妙语精粹

东躲西藏　东郭先生　付诸东流　东窗事发

干活不由东，累死也无功。

世间行乐亦如此，古来万事东流水。　　——李白《梦游天姥吟留别》

松

sōng

小篆　　楷书

汉字造意

小篆字形，由“木”和“公”组成，由此演变为现在的字形。公有拆分、细分的含义，松树正是从主干向上越分越细，在形状上可以细分的树。

字义源流

松：本义是松树，如：松柏、红松、樟子松。松又用作“鬆”的简化字，原指头发蓬松、散乱，引申后泛指不紧的、不实的，如：松弛、松软、松松垮垮；又引申指解开、放宽，如：松动、松绑、松手；又引申指消除紧张，如：轻松、放松、松懈；又引申指用瘦肉、鱼虾做成的绒毛状或碎末状食品，如：肉松、鱼松。

妙语精粹

鹤发松姿　苍松翠柏　松柏后凋　松柏之寿

岁寒知松柏，患难见交情。

明月松间照，清泉石上流。　　——王维《山居秋暝》

林

lín

甲骨文　金文　小篆　楷书

汉字造意

甲骨文字形，由并立的两个“木”（树）组成，由此演变为现在的字形。双木并立，表示树木聚集，林指的就是成片的树木。

字义源流

林：本义是成片的树木，如：树林、森林、林区、林海雪原。引申指聚集在一起的同类的人或物，如：武林、儒林、石林、翰林院。

妙语精粹

枪林弹雨　林林总总　酒池肉林　焚林而田

笨人先起身，笨鸟早出林。

林花谢了春红，太匆匆。无奈朝来寒雨晚来风。

——李煜《相见欢·林花谢了春红》

果

guǒ

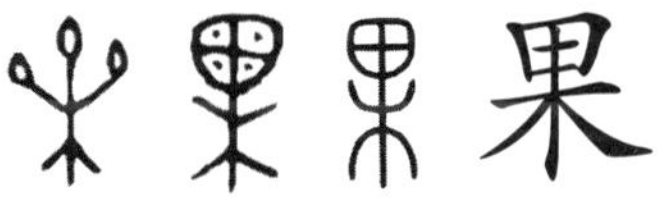

甲骨文　金文　小篆　楷书

汉字造意

甲骨文字形，像是一棵树上结满了果实，表示植物的果实之意。金文字形，树上的果实简省为一颗，果实的形状也发生了变化；小篆承续金文字形，并去掉了果实上的小点，由此演变为现在的字形。

字义源流

果：本义是植物的果实，如：苹果、水果、硕果。引申指事物发展的结局，如：结果、成果、因果；又引申指决断，如：果敢、果决、果断；又引申指饱足、充实，如：食不果腹、腹犹果然；又引申指实现，如：未果、行必果；又引申指真的，如：果真、果然、果如其言。

妙语精粹

前因后果　因果报应　硕果仅存　硕果累累

言必信，行必果。——《论语·子路》

西方宝树唤婆娑，上结着长生果。——曹雪芹《红楼梦十二曲·虚花悟》

枝

zhī

小篆

枝

楷书

汉字造意

小篆字形，由“木”和“支”组成，由此演变为现在的字形。支原指折下来的一段竹枝，枝指的就是竹、木等植物主干上旁生的细条。

字义源流

枝：本义是竹、木等植物主干上旁生的细条，如：树枝、竹枝、枝叶、枝条。引申出派生、支持等含义，以及用作表示条状或杆状事物的量词，不过这些引申义现在基本都归属于支，枝仅使用其本义。

妙语精粹

粗枝大叶　金枝玉叶　同气连枝　节外生枝

枯树枝上结黄瓜——不可能的事

触目横斜千万朵，赏心只有三两枝。——李方膺《梅花》

柔

róu  柔

小篆　楷书

汉字造意

小篆字形，由“矛”和“木”组成，由此演变为现在的字形。矛是中国古代的一种兵器，其柄软硬适中，富有弹性，柔指的就是适宜做矛柄的木材。

字义源流

柔：本义是适宜做矛柄的弹性木材。引申指软的、温顺的，如：柔肠、柔情、柔枝嫩叶、刚柔相济；又引申指使柔软，如：春芳役双眼，春色柔四肢。

妙语精粹

柔远怀来　内柔外刚　优柔寡断　柔声下气

棉花里藏针——柔中有刚

泉眼无声惜细流，树阴照水爱晴柔。　——杨万里《小池》

校

jiào
xiào  校

小篆　楷书

汉字造意

小篆字形，由“木”和“交”组成，由此演变为现在的字形。交原指人双腿交叉，校因此指双木交叉制作的刑具，也就是桎梏，类似于现代的手铐、脚镣。

字义源流

校：本义是古代木制刑具桎梏。刑具是用来约束囚犯的，由此引申指纠正、核对，如：校对、校勘、校准；表示以上意思时，均读作：jiào。校又读作：

xiào，表示对孩子进行教化、训导的场所，如：学校、校园、高校；由训导的人引申指军衔，如：少校、中校、上校。

妙语精粹

犯而不校　铢铢校量　摸金校尉　校短量长

校场里的土地——管得宽

才子富文华，校雠天禄阁。——韩愈《送郑十校理得洛字》

根

gēn

小篆

根

楷书

汉字造意

小篆字形，由“木”和“艮”组成，由此演变为现在的字形。艮指人向后看，即反顾，在经验上，树木是向上生长的，由此趋势而反顾，则必然要指向树的根部，根指的就是树根。

字义源流

根：本义是树根，如：根本、根须、根深蒂固。引申指事物的本源，如：病根、祸根、根源；又引申指物体的基部，如：舌根、耳根、牙根；又引申指子孙后代，如：他是我张家的一条根；又用作副词，表示彻底地，如：根治、根除、根绝；又用作量词，表示条状的东西，如：一根香肠、两根头发。

妙语精粹

根深蒂固　六根清净　叶落归根　盘根错节

打蛇打七寸，挖树先挖根。

过桥分野色，移石动云根。——贾岛《题李凝幽居》

栽

zāi  栽

小篆 楷书

汉字造意

小篆字形，由“𢦏”（zāi）和“木”组成，由此演变为现在的字形。“𢦏”有施压之意，由树木引申出竖直之意，两根会意出插入地面的竖直木头，即中国古代筑土墙时在两侧竖起的立板。

字义源流

栽：本义是筑土墙所用的立板。引申指种植，如：栽秧、栽培、移栽；又引申指供移植的幼苗，如：桃栽、枣树栽子；又引申指硬给安上，如：栽赃、栽上罪名；又引申指跌倒、受挫，如：栽跟头、认栽了。

妙语精粹

前人栽树，后人乘凉

石头上栽葱——劳而无功

君要花满县，桃李趁时栽。 ——辛弃疾《水调歌头·和赵景明知县韵》

案

àn  案

小篆 楷书

汉字造意

小篆字形，由“安”和“木”组成，由此演变为现在的字形。安有稳定、稳当之意，案指的就是能够稳定地盛放东西的木制家具，譬如中国古代宽矮稳定的长方形木桌。

字义源流

案：本义是能够稳定地盛放东西的木制家具，如：书案、条案、奏案。引申指代替桌子的长木板，如：案板、面案、肉案；又引申指记录事物的文档、文件，如：案卷、案宗、备案；又引申指案件，如：立案、查案、破案；又引申指提出计划、建议的文件，如：提案、草案、教案。

妙语精粹

举案齐眉 拍案叫绝 案牍之劳 三曹对案

盗墓贼作案——捣鬼

诗书万卷。合上明光殿。案上文书看未遍。——辛弃疾《清平乐·读万卷书》

植

zhí

小篆 楷书

汉字造意

小篆字形，由“木”和“直”组成，由此演变为现在的字形。《说文·木部》上说：“植，户植也。从木，直声。”本义是关闭门户所用的直木，本文从此说。

字义源流

植：本义是关闭门户所用的直木。引申指栽种，如：培植、植树、种植；又引申指移栽人的器官、组织，如：植皮、植发；又引申指树立、扶持，如：扶植、抑强植弱；又引申指植物，如：植被、植株、植保。

妙语精粹

植党营私 张唇植髭 植发冲冠 植善倾恶

刺猬钻进蒺藜窝——针锋相对

卜邻近三径，植果盈千树。 ——孟浩然《田园作》

业

yè

金文

小篆

業

楷书繁

业

楷书简

字义源流

金文主要有两种字形：一种含有“辛”（凿子）“大”（由双手合并而成）和“口”（代指孔洞）等字符，凿子上边的短竖代表持续的敲击，业指的就是持续敲击凿子钻通孔洞；另一种字形是第一种字形的复体，表示从正反两面钻凿以穿通的含义。小篆字形，将“大”讹变为“木”，并简省了“口”；隶变后在楷书中写作業；汉字简化后写作业。

字义源流

业：本义是凿穿、凿通。引申指治理，如：择其善者而业用之；又引申指义务、职责、行当，如：职业、工业、事业、成家立业；又引申指完成、已经，如：毕业、业绩、业已至此；又引申指成就、财产，如：产业、家业、功业；又用作佛教用语，一般指缘分或罪恶，如：业根、罪业、业因果报。

妙语精粹

安居乐业　成家立业　兢兢业业　重操旧业

业精于勤，荒于嬉；行成于思，毁于随。——韩愈《进学解》

二客东南名胜，万卷诗书事业，尝试与君谋。

——辛弃疾《水调歌头·舟次扬州和人韵》

极

jí

小篆

極

楷书

小篆

极

楷书

汉字造意

极有两个来源：一个写作極，由“木”和“亟”（代指极限）组成，本义是房屋的最高处，即脊檩；另一个写作极，由“木”和“及”（表示抓住）组成，本义是放在驴背上驮东西的木架子。汉字简化时将两字合并，统一写作极。

字义源流

极：本义有二，一、房屋的脊檩；二、驴背上方便载物的木架子。由脊檩引申指顶端、尽头，如：北极、南极、太极、登峰造极；又引申指最大限度的，如：极品、极力、物极必反、极目远望；又引申指端、纬，如：单极、两极、多极。

妙语精粹

极目远望　否极泰来　乐极生悲　极乐世界

傲不可长，志不可满，乐不可极，欲不可纵。

伫倚危楼风细细。望极春愁，黯黯生天际。

——柳永《蝶恋花·伫倚危楼风细细》

荣

róng

金文　小篆　楷书繁　楷书简

汉字造意

金文字形，像是交叉的两个枝条上开满了花朵，表示花朵之意。小篆字形，误把花枝当成了火把，并增加字符“木”；隶变后在楷书中写作榮；汉字简化后写作荣。

字义源流

荣：本义是花朵，如：荣华、绿叶素华。。引申指兴盛的、繁茂的，如：繁荣、一荣俱荣、欣欣向荣；又引申指令人尊重的、引人称羡的，如：荣耀、荣升、荣膺、荣归故里；又引申至光彩、光润，如：玄鸾孔雀，翡翠垂荣；又指梧桐，如：采采荣木，结根于兹。

妙语精粹

荣华富贵　繁荣兴旺　卖主求荣　生死荣辱

刘姥姥进荣府——眼花缭乱

离离原上草，一岁一枯荣。野火烧不尽，春风吹又生。

——白居易《赋得古原草送别》

乐

yuè
lè

樂　乐

甲骨文　金文　小篆　楷书繁　楷书简

汉字造意

甲骨文字形，像木上张丝弦之形，表示一种弦乐器。金文字形，增加字符“白”；小篆承续金文，且整齐化；隶变后在楷书中写作樂；汉字简化后写作乐。

字义源流

乐：本义是一种乐器。引申指音乐，如：声乐、器乐、民乐、交响乐；又引申指演奏乐器的人，如：齐人归女乐，季桓子受之，三日不朝；又引申指《乐经》，是孔子所治六经之一，具体包括：《诗》《书》《礼》《乐》《易》《春秋》；表示以上意思时，均读作：yuè。乐又读作：lè，表示经由音乐调节，而使人产生的愉快情绪，如：快乐、乐园、乐土、乐不思蜀；又引申指使人感到愉快，如：乐意、喜闻乐见、乐天知命；又引申指笑，如：乐呵呵、乐个不停；又引申指令人愉快的事，如：逗乐儿、找个乐儿。

妙语精粹

津津乐道　其乐融融　天伦之乐　安贫乐道

叫花子打哈哈——其乐无穷

乐游原上清秋节，咸阳古道音尘绝。　——李白《忆秦娥》

树

shù

甲骨文 金文 小篆 楷书繁 楷书简

汉字造意

甲骨文字形，由“木”（树）、“豆”和“耒”组成，耒是中国古代一种农具，具有类似于铁锹的挖掘功能，豆是中国古代一种高脚器皿，在此表示竖立的状态，树指的就是用耒掘土使树木或物体竖立。金文字形，“耒”变得像“又”（手），“木”和“豆”合二为一；小篆字形，将“又”讹变为“寸”，并增加字符“木”；隶变后在楷书中写作樹；汉字简化后写作树。

字义源流

树：本义是用耒掘土使树木或物体竖立。引申指竖立、建立，如：树立、建树、独树一帜；又引申指种植、培育，如：十年树木，百年树人；又引申指木本植物的总称，如：松树、柏树、榆树。

妙语精粹

树大根深　玉树临风　树大招风　树倒猢狲散

大树上吊个口袋——装疯（风）

碧玉妆成一树高，万条垂下绿丝绦。　　——贺知章《咏柳》

桥

qiáo

小篆 楷书繁 楷书简

汉字造意

小篆字形，由“木”和“乔”（代指“高而曲”）组成，由此演变为现在的字形。《集韵·宵韵》上说：“桥，桔槔也。”桔槔是中国古代井上汲水用的工具，其横梁在汲水的过程中时高时低，符合“高而曲”的意象。

字义源流

桥：本义是桔槔的横梁。引申指横跨沟渠、河流的通道，即桥梁，如：吊桥、拱桥、天桥、独木桥、立交桥；又引申指器物上的横梁，如：鞍桥。

妙语精粹

过河拆桥　修桥补路　遇水架桥　桥归桥，路归路

车到山前必有路，船到桥头自然直。

念桥边红药，年年知为谁生。　　　　——姜夔《扬州慢·淳熙丙申正日》

权

quán

小篆　權 楷书繁　权 楷书简

汉字造意

小篆字形，由“木”和“雚”（猫头鹰类猛禽）组成；隶变后在楷书中写作權；汉字简化后写作权。《广韵·先韵》上说：“权，秤锤也。”本义是秤锤，本文从此说。

字义源流

权：本义是秤锤。引申指称量，如：权，然后知轻重；又引申指平衡、比较，如：权衡、权数、两害相权；又引申指变通，如：权变、权宜、通权达变、守经达权；又引申指决策、支配的资格，如：权力、权贵、维权、选举权。

妙语精粹

大权独揽　权宜之计　通权达变　杯酒释兵权

一朝权在手，便把令来行。

安能摧眉折腰事权贵，使我不得开心颜。　　　　——李白《梦游天姥吟留别》

次

cì

甲骨文　金文　小篆　楷书

汉字造意

甲骨文字形，像是人张口接连打喷嚏的样子，由此演变为现在的字形。

字义源流

次：本义是人接连打喷嚏。打喷嚏意味着身体不舒服，由此引申指不好的，如：次品、次货、太次了；由一个喷嚏接着一个喷嚏，引申指下一个、第二，如：次日、次要、其次；又引申指顺序，如：次序、名次、车次；又引申指处于过程之中，如：旅次、舟次、客次；又用作量词，表示可以重复出现动作的次数，如：初次、多次、三番五次。

妙语精粹

鳞次栉比　不敢造次　语无伦次　造次行事

胡子眉毛一把抓——不分主次

长安回望绣成堆，山顶千门次第开。　——杜牧《过华清宫》

欲

yù

小篆　楷书

汉字造意

小篆字形，由“谷”和“欠”组成，由此演变为现在的字形。谷有空阔深远的山谷之意，欠指人张大嘴羡慕、贪求的状态，欲指的就是永不满足的渴求心念。

字义源流

欲：本义是永不满足的渴求心念，如：欲望、贪欲、求知欲。又特指淫邪、色心，如：性欲、情欲、禁欲；又引申指想要、希望，如：随心所欲、欲罢不能；又引申指将要、快要，如：摇摇欲坠，山雨欲来风满楼。

妙语精粹

悲痛欲绝　七情六欲　蠢蠢欲动　欲擒故纵

工欲善其事，必先利其器。

欲把西湖比西子，淡妆浓抹总相宜。　　——苏轼《饮湖上初晴后雨》

汉字造意

金文字形，由“言”和“可”（表示劳动号子）组成，原指有节奏地说话。小篆字形，变成“哥”（声声相续）和“欠”（人大张着嘴）的组合，表达按照一定节拍咏唱之意；隶变后在楷书中写作歌。

字义源流

歌：本义是有节奏地说话、咏唱，如：歌唱、歌咏、载歌载舞。引申指配乐能唱的诗，如：诗歌、歌曲、歌咏言；又泛指歌曲，如：山歌、民歌、情歌；又引申指颂扬，如：可歌可泣、歌功颂德；又引申指中国古代诗歌的一种体裁，如：越人歌、长恨歌、大风歌。

妙语精粹

长歌当哭　高歌猛进　歌声绕梁　四面楚歌

半云天里唱歌——调子太高

缓歌慢舞凝丝竹，尽日君王看不足。　　——白居易《长恨歌》

欢

huān

小篆 楷书繁 楷书简

汉字造意

小篆字形，由“雚”（猫头鹰类猛禽）和“欠”（人大张着嘴）组成，表示人欣喜时瞳孔放大、嘴巴张开的状态。隶变后在楷书中写作歡；汉字简化后写作欢。

字义源流

欢：本义是人欣喜时的状态，如：欢喜、欢乐、欢迎。引申指快意的事物，如：奉一日之欢，君子不尽人之欢；又引申指男女欢爱，如：新欢、求欢、寻欢作乐；又引申指热闹、起劲儿，如：欢腾、撒欢儿、欢蹦乱跳。

妙语精粹

悲欢离合　欢呼雀跃　欢天喜地　强颜欢笑

得胜的猫儿——欢似虎

人有悲欢离合，月有阴晴圆，此事古难全。——苏轼《水调歌头·丙辰中秋》

止

zhǐ

甲骨文 金文 小篆 楷书

汉字造意

甲骨文字形，就像是人的脚掌的样子，由此演变出现在的字形。

字义源流

止：本义是人的脚掌。引申指停而不行，如：停止、终止、止境；又引申指栖息、住宿，如：望门投止思张俭；又引申指结束、控制，如：止血、止痛、制止；又引申指仅仅，如：技止此耳。

妙语精粹

学无止境　望梅止渴　言谈举止　高山仰止，景行行止

梯子中间止步——不上不下

千古英雄同一叹，伤怀岂止为蛾眉！　——沈约《昭君辞》

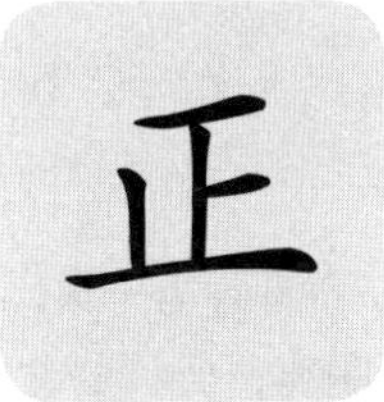

zhèng

甲骨文　金文　小篆　楷书

汉字造意

甲骨文字形，由“口”（wéi，代指城邑）和“止”（人的脚掌）组成，表示直对着城邑进发。金文字形，字符“口”变圆，并将空隙填实；小篆字形，将“口”简化为一横，由此演变为现在的字形。

字义源流

正：本义是直对着城邑进发，即征伐之意，是“征”的初文。引申指端直、不偏斜，如：端正、正中、正对着；又引申指刚刚、恰好，如：正好、正巧、正中下怀；又引申指核心的、主体的，如：正副、正职、正宗；又引申指纯、不杂，如：纯正、正红、正味儿；又引申指合乎规范、标准的，如：正规、正体、正楷；又引申指改掉偏差或错误，如：纠正、改正、正音；又引申指坦率、不偏私，如：正直、正派、公正。

妙语精粹

公正不阿　改邪归正　风华正茂　义正言辞

人正不怕影斜，脚正不怕鞋歪。

正单衣试酒，恨客里、光阴虚掷。　——周邦彦《六丑·落花》

步

bù

甲骨文 金文 小篆 楷书

汉字造意

甲骨文字形，由一前一后两只脚掌组成，表示行进之意，由此演变为现在的字形。

字义源流

步：本义是用脚行走，如：徒步、步兵、安步当车。引申指左右脚各迈一次，如：不积跬步，无以至千里；又引申指步幅，即行走时两脚之间的距离，如：步伐、跨步、一步登天；又引申指追随、跟随，如：步原韵、步人后尘；又引申指事物发展的进程、阶段，如：步骤、初步、下一步。

妙语精粹

闲庭信步　望而却步　步步为营　邯郸学步

矮子上楼梯——步步高升

青泥何盘盘，百步九折萦岩峦。——李白《蜀道难》

武

wǔ

甲骨文 金文 小篆 楷书

汉字造意

甲骨文字形，由“止”（表示脚掌）和“戈”（代指武器）组成，表示持戈行进、征伐作战，由此演变为现在的字形。

字义源流

武：本义是持戈行进、征伐作战。引申后泛指有关军事、强力、技击等活动的，如：武装、武术、武林、文武双全、文治武功；又引申指威风的、勇猛的，如：威武、英武、武断；又引申指作战能力，如：用武之地、用武之国。

妙语精粹

穷兵黩武　孔武有力　文韬武略　文武之道，一张一弛

流氓会武术——谁也挡不住

边庭流血成海水，武皇开边意未已。　——杜甫《兵车行》

汉字造意

甲骨文字形，由“戊”（代指镰刀）和“步”（表示行进）组成，表示收割庄稼之意。金文、小篆承续此字形；隶变后在楷书中写作歲；汉字简化后写作岁。

字义源流

岁：本义是收割庄稼。引申后泛指年景，即一年的收成，如：丰岁、歉岁；又引申指年，如：年岁、岁初、贺岁；又引申指时光，如：日月逝矣，岁不我与；又用作计算时间的量词，如：岁数、三岁看大，七岁看老。

妙语精粹

长命百岁　岁月蹉跎　峥嵘岁月　岁月如流

除夕夜守岁——送旧迎新

年年岁岁花相似，岁岁年年人不同。　——刘希夷《代白头吟》

历

lì

甲骨文 金文 小篆 楷书繁 楷书简

汉字造意

甲骨文字形，由“止”（代指行进）和两个“禾”（代指庄稼）组成，表示人在田间穿行之意。金文字形，增加字符“厂”（代指翻转），使“田间穿行”的含义更加明显；小篆承续金文字形；隶变后在楷书中写作歷，另外，楷书中还有异体字“曆”；汉字简化后写作历。

字义源流

历：本义是田间穿行。引申后泛指经过，如：历程、历险、经历；又引申指翻越，如：遍历名山，博采方术；又引申指经过的各个、各次或多次，如：历史、历代、历届；又引申指逐一，如：历数、历陈、历访名贤；又引申指纪时的方法，如：历法、阳历、阴历；又引申指纪时的文件，如：日历、挂历、万年历。

妙语精粹

历历在目　久历风尘　历久弥坚　来历不明

除夕看日历——最后一天

晴川历历汉阳树，芳草萋萋鹦鹉洲。——崔颢《登黄鹤楼》

归

guī

甲骨文 金文 小篆 楷书繁 楷书简

汉字造意

甲骨文字形，由“自”（像是人坐在地上留下的屁股印儿）和“帚”（表示扫帚）组成，表示行人返家坐定，用扫帚打扫灰尘之意。金文字形，增加字符“彳”（chì，代指道路）和“止”，突出了行人返家的内涵；小篆字形，将“帚”断开为两个字符，并简省了字符“彳”；隶变后在楷书中写作歸；汉字简化后写作归。

字义源流

归：本义是行人返还家中，如：归来、归期、归乡。引申指返回、回到原处，如：回归、归途、归心似箭；又引申指古代女子回娘家，如：归宁、归安；又引申指聚拢、计入，如：归纳、归总、归堆儿；又引申指回复、交回、重回，如：归根、归还、返璞归真。

妙语精粹

宾至如归　九九归一　实至名归　完璧归赵

草船借箭——满载而归

君问归期未有期，巴山夜雨涨秋池。　　　　——李商隐《夜雨寄北》

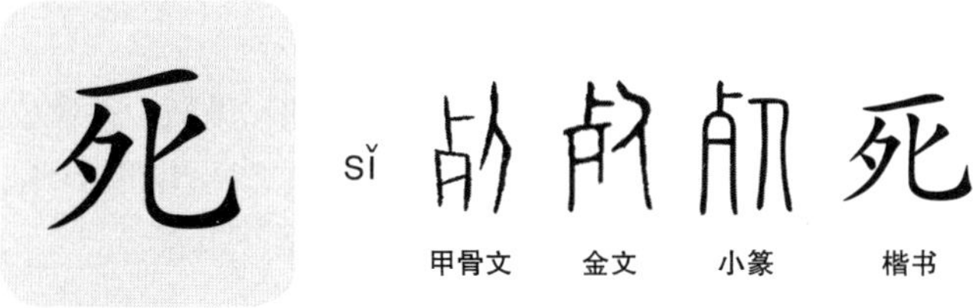

汉字造意

甲骨文字形，由“歹”（强调双腿不能动弹）和“人”组成，由此演变为现在的字形。不能动弹正是死人最明显的特征，古人以这种构思表达生命结束的内涵，并在旁边安放一个对逝者表达哀悼的人，使“死”的含义更为完整。

字义源流

死：本义是生命结束，如：死尸、死刑、死罪。引申指没有生命特征的状态，如：死灰、死火山、死气沉沉；又引申指不活动的、行不通的，如：死水、死角、死脑筋；又引申指僵化地，如：死干、死记硬背；又引申指拼命地，如：死磕、死守、死缠烂打。

妙语精粹

视死如归　狐死首丘　死得其所　鞠躬尽瘁，死而后已

不失其所者久，死而不亡者寿。　——《老子》

春蚕到死丝方尽，蜡炬成灰泪始干。　——李商隐《锦瑟》

杀

shā

甲骨文　金文　小篆　楷书繁　楷书简

汉字造意

甲骨文字形，像是击杀后陈放于地上的长毛野兽之形，表示打死野兽之意；金文承续甲骨文字形；小篆字形变化较大，并增加字符“殳”（表示手持槌），强调击杀的含义；隶变后在楷书中写作殺；汉字简化后写作杀。

字义源流

杀：本义是打死野兽。引申后泛指使人或动物失去生命，如：杀戮、杀害、屠杀；又引申指战斗、搏斗、讨伐，如：搏杀、厮杀、大杀四方；又引申指损坏、伤害，如：折杀、肃杀；又引申指打压、收束，如：杀价、杀尾、杀青。

妙语精粹

借刀杀人　杀一儆百　杀身成仁　二桃杀三士

黑地里张弓——暗藏杀机

十步杀一人，千里不留行。　——李白《侠客行》

母

mǔ

甲骨文　金文　小篆　楷书

汉字造意

甲骨文字形，在“女”上添加两个点儿（代指乳房），以强调女性的哺乳功能，由此演变为现在的字形。

字义源流

母：本义是能够哺乳婴儿的女性，如：母亲、乳母。引申后特指母亲，如：父母、母子、母爱；又引申指亲族中的女性长辈，如：祖母、姑母、姨母；又引申指雌性的，如：母牛、母猪、母老虎；又引申指滋生其他事物的本源，如：母本、母金、字母；又引申指一套东西中可包含其他部分的，如：螺母、子母弹。

妙语精粹

孟母三迁　再生父母　贤妻良母　母慈子孝

母鸡带小鸡——寸步不离

云母屏风烛影深，长河渐落晓星沉。　——李商隐《嫦娥》

每

mĕi

甲骨文　金文　小篆　楷书

汉字造意

甲骨文字形，像是头有盛饰的女人。金文承续甲骨文字形，并添加两个点儿，使“女”转变为“母”，由此演变为现在的字形。

字义源流

每：本义是头饰盛美。引申指经常的，如：每每、每常；又引申指全体中的任何一个，如：每人、每处、每家每户；又引申指重复性事物中的任何一次，如：每次、每当、每时每刻。

妙语精粹

每况愈下　每下愈况　每饭不忘

午后见阳光——每况愈下

曲罢曾教善才服，妆成每被秋娘妒。　——白居易《琵琶行》

比

bǐ

甲骨文 金文 小篆 楷书

汉字造意

甲骨文字形，由并立的两个人组成，表示两人并立之意，由此演变为现在的字形。

字义源流

比：本义是两人并立。引申后泛指并列、排列，如：比邻、比方、比目鱼；又引申指勾结，如：朋比为奸、周而不比；又引申指两相较量，如：比赛、比武、比试；又引申指对应，如：比例、比分、性价比；又引申指与……相较，如：我比你年纪大、你比他个子高。

妙语精粹

比比皆是　无与伦比　将心比心　比上不足，比下有余

八十岁比高低——老当益壮。

海内存知己，天涯若比邻。——王勃《送杜少府之任蜀州》

毛

máo

金文 小篆 楷书

汉字造意

金文字形，像是一撮兽毛，表示兽毛之意，由此演变为现在的字形。

字义源流

毛：本义是兽毛，如：毛皮、鬃毛、九牛一毛。引申指人、禽兽、植物皮上长出的丝状物，如：汗毛、羽毛、绒毛；又引申指地上长出的植物，如：不毛之地；又引申指物体上长出的丝状真菌，如：剩饭都长毛了；又引申指细小，如：毛刺、毛毛雨、毛细血管；又引申指原始的、粗略的，如：毛坯、毛利、毛边；又引申指粗心，如：毛手毛脚、毛毛愣愣；又引申指急躁，如：毛躁、毛脾气；又用作人民币货币单位，如：一毛钱。

妙语精粹

吹毛求疵　风毛麟角　火烧眉毛　一毛不拔

落毛的凤凰——不如鸡

白毛浮绿水，红掌拨清波。　　——骆宾王《咏鹅》

氏

shì

zhī

汉字造意

金文字形，由一段弧线和一段中间加粗的竖线组成，由此演变为现在的字形。氏的本义不明，在此提供一种假说：弧线为“水”的简省，竖线为“十”（有直出之意），氏表达从水面到水底的含义。

字义源流

氏：本义不明。用作宗族根柢，如：氏族、姓氏、轩辕氏；又引申指古代少数民族支系，如：慕容氏、拓跋氏、完颜氏；又引申指对学有专长者的尊称，如：毕氏定理、摄氏温度；又引申指中国古代对已婚妇女的称呼，如：张王氏，“张”是夫家的姓，“王”是妇女本家的姓；表示以上意思时，均读作：shì。氏又读作：zhī，多来自于和游牧民族相关的称呼，如：大月氏、阏氏。

妙语精粹

假门假氏

何家的姑娘嫁郑家——正合适（郑何氏）

日出东南隅，照我秦氏楼。秦氏有好女，自名为罗敷。——《陌上桑》

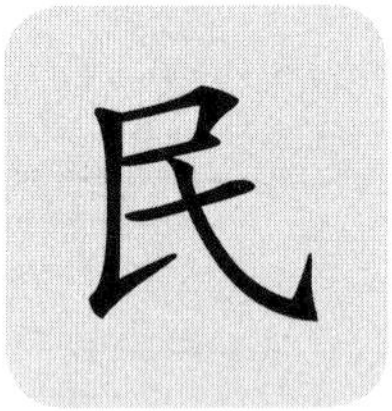

mín

金文 小篆 楷书

汉字造意

金文字形，像是以锐物刺左目之形，由此演变为现在的字形。古人刺瞎俘虏的左目，以降低其逃跑、反抗的能力，使之成为顺从的奴隶。

字义源流

民：本义是奴隶。引申指普通百姓或与普通百姓相关的，如：草民、民歌、民间、民俗；又引申指人，如：公民、居民、民主；又引申指人类，如：厥初生民，时维姜嫄；又引申指国内各民族的人，如：藏族、回民；又引申指具有某种身份特征的人，如：农民、渔民、股民；又引申指非军事的，如：民航、民用；又引申指非官方的，如：民办教师、民办学校。

妙语精粹

富国强民　国泰民安　民脂民膏　防民之口，甚于防川

将军当农民——解甲归田

伤心秦汉，生民涂炭，读书人一声长叹。——张可久《卖花声·怀古》

气

qì 

甲骨文 金文 小篆 楷书繁 楷书简

汉字造意

甲骨文字形，像是漂浮的云烟之形，表示云烟之意。金文、小篆字形略作弯曲，以区别于数字“三”；隶变后在楷书中写作气。由于气后来用作偏旁，本义便借用“氣”（原指馈送人的粮草）来表示，汉字简化后仍写作气。

字义源流

气：本义是云烟。引申后泛指气体，如：空气、煤气、气体；又引申指自然界阴晴冷暖等现象，如：节气、气候、气象；又引申指气味，如：香气、臭气、烟火气；又引申指呼吸，如：气数、喘气、气息；又引申指食物在体内消化而产生的气体，如：胃气、肠气；又引申指人体的原动力，如：元气、血气、精气神；又引申指人的精神状态，如：气概、气质、朝气蓬勃；又引申指动怒，如：气恼、气愤、气坏了。

妙语精粹

和气生财　理直气壮　颐指气使　一鼓作气

挨打的狗去咬鸡——拿别人出气

早岁那知世事艰，中原北望气如山。——陆游《书愤》

水

shuǐ 

甲骨文 金文 小篆 楷书

汉字造意

甲骨文字形，由一条曲线（像是水流）和一些点（像是水滴）组成，表示河流之意，由此演变为现在的字形。

字义源流

水：本义是河流，如：汉水、淮水。引申指江、河、湖、海的总称，如：水产、水灾、水雷；又引申指水这种物质，如：水井、蒸馏水、自来水；又引申指洪水，如：水火无情、大禹治水；又引申指某些液态物质，如：墨水、汗水、铁水；又引申指不纯的、掺假的，如：水酒、水货、水军；又引申指鲜嫩的，如：水嫩、水灵灵。

妙语精粹

跋山涉水　车水马龙　浑水摸鱼　高山流水

靠山吃山，靠水吃水。

水晶帘动微风起，满架蔷薇一院香。——高骈《山亭夏日》

永

yǒng

甲骨文　金文　小篆　楷书

汉字造意

甲骨文字形，由“彳”（chì，道路，代指穿行）“人”和简省的“水”组成，表示人在水中穿行，即游泳的意思。金文承续甲骨文字形；小篆整齐化；隶变后在楷书中写作永。

字义源流

永：本义是游泳，是“泳”的初文。人在游泳时，身心要比平时舒缓得多，使人产生时间变缓的感觉，由此引申出持续、长远等含义，如：永远、永生、永恒、永无止境、永垂不朽；又引申指使延长，如：物极其性，人永其年。

妙语精粹

一劳永逸　永生永世　永垂青史　永不磨灭

开弓的箭——永不回头

永丰柳，无人尽日飞花雪。——张先《千秋岁·数声鶗鴂》

jiāng

金文　小篆　楷书

汉字造意

金文字形，由“水”和“工”组成，由此演变为现在的字形。《说文·水部》上说：“江，水。出蜀湔氐徼外崏山，入海。从水，工声。”本义是长江，本文从此说。

字义源流

江：本义是长江，如：江淮、江东、江阴。引申后泛指大河，如：湘江、黑龙江、雅鲁藏布江。

妙语精粹

江河日下　江郎才尽　长江后浪推前浪　江山易改，秉性难移

船到江心补漏迟。

江畔何人初见月？江月何年初照人？　——张若虚《春江花月夜》

jué

小篆　楷书繁　楷书简

汉字造意

小篆字形，由“水”和“夬”（guài，代指缺口）组成，表示疏通水道，让水从缺口处流出来。隶变后在楷书中写作決；汉字简化后写作决。

字义源流

决：本义是开凿壅塞，疏通水道，如：凿石决流、决江疏河。引申指洪水冲

裂堤岸，如：决堤、决口；又引申指破裂、打开，如：决裂、决眦入归鸟；又引申指断案，如：处决、枪决；又引申指确定，如：决定、决议、决心；又引申指确定最后胜负，如：决赛、决战；又引申指果断，如：坚决、果决；又引申指一定，如：决不放弃、决不罢休。

妙语精粹

决一胜负　悬而未决　当机立决　决胜千里

黄河决了口——滔滔不绝

黄河西来决昆仑，咆哮万里触龙门。　　——李白《公无渡河》

河 hé

甲骨文　金文　小篆　楷书

汉字造意

甲骨文有两种字形：一种由“水”和“柯”（表示斧柄）的初文组成，一种由“水”和“荷”（表示肩扛）的初文组成，“柯”和“荷”在此皆为声符。金文承续甲骨文第二种字形，并增加字符“口”（代指声音）；小篆字形，像是从甲骨文第一种字形发展而来，同样增加字符“口”，这或许是因为“柯”和“荷”字形相似，容易混用的缘故吧；隶变后在楷书中写作河。《说文・水部》上说：“河，水。出焞（敦）煌塞外昆仑山，发原注海。从水，可声。”本义是黄河，本文从此说。

字义源流

河：本义是黄河，如：河东、河套、百川灌河。引申后泛指水道，如：河流、淮河、海河；又引申指人工水道，如：运河、护城河；又特指银河，银河系是地球和太阳所属的星系，其主体部分投影在天球上呈现为一条亮带，被中国古人称为银河，也称天河、河汉、云汉，如：迢迢牵牛星，皎皎河汉女。

妙语精粹

楚河汉界　江河日下　口若悬河　气吞山河

三十年河东，三十年河西。

旁人不惜妻止之，公无渡河苦渡之。　　——李白《公无渡河》

油

yóu

油

小篆　楷书

汉字造意

小篆字形，由“水”和“由”组成，由此演变为现在的字形。《说文·水部》上说：“油，水。出武陵孱陵西，东北入江。从水，由声。”本义是一条河，本文从此说。

字义源流

油：本义是古代一条河的名字。又指动植物的脂肪，或从矿物中提炼的一种黏滑液体，如：豆油、猪油、石油；又引申指用油涂抹，如：油窗、油门；又引申指圆滑、不诚恳，如：老油条、油腔滑调；又引申指自然发生的，如：油然而生；又引申指宽舒和顺的样子，如：天油然作云，沛然下雨，则苗浡然兴之矣；又引申指富有光泽的，如：油亮、绿油油；又引申指走油变味，如：像松子、核桃这类坚果，要放在当风处，要不然很容易就油了。

妙语精粹

火上浇油　烈火烹油　添油加醋　春雨如油

舌头上抹香油——圆滑

狭巷朱楼认妾家，卷帘初下碧油车，东风翠袖曳轻纱。

——张养重《浣溪沙·红桥怀古》

汉字造意

小篆字形，由“水”（代指河流）“厶”（代指绳套）和“口”（代指陷阱）组成，由此演变为现在的字形。绳套、陷阱均有捕猎的功能，由此引申出治理的含义，与“水”结合后，就有了治理河流的含义。

字义源流

治：本义是治理河流，如：大禹治水。引申后泛指控制、管理，如：治安、政治、天下大治；又引申指惩罚，如：治罪、惩治；又引申指安排、整理，如：治装、治丧；又引申指研究，如：治学、治史；又引申指医疗疾病，如：治疗、救治、治病救人。

妙语精粹

励精图治　长治久安　文治武功　齐家治国

诸葛亮治蜀——顺应民心

即以其人之道，还治其人之身。　——朱熹《中庸集注》

汉字造意

甲骨文字形，像是有水流出的地穴、石洞之形。小篆承续甲骨文字形，并做了简化处理；隶变时，将地穴讹变为“白”，在楷书中写作泉。

字义源流

泉：本义是出水的地穴、石洞，即泉眼。引申指泉水，如：温泉、矿泉、源泉；又引申指地下水，如：上食埃土，下饮黄泉；又引申指阴间，如：泉台、九泉。

妙语精粹

思如涌泉　九泉之下　掘井及泉　身在林泉，心怀魏阙

得人滴水之恩，须当涌泉相报。

君埋泉下泥销骨，我寄人间雪满头。　——白居易《梦微之》

法

fǎ
fèi

金文　小篆　楷书

汉字造意

金文字形，由“去”“水”和“廌”（犍牛）组成，表示游牧民族逐水草而居的生活方式。小篆有两种字形：一种与金文类似，另一种则简省为“水”和“去”的组合；隶变时，参照了简省的字形，在楷书中写作法。

字义源流

法：本义是逐水草而居。引申指废弃，此时读作：fèi，如：敬夙夜，勿法朕命。法又读作：fǎ，表示必须遵守的律令，如：宪法、法治、司法；又引申指原则、标准，如：法则、办法、章法；又引申指方式、手段，如：算法、手法、技法；又引申指道理，如：看法、说法、想法；又引申指仿效，如：人法地，地法天，天法道，道法自然；又引申指佛教教义中的真理、规范，如：法宝、法号、法师。

妙语精粹

不二法门　法不阿贵　奉公守法　约法三章

包公铡皇亲——法不容人

入则无法家拂士，出则无敌国外患者，国恒亡。　——《孟子·告子下》

波

bō

 波

小篆　楷书

汉字造意

小篆字形，由“水”和“皮”组成，由此演变为现在的字形。皮有鼓胀、凸起之意，波指的就是水流的涌动、起伏。

字义源流

波：本义是水流的涌动、起伏，如：波荡、波动、波及。引申指水面起伏的水纹，如：波浪、风波、波涛；又引申指流转的目光，如：秋波、眼波；又引申指物理名词，表示震动在介质中的传播过程，如：声波、光波、振动波。

妙语精粹

波澜壮阔　一波三折　暗送秋波　一波未平，一波又起

大江里漂浮萍——随波逐流

二十四桥仍在，波心荡，冷月无声。　——姜夔《扬州慢·淮左名都》

泣

qì

 泣

小篆　楷书

汉字造意

小篆字形，由“水”（代指眼泪）和“立”组成，由此演变为现在的字形。默然而立，天地俱寂，眼泪盈眶，不觉而出，泣表达的正是人伤心时落泪的状态。

字义源流

泣：本义是落泪，如：啜泣、抽泣、泣不成声。引申后泛指哭，如：哭泣、如

泣如诉；又引申指泪水，如：饮泣、泣下如雨。

妙语精粹

可歌可泣　饮泣吞声　向隅而泣　牛衣对泣

唱戏的掉眼泪——可歌可泣

座中泣下谁最多，江州司马青衫湿。 ——白居易《琵琶行》

注

zhù  注

小篆　楷书

汉字造意

小篆字形，由“水”和“主”组成，由此演变为现在的字形。主有集中、汇聚之意，注指的就是水或其他液体汇聚一处后的输出，强调了输出的力度。

字义源流

注：水或其他液体的强力输出，如：灌注、注射、大雨如注。引申指集中、凝聚，如：注意、注重、全神贯注；又引申指赌博时押下的钱，如：赌注、下注、孤注一掷；又引申指预先决定，如：南斗注生，北斗注死；又用来修饰雨，相当于阵、场，如：萤飞渐多屋渐薄，一注愁霖当面落；又用作量词，相当于笔、宗，如：一注生意、一注买卖；又引申指记载、登记，如：注册、注销；又引申指在文本中插入的说明、标记，如：注音、注释、脚注。

妙语精粹

引人注目　大雨如注　命中注定　悬河注水

赌场里的赌棍——孤注一掷

长江万里东注，晓吹卷惊涛。 ——吴潜《水调歌头·焦山》

汉字造意

小篆字形，由“大”（人）、“廾”（gǒng，表示双手）和“水”组成，表示人用手撩水洗浴。隶变时，将“大”和“廾”合并，在楷书中写作泰。

字义源流

泰：本义是洗浴。引申指通畅、通达，如：否极泰来、三阳开泰；又引申指安适、康宁，如：泰然、安泰、舒泰；又引申指奢侈，如：固虽富，不侈泰，不纵欲；又引申指极、大，如：泰山。

妙语精粹

国泰民安　不识泰山　处之泰然　泰山北斗

蚂蚁爬泰山——力小志气大

不要欺毫末，颜子无心羡老彭。　——白居易《放言五首·其五》

汉字造意

甲骨文字形，由“水”和两只“羊”（代指安详）组成，俗语说：水深则静，此处之“羊”就是在强调水的深远，两只则是在强调水面的广阔，洋指的就是水域深远、广阔的样子。小篆字形，将“羊”简省为一个；隶变后在楷书中写作洋。

字义源流

洋：本义是水域深远、广阔的样子，如：河水洋洋。引申指盛大的、丰富的，如：洋洋洒洒、热情洋溢；又引申指深远、广阔的水域，如：海洋、太平洋、大西洋；又引申指由海路来的、欧化的，如：洋人、洋装、洋务运动；又引申指欧式硬币，如：大洋、光洋。

妙语精粹

得意洋洋　望洋兴叹　漂洋过海　十里洋场

有志漂洋过海，无志寸步难行。

惶恐滩头说惶恐，零丁洋里叹零丁。　　——文天祥《过零丁洋》

洗

xǐ
xiǎn

小篆

洗

楷书

汉字造意

小篆字形，由“水”和“先”（表示人脚前伸）组成，表示洗脚的意思，由此演变为现在的字形。

字义源流

洗：本义是洗脚，原本读作：xiǎn，被用作“洒”（用水冲刷）后，读作：xǐ。引申后泛指用水冲刷干净，如：洗澡、洗涤、洗脸；又引申指除去，如：洗雪、洗冤；又引申指一干二净，如：血洗、洗劫一空；又引申指基督教的一种仪式，如：洗礼、受洗。

妙语精粹

一贫如洗　洗心革面　接风洗尘　洗耳恭听

白布进染缸——洗不清

春寒赐浴华清池，温泉水滑洗凝脂。　　——白居易《长恨歌》

活

huó
guō

 活

小篆　　楷书

汉字造意

小篆字形，由“水”“氏”（代指清澈见底）和“口”（代指声音）组成，表示清澈见底的小河流淌时所发出的声音。隶变时，将“氏”和“口”合并为“舌”，在楷书中写作活。

字义源流

活：本义是水流的声音，原本读作：guō，如：河水洋洋，北流活活。引申后读作：huó，表示能变动的，如：活期、活页、活版；又引申指有生机的，如：活力、活泼、激活；又引申指逼真、确实，如：活脱、活像、活该；又引申指生存，如：生活、活命、活法；又引申指生计、工作，如：农活儿、干活儿。

妙语精粹

活蹦乱跳　生龙活虎　活灵活现　死马当活马医

死要面子——活受罪

问渠哪得清如许？为有源头活水来。　　——朱熹《活水亭观书有感》

流

liú

 流

小篆　　楷书

汉字造意

小篆字形，右边由倒置的“子”和向下流出的“水”组成，原指羊水破裂流出，胎儿随之降生，左边的“水”是后加的。隶变后在楷书中写作流。

字义源流

流：本义是羊水流出，胎儿降生。引申指水的涌出、移动，如：流水、流动、川流不息；又泛指一切液体的涌出、移动，如：汗流浃背、泪流满面；又引申指移动、运行，如：人流、物流、空气对流；又引申指不受约束地活动，如：流沙、流浪、流离失所；又引申指风行、传播，如：流行、留言、流芳百世；又引申指演变、变化，如：流于形式、流为盗匪；又引申指流水，如：河流、急流、中流；又引申指分支，如：流派、三教九流；又引申指呈波状、带状的事物，如：暖流、气流、电流。

妙语精粹

流芳千古　从善如流　倒背如流　沧海横流

人往高处走，水往低处流。

流水落花春去也，天上人间。　　——李煜《浪淘沙令·帘外雨潺潺》

浪

làng

小篆

浪

楷书

汉字造意

小篆字形，由“水”和“良”组成，由此演变为现在的字形。良有高朗之意，浪指的就是高起的水波，即波浪。

字义源流

浪：本义是波浪，如：浪潮、浪涛、海浪。引申指起伏波动的事物，如：声浪、热浪、麦浪；又引申指漂泊、自在，如：流浪、浪漫、浪迹天涯；又引申指放纵、不节制，如：浪费、浪声浪气；又引申指随意地，如：浪得虚名。

妙语精粹

乘风破浪　风口浪尖　放浪不羁　大浪淘沙

任从风浪起，稳坐钓鱼船。

长风破浪会有时，直挂云帆济沧海。——李白《行路难》

浮

fú

金文　小篆　楷书

汉字造意

金文字形，由“水”和“孚”组成，由此演变为现在的字形。孚原指俘虏，因此有无根之意，浮指的就是漂在水面。

字义源流

浮：本义是漂在水面，如：漂浮、浮萍、浮桥。引申指飘在空中，如：浮云、浮烟；又引申指表面的、无根的，如：浮名、浮华、浮雕；又引申指轻薄、不踏实，如：轻浮、浮躁、心浮气躁；又引申指多出的，如：浮员、人浮于事。

妙语精粹

浮光掠影　浮想联翩　浮云蔽日　浮生若梦

救人一命，胜造七级浮屠。

吴楚东南坼，乾坤日夜浮。——杜甫《登岳阳楼》

浴

yù

甲骨文　小篆　楷书

汉字造意

甲骨文字形，像是人在盆中洗澡，因此表示洗澡之意。小篆字形，转变为“水”和“谷”（表示溪谷）的组合，表示人在溪谷中洗澡；隶变后在楷书中写作浴。

字义源流

浴：本义是洗澡，如：沐浴、洗浴、淋浴。引申指像洗澡一样赤身处在某种物质里，如：日光浴、泥浆浴、蒸气浴。

妙语精粹

浴血奋战　沐仁浴义　补天浴日　澡身浴德

浴火的凤凰——重生

桃花春水渌，水上鸳鸯浴。　——韦庄《菩萨蛮·洛阳城里春光好》

海

hǎi

金文　小篆　楷书

汉字造意

金文字形，由“水”和“每”组成，由此演变为现在的字形。每有母亲之意，海正是百川之母，是江河归往之处。

字义源流

海：本义是江河归往之处，如：大海、海洋、海港。引申指大湖或大池，如：里海、洱海、北海；又引申指极大的、极多的，如：海报、海碗、海量；又引申指无目标地、无节制地，如：海选、海吃海喝；又引申指数量多、范围广的成片事物，如：人海、火海、林海雪原；又引申指从海外来的，如：海归、海棠、海派。

妙语精粹

排山倒海　沧海桑田　山盟海誓　大海捞针

人不可貌相，海水不可斗量。

沧海月明珠有泪，蓝田日暖玉生烟。　——李商隐《锦瑟》

消

xiāo

小篆　楷书

汉字造意

小篆字形，由“水”和“肖”组成，由此演变为现在的字形。肖有变小之意，消指的就是水流变小，甚至断流，这是种在枯水期常见的现象。

字义源流

消：本义是枯水期水流变小或断流。引申指变小、减弱，甚至不存在，如：消融、消化、消失；又引申指去除，如：消毒、消气、取消；又引申指排遣、耗时，如：消遣、消闲、消夏；又引申指耗费、使用，如：消费、消耗；又引申指需要，如：不消吩咐、何消挂怀。

妙语精粹

香消玉损　冰消瓦解　进退消长　烟消云散

厕所里的消息——丑（臭）闻

衣带渐宽终不悔，为伊消得人憔悴。　——柳永《蝶恋花·伫倚危楼风细细》

凉

liáng

liàng

小篆　楷书繁　楷书简

汉字造意

小篆字形，由“水”和“京”组成；隶变后在楷书中写作涼；汉字简化后写作凉。《说文·水部》上说：“涼，薄也。从水，京声。”本义是酒味淡薄，本文从此说。

字义源流

凉：本义是酒味淡薄。引申指气温微寒，如：凉快、凉风、着凉；又引申指无热情的、无生机的，如：苍凉、荒凉、悲凉；又引申指灰心、失望，如：心凉了半截儿；表示以上意思时，均读作：liáng。凉又读作：liàng，表示使降温，如：别着急，先把粥凉一凉再喝。

妙语精粹

世态炎凉　天末凉风　满目凄凉　前人种树，后人乘凉

大树底下好乘凉。

天街夜色凉如水，卧看牵牛织女星。　　——杜牧《秋夕》

净

jìng

金文　小篆　楷书繁　楷书简

汉字造意

金文字形，由“水”和“静”组成；小篆有两种字形：一种与金文字形类似，另一种简省掉“青”，变成“水”和“争”的组合；隶变后在楷书中写作淨；汉字简化后写作净。在人们的生活经验里，浑水静置一段时间后，杂质就会沉淀下来，水又恢复澄清，净因此有清洁、无杂质等含义。还有一种方式可以让浑水变得干净，那就是降温使之结冰，净因此又有寒冷的含义。

字义源流

净：本义有二，一、清洁，如：干净、净水、洁净；二、寒冷，如：朝嫌剑花净，暮嫌剑光冷。由清洁引申指使干净，如：净面、净心、净化；又引申指无剩余，如：一干二净，大街上的人都走净了；又引申指纯粹的，如：净重、净赚、净顾着玩；又引申指男子去掉生殖功能，如：净身。

妙语精粹

窗明几净　耳根清净　西方净土　干净利索

孔夫子搬家——净是输（书）

山明水净夜来霜，数树深红出浅黄。　　——刘禹锡《秋词二首》

深

shēn

 深

小篆　楷书

汉字造意

小篆字形，右边由“穴”（代指洞穴）“又”（手）和“火”组成，原指人手持火把进洞探寻，因此有出入、距离等含义，与左边的“水”结合后，表示从水面到水底的距离大。隶变时，将“又”和“火”合并为“木”，在楷书中写作深。

字义源流

深：本义是从水面到水底的距离大，如：深浅、深潭、高深莫测。引申指空间距离上的大，如：深山、深巷、深宅大院；又引申指程度上的大，如：深知、深情、高深、深思熟虑、交浅言深；又引申指长久的，如：深夜、深秋、年深日久。

妙语精粹

博大精深　情深意重　发人深省　深居简出

只要功夫深，铁杵磨成针。

深林人不知，明月来相照。　　——王维《竹里馆》

混

hùn
hún

 混

小篆　楷书

汉字造意

小篆字形，由“水”和“昆”组成，由此演变为现在的字形。昆有繁多、盛大之意，

混指的就是多条水道合流在一起。

字义源流

混：本义是水道合流。引申指杂糅、掺和，如：混合、混杂、混血儿；又引申指一个、无分别，如：混同、混然一体；又引申指模糊、不清楚，如：混沌、浑浊、混乱；表示以上意思时，均读作：hùn。混又读作：hún，表示不明事理，如：混蛋、混人、混闹。

妙语精粹

混淆是非　鱼目混珠　龙蛇混杂　混世魔王

敲钟不念经——混饭吃

八月湖水平，涵虚混太清。　　——孟浩然《望洞庭湖赠张丞相》

浅

qiǎn

小篆　楷书繁　楷书简

汉字造意

小篆字形，由“水”和“戋”（jiān，表示两戈相击）组成；隶变后在楷书中写作浅。两戈相击，火花四溅，与此相类似，水花四溅的现象通常只发生在水不深的地方，浅因此有水不深的含义。

字义源流

浅：本义是水不深，如：浅海、浅滩。引申指程度低、不深入，如：肤浅、浅薄、才疏学浅；又引申指时间短，如：资历浅、相处日浅；又引申指颜色不深，如：浅蓝、浅紫；又引申指略微，如：浅尝辄止、浅斟低唱。

妙语精粹

交浅言深　深入浅出　受益匪浅　德浅行薄

不怕学问浅，就怕志气短。

乱花渐欲迷人眼，浅草才能没马蹄。　　——白居易《钱塘湖春行》

qīng

小篆　　楷书

汉字造意

小篆字形，由“水”和“青”组成，由此演变为现在的字形。青有富含生机之意，清指的就是河水富含生机的状态，即水无杂质，澄澈透明。

字义源流

清：本义是水无杂质，澄澈透明，如：清水、清澈。引申指纯洁、纯净，如：清纯、冰清玉洁；又引申指明晰、明白，如：清楚、清醒；又引申指单纯的，如：清唱、清茶；又引申指一无所有的，如：清贫、清心；又引申指响而脆的声音，如：清亮、清越；又引申指使干净，如：清除、清洗；又引申指廉洁，如：清官、清廉；又引申指查检、点验，如：清查、清算。

妙语精粹

冰清玉洁　眉清目秀　两袖清风　一清二白

孰能浊以静之徐清，孰能安以动之徐生。　　——《老子》

两袖清风朝天去，免得闾阎话短长。　　——于谦《入京》

jiǎn

金文　　小篆　　楷书繁　　楷书简

汉字造意

金文字形，由“水”和“咸”组成；小篆承续金文字形；隶变后在楷书中写作减；

汉字简化后写作减。《说文·水部》上说："减，损也。从水，咸声。"本义是水量减少，本文从此说。

字义源流

减：本义是水量减少。引申指扣除、使变少，如：减少、减员、偷工减料；又引申指降低、缓和，如：减速、减刑、减压；又引申指减法，如：3 减 2 等于 1。

妙语精粹

红衰翠减　轻车简从　添兵减灶　减师半德

一肚子加减乘除——心中有数

老来情味减，对别酒、怯流年。　　　　——辛弃疾《木兰花慢·滁州送范倅》

金文　　小篆　　楷书

汉字造意

金文字形，由"水"和"古"组成，表示陆地上自古就有的蓄水大泽，即湖泊。小篆承续金文字形，并增加字符"月"（肉），用来表示湖水散发出来的水腥味；隶变后，在楷书中写作湖。

字义源流

湖：本义是湖泊，如：太湖、西湖、洞庭湖。又特指洞庭湖地区，如：湖南、湖北、湖广；又特指以产笔著称的浙江湖州，如：湖笔、湖绉。

妙语精粹

湖光山色　五湖四海　鹅湖之会　江湖骗子

梦中游西湖——好景不长

唯有门前镜湖水，春风不改旧时波。　　　　——贺知章《回乡偶书二首》

温

wēn

  溫 温

甲骨文　小篆　楷书繁　楷书简

汉字造意

甲骨文字形，像是人在热水盆里洗澡，因此有温暖之意。小篆字形发生讹变，转变为“水”和“昷”的组合；隶变后在楷书中写作溫；汉字简化后写作温。

字义源流

温：本义是温暖，如：温水、温室。引申指稍微加热，如：温酒、温被；又引申指冷热程度，如：温度、体温、保温；又引申指性情宽厚、柔和，如：温和、温顺、温柔体贴；又引申指重复进行，如：温习、温故知新。

妙语精粹

温文尔雅　温柔敦厚　重温旧业　温情脉脉

吃点儿退烧药——降降温

晚日寒鸦一片愁。柳塘新绿却温柔。

——辛弃疾《鹧鸪天·晚日寒鸦一片愁》

满

mǎn

 滿 满

小篆　楷书繁　楷书简

汉字造意

小篆字形，由“水”和“㒼”（代指完满）组成，表示水满盈溢，充盈、充足之意。隶变后在楷书中写作滿；汉字简化后写作满。

字义源流

满：本义是充盈、充足，如：饱满、充满、装满。引申指心意上的足够，如：满足、满意、心怀不满；又引申指骄傲，如：自满、满招损；又引申指使达到充满的状态，如：满员、满座、满额；又引申指达到一定的限度，如：年满七岁方可入学；又引申指完全地、足量地，如：满面春风、满不在乎。

妙语精粹

宾朋满座　满腹经纶　踌躇满志　金玉满堂

一着不慎，满盘皆输。

满目山河空念远，落花风雨更伤春。不如怜取眼前人。

——晏殊《浣溪沙·一向年光有限身》

汉字造意

甲骨文字形，由“鱼”“网”和“又”（表示手）组成，表示撒网捕鱼之意。金文字形，由“鱼”“水”和“廾”（gǒng，表示双手）组成，仍表示捕鱼之意；小篆字形，简省掉了“廾”；隶变后在楷书中写作漁；汉字简化后写作渔。

字义源流

渔：本义是撒网捕鱼，如：渔猎、渔家、渔网。引申指捕鱼的人，如：渔夫、渔樵；又引申指猎获、获取，如：渔财、渔利百姓。

妙语精粹

竭泽而渔　东猎西渔　坐收渔利　鹬蚌相争，渔翁得利

渔翁钓鱼——坐等

白发渔樵江渚上，惯看秋月春风。　——杨慎《临江仙·滚滚长江东逝水》

汉

hàn

小篆 楷书繁 楷书简

汉字造意

小篆字形，由“水”和“莫”组成；隶变后在楷书中写作漢；汉字简化后写作汉。《说文·水部》上说：“漢，漾也。东为沧浪水。从水，難省声。”本义是汉水，也称汉江，本文从此说。

字义源流

汉：本义是汉水，如：汉中、汉阳、江汉平原。又指刘邦所开创的朝代，如：汉朝、西汉、东汉；又引申指中原华夏民族，如：汉族、汉人、汉语；又引申指对男子的称呼，如：汉子、好汉、老汉；又引申指银河，如：云汉、霄汉、银汉。

妙语精粹

楚河汉界 绿林好汉 河汉江淮 气冲霄汉

单身汉分到房——自成一家

秦时明月汉时关，万里长征人未还。 ——王昌龄《出塞》

洁

jié

小篆 楷书繁 楷书简

汉字造意

小篆字形，由“水”和“絜”组成；隶变后在楷书中写作潔；汉字简化后写作洁。《说文·水部》上说“潔，瀞也。从水，絜声。”本义是清洁，本文从此说。

字义源流

洁：本义是清洁、干净，如：洁净、洁白、洁癖。引申指明净、洁白，如：皎洁、风霜高洁；又引申指坚持操守，如：廉洁、贞洁、纯洁；又引申指使干净，如：洁面乳、洁身自好。

妙语精粹

公正廉洁　洁己奉公　志洁行芳　冰清玉洁

清洁工遇垃圾——一扫光

散秩优游老，闲居净洁贫。——白居易《昨日复今辰》

汉字造意

甲骨文有两种字形：一种像是火焰的样子，另一种则将火焰进行了简化。小篆承续了甲骨文中简化的字形；隶变后在楷书中写作火。

字义源流

火：本义是物体燃烧时产生的光焰，如：火光、火焰、火炬。引申指和热兵器相关的爆炸或射击，如：开火、军火、火药；又引申指怒气，如：发火、恼火、火冒三丈；又引申指中医对引发红肿、发炎、烦躁等症状的解释，如：上火、心火、肝火；又引申指热烈的，如：红火、火爆、火了。

妙语精粹

赴汤蹈火　救民水火　飞蛾扑火　烽火连天

救人如救火。

一别都门三改火，天涯踏尽红尘。——苏轼《临江仙·送钱穆父》

烈

liè

小篆　　楷书

汉字造意

小篆字形，由“列”（代指分解）和“火”组成，以燃烧物的分崩瓦解，来表达火势凶猛之意。隶变时，将“火”简写为“灬”（huǒ），在楷书中写作烈。

字义源流

烈：本义是火势凶猛，如：烈火、炽烈、热烈。引申指强度大、气势猛，如：烈酒、烈日、烈性子；又引申指刚强、不屈服，如：节烈、贞烈、烈女；又引申指为正义而死难的人，如：烈士、先烈、满门忠烈。

妙语精粹

轰轰烈烈　兴高采烈　烈火燎原　烈火干柴

烈火见真金。

老骥伏枥，志在千里。烈士暮年，壮心不已。　——曹操《龟虽寿》

无

wú

甲骨文　　金文　　小篆　　楷书繁　　楷书简

汉字造意

甲骨文字形，像是人手持器物起舞的样子，表示舞蹈的意思。金文、小篆承续甲骨文字形，且逐渐繁化；隶变后在楷书中写作無；汉字简化后写作无。

字义源流

无：本义是舞蹈，这个含义后来由“舞”继承。引申指失去、缺乏、没有，如：

无声、无畏、无敌；又引申指不、不要，如：无非、无妨、无足轻重；又引申用作不定代词，相当于没有什么的，如：无不在心、无以度日。

妙语精粹

变幻无穷　百无一用　独一无二　金无足赤，人无完人

笑渐不闻声渐悄。多情却被无情恼。　　　　——苏轼《蝶恋花·春景》

无情不似多情苦。一寸还成千万缕。　　　　——晏殊《玉楼春·春恨》

然

rán

金文　小篆　楷书

汉字造意

金文字形，由“月”（肉）“犬”和“火”组成，以烧烤狗肉来表达燃烧之意。小篆承续金文字形；隶变时，将“火”简化为“灬”（huǒ），在楷书中写作然。

字义源流

然：本义是燃烧，这个含义后来由“燃”继承。由燃烧产生的光亮引申出明白、明了之意，如：了然于胸；又引申指合理的、正确的，如：不以为然、深以为然；又引申指如此、这样，如：自然、虽然、理所当然；又引申指样子，用作形容词词尾，如：恍然大悟、豁然开朗；又用作表示转折关系的连词，如：然而、然则；又用作助词，充当词尾，构成连词、形容词或副词，如：突然、忽然、欣然、飘飘然。

妙语精粹

黯然神伤　迥然不同　一目了然　怦然心动

书店失火——自然（字燃）

更待菊黄家酝熟，共君一醉一陶然。——白居易《与梦得沽酒闲饮，且约后期》

yān

小篆　楷书繁　楷书简

汉字造意

小篆字形，右边由“火”（类似于“土”的字形）、一团烟尘（类似于“西”的字形）和缭绕上升之形组成，表示燃烧时所产生的烟尘，左边的“火”是后加的。隶变时，把烟尘及其上升的状态合并为“西”，在楷书中写作煙；汉字简化时，采用了煙的异体字形，写作烟。

字义源流

烟：本义是烟尘，由未完全燃烧的物质和空气混合而成，如：浓烟、炊烟、烟消云散。引申指像烟一样缥缈的流体，如：烟霞、烟雨、烟花；又引申指由烟气凝结而成的物质，如：松烟、烟油子；又用作“菸”的简化字，指烟草，如：香烟、旱烟、水烟。

妙语精粹

过眼云烟　荒无人烟　灰飞烟灭　烟波浩渺

节日放烟火——天花乱坠

绿杨烟外晓寒轻，红杏枝头春意闹。　——宋祁《木兰花·东城渐觉风光好》

rè

甲骨文　小篆　楷书繁　楷书简

汉字造意

甲骨文字形，像是人双手执握火把的样子，表示点燃火把之意。因与埶（表示种植）的字形相似，在使用的过程中逐渐混杂，及至小篆，又增加了一个字符“火”；

隶变时，将“火”简化为“灬”（huǒ），在楷书中写作熱；汉字简化后写作热。

字义源流

热：本义是点燃火把。引申指温度高的，如：热气、热水、热血；又引申指加热，如：把饭热一热；又引申指中医所说的热邪，如：风热感冒；又引申指强烈的、情义浓的，如：热忱、热心、热恋；又引申指受人关注的，如：热门、热点、热线；又引申指不冷清，如：热闹、热火朝天；又引申指热能，如：地热、电热。

妙语精粹

趁热打铁　古道热肠　水深火热　冷嘲热讽

内行看门道，外行看热闹。

穷年忧黎元，叹息肠内热。　　　　——杜甫《自京赴奉先县咏怀五百字》

灯

dēng

小篆　楷书繁　楷书简

汉字造意

小篆有两种字形：一种由“金”和“定”组成，表示金属制作的灯台；一种由“金”和“登”（代指升举）组成，表示灯台置烛后常放于高处照明。后来，为了强调灯照明的功能，又用“火”替代“金”造出俗体字，在楷书中写作燈；汉字简化后写作灯。

字义源流

灯：本义是中国古代的照明器具，如：油灯、青灯、灯火辉煌。引申指与灯用途类似的器具，如：电灯、灯台、酒精灯；又引申指节日张挂的彩灯，如：花灯、龙灯、走马灯。

妙语精粹

万家灯火　青灯礼佛　张灯结彩　黑灯瞎火

塔尖上点灯——高明

众里寻他千百度。蓦然回首，那人却在，灯火阑珊处。——辛弃疾《青玉案·元夕》

汉字造意

小篆字形，由上下两只手和一条曲线（代指物件）组成，表示抢夺之意。隶变后在楷书中写作爭；汉字简化后写作争。

字义源流

争：本义是抢夺，如：争斗、争执、战争、争名夺利。引申指比赛、较量，如：竞争、争辩、争光、力争上游。

妙语精粹

百家争鸣　争先恐后　据理力争　寸土必争

百米赛跑——分秒必争

争教清泪不成冰？好处便轻别。　　——纳兰性德《好事近·帘外五更风》

汉字造意

甲骨文字形，由“又”（表示手）和一条竖线（代指石斧）组成，由此演变为现在的字形。石斧代指工具，手持石斧则表示狩猎或劳动，这正是氏族社会成年男性的主要工作。

字义源流

父：本义是手持石斧。引申指熟练使用某种工具或掌握某种技能的人，如：渔父、樵父、田父；又引申指对有德有才男子的美称，如：尚父（姜太公）、尼父（孔子）；表示以上意思时，均读作：fǔ。父又读作：fù，表示对生身男性的尊称，如：父亲、父母、父子；又引申指亲族中的男性长辈，如：伯父、叔父、姨父；又引申指宗教社会中对担任神职人员的尊称，如：神父、教父。

妙语精粹

夸父追日　江东父老　衣食父母　父慈子孝

有其父必有其子。

父老得书知我在，小轩临水为君开。　——苏轼《送贾讷倅眉》

piàn

piān

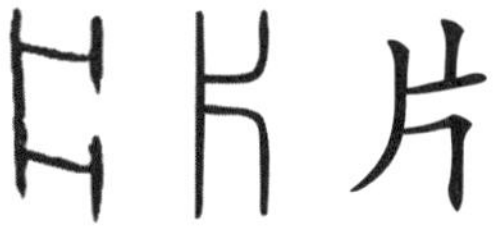

甲骨文　小篆　楷书

汉字造意

甲骨文字形，主要有两种解说：一、床；二、筑土墙用的夹板，均有合理之处。小篆承续甲骨文字形；隶变后在楷书中写作片。

字义源流

片：本义有二，一、床；二、筑土墙用的夹板。引申指扁平且单薄的事物，如：卡片、瓦片、唱片；又引申指把物体切成薄块，如：片羊肉、片烤鸭；又引申指和影视相关的事物，如：影片、片酬、武打片；又引申指划分出来的小块区域，如：片区、片警、分片儿；又引申指目力所及的区域，如：一片汪洋、一片大草原；又引申指零碎的、不完整的，如：片段、片刻、只言片语；又用作量词，表示片状事物，如：一片药、一片树叶；表示以上意思时，均读作：piàn。在口语中，片又读作：piān，且多发儿化音，如：唱片儿、影片儿、幻灯片儿。

妙语精粹

打成一片　片甲不留　只言片语　片言折狱

剥皮的鱼儿——片甲不留

洛阳亲友如相问，一片冰心在玉壶。　　——王昌龄《芙蓉楼送辛渐》

牛

niú

甲骨文　金文　小篆　楷书

汉字造意

甲骨文字形，像是牛头的正视简图，以此来表示牛这种动物，由此演变为现在的字形。

字义源流

牛：本义是牛，是人类蓄养的大型哺乳类动物，如：黄牛、水牛、奶牛。引申指执拗的、倔强的，如：牛劲、牛性、牛脾气；又引申指强壮有力的、有本领的，如：牛市、这人可真牛；又引申指吹嘘、说大话，如：吹牛；又引申指踏实肯干的、乐于奉献的，如：老黄牛、孺子牛。

妙语精粹

庖丁解牛　对牛弹琴　牛衣对泣　初生牛犊不怕虎

宁为鸡口，无为牛后。

横眉冷对千夫指，俯首甘为孺子牛。　　——鲁迅《自嘲》

物

wù

甲骨文　小篆　楷书

汉字造意

甲骨文字形，由“牛”和“勿”组成，由此演变为现在的字形。勿有杂色之意，物指的就是杂色牛。

字义源流

物：本义是杂色牛。引申指所有有形的存在，如：物体、动物、植物；又引申指具体的东西，如：货物、财物、信物；又引申指人所依存的外在事物，如：物是人非、物我两忘；又引申指选择，如：物色；又引申指主宰、操纵，如：物物而不物于物，则胡可得而累邪！

妙语精粹

格物致知　暴殄天物　超然物外　物以类聚，人以群分

卤水点豆腐——一物降一物

随风潜入夜，润物细无声。　　——杜甫《春夜喜雨》

特

tè

小篆　　楷书

汉字造意

小篆字形，由“牛”和“寺”组成，由此演变为现在的字形。寺有使留下之意，对于家畜来说，活着就意味着存在，并没有是否留下的问题。而家畜阉割技术在中国古代早已成熟，从这个角度来说，留下的只能是家畜的生殖功能。因此，特指的就是留作种牛（未阉割）的公牛。

字义源流

特：本义是种公牛。引申指专门的、例外的，如：特殊、特权、特务；又虚化为副词，表示专门地、着意地，如：特意、特制、特写；又引申指尤其、极其，如：特好、特卖劲儿。

妙语精粹

特立独行　大书特书　圭璋特达　大错特错

士之特立独行，适于义而已。——韩愈《伯夷颂》
经年尘土满征衣，特特寻芳上翠微。——岳飞《池州翠微亭》

犬

quǎn

甲骨文 金文 小篆 楷书

汉字造意

甲骨文字形，就像是一只大张着嘴、卷起尾巴的狗，由此演变为现在的字形。

字义源流

犬：本义是狗，如：猎犬、警犬、牧羊犬。引申指供人役使的人，如：鹰犬爪牙、犬马之劳；又用作谦称，多用于向别人介绍自己的儿子时，如：犬子、小犬。

妙语精粹

画虎类犬　鸡犬不宁　声色犬马　一人得道，鸡犬升天
虎落平阳——被犬欺
柴门闻犬吠，风雪夜归人。——刘长卿《逢雪宿芙蓉山主人》

独

dú

小篆 楷书繁 楷书简

汉字造意

小篆字形，由“犬”和“蜀”组成，由此演变为现在的字形。蜀原指身上长有斑纹的大青虫，他的一个特点就是独来独往，蜀因此含有单独之意。狗相遇时通常会发生争斗，人们因此认为它们更喜欢独处。或许出于这两方面的认知吧，人们创

造了“独”这个字。

字义源流

独：本义是不合群的事物。引申指单一的、孤立的，如：单独、独生子、独角戏；又用作副词，表示独自地，如：独唱、独裁、独树一帜；又引申指自私，如：吃独食、这人特独；又引申指孟子所谓“四穷民”之一，具体包括：鳏（老而无妻）、寡（老而无夫）、独（老而无子）、孤（幼而无父）。

妙语精粹

得天独厚　独出己见　独当一面　独善其身

单丝不成线，独木不成林。

独自莫凭栏，无限江山，别时容易见时难。——李煜《浪淘沙令·帘外雨潺潺》

汉字造意

甲骨文字形，像是用线绳串起的一串儿玉石，数量三片、五片不等。金文承续三片玉石的字形，并简省两端的绳结；小篆承续金文，且整齐化；隶变时，为了和“王”相区别，在右下角添加一点，在楷书中写作玉。

字义源流

玉：本义是一串儿玉石。引申后泛指玉石及玉石制品，如：和田玉、玉环、玉佩；又引申指具有玉石般质地的，如：冰肌玉骨、亭亭玉立；又引申指精美的、珍贵的，如：琼浆玉液、锦衣玉食；又引申指对别人身体、言行的尊称，如：玉照、玉体、玉容；又引申指培养，如：还请玉成此事。

妙语精粹

金科玉律　金玉良言　怜香惜玉　金玉其外，败絮其中宁为玉碎，不为瓦全。

玉容寂寞泪阑干，梨花一枝春带雨。——白居易《长恨歌》

王

wáng

wàng

甲骨文 金文 小篆 楷书

汉字造意

甲骨文字形，像是刃部向下的斧钺，上边的横代指斧柄。金文承续甲骨文字形，斧刃、斧柄之形更为明显；小篆字形整齐化，上边的两横挨得较近；隶变后在楷书中写作王。

字义源流

王：本义是象征刑杀的大斧。引申指最高统治者的称号，如：商纣王、周文王、周武王；当周王室权威下降，礼乐征伐不自天子出时，诸侯也纷纷开始称王，如：楚庄王、梁惠王、齐威王；秦统一六国后，以帝代替王，王则降格为最高一级的封爵，如：亲王、郡王、王爷；又引申指某一领域中最强的个体，如：蜂王、拳王、王牌；又引申指匡正，如：王者皇也，王者方也，王者匡也；又用作姓，如：王维、王安石、王阳明；表示以上意思时，均读作：wáng。王又读作：wàng，表示称王，如：大楚兴，陈胜王；有引申指胜过，如：彼兀者也，而王先生，其与庸亦远矣。

妙语精粹

成王败寇　内圣外王　自立为王　擒贼先擒王

老虎不在家——猴子称大王

王孙莫把比蓬蒿，九日枝枝近鬓毛。——郑谷《菊》

现

xiàn 現 现

楷书繁 楷书简

汉字造意

楷书字形，由“玉”和“见”组成，原指玉石折射出的光芒。

字义源流

现：本义是玉光。引申指显露、使看见，如：出现、现身、若隐若现；又引申指当时就有的、可见于眼前的，如：现金、现货、现场；又引申指当下、此刻，如：现在、现成、现任。

妙语精粹

活灵活现　昙花一现　安于现状　若隐若现

海里的礁石——时隐时现

星月相逢现此身，自然无迹又无尘。　——朱庆馀《逢山人》

球

qiú  球

小篆 楷书

汉字造意

小篆字形，由“玉”和“求”组成，由此演变为现在的字形。求有伸手抓握之意，玉石经人手长期盘过后，可以增进色泽，变得更加圆润。球指的就是经人手盘过的美玉。

字义源流

球：本义是美玉。后来借用作“毬”（皮球），也泛指球形体育用品，如：足球、

篮球、乒乓球；又引申指与球类运动相关的事物，如：球场、球员、球鞋；又引申指与球形状类似的物体，如：雪球、地球、球蛋白；又引申指数学上从中心到表面各点距离相等的立体，如：球体、球心、球面。

妙语精粹

蚂蚁爬皮球——无边无沿

花匠捧仙人球——扎手

清晓妆成寒食天，柳球斜袅间花钿，卷帘直出画堂前。

——韦庄《浣溪沙·清晓妆成寒食天》

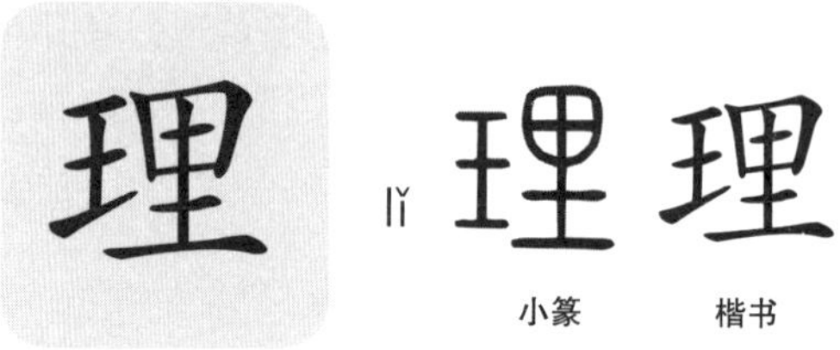

lǐ

小篆　楷书

汉字造意

小篆字形，由“玉”和“里”组成，由此演变为现在的字形。里有居住区之意，在此指作坊，理指的就是在作坊里加工玉石，即治玉。

字义源流

理：本义是治玉，如：郑人谓玉未理者璞。引申后泛指解决、安排、使有序，如：管理、理事、经理；又引申指回应，如：理睬、搭理、置之不理；又引申指纹路、条纹，如：纹理、条理、地理；又引申指事物的规律、准则、道，如：理论、真理、理直气壮。

妙语精粹

据理力争　理屈词穷　慢条斯理　不可理喻

白布做棉袄——反正都是理（里）

剪不断，理还乱，是离愁。别是一番滋味在心头。

——李煜《相见欢·无言独上西楼》

甘

gān

甲骨文 小篆 楷书

汉字造意

甲骨文字形，像是口中含物的样子，由此演变为现在的字形。人们在吃好吃的食物时，通常会在嘴里品味一番，然后才咽下去。甘所蕴含的正是这一生活经验，表示为食物的美好滋味。

字义源流

甘：本义是食物的美好滋味，如：甘甜、甘蔗、同甘共苦。引申指美味，如：甘旨、肥脆甘浓；又引申指品尝美味，如：甘之如饴；又引申指乐意、情愿，如：甘愿、心有不甘、甘拜下风。

妙语精粹

不甘寂寞　甘苦与共　不甘后人　心甘情愿

旱天逢甘露——正当时

雨入花心，自成甘苦；水归器内，各现方圆。　——金圣叹对联

生

shēng

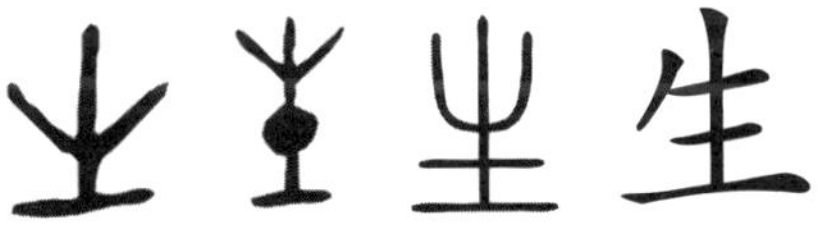

甲骨文 金文 小篆 楷书

汉字造意

甲骨文字形，上边像是草木的幼苗，下边的一横代指地面，以地面长出草木来表达生的内涵。金文字形，以“土”替换代表地面的一横，强调植物由土而生；小篆字形，将“土”上突出的圆点拉长为线，由此演变为现在的字形。

字义源流

生：本义是草木破土滋生，如：生长、生发、萌生。引申指人或动物的出生，如：生育、生日、胎生；又引申指中国古代对男子的称呼，如：先生、小生、书生；又泛指出现、从无到有，如：发生、生病、生效；又引申指活着、存在，如：生活、生存、生命；又引申指富有生机的，如：生动、生意、生物；又引申指未成熟的，如：生涩、生硬、生手；又引申指不了解的，如：生字、陌生、生疏。

妙语精粹

生生不息　栩栩如生　生龙活虎　妙笔生花

唱戏的吹胡子——假生气

回眸一笑百媚生，六宫粉黛无颜色。——白居易《长恨歌》

汉字造意

金文字形，由“生”和简写的“彦”组成，表示人或动物生子。小篆承续金文字形；隶变后在楷书中写作產；汉字简化后写作产。

字义源流

产：本义是人或动物生子，如：产卵、产妇、临产。引申指种植粮食或挖掘矿藏，如：产粮、增产、产煤；又引申指物产，如：水产、矿产、土特产；又引申指出品、制造，如：产品、产销、产值；又引申指财物、财富，如：产业、家产、不动产。

妙语精粹

倾家荡产　沉灶产蛙　分烟析产

叫花子打了碗——倾家荡产

飞机上生孩子——高产

用

yòng

甲骨文　金文　小篆　楷书

汉字造意

甲骨文字形，像是有柄木桶之形，由此演变为现在的字形。

字义源流

用：本义是木桶。引申指施行、使发生功能，如：使用、用功、用兵；又引申指需要，如：不用了、不用担心；又引申指功能、效果，如：作用、有用、用处；又引申指享受，如：用餐、用茶、用饭；又引申指物品、物资，如：物用、器用；又引申指花费，如：家用、零用。

妙语精粹

量才录用　刚愎自用　百无一用　古为今用

杀鸡用牛刀——小题大做

十有九人堪白眼，百无一用是书生。　——黄景仁《杂感》

田

tián

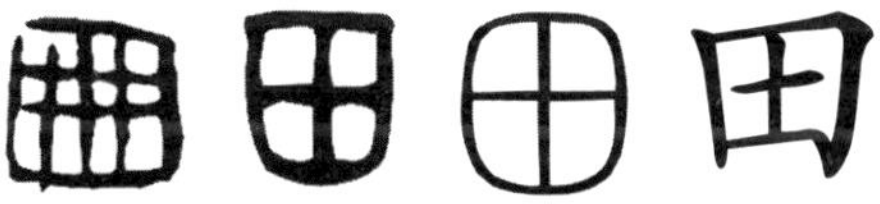

甲骨文　金文　小篆　楷书

汉字造意

甲骨文字形，像是划分土地之形，原指划分狩猎区域后的田猎。金文承续甲骨文字形，并简化处理，由此演变为现在的字形。

字义源流

田：本义是田猎，如：焚林而田，竭泽而渔。引申指耕种的土地，如：田地、田野、农田；又引申指有所滋生的事物，或可供开采的资源地带，如：心田、丹田、油田。

妙语精粹

解甲归田　求田问舍　沧海桑田　蓝田生玉

瓜田不纳履，李下不正冠。

不见五陵豪杰墓，无花无酒锄作田。　　——唐寅《桃花庵歌》

汉字造意

甲骨文字形，像是竹木编制的盛器。金文承续甲骨文字形；小篆整齐化；隶变后在楷书中写作由。

字义源流

由：本义是竹木编制的盛器，与“甾”本来是一个字。由于这种容器常用于漉淋，由此引申指经过、穿过，如：经由、必由之路；又引申指原因，如：缘由、理由、因由；又引申作连词，表示因为，如：由于、由此、由是；又引申指听凭、顺从，如：自由、由不得、身不由己；又用作介词，相当于自、从、归、让，如：由内到外、由他承担。

妙语精粹

信马由缰　不由自己　自由自在　言不由衷

包办婚姻——不由自主

历览前贤国与家，成由勤俭破由奢。　　——李商隐《咏史·二首其二》

申

shēn

汉字造意

甲骨文字形，像是下雨时天空中经常出现的闪电。金文承续甲骨文字形；小篆字形变化较大，已看不出闪电的样子；隶变后在楷书中写作申。

字义源流

申：本义是闪电。引申指伸展、扩展，如：引申，这个含义后来由“伸”部分承续，如：延伸、伸展、屈伸；又引申指郑重、庄严地说明，如：申报、申述、申斥；又用作地支的第九位，如：甲申、丙申、庚申。

妙语精粹

三令五申　申冤吐气　甚或无量　小屈大伸

八个老汉划拳——三令五申（伸）

何时腾风云，搏击申所能。　——李白《赠新平少年》

男

nán

汉字造意

甲骨文字形，由“田”和“力”（表示耒）组成，由此演变为现在的字形。耒是中国古代的农具，耒在田中意味着农耕，而农耕又主要是男人的工作，因此用这个字形来代指男人。

字义源流

男：本义是男人，如：男女、男孩、男子汉。引申指儿子，如：长男、生男育女；又引申指古代封爵的第五等，如：男爵。

妙语精粹

男耕女织　痴男怨女　饮食男女　血性男儿

男大当婚，女大当嫁。

生女犹得嫁比邻，生男埋没随百草。　——杜甫《兵车行》

jiè

小篆　楷书

汉字造意

小篆字形，由“田”和“介”组成，由此演变为现在的字形。介原指人跨立两处，因此有处于两者之间的含义，界指的就是地块交会、分割之处。

字义源流

界：本义是地块交会、分割之处，如：地界、边界、疆界。引申指范围，如：眼界、境界、大千世界；又引申指具有相同或相似属性的社会成员的总体，如：学术界、文艺界、体育界；又引申指物质的类别，如：无机界、有机界、生物界；又引申指确定限度，如：界定、界说、界限。

妙语精粹

极乐世界　开阔眼界　花花世界　楚河汉界

额头上长眼睛——眼界高

烟水幸堪供眼界，世缘何得累心君。　——陆游《对酒》

留

liú

金文　小篆　楷书

汉字造意

金文字形，由“卯”和“田”组成，由此演变为现在的字形。卯有剖割之意，留指的就是收割不彻底，田地里尚有遗漏的庄稼。

字义源流

留：本义是田间收割有遗漏。引申指不带走，如：留下、留言、遗留；又引申指停在某处不动，如：留守、留学、留恋；又引申指使停在某处不动，如：拘留、挽留、留声机；又引申指保存、不失去，如：留任、留神、留后路；又引申指收下，如：既然如此，我就留一点儿。

妙语精粹

留有余地　留恋不舍　手下留情　人过留名，雁过留声

留得青山在，不怕没柴烧。

留连戏蝶时时舞，自在娇莺恰恰啼。　——杜甫《江畔独步寻花》

番

fān
fán
pān

金文　小篆　楷书

汉字造意

金文字形，由“釆”（biàn）和“田”组成，由此演变为现在的字形。釆原指兽蹄印儿，也引申指兽蹄。由于釆作了偏旁，所以又增加字符“田”，以便更清楚地表明这是踩在田地中的兽蹄印儿。

字义源流

番：本义是兽蹄印儿。引申指兽蹄，此时读作：fán，此义后来由“蹯”继承，如：熊蹯，指的就是熊掌。番又读作：fān，表示轮换、更替，如：轮番、二番战；又引申指对外族或外国的蔑称，如：番邦、番茄、番薯；又引申指一个过程或一种情境，如：三番五次、一番苦心、一番天地；又引申指倍，如：翻两番。番又读作：pān，用作地名，如：番禺。

妙语精粹

番番是福　屡次三番　两头和番　番窠倒臼

吐鲁番的葡萄——甜透了

不经一番寒彻骨，怎得梅花扑鼻香。　　——黄蘖禅师《上堂开示颂》

汉字造意

甲骨文字形，由“聿”（表示手持笔）和两条曲线组成，表示持笔绘图之意。金文字形，将这两条曲线演变为“周”（田地密集之形），似乎是要画出田地的边界；小篆字形，“周”发生讹变，但是仍能看出与田地相关；隶变后在楷书中写作畫；汉字简化后写作画。

字义源流

画：本义是绘制地图，显示边界，如：画为九州、画土分疆。引申后泛指描绘，如：绘画、画家、画符；又引申指图、图案，如：壁画、国画、油画；又引申指汉字的一笔，如：笔画、一笔一画。

妙语精粹

画饼充饥　画蛇添足　画地为牢　画龙点睛

画虎不成反类犬。

昨夜星辰昨夜风，画楼西畔桂堂东。 ——李商隐《无题·昨夜星辰昨夜风》

异

yì

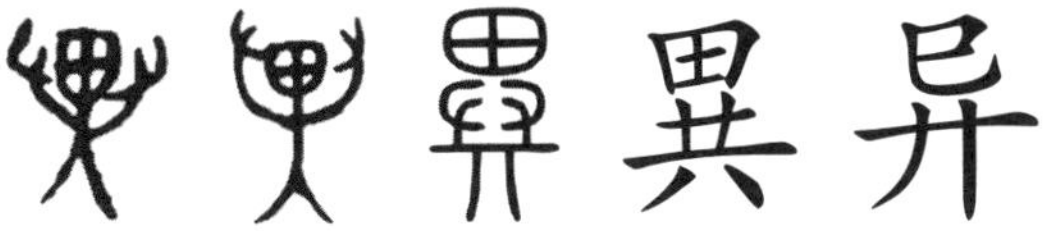

甲骨文 金文 小篆 楷书繁 楷书简

汉字造意

甲骨文字形，像是双手举起面具戴在头上，表示头戴面具之意。金文承续甲骨文字形；在小篆中，头戴面具的人形发生断裂；隶变后在楷书中写作異；汉字简化后写作异。

字义源流

异：本义是头戴面具。引申指不平常的、特别的，如：奇异、异禀、标新立异；又引申指不相同，如：异类、变异、异体字；又引申指感到奇怪，如：怪异、诧异、惊异；又引申指分开，如：离异、身首异处；又引申指背叛，如：异心、异意。

妙语精粹

大同小异　异曲同工　见异思迁　因人而异

叫铁公鸡下蛋——异想天开

塞下秋来风景异，衡阳雁去无留意。 ——范仲淹《渔家傲·秋思》

当

dāng
dàng

小篆 楷书繁 楷书简

汉字造意

小篆字形，由“尚”和“田”组成；隶变后在楷书中写作當；汉字简化后写作当。《说文·田部》中说：“當，田相值也。从田，尚声。”本义是田与田相对等，本文从此说。

字义源流

当：本义是田与田相对等。引申后泛指对等、相称，如：门当户对、旗鼓相当；又引申指对、面对，如：当面、当头棒喝；又引申指应该、必须，如：应当、当断则断；又引申指承受、承担，如：担当、当差；又引申指主持、掌管，如：当政、当家；又引申指时间、地点相一致的，如：当初、当场；表示以上意思时，均读作：dāng。当又读作：dàng，表示抵得上、等于，如：典当，一个当俩；又引申指合适、合宜，如：恰当、适当。

妙语精粹

安步当车　长歌当哭　当机立断　当局者迷，旁观者清

八个麻雀抬轿——担当不起

当年不肯嫁春风，无端却被秋风误。　　——贺铸《芳心苦·杨柳回塘》

汉字造意

甲骨文字形，由“爿”（表示床）“人”和一些小点（表示生病盗汗）组成，表示人遭遇疾患。在小篆中，“病”转化为偏旁“疒”，于是增加字符“丙”（代指发热）创造出新字；隶变后在楷书中写作病。

字义源流

病：本义是遭遇疾患，如：疾病、发病、大病一场。引申后泛指疾病，如：生病、病人、病例；又引申指有问题的、无活力的，如：病句、语病、病歪歪。

妙语精粹

病从口入　生老病死　同病相怜　无病呻吟

良药苦口利于病，忠言逆耳利于行。

万里悲秋常作客，百年多病独登台。　　　　　　——杜甫《登高》

登

dēng

甲骨文　金文　小篆　楷书

汉字造意

甲骨文有两种字形：一种由“豆”（表示盛器）和两个向上的“止”（表示脚）组成，表达持新谷升阶进献神祇之意；另一种在此基础上，增加了双手的字形，使持拿的含义更为明显。金文承续了带有双手的字形；小篆承续金文，简省双手，且整齐化；隶变后在楷书中写作登。

字义源流

登：本义是手持新谷升到高处进献神祇，如：卬盛于豆，于豆于登。引申指丰收，如：禾稼登熟、五谷丰登；又引申指由低到高地移动，如：登山、登高、登峰造极；又引申指记载、上榜，如：登榜、登报、刊登。

妙语精粹

步步登高　登堂入室　一步登天　登高一呼

从善如登，从恶如崩。　　　　　　——《国语·周语下》

遥知兄弟登高处，遍插茱萸少一人。　　　　——王维《九月九日忆山东兄弟》

发

fā

fà

甲骨文　金文　小篆　楷书

金文　小篆　楷书繁　楷书简

汉字造意

发有两个来源，一个是发射之“發”，一个是头发之“髮”，以下分别解读。

發的甲骨文字形，由两个“止”（表示脚）、一个“又”（表示手）和一条直线（代指标枪）组成，表示向前助跑投射标枪。金文增加字符“弓”，代指标枪的直线变为曲线；小篆字形，曲线进一步讹变，与“又”合并为“殳”；隶变后在楷书中写作發；汉字简化时，借用了“髪”的简化字形，写作发。髪的金文字形，由一个动物之形和“首”（代指人的头部）组成，表示人的头发或动物身上的毛。小篆字形，用“髟”替换“首”，强调较长的毛发；隶化后在楷书中写作髪；汉字简化后写作发。

字义源流

发：本义有二，一、投掷标枪，读作：fā；二、人的头发或动物身上的毛，读作：fà，如：头发、毛发。由投掷标枪引申指发射，如：百发百中、弹无虚发；又引申指送出、交付，如：发表、发票；又引申指引起、呈现，如：发动、发火；又引申指开启、揭露，如：发现、发明；又用作量词，相当于个，如：一发子弹；又引申指启程、前进，如：出发、进发；又引申指进展、扩大，如：发展、发酵；又引申指派出、派遣，如：发兵、发配。由毛发引申指草木，如：穷发之北。

妙语精粹

发奋图强　白发青衫　发人深省　厚积薄发

炒熟了的豆子——发不了芽

白发三千丈，缘愁似个长。——李白《秋浦歌》

汉字造意

甲骨文字形，其来源有多种说法：一说像是白米粒；一说像是人拇指的指甲。本文从后一种说法。金文承续甲骨文字形，由此演变为现在的字形。

字义源流

白：本义是人拇指的指甲。由指甲下边的半月板引申出白色之意，如：白雪、白发、黑白分明；又引申指明亮，如：白天、白昼、月白风清；又引申指明了、清楚，如：明白、白话文、真相大白；又引申指说明、陈述，如：自白、表白、辩白；又引申指空的、一无所有的，如：白卷、空白、白手起家；又引申指徒劳，如：白说了、白费劲儿。

妙语精粹

白璧无瑕　白首穷经　苍白无力　财不露白

阿斗的江山——白送

白日放歌须纵酒，青春作伴好还乡。　　——杜甫《闻官军收河南河北》

百

bǎi

甲骨文　金文　小篆　楷书

汉字造意

甲骨文字形，其来源有多种说法：一说上边的一横代指尺子，下边的字形代指黍米，一百粒黍米的长度是一尺，百指的就是黍米一百粒；一说是白的分化字；一说像是古代的容器。本文从最后一种说法。金文承续甲骨文字形，由此演变为现在的字形。

字义源流

百：本义是古代的容器。借用为数词，表示十个十，如：一百、二百、百分比；又引申指表示众多的概数，如：百货、百科、百般。

妙语精粹

百尺竿头　百花齐放　百家争鸣　百废待兴

读书百遍，其义自见。

宁为百夫长，胜作一书生。　　——杨炯《从军行》

的

dì
dí
de

小篆　楷书

汉字造意

小篆字形，由“日”（代指太阳）和“勺”组成，本义是鲜亮、醒目。隶变时，将“日”讹变为“白”，在楷书中写作的。

字义源流

的：本义是鲜亮、醒目，如：秋山的翠，秋江澄空。引申指箭靶的靶心，如：目的、有的放矢；表示以上意思时，均读作：dì。又用作副词，表示真正、确实，此时读作：dí，如：的确、的的确确。又用作表示从属关系的助词，此时读作：de，如：你的、他的、谁家的。

妙语精粹

一语中的　众矢之的　无的放矢　热锅上的蚂蚁
街上的传单——白给
马作的卢飞快，弓如霹雳弦惊。——辛弃疾《破阵子·为陈同甫赋壮词以寄之》

皆

jiē

甲骨文　金文　小篆　楷书

汉字造意

甲骨文字形，上边像是两只大张着嘴的动物之形，腿部画有强调固定的横线，表明这是两只被擒获的动物，下边的“口”，可以理解为动物的叫声，也可以理解为捕猎的陷坑。金文字形，两只动物讹变为“从”，“口”讹变为“甘”；小篆字形，“从”讹变为“比”，“甘”讹变为“白”；隶变后在楷书中写作皆。

字义源流

皆：本义是擒获两只动物。引申用作副词，表示全、都、一致地，如：比比皆是、尽人皆知、放之四海而皆准。

妙语精粹

皆大欢喜　宠辱皆忘　啼笑皆非　有口皆碑

司马昭之心——路人皆知

举世皆浊我独清，众人皆醉我独醒。　　——屈原《渔父》

皇

huáng

汉字造意

甲骨文字形，由“戉”（斧，代指征讨）和一个类似发光火把之形组成，表示征讨之意；金文字形，“戉”转化为“王”，并与“火把”合为一体；小篆字形，演变为“自”和“王”的组合；隶变时，又将“自”讹变为“白”，在楷书中写作皇。

字义源流

皇：本义是征讨，如：周公东征，四国是皇。意即周公东征，征讨四周的叛敌。由发光的火把引申指灿烂辉煌的，如：富丽堂皇、皇皇巨著；又引申指天神、先人，如：上皇、皇考；又引申指君主，如：皇帝、皇宫、三皇五帝。

妙语精粹

冠冕堂皇　堂而皇之　张皇失措　天高皇帝远

崇祯皇帝上吊——走投无路

最是仓皇辞庙日，教坊犹奏别离歌，垂泪对宫娥。

——李煜《破阵子·四十年来家国》

pí

金文 小篆 楷书

汉字造意

金文字形，像是用手剥取兽皮，中间的凸鼓是动物的肚子。在小篆中，动物的字形发生分离；隶变后在楷书中写作皮。

字义源流

皮：本义是剥取兽皮。引申指兽皮，如：皮毛、皮革、皮包；又引申指物体的表层，如：树皮、封皮、地皮；又引申指像皮一样薄的东西，如：铁皮、塑料皮、粉皮儿；又引申指有韧性的、耐刺激的，如：胶皮、皮球、皮筋儿；又引申指对训斥满不在乎的，如：调皮、顽皮、赖皮。

妙语精粹

略知皮毛　鸡毛蒜皮　豹死留皮　皮之不存，毛将焉附

三个臭皮匠，赛过诸葛亮。

霜皮溜雨四十围，黛色参天二千尺。——杜甫《古柏行》

yì

甲骨文 金文 小篆 楷书

汉字造意

甲骨文字形，由“水”和“皿”组成，表示水满溢出之意。金文字形，转变为“八”和“血”的组合；小篆字形，与甲骨文类似，只不过把“水”横置过来，由此演变为现在的字形。

字义源流

益：本义是水满溢出，这个含义后来由“溢”继承。引申指增加，如：补益、增益、延年益寿；又引申指有好处的，如：益虫、益友、益处；又引申指好处，如：收益、利益、权益；又引申指更加，如：日益、益发、老当益壮。

妙语精粹

精益求精　良师益友　开卷有益　相得益彰

穷且益坚，不坠青云之志。　　——王勃《滕王阁序》

直道相思了无益，未妨惆怅是清狂。　　——李商隐《无题·重帏深下莫愁堂》

盛

chéng
shèng

甲骨文　金文　小篆　楷书

汉字造意

甲骨文字形，由“皿”、简省的“成”和一些小点儿组成，像是用于祭祀的谷物溢出器皿的样子。金文字形，“成”和“皿”转变为上下结构，并简省了小点儿；小篆承续金文字形，且整齐化；隶变后在楷书中写作盛。

字义源流

盛：本义是放在祭器中供祭祀用的谷物。引申指将东西放进器皿里，如：盛粥、盛饭、盛水；又引申指容纳，如：这个房间能盛十几个人；表示以上意思时，均读作：chéng。盛又读作：shèng，表示兴旺的，如：兴盛、旺盛、盛年；又引申指大规模的、隆重的，如：盛典、盛会、盛装；又引申指饱满的、深厚的，如：盛情、盛夏、年轻气盛；又用作副词，表示极度地、广泛地，如：盛产、盛开、盛怒。

妙语精粹

春秋鼎盛　盛名难副　盛情难却　太平盛世

饭盒里盛稀饭——装糊涂

人间四月芳菲尽，山寺桃花始盛开。　　——白居易《大林寺桃花》

尽

jìn

甲骨文 金文 小篆 楷书繁 楷书简

汉字造意

甲骨文字形，像是手持刷子清洗器皿，使之干净。金文承续甲骨文字形；小篆承续金文字形，且整齐化；隶变后在楷书中写作盡；汉字简化后写作尽。

字义源流

尽：本义是清洗器皿。引申指完、竭，如：尽头、穷尽、取之不尽；又引申指竭尽全力地投入，如：尽职、尽兴；又引申指死亡，如：自尽、同归于尽；又引申指全、都、最大限度地，如：尽量、尽早、尽善尽美。

妙语精粹

除恶务尽　机关算尽　筋疲力尽　江郎才尽

白娘子救许仙——尽心尽力

白日依山尽，黄河入海流。　——王之涣《登鹳雀楼》

目

mù

甲骨文 金文 小篆 楷书

汉字造意

甲骨文字形，像是人的眼睛，由此演变为现在的字形。

字义源流

目：本义是人的眼睛，如：目光、目前、目不转睛。引申指用眼睛看，如：目标、目的、一目十行；又引申指事物的标题、概要，如：题目、书目、节目；又引申指网眼，如：网目、纲举目张；又引申用作围棋比赛中计数的量词，如：一目棋、三目半；又引申指生物分类学上小于纲、大于科的层级，如：灵长目、松柏目、偶蹄目。

妙语精粹

触目惊心　入木三分　万众瞩目　光彩夺目

耗子戴眼镜——鼠目寸光

不识庐山真面目，只缘身在此山中。　　——苏轼《题西林壁》

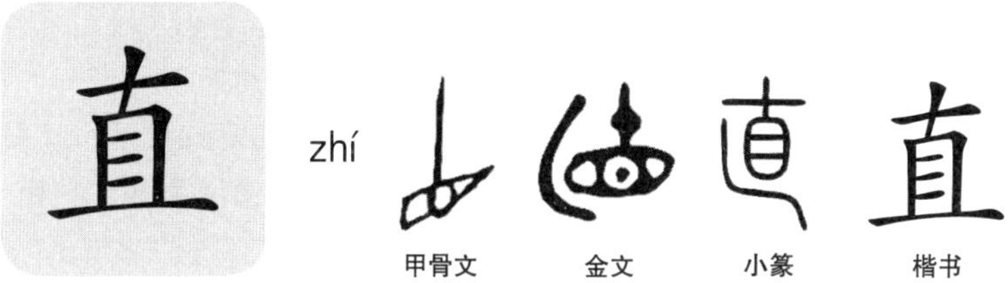

汉字造意

甲骨文字形，在眼睛上加一竖线，表示目光向正前方看，即正视之意。金文字形，在竖线中间加粗，并增加一个表示区隔的字符，像是要强调单眼吊线以取直的内涵；小篆字形，将竖线中间的点拉长为线；隶变后在楷书中写作直。

字义源流

直：本义是正视，如：魏之武卒，不可以直秦之锐士。引申指不弯曲、不倾斜，如：直线、笔直、直接；又引申指刚正、坦率，如：直率、直性子、心直口快；又引申指公正、合理，如：正直、理直气壮；又引申指没有中间环节的，如：直播、直达、直觉。

妙语精粹

直截了当　直抒己见　刚直不阿　单刀直入

箭头离开弦——勇往直前

大漠孤烟直，长河落日圆。　　——王维《使至塞上》

相

xiàng
xiāng

甲骨文　金文　小篆　楷书

汉字造意

甲骨文字形，由“木”和“目”组成，表示用眼端详树木之意，由此演变为现在的字形。

字义源流

相：本义是端详树木。引申指观察、判断，如：相马、相面、相时而动；又引申指容貌，如：相貌、相片、照相；又引申指事物的外观、情状，如：月相、吃相、卖相；又引申指辅助、帮助，如：相国、丞相、宰相；表示以上意思时，均读作：xiàng。相又读作：xiāng，表示亲自去看，如：相亲、相对象；又引申指单向施加的，如：实不相瞒、好言相劝；又引申指双方对等的，如：相互、相伴、相对。

妙语精粹

口耳相传　大相径庭　弹冠相庆　不打不相识

井水与河水——两不相犯

执手相看泪眼，竟无语凝噎。　　——柳永《雨霖铃·寒蝉凄切》

省

xǐng
shěng

甲骨文　金文　小篆　楷书

汉字造意

甲骨文字形，由“目”和向上发散的字符组成，表示视察之意，由此演变为现在的字形。

字义源流

省：本义是视察，如：皇帝春游，览省四方。引申指检查，如：反省、自省、省察；又引申指觉悟、明白，如：发人深省、不省人事；又引申指问候、探视，如：省亲、昏定晨省；表示以上意思时，均读作：xǐng。省又读作：shěng，表示王宫禁地，如：省，禁署也，汉以禁中为省，言入此中皆当察视不可妄也；引申指官署的名称，如：中书省、尚书省；又引申指隶属于中央的行政区划单位，如：山东省、河南省、湖北省。

妙语精粹

发人深省　省身克己　多快好省　省吃俭用

惊起却回头，有恨无人省。　——苏轼《卜算子·黄州定慧院寓居作》

吾日三省吾身。为人谋而不忠乎？与朋友交而不信乎？传不习乎？

——《论语·学而》

kàn

kān

小篆　楷书

字义源流

小篆字形，由“手”和“目”组成，表示举手遮光，以便看清楚事物，由此演变为现在的字形。

字义源流

看：本义是看清楚，如：查看、观看、遥看。引申指注视、欣赏，如：看书、看中、看望；又引申指观察、判断，如：看病、看相、看风使舵；又引申指观点、理解，如：看法、看待、怎么看；表示以上意思时，均读作：kàn。看又读作：kān，表示守护、盯住，如：看家、看门、看护。

妙语精粹

刮目相看　雾里看花　看家本领　看人下菜碟儿

看菜吃饭，量体裁衣。

晓看红湿处，花重锦官城。　——杜甫《春夜喜雨》

真

zhēn

金文　小篆　楷书

汉字造意

金文字形，由“卜”和“鼎”组成；小篆字形变化较大，已经看不出鼎的样子，以及与占卜的联系；隶变后在楷书中写作真。殷商时期的古人信奉神明，遇事喜好占卜，并把占卜的结果视为神的旨意加以遵从。真体现的正是此过程中的一个片段，即把占卜的结果呈现于鼎（祭祀神明的礼器）前，以显示神明共鉴，确有其事。甲骨文中的“贞”，也有“卜”和“鼎”组合的字形，真和贞形近、音同、义通，因此属于同源分化字。

字义源流

真：本义是确有其事，如：真实、真诚、真理。引申指本源、原迹，如：传真、写真、返璞归真；又用作副词，表示的确、确实，如：真好、真棒、真过瘾；又用作道家对得道之人的一种称呼，如：真人、长春真人（丘处机的封号）；又用作楷书的别称，如：真书、真草。

妙语精粹

假戏真做　真知灼见　真才实学　天真烂漫

真金不怕火炼。

人到情多情转薄，而今真个悔多情。——纳兰性德《山花子·风絮飘残已化萍》

眠

mián

小篆　楷书

汉字造意

小篆字形，由“目”和“冥”（代指昏暗）组成，本义是闭眼，既可以表示人死后紧闭双目，也可以表示睡觉。隶变后在楷书中写作瞑；后来，又造出俗体字“眠”来表达睡觉的含义，而“瞑”则专门表示死者紧闭双目。

字义源流

眠：本义是闭眼。引申指睡觉，如：睡眠、春眠、失眠、西极古莽国，其民不食不衣而多眠；又引申指冬眠，即长时间像睡觉一样不吃不动的生理状态，冬眠的动物有：熊、浣熊、青蛙。

妙语精粹

抵足而眠　猫鼠同眠　眠花宿柳　西食东眠

吃多了安眠药——不醒悟

月落乌啼霜满天，江枫渔火对愁眠。　——张继《枫桥夜泊》

汉字造意

小篆字形，由“目”和“艮”（表示回头瞪视）组成，由此演变为现在的字形。

字义源流

眼：本义是瞪眼，如：以眼还眼。引申指眼睛，如：眼球、眼镜、眼泪；又引申指眼神，如：丘得其为人也，黯然而黑，几（颀）然而长，眼如望羊，如王四国，非文王其谁能为此也；又引申指见识，如：慧眼、眼浅、独具只眼；又引申指关键处，如：文眼、题眼、节骨眼；又引申指孔、洞，如：网眼、泉眼、风眼；又用作量词，相当于口，如：挖一眼井、凿一眼窑洞；又特指戏曲中的一种节板，如：有板有眼、一板一眼。

妙语精粹

眉开眼笑　横眉竖眼　大开眼界　睡眼惺忪

板凳上搁窝窝头——有板有眼

水是眼波横，山是眉峰聚。欲问行人去那边，眉眼盈盈处。

——王观《卜算子·送鲍浩然之浙东》

着

zhuó

zháo

zhāo

zhe

小篆　　楷书

汉字造意

小篆字形，由“竹”和“者”组成，者有火势附着蔓延之意，箸指的就是能够使食物附着于上的筷子；隶变后在楷书中写作箸。为了分化字义，后来又用“艸”替换“竹”创造了“著”。宋代又由“著”的草体楷化，分化出“着”。

字义源流

着：本义是筷子。引申指接触、贴上，如：附着、着陆；又引申指下落，如：着落、吃穿无着；又引申指穿、戴，如：穿着、着装；又引申指注重，如：着意、着重；表示以上意思时，均读作：zhuó。着又读作：zháo，表示接触到，如：上不着天，下不着地；又引申指受到某种侵袭，或进入某种状态，如：着凉、着魔；又引申指有了结果，如：找着了、猜着了；又引申指感到、产生，如：着急、着忙。着又读作：zhāo，表示放、放置，如：着点儿盐、着点儿糖；又引申指同意，如：就这么着。着又读作：zhe，用作虚化的助词，如：听着、看着、跟着。

妙语精粹

不着边际　歪打正着　棋高一着　摸不着头脑

大处着眼，小处着手。

黄芦掩映清江下，斜缆着钓鱼艖。　　——关汉卿《大德歌·冬景》

知

zhī

甲骨文　金文　小篆　楷书

汉字造意

甲骨文字形，由“矢”（箭）“口”和类似于“于”的字符组成。金文承续甲骨文字形，并增加字符“甘”；小篆有两种字形：一种承续金文，并把“甘”讹变为“白”，另一种则简化为“矢”和“口”的组合；隶变时，采用了小篆中简化的字形，在楷书中写作知。知和智原本是同一个字，其本义待考，但是从字形中含有箭矢来看，应与技能、经验相关。智（知）正是人们对生活经验的总结，以及在此基础上的升华。为了分化字义，在小篆中简化出“知”来表达知识的含义，即人们对生活经验的总结，而“智”则专门表示智慧的含义，即在生活经验基础上升华出来的灵性。

字义源流

知：本义是知识，如：求知、无知、真知灼见。引申指懂得、了解，如：知音、知足、知书达理、知己知彼，百战不殆；又引申指使了解、使知道，如：通知、告知、知会；又引申指记住，如：父母之年，不可不知也；又引申指感觉到，如：感知、知觉、知冷知热；又引申指知觉、灵魂，如：泉下有知，死而有知；又引申指主持、掌管，如：知府、知县、知州；又特指相互了解、情深谊厚的人，如：久旱逢甘霖，他乡遇故知。

妙语精粹

迷途知返　不知不觉　落叶知秋　知遇之恩

知之为知之，不知为不知，是知也。——《论语·为政》

夜来风雨声，花落知多少。——孟浩然《春晓》

短

duǎn

小篆　　楷书

汉字造意

小篆字形，由“矢”（箭）和“豆”（表示高脚食器）组成，由此演变为现在的字形。古人以矢为度量长短的尺度，豆的长度短于矢，这种字形因此含有“不长”之意。

字义源流

短：本义是不长，即所占空间距离小，如：短小、短途、五短身材。引申指时间少，如：短期、短工、长话短说；又引申指缺乏、不足，如：短缺、缺斤短两、取长补短；又引申指毛病、缺点，如：护短、家长里短、说长道短；又引申指见识平庸，如：短见、见识短浅。

妙语精粹

更长梦短　短小精悍　飞短流长　儿女情长，英雄气短

尺有所短，寸有所长。

白头搔更短，浑欲不胜簪。　　——杜甫《春望》

石

shí

dàn

甲骨文　　金文　　小篆　　楷书

汉字造意

甲骨文字形，左边像是山崖，右边像是石块，表示坚硬的岩石之意，由此演变为现在的字形。

字义源流

石：本义是岩石，如：石头、矿石、鹅卵石。引申指石头质地的，如：石磬、石碑、石棺；又引申指坚硬的、无情的，如：石心、铁石心肠；又引申指生物体内由矿物盐凝结而成的颗粒状物，如：结石、排石、肾结石；表示以上意思时，均读作：shí。石又读作：dàn，用作中国古代重量或容量的单位，如：1 石 =120 斤，1 石 =10 斗 =100 升。

妙语精粹

滴水穿石　落井下石　水落石出　石破天惊

他山之石，可以攻玉。　　——《诗经・鹤鸣》

石壕村里夫妻别，泪比长生殿上多。　　——袁枚《马嵬》

破

pò  破

小篆　　楷书

汉字造意

小篆字形，由“石”和“皮”组成，由此演变为现在的字形。皮原指剥取兽皮，因此有分离之意，破指的就是石块分离碎裂。

字义源流

破：本义是石块分离碎裂。引申后泛指开裂、碎裂，如：破裂、破损、爆破；又引申指使损失，如：破产、破坏、破败；又引申指攻克、打败，如：破城、击破、攻破；又引申指超出，如：破格、破例、破晓；又引申指揭穿，如：说破、破案、破译；又引申指不好的、有缺陷的，如：破东西、破玩意儿。

妙语精粹

乘风破浪　不破不立　支离破碎　破镜重圆

打破砂锅——问（纹）到底

踏破铁鞋无觅处，得来全不费工夫。　　——夏元鼎《绝句》

研

yán

小篆　　楷书

汉字造意

小篆字形，由“石”和“幵”（jiān）组成；隶变时，将“幵”讹变为“开”，在楷书中写作研。《说文新证》上说：“幵，像二干（笄之象形）对称上平”，笄有刺入之意，“对称上平”则引申出水平旋转之意，研指的就是用石材或在石材之上水平转磨。

字义源流

研：本义是用石材或在石材之上水平转磨，如：研墨、研钵、研磨。引申指深思、探究，如：研讨、研究、研制；又特指硕士研究生，如：考研、读研。

妙语精粹

滴露研珠　沉谋研虑　潜精研思　研精殚思

磨眼里冒青烟——严（研）过火了

泪弹不尽临窗滴。就砚旋研墨。——晏几道《思远人·红叶黄花秋意晚》

示

shì

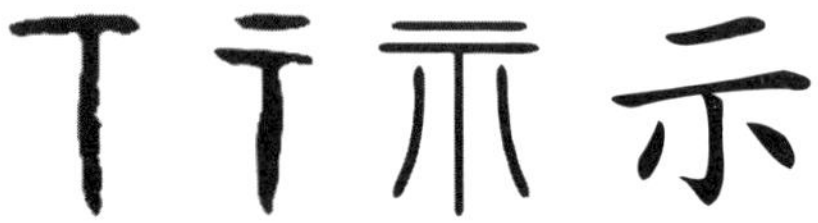

甲骨文　　小篆　　楷书

汉字造意

甲骨文字形，像是祭台的简图，上边的一横代指祭品。小篆承续甲骨文字形，且稍作变化；隶变后在楷书中写作示。

字义源流

示：本义是祭台、神主（象征天神、地祇、先公、先王的灵位）。引申指显灵、显天意，如：示，天垂象，见吉凶所以示人也；又引申指展现、使看清楚，如：显示、暗示、示范。

妙语精粹

不甘示弱　枭首示众　蒲鞭示辱　安民告示

近视眼看告示——迫在眉睫

佛以一花示迦叶，笑中有刀世不解。　——黄庭坚《南山罗汉赞》

汉字造意

甲骨文字形，像是男根的形状，以男根来代指男性祖先，是初民生殖器崇拜的体现。金文承续甲骨文字形，并增加字符“示”（祭台、神主），表示对男性祖先的祭拜，由此演变为现在的字形。

字义源流

祖：本义是男根，郭沫若亦曾指出：祖，本是男根的象形。引申指宗族中较早的先人，如：远祖、祖籍、祖国；又引申指父母的上一辈，如：祖父、祖母、祖孙；又引申指创始人，如：祖师、鼻祖、佛祖。

妙语精粹

光宗耀祖　开山鼻祖　数典忘祖　认祖归宗

小小本领学在身，赛过祖屋千万金。

竹帛烟销帝业虚，关河空锁祖龙居。　——章碣《焚书坑》

zhù

甲骨文 金文 小篆 楷书

汉字造意

甲骨文有多种字形，大致像一个人保持跪跽的姿势，以及开口陈述的状态，有的加上手部动作，有的加上陈述的对象——神主，表示向神灵祭奠、祷告的意思。金文承续甲骨文中有神主的字形，并稍作变化，由此演变为现在的字形。

字义源流

祝：本义是向神灵祭奠、祷告、求福，如：祝祷、祝告、祝词。引申指感恩、赞美、庆贺，如：祝寿、祝酒、祝贺。

妙语精粹

麦丘之祝　祝不胜诅　华封三祝　祝发文身

狐狸给鸡祝寿——不敢受这个礼

把酒祝东风，且共从容。垂杨紫陌洛城东。——欧阳修《浪淘沙·把酒祝东风》

shén

金文 小篆 楷书

汉字造意

金文字形，由“示”（表示神主）和“申”（代指引申）组成，表示引申万物的天神，由此演变为现在的字形。

字义源流

神：本义是天神，即引申万物者。引申指神仙，即享有超自然能力的存在，如：神鬼、女神、神话；又引申指魂魄（中医上讲的三魂七魄皆属于神），如：神采、神志、虚苦劳神；又引申指绝妙的、不可思议的，如：神奇、神医、神机妙算。

妙语精粹

炯炯有神　聚精会神　鬼使神差　六神无主

扒了墙的庙——慌了神

读书破万卷，下笔如有神。　——杜甫《奉赠韦左丞丈二十二韵》

汉字造意

甲骨文有多种字形，有的由“又”（手）和滴着血的“肉”组成，有的增加了“示”（表示神主），均显示出祭祀的内涵。金文承续了甲骨文中有神主的这一种，由此演变为现在的字形。

字义源流

祭：本义是祭祀，如：祭神、祭祖、祭台。引申指以某种仪式追悼死者，如：祭奠、祭扫、祭文。

妙语精粹

祭如在，祭神如神在。　——《论语·八佾》

南北山头多墓田，清明祭扫各纷然。　——高翥《清明日对酒》

单于北望拂云堆，杀马登坛祭几回。　——王之涣《凉州词二首》

jìn
jīn

小篆　楷书

汉字造意

小篆字形，由“林”和“示”组成，由此演变为现在的字形。示代指鬼神，林代指坟地（坟地多植树，所以坟地特称“林”），禁指的就是令人忌讳的坟地。

字义源流

禁：本义是令人忌讳的坟地。引申指阻止、不允许，如：禁止、禁令、禁区；又引申指法律或习俗不允许的事物、规定，如：解禁、违禁、犯禁；又引申指拘押，如：软禁、监禁、禁闭；表示以上意思时，均读作：jìn。禁又读作：jīn，表示忍耐、克制，如：禁得住、弱不禁风、情不自禁。

妙语精粹

百无禁忌　忍俊不禁　令行禁止　门禁森严

林黛玉的身子——弱不禁风

国中新下令，官渠禁流水。　——白居易《杂兴三首》

fú

甲骨文　金文　小篆　楷书

汉字造意

甲骨文有多种字形，一般由“畐”和“示”（表示祭台）组成，有的还在下边增加两只手。金文承续了甲骨文中不带双手的字形；在小篆中，“畐”的字形发生断裂，由此演变为现在的字形。畐原指盛满酒的酒罐，本义是酒满。古人生活艰辛，一年四季能得温饱尚属不易，如果家中有余粮酿酒，那就应该称得上富足了。古人信奉神明，于是在祭祀时，便将满满的一罐美酒奉献出来，祈求自己能够酒罐常满，丰衣足食。

字义源流

福：本义是以酒祭神，祈求富足安康，如：祝福、福佑。引申指理想的、满足的，如：福相、福星、福地；又引申指令人心满意足的生活或环境，如：幸福、造福、福分。古人有“五福”之说，具体包括：一曰寿，二曰富，三曰康宁，四曰攸好德，五曰考终命。

妙语精粹

五福临门　福祸相依　福禄双全　塞翁失马，焉知非福

天有不测风云，人有旦夕祸福。

苟利国家生死以，岂因祸福避趋之。——林则徐《赴戍登程口占示家人二首》

汉字造意

甲骨文字形，像是在礼器“豆”中盛满玉石，表示祭献之意。金文承续甲骨文字形；在小篆中，增加字符“示”（表示祭台），以强调祭献的内涵；隶变后在楷书中写作禮；汉字简化后写作礼。

字义源流

礼：本义是用玉石、珍宝祭献神灵。引申指敬重、厚待，如：礼遇、礼让、礼贤下士；又引申指表示敬意、感激的赠品，如：礼物、礼品、贺礼；又引申指表示敬意的态度、言行，如：礼节、礼俗、敬礼；又引申指由风俗、习惯形成的维护社会秩序与人际和谐的规范、准则，如：礼仪、礼法、礼制；又引申指隆重的仪式，如：典礼、婚礼、葬礼；又指礼拜，即基督教的宗教活动，并由此引申指星期，如：礼拜一、礼拜二、礼拜天。

妙语精粹

礼仪之邦　彬彬有礼　顶礼膜拜　先礼后兵

不学礼，无以立。　　——《论语·季氏》

黯与山僧别，低头礼白云。　　——李白《秋浦歌十七首》

汉字造意

小篆字形，由“禾”和“乃”组成，由此演变为现在的字形。乃原指乳房，引申出奶汁之意，谷物的浆与奶汁形态类似，秀指的就是谷物抽穗灌浆。

字义源流

秀：本义是谷物抽穗灌浆，如：六月六，看谷秀、苗而不秀者有矣夫，秀而不实者有矣夫。由抽穗引申指高，如：木秀于林，风必摧之；又引申指出众的，如：秀才、优秀、俊秀；又引申指出众的人才，如：新秀、后起之秀；又引申指清丽的、美好的，如：秀气、秀美、山清水秀；又通“绣”，指彩绣，如：秀弓寺（持）射；又用作英语“show”的译音，特指表演，如：脱口秀、模仿秀、时装秀、他还不忘秀上一把。

妙语精粹

大家闺秀　秀外慧中　钟灵毓秀　秀色可餐

秀才拿笤帚——斯文扫地

兰有秀兮菊有芳，怀佳人兮不能忘。　　——刘彻《秋风辞》

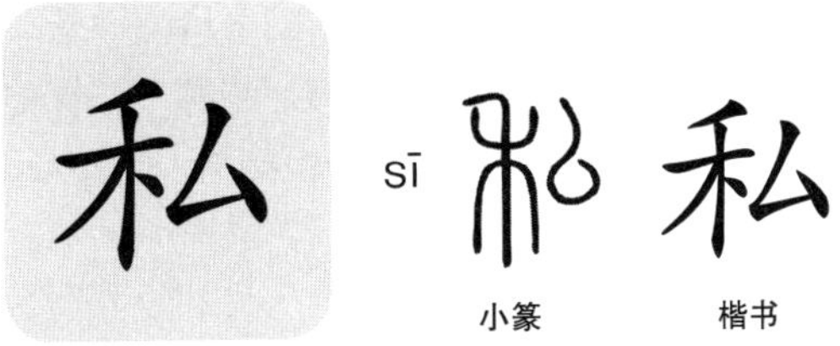

sī

小篆　　楷书

汉字造意

小篆字形，由“禾”和“厶”（sī，代指绳套）组成，由此演变为现在的字形。绳套属于捕猎用具，下套属于富含经验和技术的劳动，用绳套捕获的猎物自然归下套人所有，即谁劳由谁得，这里面已经含有区别于“公”的含义。进入农耕社会后，禾（粮食）替代了猎物，变成了谁种由谁得，并由此创造“私”这个字，同样表达区别于“公”的含义。

字义源流

私：本义是非公有的、个体的，如：私利、私事、私生活。引申指个人，如：私人、私自、大公无私；又引申指秘密的、暗中的，如：隐私、私吞、私生子；又引申指非法的，如：走私、缉私、私刑；又引申指非官方的，如：私塾、私营、私立；又引申指偏爱，如：自私、偏私、私爱。

妙语精粹

公而忘私　结党营私　少私寡欲　中饱私囊

蚕儿的肚子——尽是私（丝）

名编壮士籍，不得中顾私。　　——曹植《白马篇》

qiū

甲骨文　籀文　小篆　楷书

汉字造意

甲骨文字形，像是一只蟋蟀的简图，蟋蟀是一种秋天的鸣虫，秋至而鸣，秋后即死，它的叫声代表着秋天的来临和结束。籀文字形，在甲骨文基础上增加“禾”与“火”，表示庄稼成熟后呈现出的金黄色；小篆字形，则简省掉“蟋蟀”，直接以庄稼的成熟来表示秋天；隶变时，将“火”与“禾”互换位置，在楷书中写作秋。

字义源流

秋：本义是秋天，属于纪时名词，如：春秋、秋风、立秋。引申指秋天的作物，如：收秋；又引申指一年，如：一日不见，如隔三秋；又用作“鞦”的简化字，如：秋千。

妙语精粹

春华秋实　明察秋毫　各有千秋　一日不见，如隔三秋

半空中荡秋千——不落实

落霞与孤鹜齐飞，秋水共长天一色。　——王勃《滕王阁序》

科

kē

小篆

科

楷书

汉字造意

小篆字形，由“禾”和“斗”组成，表示以斗衡量谷物，由此演变为现在的字形。

字义源流

科：本义是衡量谷物。引申指等级、种类，如：科目、科学、内科；又引申指人事行政单位，如：科长、科室、科局；又引申指生物分类的第五级，在目之下、属之上，如：猫科、犬科、猴科；又引申指标准、法规、条文，如：金科玉律、作奸犯科；又引申指中国古代考试取士的名目，如：科举、登科、开科取士。

妙语精粹

插科打诨　照本宣科　发策决科　五子登科

武科场上选将——有本事就上

稻根科斗行如块，田水今年一尺宽。——范成大《夏日田园杂兴·其一》

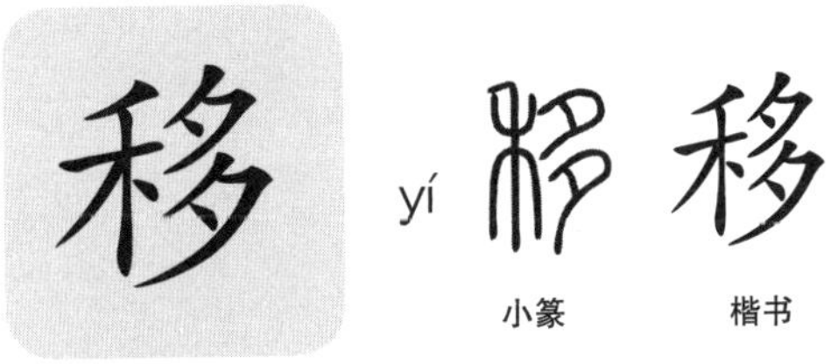

汉字造意

小篆字形，由“禾”和“多”组成，表示众禾在风中婀娜摆动，由此演变为现在的字形。

字义源流

移：本义是禾谷柔弱摆动的样子。后来借用作“迻”，表示挪动、迁徙，如：移民、移植、迁移；又引申指改变、变化，如：移风易俗、本性难移、坚定不移。

妙语精粹

斗转星移　潜移默化　移花接木　物换星移

人心齐，泰山移。

移舟泊烟渚，日暮客愁新。——孟浩然《宿建德江》

汉字造意

小篆字形，由“禾”和“兑”组成，由此演变为现在的字形。兑有说出、给出之意，税指的就是需要拿出来的粮食，即田租。

字义源流

税：本义是田租，如：有税有赋，税以足食，赋以足兵。引申后泛指赋税，如：征税、纳税、房产税、印花税。

妙语精粹

苛捐杂税　轻徭薄税　衣食租税　衣租食税

皇粮国税——免不得

吏征渔户税，人纳火田租。

——白居易《东南行一百韵寄通州元九侍御澧州李十一》

汉字造意

种有两个来源，一个是种植之“穜”，一个是表示晚熟禾谷之“種”，以下分别解读。

穜的小篆字形，由“禾”和“童”组成，表示种植之意。隶变后在楷书中写作穜；汉字简化后写作种。種的小篆字形，由“禾”和“重”组成，表示早种晚熟的禾类。隶变后在楷书中写作種；汉字简化时，借用了穜的简化字，写作种。

字义源流

种：本义有二，一、种植，如：种田、种地、种庄稼，读作：zhòng；二、早种晚熟的禾类，读作：zhǒng。由第二种含义引申指植物的种子，如：稻种、麦种、树种；又泛指生物传代的物质，如：传种、种牛、配种；又引申指胆量，如：没种、孬种；又引申指事物的类别，如：种类、品种、剧种；又用作量词，相当于类，如：一种、两种、各种。

妙语精粹

刀耕火种　广种薄收　谬种流传　前人种树，后人乘凉种瓜得瓜，种豆得豆。

花自飘零水自流。一种相思，两处闲愁。——李清照《一剪梅·红藕香残玉簟秋》

谷 gǔ

甲骨文　金文　小篆　楷书

小篆　楷书

汉字造意

谷有两个来源，一个是山谷之“谷”，一个是禾谷之“穀”，以下分别解读。

谷的甲骨文字形，上边的“仌”像是泉水从山间流动之状，下边的“口”表示谷口，整体表示泉水从山间流出。金文承续甲骨文字形；小篆字形稍作变化；隶变后在楷书中写作谷。穀的小篆字形，由简写的“㱿”（壳）和“禾”组成，表示带壳的禾谷。隶变后在楷书中写作穀；汉字简化时，借用了“谷”的简化字形，写作谷。

字义源流

谷：本义有二，一、泉水从山间流出；二、带壳的禾谷，如：稻谷、打谷场。由山间泉水引申指水流，如：江海所以能为百谷王者，以其善下之；又引申指山谷，即两山之间狭长而有出口的地带，如：河谷、峡谷、空谷。由带壳的禾谷引申后泛指谷物，如：五谷、百谷；又特指谷子（去皮后就是小米），如：谷秀、谷穗、谷雨。

妙语精粹

进退维谷　五谷丰登　空谷幽兰　谷贱伤农

苞谷秆里的虫——专（钻）心

亭亭山上松，瑟瑟谷中风。——刘桢《赠从弟》

jiū

小篆 楷书

汉字造意

小篆字形，由“穴”（代指洞穴）和“九”（表示伸出的手）组成，表示人伸手往洞穴里试探、掏摸，由此演变为现在的字形。

字义源流

究：本义是伸手往洞穴里试探、掏摸。引申指探求、推求，如：探究、研究、考究；又引申指追查，如：追究、违法必究；又引申指穷尽，如：究天人之际，通古今之变，成一家之言；又引申指归根结底，如：究竟、终究。

妙语精粹

盘根究底　学究天人　不可究诘　村学究语

叫花子搽粉——穷讲究

九州生气恃风雷，万马齐喑究可哀。　——龚自珍《己亥杂诗》

kōng

kòng

金文 小篆 楷书

汉字造意

金文字形，由“穴”（代指洞穴）和“工”（代指穿通）组成，表示用木棒或石头试探洞穴的深浅，其发音来自把石头扔进洞穴后发出的回声，由此演变为现在的字形。

字义源流

空：本义是试探洞穴的深浅。引申指空旷，即内无所有的状态，如：空洞、虚空、空谷足音；又引申指空间，即人所处的三维世界，如：时空；又引申指天空，即人头上的辽阔苍穹，如：空气、空军、碧空；又引申指使空虚，如：目空一切、空前绝后；又引申指不切实际地、白白地，如：空想、空谈、空耗；表示以上意思时，均读作：kōng。空又读作：kòng，指腾出位置，如：空出名额、空出位置；又引申指未被安排、利用的时间或地方，如：空闲、抽空、填空；又引申指机会，如：这个人可真会钻空子。

妙语精粹

通入空门　海阔天空　空穴来风　目空一切

墙上芦苇，头重脚轻根底浅；山间竹笋，嘴尖皮厚腹中空。

莫等闲、白了少年头，空悲切！　　——岳飞《满江红·写怀》

窗

chuāng

囱的古文　小篆　楷书

汉字造意

在古文中，“窗”本写作“囱”，是中国古代半地穴式房屋开在屋顶上通气、通光的天窗。小篆字形发生变化，像是用竹木编制的圆形器具，还有一种增加了字符“穴”（代指房屋）；隶变时，采用了小篆后一种字形，在楷书中写作窗。

字义源流

窗：本义是开在屋顶上的天窗。引申后泛指窗户，如：门窗、车窗、舷窗、窗台、窗帘；又引申指通道，常用在互联网行业，如：视窗；又特指炉子上通风漏灰的洞，如：风炉以铜铁铸之，如古鼎形，其三足之间设三窗，底一窗，以为通飙漏烬之所。

妙语精粹

东窗事发　十年寒窗　西窗剪烛　打开天窗说亮话

拉开窗帘——开眼界

夜来幽梦忽还乡。小轩窗，正梳妆。相顾无言，惟有泪千行。

——苏轼《江城子·乙卯正月二十日夜记梦》

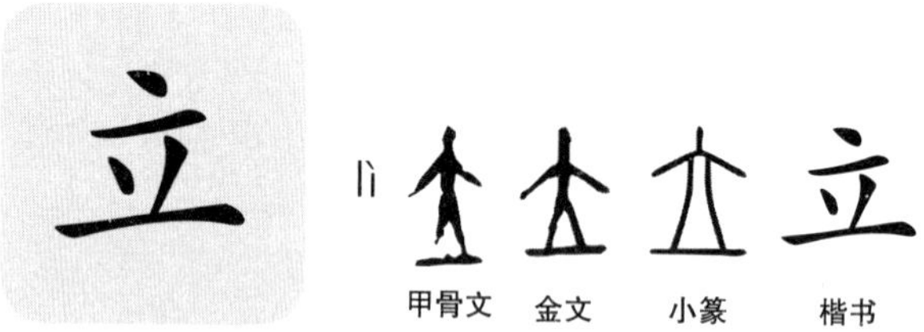

汉字造意

甲骨文字形，由“大”和一横（代指地面）组成，像是人正面站立的样子。金文承续甲骨文字形；小篆整齐化；隶变后在楷书中写作立。

字义源流

立：本义是人站着不动，如：站立、立正、立足。引申指竖起，如：树立、建立、立竿见影；又引申指帝王、诸侯登基，或确立某种名分，如：立储、立后、立嗣；又引申指创设、制定、开始，如：立法、立论、立夏；又引申指做出、设置，如：公立、私立、立案、立项、立大学以教于国，设庠序以化于邑；又引申指建树、成就，如：立德、立言、立功；又引申指存在，如：自立、独立、势不两立；又引申指即刻，如：立刻、立马、立即。

妙语精粹

标新立异　顶天立地　特立独行　鼎足而立

凡事预则立，不预则废。——《礼记·中庸》

独立寒秋，湘江北去，橘子洲头。——毛泽东《沁园春·长沙》

章

zhāng

金文 小篆 楷书

汉字造意

金文字形，由“辛”（代指凿子）和一块玉璧组成，表示用凿子雕刻玉璧花纹。小篆承续金文字形，且整齐化；隶变后在楷书中写作章。

字义源流

章：本义是雕刻玉璧花纹。引申指花纹、纹理，如：永州之野产异蛇，黑质而白章；又引申指规则、条理，如：章法、章程、宪章；又引申指印戳，如：公章、图章、印章；又引申指佩戴的标志物，如：徽章、肩章、胸章；又引申指用文字、符号构成的作品，如：乐章、文章、奏章；又用作量词，表示作品内容的分级，如：章节、篇章、章回。

妙语精粹

出口成章　断章取义　杂乱无章　约法三章

世事洞明皆学问，人情练达即文章。　　——曹雪芹《红楼梦》

清风徐来，水波不兴。举酒属客，诵明月之诗，歌窈窕之章。

——苏轼《前赤壁赋》

童

tóng

甲骨文 金文 小篆 楷书

汉字造意

甲骨文字形，由“辛”（代指刑刀）“目”和“人”组成，表示被刺瞎眼睛的男性罪犯。金文字形，保留了“辛”和“目”，另外增加字符“重”（由“土”

和表示袋子的“东”组成，表示袋子太沉，难以离地），整体表示在主人旁边侍立、服务的奴隶；小篆字形，简省了“目”，并将“辛”和“重”合为一体；隶变后在楷书中写作童。

字义源流

童：本义是被刺瞎眼睛的男性罪犯。引申指奴仆，由于服侍主人的工作通常由年幼的男仆承担，童因此又特指幼年男仆，如：家童、书童；引申后泛指小孩儿，如：儿童、童年、童话；又引申指天真的、纯真的，如：童心、童真、童趣。

妙语精粹

返老还童　金童玉女　童心未泯　童叟无欺

小朋友唱歌——同（童）声同（童）调

夜饮东坡醒复醉，归来仿佛三更。家童鼻息已雷鸣。

——苏轼《临江仙·夜饮东坡醒复醉》

端

duān  端

小篆　楷书

汉字造意

小篆字形，由“立”和“耑”组成，由此演变为现在的字形。立指人直立于地，耑指植物向上生长，端指的就是直、正等姿势、状态。

字义源流

端：本义是直或正的姿势、状态，如：端正、端直、端坐。引申指品行正直，如：端庄、端方、端丽；又引申指双手平稳托举，如：端盘子、一锅端、一碗水端平；又引申指起始、开头，如：开端、端点、两端；又引申指缘由、征兆，如：事端、祸端、端由。

妙语精粹

变化多端　诡计多端　首鼠两端　荦荦大端

端人家碗，服人家管。

弃身锋刃端，性命安可怀？父母且不顾，何言子与妻！　——曹植《白马篇》

竞

jìng

汉字造意

甲骨文字形，像是二人竞相吹奏乐器，因此有比赛、角逐之意。金文字形繁化，变成了二人争言；小篆承续金文字形，且整齐化；隶变后在楷书中写作競；汉字简化后写作竞。

字义源流

竞：本义是比赛、角逐，如：竞争、竞赛、竞选、物竞天择。

妙语精粹

标新竞异　千岩竞秀　与物无竞　竞今疏古

酒后竞风采，三杯弄宝刀。　——李白《白马篇》

群雄竞起问前朝，王者无外见今朝。　——杜甫《夔州歌十绝句》

竹

zhú

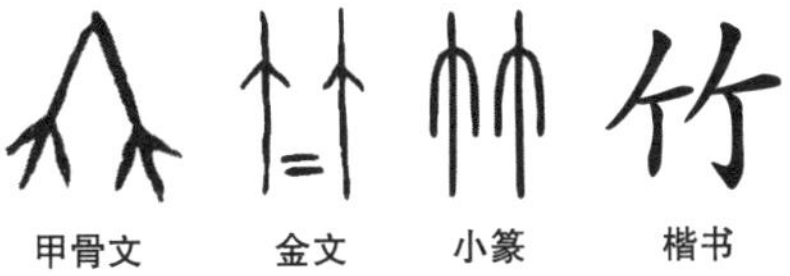

汉字造意

甲骨文字形，像是竹叶下垂的样子，表示竹子的意思，由此演变为现在的字形。

字义源流

竹：本义是竹子，如：竹笋、竹竿、竹节。引申指竹简，如：罄竹难书；又引申指中国古代的管乐器，如：丝竹、竹管。

妙语精粹

金石丝竹　势如破竹　胸有成竹　青梅竹马

清水才能装进竹心，真话才能装进人心。

竹杖芒鞋轻胜马，谁怕？一蓑烟雨任平生。　——苏轼《定风波·三月七日》

小篆　楷书

汉字造意

小篆有多种字形：一种由“口”和“夭”组成，像是人因快乐而扭动身体，张嘴哈哈大笑的样子；一种强调眉毛的上下移动，这种表情在人大笑时经常出现；还有一种，疑似把第二种字形中的“眉毛”讹变成了“竹”。隶变后，在楷书中的笑也有多种字形，如：咲、关、笑；汉字简化后，统一写作笑。

字义源流

笑：本义是大笑，即人在兴奋、愉悦的状态下，配以相关表情、肢体动作而发出的声音，如：欢笑、眉开眼笑、哈哈大笑。引申后泛指欢笑，如：笑脸、笑呵呵、笑面虎；又引申指高兴地，如：笑纳、笑骂、笑看人生；又引申指嘲讽，如：讥笑、嘲笑、笑话人。

妙语精粹

回眸一笑　谈笑风生　嬉笑怒骂　贻笑大方

冰窖里嬉耍——冷笑

故国神游，多情应笑我，早生华发。　——苏轼《念奴娇·赤壁怀古》

第

dì

甲骨文　金文　小篆　楷书

汉字造意

弟是第的本字。甲骨文字形，由“戈”和缠绕的曲线（代指线绳）组成，中国古人常在戈柲（柄）上缠绕线绳，以增强其韧性，弟指的就是戈柲缠绕线绳的次序；金文承续甲骨文字形；在小篆中，出于词义分化的需要，逐渐演变出带竹字头的第，表示次第之意，弟则专门表示弟弟之意；隶变后在楷书中写作第。

字义源流

第：本义是戈柲缠绕线绳的次序。引申后泛指次序、顺序，如：次第、第一名、第六感；又引申指科举时代按等级选仕的标准，如：科第、及第、状元及第；又引申指大宅院，如：府第、门第、宅第。

妙语精粹

书香门第　及第成名　甲第连天　乌衣门第

百家姓跳过第一个字——开口就是钱

王侯第宅皆新主，文武衣冠异昔时。　——杜甫《秋兴八首》

笔

bǐ

小篆　楷书繁　楷书简

汉字造意

小篆字形，由“竹”和“聿”（表示手持刀笔）组成，表示用竹子制作的书写工具，由此演变为现在的字形。

字义源流

笔：本义是用竹子制作的书写工具，如：毛笔。引申后泛指书写、绘画、制图的工具，如：钢笔、铅笔、签字笔；又引申指书写、记载，如：代笔、亲笔信；又引申指写下的文字、墨迹，如：笔迹、笔误、绝笔；又引申指文笔，包括技法、风格等方面，如：工笔、曲笔、伏笔；又用作量词，表示写画一次、账目数量，如：一笔一画、一笔钱、两笔生意。

妙语精粹

口诛笔伐　妙笔生花　点睛之笔　弃笔从戎

言不能乱发，笔不能妄动。

马上相逢无纸笔，凭君传语报平安。　——岑参《逢入京使》

等

děng

小篆

等

楷书

汉字造意

小篆字形，由“竹”（代指竹简）和“寺”组成，由此演变为现在的字形。寺有停留、停顿之意，等指的就是将多个竹简顿一顿，使之齐整。

字义源流

等：本义是使竹简齐整。引申后泛指相同，如：相等、等于、等价；又引申指人为划分的级别，如：头等、下等、等级；又引申指处于同一地位的，如：尔等、我等、公等；又引申指列举不尽，如：夏天常见的水果有桃子、西瓜、葡萄等，中国的名山有昆仑山、泰山、黄山，等等。

妙语精粹

等闲之辈　等量齐观　三六九等　等闲视之

上等牙刷——一毛不拔

等闲识得东风面，万紫千红总是春。　——朱熹《春日》

dá
dā

小篆 楷书

汉字造意

小篆字形，由“艸”（代指植物）和“合”（代指豆荚合闭）组成，原指小豆。隶变后在楷书中写作荅；后来在俗体中又写作答；汉字简化时统一写作答。

字义源流

答：本义是小豆。后来主要借用作“畣”（dá），表示应对，如：燮和天下，用答扬文、武之光训；引申指回复，如：回答、答复、应答；又引申指酬报，如：报答、答谢、答礼；又引申指对问题的解决或数学运算的结果，如：解答、答案、答题；表示以上意思时，均读作：dá。答又读作：dā，如：答应、答言、答腔、答讪、答理，后边的三个词，现在又规范为：搭腔、搭讪、搭理。

妙语精粹

对答如流　答非所问　有问必答　桃来李答

山顶喊话山下答——遥相呼应

惟将终夜长开眼，报答平生未展眉。　——元稹《遣悲怀三首·其三》

suàn

小篆 楷书

汉字造意

小篆字形，由“竹”（代指算筹）“目”（具的简省，表示备办）和“廾”（gǒng，表示双手）组成，表示运用算筹进行运算。隶变后在楷书中写作算。

字义源流

算：本义是计数、运算，如：计算、算账、算清楚。引申指计数的学问，如：算术、《九章算术》《周髀算经》；又引申指推测，如：估算、胜算；又引申指计谋，如：打算、庙算、神机妙算；又引申指陷害，如：这人可坏了，成天想着算计别人；又引申指计入在内，如：把他算上了吗？也算我一个；又引申指承认有效，如：这活嘛，还算是干得漂亮。

妙语精粹

如意算盘　精打细算　老谋深算　机关算尽

皇上的旨，将军的令——一口说了算

燕鸿过后春归去。细算浮生千万绪。来如春梦几多时，去似朝云无觅处。

——欧阳修《玉楼春·燕鸿过后春归去》

节

jié
jiē

金文　小篆　楷书繁　楷书简

汉字造意

金文字形，由“竹”和“即”（代指就餐）组成，原指可以制成竹碗的竹约，俗称竹节。小篆承续金文字形，且整齐化；隶变后在楷书中写作節；汉字简化后写作节。

字义源流

节：本义是竹约、竹节。引申指交接、分割之处，如：关节、骨节、节外生枝；又引申指链式事物的一个环节，如：节气、节日、节奏；又引申指对事物以及人的行为的约束，如：节约、节制、气节；又引申指代表国家和皇帝的凭信，如：符节；又引申指持节的人，如：使节，即出使国外的官员。

妙语精粹

不拘小节　繁文缛节　高风亮节　开源节流

芝麻开花——节节高

独在异乡为异客，每逢佳节倍思亲。　　　　——王维《九月九日忆山东兄弟》

汉字造意

甲骨文字形，像是一段谷（粟）穗，中间是梗，周围是米粒，表示粟米的意思，由此演变为现在的字形。

字义源流

米：本义是粟米，脱壳后就是小米。引申后泛指粮食作物脱壳后的籽粒，如：玉米、高粱米、花生米；又特指脱壳后的水稻，如：大米、米饭、米粥；又引申指像米一样小的东西，如：虾米、海米、鸡头米（芡实）；又用作长度的法定计量单位，如：厘米、毫米，1 米 =100 厘米。

妙语精粹

柴米油盐　鱼米之乡　太仓稊米　不为五斗米折腰

巧妇难为无米之炊。

去年五月黄梅雨，曾典袈裟粜米归。　　　　——与恭《思母》

汉字造意

小篆字形，由“米”和“青”组成，由此演变为现在的字形。青有富含生机之意，精指的就是营养丰富、优质纯净的细米。

字义源流

精：本义是优质纯净的细米。引申指纯粹的、优良的，如：精兵、精英、精华；又引申指纯粹的部分，如：酒精、香精、味精；又引申指雄性动物的生殖细胞，如：精液、精子、受精卵；又引申指心神、魂魄，如：精神、精力、精气神；又引申指鬼怪，如：山精、妖精、白骨精；又引申指人有灵气，如：精明、精悍、精干；又引申指完美的、细密的，如：精彩、精选、精致；又引申指有深入研究的，如：精通、精熟、精纯。

妙语精粹

精忠报国　博大精深　励精图治　精诚所至，金石为开

人逢喜事精神爽，月道中天分外明。

更无花态度，全有雪精神。　——辛弃疾《临江仙·探梅》

约

yuē

小篆　楷书繁　楷书简

汉字造意

小篆字形，由“糸”（mì，代指绳索）和“勺”（代指绳结）组成，表示捆缚、缠束，由此演变为现在的字形。

字义源流

约：本义是捆缚、缠束。引申指限制、束缚，如：约束、制约、约之以礼；又引申指事前商定，如：约定、约会、约请；又引申指事前商定必须要遵守的事，如：条约、婚约、合约；又引申指节省，如：俭约、节约；又引申指简要的，如：简约、约略；又引申指模糊的、不确定的，如：约数、大约、年约二八。

妙语精粹

风姿绰约　不约而同　约定俗成　隐约其辞

行船靠掌舵，理家靠节约。

月上柳梢头，人约黄昏后。——欧阳修《生查子·元夕》

红

hóng

gōng

小篆

紅

楷书繁

红

楷书简

汉字造意

小篆字形，由“糸”（mì，代指丝线）和“工”组成，由此演变为现在的字形。《说文·糸部》上说：“红，帛赤白色。从糸，工声。”本义是粉红色的帛，本文从此说。

字义源流

红：本义是粉红色的帛。引申后泛指红色，如：鲜红、红旗、红外线；又引申指鲜血，如：下红、流红、吐红；又特指与妇女有关的，如：阿姊闻妹来，当户理红妆、恸哭六军俱缟素，冲冠一怒为红颜；又引申指变红、呈红色，如：流光容易把人抛，红了樱桃，绿了芭蕉；又引申指显达、兴盛，如：红火、红人、开门红；又引申指好处、利润，如：红利、分红、红包；表示以上意思时，均读作：hóng。红又读作：gōng，特指女红（同女工），即古代妇女从事的纺织、刺绣、缝纫等工作，如：农夫释耒，红女下机。

妙语精粹

红红火火　红妆素裹　唇红齿白　大红大紫

人无千日好，花无百日红。

是处红衰翠减，苒苒物华休。唯有长江水，无语东流。

——柳永《八声甘州·对潇潇暮雨洒江天》

chún

金文 小篆 楷书繁 楷书简

汉字造意

金文字形，由“屯”（代指初始）和“糸”（mì，代指蚕丝）组成，表示生蚕丝之意。小篆承续金文字形，且整齐化；隶变后在楷书中写作純；汉字简化后写作纯。

字义源流

纯：本义是生蚕丝。引申指不含杂质的，由单一元素构成的，如：纯洁、纯正、纯金；又引申指不含有其他目的的，如：纯真、清纯、动机不纯；又引申指质朴无华，如：纯朴、纯美；又用作副词，表示完全地、地道地，如：纯黑、纯熟。

妙语精粹

纯正无邪　炉火纯青　纯一不杂

刚出炉的铁——心底纯正

纯诚发新文，独有金石声。　　——张籍《赠别孟郊》

zhǐ

小篆 楷书繁 楷书简

汉字造意

小篆字形，由“糸”（mì，代指蚕丝）和“氏”（代指底部）组成，原指漂洗丝线时沉落在池底竹筛上的一层杂丝，即纸张的雏形。隶变后在楷书中写作紙；汉字简化后写作纸。造纸术是中国古代四大发明之一，据考古发现，西汉时期就出现了植物纤维纸，东汉蔡伦改进了造纸术，东晋以后纸完全取代了简牍。公元2世纪，造纸术经由西域传到阿拉伯，再传到北非和西班牙，公元 10 世纪末，欧洲大陆才有用纸的记录。

字义源流

纸：本义是纸张，如：纸浆、白纸、信纸、纸币。又用作量词，表示张、页，如：一纸空文、一纸诉状、一纸家书。

妙语精粹

白纸黑字　纸醉金迷　洛阳纸贵　纸上谈兵

锻炼不刻苦，纸上画老虎。

纸上得来终觉浅，绝知此事要躬行。　　——陆游《冬夜读书示子聿》

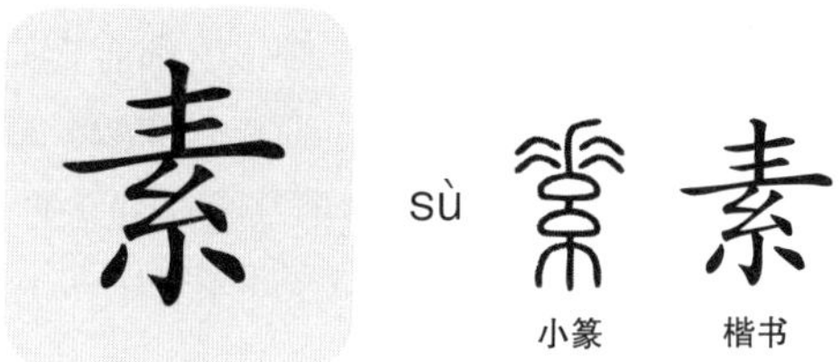

汉字造意

小篆字形，像是用丝织就的织物，由此演变为现在的字形。《说文·糸部》上说：“素，白緻缯也。”本义是未染色的生绢，本文从此说。

字义源流

素：本义是未染色的生绢。引申指纯净的、白色的，如：素淡、素净、素装；又引申指原始的、质朴的，如：素质、朴素、素材；又引申指蔬菜、瓜果等食物，如：素食、素斋、荤素搭配；又引申指日常的、一向的，如：平素、素愿、安之若素；又引申指构成事物的基本单位，如：元素、因素、维生素。

妙语精粹

红妆素裹　安之若素　素昧平生　艰苦朴素

老虎吃豆腐——口素心不善

素衣莫起风尘叹，犹及清明可到家。　　——陆游《临安春雨初霁》

细

xì

小篆 楷书繁 楷书简

汉字造意

小篆字形，由“糸”（mì，代指丝线）和“囟”（囟门，代指婴儿头部）组成，表示丝线像婴儿头上的毛发一样细。隶变时，将“囟”讹变为“田”，在楷书中写作細；汉字简化后写作细。

字义源流

细：本义是丝细。引申后泛指横截面面积小的，如：细绳、细柳、毛细血管；又引申指形体小的，如：细粒、细沙、细菌；又引申指微小，如：细节、细微、事无巨细；又引申指声音轻微，如：轻声细语、细声细气；又引申指精致的、讲究的，如：细致、细软、细粮；又引申指节省，如：细水长流，这人过日子可真细；又用作副词，表示周密地、小心地，如：细心、仔细、精打细算。

妙语精粹

低声细语　和风细雨　胆大心细　细大不捐

黄豆切细丝——功夫到家了

细雨鱼儿出，微风燕子斜。　——杜甫《水槛遣心二首》

终

zhōng

甲骨文 金文 小篆 楷书繁 楷书简

汉字造意

冬是终的本字。甲骨文字形，像是在丝线两端打结，表示纺线结束之意。金文承续甲骨文字形，绳结简化为圆点；小篆增加字符“糸”，以表明和丝线相关，并增加字符“仌”（表示冰），这可能源于词义分化，“冬”专门表示冬天，而“终”则承续“冬”的本义；隶变后在楷书中写作終；汉字简化后写作终。

字义源流

终：本义是纺线结束后将线头打结。引申指结束、完成，如：终点、终端、终于；又引申指死亡，如：临终、无疾而终、慎终追远；又引申指最后的、极端的，如：终极、最终、终审；又引申指整个地，如：终身、终生、终日；又引申指毕竟、总归，如：终究、终将、终归。

妙语精粹

不可终日　慎终如始　始终如一　靡不有初，鲜克有终

蛟龙得云雨——终非池中之物

黄沙百战穿金甲，不破楼兰终不还。　——王昌龄《从军行》

结

jié
jiē

小篆　楷书繁　楷书简

汉字造意

小篆字形，由“糸”（mì，代指丝线、皮条等长条物）和“吉”（代指疙瘩）组成，表示用长条物缩系或编织。隶变后在楷书中写作結；汉字简化后写作结。

字义源流

结：本义是用长条物缩系或编织，如：上古结绳而治，后世圣人易之以书契。引申指在长条物上缩系的疙瘩或扣，如：领结、盘结、蝴蝶结；又引申指联合、联盟，如：结盟、结拜、结亲；又引申指凝聚、聚合，如：心结、郁结、怨结；又引申指流体凝固，如：冻结、凝结、结冰；又引申指完成、停止，如：结束、结果、终结；表示以上意思时，均读作：jié。结又读作：jiē，表示植物生长出果实或种子，如：开花结果；又引申指口吃，如：结巴。

妙语精粹

瞠目结舌　劳逸结合　张灯结彩　义结金兰

杨树开花——无结果

利剑不在掌，结友何须多？　　——曹植《野田黄雀行》

汉字造意

甲骨文字形，像是断丝之形，表示将丝线截断。金文字形，增加字符“刀”，表示以刀断丝；小篆字形，“糸”（表示丝）简省为一条，增加字符“卩”（表示跪着的人）；隶变后在楷书中写作絕；汉字简化后写作绝。

字义源流

绝：本义是将丝线截断。引申指中断、消失，如：绝交、绝迹、绝望；又引申指无后续的，如：绝路、绝户、风华绝代；又引申指穷尽的，如：绝技、绝学、绝症；又引申指高超的，如：卓绝、这活儿干得可真绝；又引申指完全地、极其地，如：绝对、绝密、绝非偶然；又引申指超越，如：虽孔孟之徒，不能绝也；又引申指横越，如：假舟楫者，非能水也，而绝江河；又引申指抛弃，如：绝圣弃智，民利百倍；绝仁弃义，民复孝慈。

妙语精粹

悲痛欲绝　绝无仅有　不绝如缕　韦编三绝

事莫做绝，话莫说尽。

千山鸟飞绝，万径人踪灭。　　——柳宗元《江雪》

给

jǐ
gěi

 給 给

小篆　楷书繁　楷书简

汉字造意

小篆字形，由“糸”和“合”组成，由此演变为现在的字形。《说文·糸部》上说：“给，相足也。从糸，合声。”本义是丰足、富裕，本文从此说。

字义源流

给：本义是丰足、富裕，如：春省耕而补不足，秋省敛而助不给。引申指供应，如：供给、给养、自给自足；表示以上意思时，均读作：jǐ。给又借用作“丐”，读作：gěi，表示送与、使得到，如：送给他吧，把这个给我；又用作介词，相当于替、对、为、向、把、叫、被等，如：你给他搭把手，给车碰着了，有事给我打电话，等等。

妙语精粹

自给自足　口谐辞给　目不暇给　酬功给效

黄鼠狼给鸡拜年——没安好心

给园支遁隐，虚寂养身和。　——孟浩然《晚春题远上人南亭》

统

tǒng

 統 统

小篆　楷书繁　楷书简

汉字造意

小篆字形，由“糸”和“充”组成，由此演变为现在的字形。《说文·糸部》上说：“统，纪也。从糸，充声。”本义是丝的头绪，本文从此说。

字义源流

统：本义是丝的头绪。引申指相联系的关系，如：正统、血统、系统；又引申指总领、整体控制，如：统治、总统、统兵；又用作副词，表示总体性地，如：统计、统筹、统考。

妙语精粹

不成体统　统筹兼顾　一统天下　统一口径

水桶缺了把——不成体统（提桶）

江山一笼统，井口黑窟窿。黄狗身上白，白狗身上肿。　——张打油《咏雪》

汉字造意

金文字形，由“糸”和“巠”组成，由此演变为现在的字形。巠像是中国古代的织机，其上已经布好纵向的几条线，经指的就是织机上纵向布置的线，即经线。

字义源流

经：本义是经线，如：经纬。引申指经过检验的，如：经典、经常、经文；又引申指经过检验的思想、规范，如：经学、经传、四书五经；又引申指地理上的经线，如：经度、东经、西经；又引申指人体内运行的气血通路，如：经脉、经络、神经；又引申指妇女的月经，如：经期、绝经、经血；又引申指治理、管理，如：经理、经营、经管；又引申指亲历过、通过，如：曾经、已经、经验；又引申指禁受，如：经受、久经考验。

妙语精粹

饱经霜雪　不经事故　经国之才　满腹经纶

猪八戒西天取经——三心二意

辛苦遭逢起一经，干戈寥落四周星。　——文天祥《过零丁洋》

绿

lǜ
lù

甲骨文　小篆　楷书繁　楷书简

汉字造意

甲骨文字形，左边像是一束丝，右边像是从井中汲水的辘轳；小篆承续甲骨文字形，并在“辘轳”下边增加字符“水”；隶变后在楷书中写作綠；汉字简化后写作绿。《说文·糸部》上说：“绿，帛青黄色也。”本义是丝帛呈现青黄之间的颜色，即绿色，本文从此说。

字义源流

绿：本义是绿色，如：绿草、绿叶、绿化。引申指使变绿，如：春风又绿江南岸，明月何时照我还；又引申指纯天然的，如：绿色食品、绿色生态；表示以上意思时，均读作：lǜ。绿又读作：lù，如：绿林、绿营、鸭绿江。

妙语精粹

灯红酒绿　青山绿水　桃红柳绿　绿林好汉

绿皮萝卜——心里美

绿蚁新醅酒，红泥小火炉。晚来天欲雪，能饮一杯无。

——白居易《问刘十九》

线

xiàn

籀文　楷书

小篆　楷书繁　楷书简

汉字造意

线有两种字形，在楷书中分别写作“線”和“綫”，以下分别解读。“線”的籀文字形，由“糸”和“泉”组成，以丝线可以源源不断地抽出这个意象，来表达丝缕的含义；隶变后在楷书中写作線；汉字简化时，借用了“綫”的简化字形，写作线。“綫”的小篆字形，由“糸”和“戋”（代指细碎）组成，表示线缕之意；隶变后在楷书中写作綫；汉字简化后写作线。

字义源流

线：本义是线缕，如：棉线、毛线、线索。引申指像线一样细长的东西，如：电线、光线、纬线；又引申指路径，如：路线、航线、单行线；又引申指成系列的工序或岗位，如：流水线、生产线、退居二线；又引申指卧底，如：内线、眼线、线报；又引申指界限、边缘，如：前线、边境线、生命线；又引申指几何学中的线条，如：直线、曲线、线段；又用作量词，相当于缕或丝，如：一线生机、一线阳光。

妙语精粹

穿针引线　一针一线　命悬一线　放长线钓大鱼

布上的棉线——千头万绪

苦恨年年压金线，为他人作嫁衣裳。　　——秦韬玉《贫女》

练

liàn

小篆

練

楷书繁

练

楷书简

汉字造意

小篆字形，由“糸”和“柬”组成，原指将生丝或丝织品煮得洁白柔软。隶变后在楷书中写作練；汉字简化后写作练。

字义源流

练：本义是将生丝或丝织品煮得洁白柔软。引申指白色的丝绢，如：白练、素练；又引申指反复操作、体会，如：练习、训练、磨练；又引申指简要、精要，如：简练、凝练、洗练；又引申指有经验的，如：熟练、干练、老练。

妙语精粹

练达老成　勤学苦练　通才练识　训练有素

老鼠同猫睡——练胆子

残酒欲醒中夜起，月明如练天如水。

——冯延巳《蝶恋花·萧索清秋珠泪坠》

续

xù

甲骨文　金文　小篆　楷书繁　楷书简

汉字造意

甲骨文字形，由“庚”和“贝”组成，像是在给贝壳钻孔，可以看出，赓和续原本是同一个字。金文继承甲骨文字形；在小篆中，字符“庚”发生形变，增加“囧”（窗，表示通透）和“糸”，表示用丝线将钻过孔的贝壳串起来；隶变后在楷书中写作續；汉字简化后写作续。

字义源流

续：本义是给贝壳钻孔。引申指接连，使不中断，如：连续、继续、陆续、续聘、续集，又如：把酒杯续满，给炉子里续点儿煤；又引申指传递，如：教顺施续，而知能流通，由此观之，学不可已明矣；又特指妻死再娶，如：续弦、就算为了孩子着想，你也该续一房媳妇了。

妙语精粹

狗尾貂续　断长续短　存亡续绝　以夜续昼

癞子当和尚——不费手续

忙日苦多闲日少，新愁常续旧愁生。　——陆游《浣溪沙·和无咎韵》

罪

zuì

甲骨文　小篆　楷书

汉字造意

金文字形，由“自”（表示鼻子）和“辛”（代指刑刀）组成，表示中国古代的割鼻酷刑。小篆承续金文字形，据说秦认为“辠”与“皇”相像，所以用“罪”（表示抓捕犯人）来表示“辠”的含义；隶变后在楷书中写作罪。

字义源流

罪：本义是作恶或犯法的行为，如：罪恶、犯罪、罪不容诛。引申指过失、错误，如：请罪、谢罪、归罪于人；又引申指判定的刑罚，如：治罪、杀人罪、抢劫罪；又引申指谴责、归罪，如：不知者无罪；又引申指苦难，如：受罪、遭罪。

妙语精粹

负荆请罪　戴罪立功　怀璧其罪　罚当其罪

喝足酒跳太湖——罪（醉）该万死

得罪唯惊恩未酬，夷陵山水称闲游。　——贯休《送薛侍郎贬峡州司马》

羊

yáng

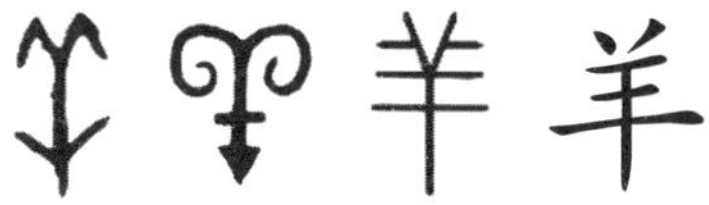

甲骨文　金文　小篆　楷书

汉字造意

甲骨文字形，像是羊头的正视简图，由此演变为现在的字形。

字义源流

羊：本义是羊这种哺乳动物，如：山羊、绵羊、羊肉。又用作十二生肖之一，如：属羊的，今年是羊年。

妙语精粹

亡羊补牢　三羊开泰　羊入虎口　挂羊头卖狗肉

放羊的捡柴火——一举两得

天苍苍，野茫茫，风吹草低见牛羊。　——《敕勒歌》

美

měi

汉字造意

甲骨文字形，由“羊”和“大”（表示人）组成，由此演变为现在的字形。

字义源流

美：本义有二，一、羊大为美，羊肉可以饱腹，皮毛可以御寒，还常用作祭祀神鬼的贡品，具有超高的实用价值，“美”体现了古人对羊的特殊喜好；二、壮如公羊，男人头戴羊角，载歌载舞，寄托了对雄壮、矫健的公羊的崇拜。由“羊大为美”引申指满意的、满足的，如：美好、美食、美梦、物美价廉。由“壮如公羊”引申指漂亮的、好看的，如：美人、美景、美丽；又引申指使漂亮，如：美容、美发、美体；又引申指带给人满足、愉悦的感觉、艺术、哲学，如：美感、美术、美学。

妙语精粹

黄粱美梦　尽善尽美　两全其美　成人之美

做梦娶西施——想得美

美人卷珠帘，深坐颦蛾眉。但见泪痕湿，不知心恨谁。　——李白《怨情》

义

yì

甲骨文 金文 小篆 楷书繁 楷书简

汉字造意

甲骨文字形，由“羊”和“我”（代指刀锯）组成，表示屠宰牛羊以祭祀。金文承续甲骨文字形；小篆承续金文字形，且整齐化；隶变后在楷书中写作義；汉字简化后写作义。

字义源流

义：本义是屠宰牛羊以祭祀。引申指公正合宜的事或行为，如：见义勇为、义者宜也；又引申指仁道、公理，如：正义、仁义、情义；又引申指真理，如：主义、马列主义、三民主义；又引申指意思，如：定义、意义、字义；又引申指符合仁道的、符合公理的，如：义举、起义、义肢；又引申指出于仁道地，如：义演、义卖、义拍。

妙语精粹

义不容辞　大义灭亲　义薄云天　舍生取义

多行不义必自毙。

奇文共欣赏，疑义相与析。　　——陶渊明《移居二首》

习

xí

甲骨文 小篆 楷书繁 楷书简

汉字造意

甲骨文字形，由“羽”（表示翅膀）和“日”（代指天空）组成，表示鸟在空中反复练习飞翔。小篆字形，将“日”讹变为“白”；隶变后在楷书中写作習；汉字简化后写作习。

字义源流

习：本义是鸟在空中反复练习飞翔，如：习，数飞也。引申指反复地演练、模仿，如：学习、习字、习武；又引申指熟悉、了解，如：习惯、习俗、习以为常；又引申指长期形成的稳定的生活方式，如：积习、恶习、习性。

妙语精粹

习以为常　积习难改　习非成是　不习水土

学而时习之，不亦乐乎？　　——《论语·学而》

习静心方泰，劳生事渐稀。　　——白居易《酬裴相公见寄二绝》

汉字造意

甲骨文字形，像是拄着拐杖的长发老人，表示年岁大的人的意思。金文字形，所拄拐杖的形状发生讹变；小篆承续金文字形，且整齐化；隶变后在楷书中写作老。

字义源流

老：本义是年岁大的人，如：二老、养老、敬老院。引申指古代对年长臣僚的尊称，如：将不得为寡君老；又引申指年岁大的，如：老人、老年、老奶奶；又引申指经验丰富的、久经磨练的，如：老练、老辣、老谋深算；又引申指历时长久的，如：老窝、老朋友、老字号；又用作副词，表示经常性地，如：老是、老想、老这样；又虚化为前缀，构成某些指人名词、动物名称，如：老师、老虎、老鹰；又放在姓氏之前，表示称呼，如：老李、老张、老王；又引申表示同辈排行，如：老大、老三、老妹。

妙语精粹

宝刀未老　冯唐易老　老态龙钟　执子之手，与子偕老

不怕路长，只怕心老。

天若有情天亦老，人间正道是沧桑。　——李贺《金铜仙人辞汉歌》

汉字造意

甲骨文字形，像是拄着拐杖的长发老人，表示年老的意思。金文承续甲骨文字形；小篆承续金文字形，且整齐化；隶变后在楷书中写作考；现在，考又合并了“攷”（表示敲击）的部分含义。

字义源流

考：本义是年老，岁数大，如：富贵寿考，衰荣终始。引申后专指去世的父亲，如：先考、考妣、二十有八载，帝乃殂落，百姓如丧考妣；又引申指终、尽，如：身憔悴而考旦兮，日黄昏而长悲；合并“攷”的部分含义后，又引申指拷问、拷打，此义后来由“拷”承续；又引申指检查、研究，如：考察、考勤、考古；又引申指测试、检测，如：考试、高考、中考。

妙语精粹

循名考实　询事考言　历历可考　如丧考妣

考场里皱眉头——遇到难题了

考室先依地，为农且用天。　——宋之问《蓝田山庄》

者

zhě

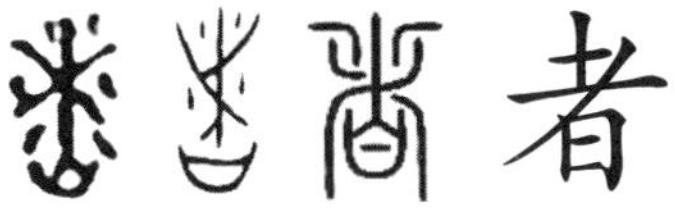

甲骨文　金文　小篆　楷书

汉字造意

甲骨文字形，上边像是燃烧的木柴，周围是蹦出的火星，下边像是“火”的字形，整体表示燃烧之意。金文字形，将“火”讹变为“口”；小篆字形，又将“口”讹变为“白”；隶变后在楷书中写作者。

字义源流

者：本义是燃烧。由野火贴地蔓延，引申出附着、与之相关等含义，常与其他字合用，相当于……的（人、事、东西、时间、地方、原因、情况……），如：作者、来者、生者、死者、创造者；又如：诚者，天之道也；诚之者，人之道也。

妙语精粹

能者为师　来者不拒　来者不善，善者不来　仁者见仁，智者见智

董卓进京——来者不善

何夜无月？何处无竹柏？但少闲人如吾两人者耳。

——苏轼《记承天寺夜游》

耕

gēng

金文　小篆　楷书

汉字造意

金文字形，由“田”“耒”（表示古代农具）和“爪”（手）组成，表示耕田之意。或许因为这个字形与“男”字很像，为了便于区分，人们又以“耒”和“井”另造“耕”字，这已经是西汉时期的事了。有人认为“耕”中之“井”与先秦时期的井

田制有关，可是西汉时期井田制早已废除，人们在此时创造“耕”字，恐怕与之关系不大。还有人认为“井”与古文字“刑”有关，理由是被施以鞭刑后身上隆起的一条条疤痕，与田地里的一条条田垄具有相似的意象。隶变后，在楷书中写作耕。

字义源流

耕：本义是以耒掘土耕田，如：长沮、桀溺偶而耕。引申后泛指耕田，如：牛耕、犁耕、耕地、春耕；又泛指农业劳作，如：耕种、耕耘、男耕女织；又引申指致力于某种工作、事业，如：笔耕（写文章）、舌耕（教书）、耕道而得道，猎德则得德。

妙语精粹

精耕细作　刀耕火种　笔耕砚田　心织笔耕

一分耕耘，一分收获。

童孙未解供耕织，也傍桑阴学种瓜。　　——范成大《夏日田园杂兴·其七》

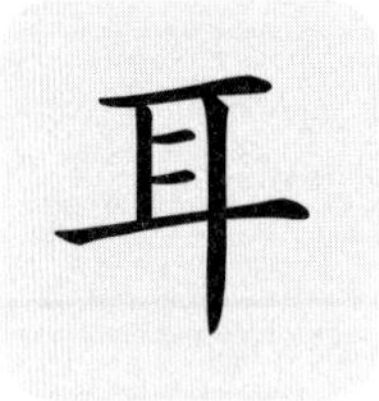

ěr

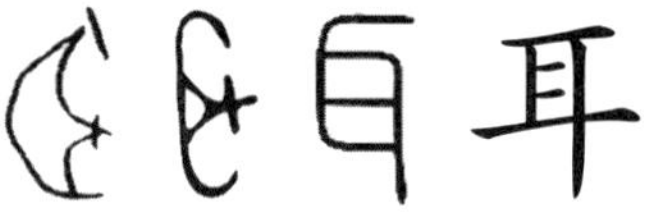

甲骨文　金文　小篆　楷书

汉字造意

甲骨文字形，像是一只耳朵，表示耳朵之意，由此演变为现在的字形。

字义源流

耳：本义是耳朵，如：耳根、耳环、耳机。引申指形状像耳朵的东西，如：木耳、银耳；又引申指器具两旁可供提举的结构，如：壶耳、罐耳；又引申指在位置上对称的，如：耳房、耳门；又用作助词，相当于而已、罢了，如：止增笑耳，技止此耳、想当然耳；又表示感叹，相当于啊、呀，如：男儿居世，会当得数万兵千匹骑着后耳。

妙语精粹

俯首帖耳　耳顺之年　口耳相传　掩耳盗铃

猪八戒戴耳环——自以为美

三年枕上吴中路。遣黄耳、随君去。　　——苏轼《青玉案·送伯固归吴中》

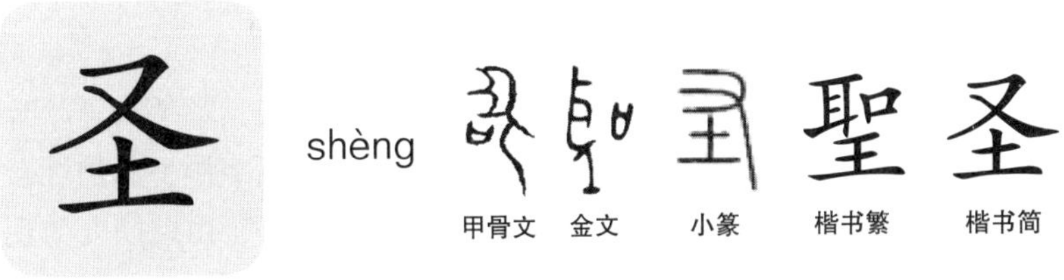

汉字造意

甲骨文字形，由“口”（代指声音）和一个突出耳朵的人组成，表示听觉灵敏之意。金文字形，将“人”讹变为“壬”（表示挺立）；小篆承续金文字形，且整齐化；隶变后在楷书中写作聖；汉字简化时，借用了“圣”（原指以手挖地）的字形，写作圣。

字义源流

圣：本义是听觉灵敏。引申指聪明，如：绝圣弃智，民利百倍；又引申指品德高尚的、崇高完美的，如：圣人、圣贤、圣哲；又引申指对帝王及其相关事物的尊称，如：圣上、圣旨、圣明；又引申指宗教徒所崇拜的神，如：圣诞、朝圣、圣经；又引申指在某一领域具有极高地位的人，如：棋圣、茶圣、武圣；又引申指神通，如：显圣、斗圣。

妙语精粹

超凡入圣　绝圣弃智　古圣先贤　人非圣贤，孰能无过

圣人面前卖文章——自不量力

欲为圣明除弊事，肯将衰朽惜残年。　　——韩愈《左迁至蓝关示侄孙湘》

闻

wén

甲骨文　金文　小篆　楷书繁　楷书简

汉字造意

甲骨文字形，由一个跪坐的人形和一只突出的耳朵组成，表示举手附耳聆听之意。金文字形，将耳朵下移，并增加表示声音的小点儿；小篆字形另起炉灶，由“耳”和“门”组成，表示把耳朵贴在门缝上倾听外面的声音，由此演变为现在的字形。

字义源流

闻：本义是听见，如：充耳不闻、闻风而动、闻过则喜。引申指听说、知道，如：朝闻道，夕死可矣；又引申指消息、音讯，如：新闻、传闻、趣闻；又指用鼻子嗅气味，如：这味道真好闻。

妙语精粹

博闻强记　闻风丧胆　耳闻目睹　百闻不如一见

聋子戴耳机——充耳不闻

春眠不觉晓，处处闻啼鸟。夜来风雨声，花落知多少。　——孟浩然《春晓》

声

shēng

甲骨文　小篆　楷书繁　楷书简

汉字造意

甲骨文字形，由一个悬挂的石磬、一只拿着鼓槌的手、“耳”“口”等字符组成，表示听到敲击石磬发出的声音。小篆字形与甲骨文略同，只不过简省了“口”；隶变后在楷书中写作聲；汉字简化后写作声。

字义源流

声：本义是声音，即耳朵能够辨识的听觉信息，如：风声、歌声、超声波。引申指读音，如：声调、声母、平声；又引申指宣布，使人知道，如：声明、声张、声讨；又引申指名望、评价，如：名声、声望、声誉；又用作量词，表示发出声音的次数，如：一声巨响，道一声辛苦。

妙语精粹

销声匿迹　金声玉振　绘声绘色　掷地有声

矮子放屁——低声下气

别有幽愁暗恨生，此时无声胜有声。　　——白居易《琵琶行》

汉字造意

甲骨文字形，由“口”和“耳”组成，表示听闻之意。金文、小篆字形繁化，增加了“壬”（代指挺立）“直”“心”等字符，表示站在高处倾听别人的心里话；隶变后在楷书中写作聽；汉字简化时，借用了“听”（原指笑吟吟的样子）的字形，写作听。

字义源流

听：本义是用耳朵接收声音，如：听力、听说、聆听。引申指接受，如：听差、听命、听用；又引申指顺从，如：听从、听话、言听计从；又引申指任凭，如：听凭、听其自然、听天由命。

妙语精粹

闭目塞听　垂帘听政　偏听偏信　听而不闻

不听曲子听评书——说的比唱的好听

今日听君歌一曲，暂凭杯酒长精神。——刘禹锡《酬乐天扬州初逢席上见赠》

肉

ròu

甲骨文　小篆　楷书

汉字造意

甲骨文字形，像是大块的兽肉。小篆字形稍作变化，与“月”的字形相似；为了与月相区分，隶变时字形再做变化，在楷书中写作肉。

字义源流

肉：本义是大块的兽肉，如：猪肉、羊肉、牛肉。引申指人体皮下有弹性的组织，如：肌肉、肉体、肉麻；又引申指某些瓜果内的可食用部分，如：果肉、杏肉、瓜肉；又引申指环状物的外体部，如：肉（璧外环部）倍好（璧内孔）谓之璧，好倍肉谓之瑗；又引申指慢性子、行动不利索，如：这人可真肉，磨叽半天了，就是不动窝；又引申指徒口唱歌，如：丝不如竹，竹不如肉。

妙语精粹

肉眼凡胎　酒池肉林　骨肉至亲　挂羊头，卖狗肉

肥猪跑进屠夫家——送上门的肉

细读离骚还痛饮，饱看修竹何妨肉。　　——辛弃疾《满江红·山居即事》

yù

甲骨文　金文　小篆　楷书

汉字造意

甲骨文字形，由“女”和一个倒置的孩子组成，表示女人产育生子。金文字形与甲骨文略同，增加了一些表示羊水的点儿。小篆主要有两种字形：一种与金文类似，只不过用“每”替换“女”，并把表示羊水的点儿拉长；另一种从第一种字形分化而来，保留了倒置的孩子，并增加字符“肉”（表明血肉之躯）。隶变后，在楷书中分别写作毓和育。

字义源流

育：本义是女人生孩子，如：生育、产育、育子。引申指养活，如：哺育、保育；又引申指饲养、培植，如：育雏、育苗、育林；又引申指培养，如：教育、德育、美育。

妙语精粹

作育人材　果行育德　仰事俯育

叫花子教育小讨饭——彼此一样

阳和发生均孕育，鸟兽有情知不足。　——孟郊《覆巢行》

xiōng

小篆　楷书

汉字造意

匈是胸的本字，《说文·勹部》上说：“匈，膺也。”匈的本义就是胸膛；隶变时增加字符“肉”，使胸膛的含义更为明显，在楷书中写作胸。

字义源流

胸：本义是胸膛，如：如胸口、胸围、胸毛。引申指内心、怀抱，如：心胸、胸怀、胸有成竹。

妙语精粹

胸怀大志　了然于胸　胸无点墨　胸无城府

肚里容不得一根毛——心胸太小

胸中有誓深于海，肯使神州竟陆沉？　　——郑思肖《二砺》

能

néng

金文　小篆　楷书

汉字造意

金文字形，像是一只突出头部和粗大爪子的熊，由此演变为现在的字形。能是熊的本字。熊能爬树，会游泳，食物广泛，还可以冬眠，具有高强的生存本领，由此引申出才能、能力等含义。后来为了分化字义，在“能”下增加“灬”（huǒ，火的简写），另外造出“熊”字，表示熊是一种脾气火爆的动物。

字义源流

能：本义是熊，如：梦黄能入寝门。引申指才智，如：能耐、能力、才能；又引申指难不倒的、善于做成的，如：能人、能干、能文能武；又引申指做得到、可行，如：可能、能够，他能干这活儿；又引申指能量，如：热能、核能、化学能。

妙语精粹

耳熟能详　选贤与能　不能自已　力能扛鼎

大象的鼻子——能屈能伸

一生大笑能几回，斗酒相逢须醉倒。　　——岑参《凉州馆中与诸判官夜集》

脱

tuō

小篆 楷书繁 楷书简

汉字造意

小篆字形，由“肉”和“兑”组成，由此演变为现在的字形。兑有给出、减少之意，脱指的就是肌肉消减。

字义源流

脱：本义是肌肉消减，如：脱相。引申指骨肉分离，如：肉去骨曰脱；又引申指分离、偏离，如：脱险、脱臼、脱靶；又引申指掉落，如：脱毛、脱发、脱皮；又引申指抽去、解除，如：脱脂、脱鞋、摆脱；又引申指漏掉，如：脱漏、脱误。

妙语精粹

金蝉脱壳　动如脱兔　脱胎换骨　脱口而出

打架脱衣服——赤膊上阵

脱衣换得商山酒，笑把离骚独自倾。　——王禹偁《清明日独酌》

臣

chén

甲骨文 金文 小篆 楷书

汉字造意

甲骨文字形，像是一只竖立着的眼睛，由此演变为现在的字形。通常情况下，只有趴伏或跪在地上仰头向上看时，人的眼睛才会处于这种状态，人们借用这个行为特征来代指俘虏。

字义源流

臣：本义是俘虏。引申指服侍主人的奴仆，如：虽臣虏之劳不苦于此矣；又引申指封建时代的官吏，他们相当于君主的奴仆，如：君臣、臣子、俯首称臣。

妙语精粹

北面称臣　开国功臣　乱臣贼子　一朝天子一朝臣

戴着乌纱弹棉花——有功（弓）之臣

臣子恨，何时灭？驾长车，踏破贺兰山缺。　　——岳飞《满江红·写怀》

汉字造意

甲骨文字形，像是鼻子之形，由此演变为现在的字形。

字义源流

自：本义是鼻子，这个含义后来由“鼻”继承。人们常用手指指着鼻子来强调自己，由此引申出自我的含义，如：自己、自觉、自信、自主、自救、自强；由鼻子的呼气和吸气，引申出从、由、自然地等含义，如：自从、出自、来自、自上而下、自始至终、自不待言。

妙语精粹

情不自禁　不打自招　不能自已　超然自得

撑船不用篙——任其自流

自在飞花轻似梦，无边丝雨细如愁。　——秦观《浣溪沙·漠漠轻寒上小楼》

至

zhì

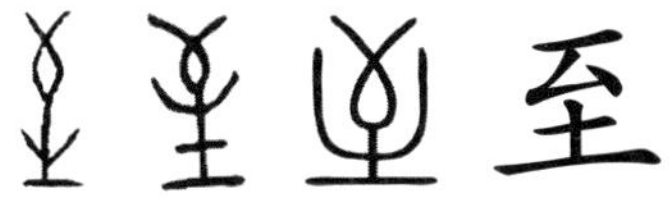

甲骨文 金文 小篆 楷书

汉字造意

甲骨文字形，像是射落于地的箭矢，由此演变为现在的字形。

字义源流

至：本义是射落于地的箭矢。引申指到、到达，如：至今、至此、朝发夕至；又引申指及、达到，如：至于、乃至、甚至；又引申指极点，如：夏至、冬至、荣幸之至；又引申指极限的，如：至交、至理、至善；又用作副词，表示极、最，如：至多、至少、至高无上。

妙语精粹

关怀备至　宾至如归　仁至义尽　如获至宝

至乐莫如读书，至要莫如教子。

至今商女，时时犹唱，后庭遗曲。　　　　——王安石《桂枝香·金陵怀古》

致

zhì

甲骨文 小篆 楷书

汉字造意

金文字形，由“至”和一个突出脚的人组成，表示到达、到来之意。小篆字形，简省了字符“人”，只保留了字符“夂”（suī，表示倒置的脚）；隶变后在楷书中写作致。

字义源流

致：本义是到达、到来。引申指使到达、招来，如：致使、致富、招致；又引申指奉献、付出，如：致力、致电、致敬；又引申指归还，如：致仕、致禄；又引申指精密，如：精致、细致；又引申指情趣，如：兴致、雅致、别致；又引申指精密，如：精致、细致。

妙语精粹

别无二致　专心致志　错落有致　学以致用

非淡泊无以明志，非宁静无以致远。

东风有恨致玄都，吹破枝头玉，夜月梨花也相妒。——周文质《小桃红・咏桃》

金文　小篆　楷书繁　楷书简

汉字造意

金文字形，中间的字符表示勾连、结交，周围的四只手表示有很多人参与，下边的“口”表示声音，整体表示结交的众人，即党与、徒众之意。小篆承续金文字形，并简省了字符“口”；隶变后在楷书中写作與；汉字简化后写作与。

字义源流

与：本义是党与、徒众，如：其应者，必其人之与也。引申指同类，如：民吾同胞，物吾与也；又引申指给予，如：给与、赠与、与人方便；又引申指赞同，如：吾与点也；又用作介词，相当于和、同，如：与民同乐、与人为善；又用作连词，相当于和、并，如：我与你、人与自然；表示以上意思时，均读作：yǔ。与又读作：yù，表示参加，如：参与、与会、与国。

妙语精粹

荣辱与共　不足与谋　无与伦比　与虎谋皮

与人方便，自己方便。

人生自是有情痴，此恨不关风与月。——欧阳修《玉楼春・尊前拟把归期说》

兴

xīng
xìng

甲骨文 金文 小篆 楷书繁 楷书简

汉字造意

甲骨文字形，由“凡”（表示盘状东西）“舁”（yù，表示四手共举）和“口”（代指号子）组成，表示大伙喊着号子把东西抬起来。金文、小篆字形与甲骨文略同；隶变后在楷书中写作興；汉字简化后写作兴。

字义源流

兴：本义是抬起来。引申指发起、发动，如：兴兵、兴建、兴风作浪；又引申指大力发展，如：兴盛、兴隆、复兴；又引申指出现、流行，如：新兴、时兴；表示以上意思时，均读作：xīng。兴又读作：xìng，表示情绪高昂的、刺激的，如：兴奋、高兴、兴冲冲；又引申指情趣、情味，如：雅兴、诗兴、助兴；又指一种诗歌表现手法，由铺陈描写进入到抒情感慨，如：起兴、赋比兴。

妙语精粹

百废待兴　兴趣盎然　即兴之作　乘兴而来，败兴而归

八月十五云遮月——扫兴

兴尽晚回舟，误入藕花深处。　　——李清照《如梦令·常记溪亭日暮》

举

jǔ

小篆 楷书繁 楷书简

汉字造意

小篆字形，由“与”和“手”组成，表示众人合力托起之意。隶变后在楷书中写作舉；汉字简化后写作举。

字义源流

举：本义是众人合力托起。引申指托、抬，如：举手、举重、举棋不定；又引申指提出、拿出，如：举例、举报、举一反三；又引申指发动、率领，如：举兵、举办、举行；又引申指作为、行动，如：义举、壮举、一举一动；又引申指推荐、选拔，如：科举、举荐、举孝廉；又引申指全、都，如：举国、举凡、举世。

妙语精粹

举案齐眉　不胜枚举　举世瞩目　纲举目张

外举不避仇，内举不避亲。

举杯邀明月，对影成三人。 ——李白《月下独酌》

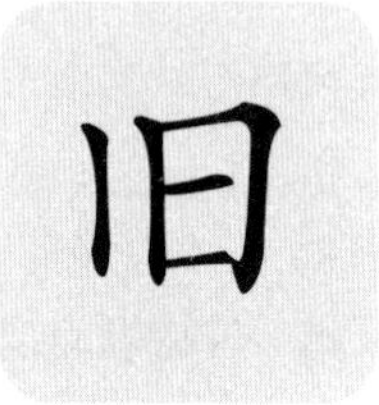

jiù

甲骨文　金文　小篆　楷书繁　楷书简

汉字造意

甲骨文字形，上边像是猫头鹰类猛禽之形，下边的“凵”（kǎn，表示凹陷）像是鸟巢，据说此类猛禽常毁坏其他鸟类的巢穴。金文承续甲骨文字形，并把“凵”讹变为“臼”；小篆承续金文字形，且整齐化；隶变后在楷书中写作舊；汉字简化后写作旧。

字义源流

旧：本义是猫头鹰。借用为新旧之“旧”，表示原先的、从前的，如：旧日、旧情、旧址；引申指过去的事情、事物，如：怀旧、念旧、叙旧；又引申指惯例，如：依旧、照旧。

妙语精粹

半面之旧　因循守旧　旧态复萌　旧瓶新酒

杨二郎的外甥——不爱旧（舅）

旧时王谢堂前燕，飞入寻常百姓家。 ——刘禹锡《乌衣巷》

舌

shé

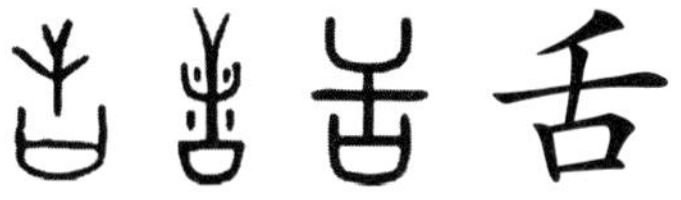

甲骨文 金文 小篆 楷书

汉字造意

甲骨文字形，像是从口中伸出的舌头，由此演变为现在的字形。

字义源流

舌：本义是舌头，如：舌尖、舌根、瞠目结舌。引申指言辞，如：舌战、学舌、唇枪舌剑；又引申指形状像舌头的东西，如：火舌、帽舌、鸭舌帽。

妙语精粹

口干舌燥　舌战群儒　七嘴八舌　巧舌如簧

行为不正经，舌头短三分。

黄莺百舌正相呼，玉树后庭花带雨。　　——牛殳《琵琶行》

舍

shè

shě

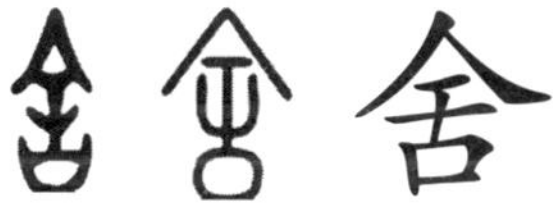

金文 小篆 楷书

汉字造意

金文字形，上边像是简易茅屋之形，下边的“口”像是台阶或地基，舍指的就是供旅人暂住的简易客店。小篆承续金文字形，且整齐化；隶变后在楷书中写作舍。

字义源流

舍：本义是供旅人暂住的简易客店。引申指房屋，如：田舍、宿舍、校舍；又用作对自己家或家人的谦称，如：寒舍、舍弟、舍妹；又用作量词，表示三十里，即古代军队一天的行程，如：退避三舍；表示以上意思时，均读作：shè。舍又读作：

shě，表示放弃、停止，如：舍得、舍弃、舍身；又引申指捐献、布施，如：施舍、舍与、舍粥。

妙语精粹

舍生取义　求田问舍　难舍难分　魂不守舍

赶牛进鸡舍——门路不对

渭城朝雨浥轻尘，客舍青青柳色新。　——王维《送元二使安西》

wǔ

甲骨文　金文　小篆　楷书

汉字造意

无与舞原本是同一个字。甲骨文字形，像是一个人持物起舞的样子，表示跳舞之意。金文字形繁化，增加了表示行进的字符“辵”（chuò）；小篆字形，又将“辵”转变为双足；隶变后在楷书中写作舞。

字义源流

舞：本义是跳舞，如：舞台、舞步、手舞足蹈。引申指舞蹈这种艺术形式，如：民族舞、芭蕾舞、踢踏舞；又引申指有节奏地做动作，如：挥舞、舞动、舞刀弄枪；又引申指飞扬、飘动，如：飞舞、飘舞、眉飞色舞；又引申指玩弄、耍弄，如：舞弄、舞弊、舞文弄墨。

妙语精粹

歌舞升平　鼓舞人心　手舞足蹈　项庄舞剑，意在沛公

关公舞大刀——拿手好戏。

山外青山楼外楼，西湖歌舞几时休。　——林升《题临安邸》

船

chuán

金文 小篆 楷书

汉字造意

金文字形，由“舟”和“㕣”（yǎn）组成，由此演变为现在的字形。㕣是谷的简省，原指泉水从山间流出，这与段玉裁所训“山间陷泥地”有相通之处。船指的就是舟，增加字符㕣，或许是要强调水中行舟之意。

字义源流

船：本义是舟，如：轮船、渔船、帆船。又用作状语，指用船，如：有好事者船载以入；又引申指航天工具，如：太空船、宇宙飞船。

妙语精粹

水涨船高　草船借箭　看风使船　船坚炮利

船到桥头自然直。

黑云翻墨未遮山，白雨跳珠乱入船。　——苏轼《六月二十七日望湖楼醉书》

良

liáng

甲骨文 金文 小篆 楷书

汉字造意

甲骨文字形，像是古代穴居两侧有进出廊道之形，是“廊”的本字。金文承续甲骨文字形，并稍作变化；小篆承续金文，且整齐化；隶变后在楷书中写作良。

字义源流

良：本义是古代穴居两侧的廊道。由廊道引申指明朗高爽，又继续引申指美好的、理想的，如：善良、良心、良宵、良方、消化不良；又用作副词，相当于很、非常、确实，如：良久、良多、用心良苦、受益良多。

妙语精粹

金玉良言　良师益友　良莠不齐　除暴安良

裁缝不带尺——存心不良（量）

何日平胡虏，良人罢远征。　——李白《子夜吴歌·秋歌》

色

sè
shǎi

色

小篆　楷书

汉字造意

小篆字形，由一个站立的人和一个跪着的人组成，由此演变为现在的字形。站立的人和跪着的人，常出现于有所训斥的场景之中，由此表达怒形于色之意。

字义源流

色：本义是怒色。引申指面部神情，如：脸色、气色、喜形于色；又特指病人的面色、气色，如：色枯者，肺干也；又引申指女子的美貌，如：姿色、美色、国色天香；又引申指情欲，如：色情、声色犬马；又引申指光波经物体反射后在视觉系统所产生的印象，如：色彩、颜色、景色；又引申指种类，如：清一色、各色各样；又引申指质地，如：货色、音色、成色；表示以上意思时，均读作：sè。在口语中，色也读作：shǎi，如：掉色、褪色；也指色子，即骰子，是一种小立方体形式的赌具，如：掷色子。

妙语精粹

察言观色　面不改色　大惊失色　色胆包天

巧言令色，鲜矣仁。　——《论语·阳货》

莫向西湖歌此曲，水光山色不胜悲。　——赵孟頫《岳鄂王墓》

花

huā

甲骨文 金文 小篆 楷书

汉字造意

花和华原本是同一个字。甲骨文字形，像是一棵树木开满了花朵。金文字形变化较大，已不容易看出树上开花的样子了；小篆承续金文，并增加字符“艸”；隶变后在楷书中写作華。后来为了分化字义，由“艸”和“化”组合出俗体字“花”，表示花朵是植物最容易发生变化的部分，但是出于习惯，在一些成语中仍然以“华”来表示花朵。

字义源流

花：本义是树木开花，如：春华秋实、华而不实。引申指花朵，如：菊花、樱花、芍药花；又引申指样子像花的东西，如：火花、雪花、礼花；又引申指某些成小滴、小块儿的东西，如：油花、泪花、葱花；又引申指消费、用掉，如：花钱、花费、花销；又引申指驳杂的、不单纯的，如：花白、花布、五花肉；又引申指看不清的，如：花镜、昏花、老花眼；又引申指变化多端的、虚伪的，如：花招、花架子、花舌子。

妙语精粹

借花献佛　锦上添花　走马观花　闭月羞花

好花开不败，好事说不坏。

无可奈何花落去，似曾相识燕归来。　——晏殊《浣溪沙·一曲新词酒一杯》

若

ruò

甲骨文 金文 小篆 楷书

汉字造意

甲骨文字形，像是一个跪坐女人高举双手梳理头发的样子，由此表示理顺、柔顺之意。金文字形，增加字符“口”，强调女子的应诺、顺从；小篆字形，头发讹变为“艸”，“人”与“口”讹变为“右”；隶变后在楷书中写作若。

字义源流

若：本义是理顺头发。引申指顺从、柔顺，如：若，顺也；又引申指应允、应诺，此义后来由“诺”继承，如：若者，言之符也；又引申指如同、相似，如：旁若无人、若隐若现；又用作连词，相当于假如，如：如若、倘若、若然；又用作代词，相当于你、你们，如：若辈、若曹。

妙语精粹

从容自若　欢喜若狂　固若金汤　噤若寒蝉

若要人不知，除非己莫为。

千锤万凿出深山，烈火焚烧若等闲。　——于谦《石灰吟》

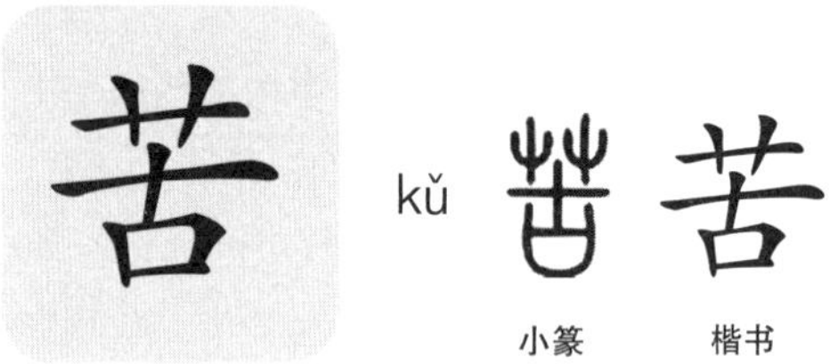

汉字造意

小篆字形，由“艸”和“古”组成，由此演变为现在的字形。《说文・艸部》上说：“苦，大苦，苓也。从艸，古声。”本义是苦菜，即荼，本文从此说。

字义源流

苦：本义是苦菜，如：采苦采苦，首阳之下。引申指类似于苦胆、黄连等麻涩难忍的滋味，如：苦味、苦菜、苦瓜；又引申指身体受煎熬，如：苦力、苦差、苦日子；又引申指内心受煎熬，如：苦恼、苦闷、愁苦；又用作副词，相当于忍耐地、竭力地，如：苦笑、苦苦哀求、苦思冥想。

妙语精粹

苦口婆心　孤苦伶仃　含辛茹苦　苦尽甘来

宝剑锋从磨炼出，梅花香自苦寒来。
住近湓江地低湿，黄芦苦竹绕宅生。——白居易《琵琶行》

yīng

小篆 楷书

汉字造意

小篆字形，由“艸”和“央”组成，由此演变为现在的字形。《说文·艸部》上说：“英，艸荣而不实者，曰黄英也。从艸，央声。”本义是花，本文从此说。

字义源流

英：本义是花，如：英华、含英咀华、落英缤纷。引申指事物的精华，如：铁英、英雄、精英；又引申指杰出的、美好的，如：英明、英勇、英年。

妙语精粹

巾帼英雄　飒爽英姿　英雄气短　时势造英雄
莫以成败论英雄。
遥想公瑾当年，小乔初嫁了，雄姿英发。——苏轼《念奴娇·赤壁怀古》

chá

小篆 楷书

汉字造意

小篆字形，由“艸”和“余”组成；隶变时简省了中间的短横，在楷书中写作茶。茶字出现得较晚，在此之前，古人或称“茶”为“荼”。《说文新附》上说：“荼，古茶也。”《野客丛话》上说：“世谓之荼，即今之茶。”关于茶的字形，还有另一种说法。“艸”表示茶是一种植物，“余”指古代的雨伞，有膨胀和舒缓的含义。茶叶泡在水中，叶片舒展，有如打开的伞，人们由此创造了“茶”这个字。

字义源流

茶：本义是茶树，如：茶园、茶山、茶叶。引申指可以冲泡作饮料的茶叶，如：绿茶、红茶、乌龙茶；又引申指用茶叶冲泡的饮料，如：品茶、喝茶、吃茶；又引申指某些饮料或食品名，如：奶茶、果茶、面茶；又引申指像茶的颜色，如：茶色、茶青、茶镜。

妙语精粹

茶饭无心　茶余饭后　不茶不饭　三茶六饭

粗茶淡饭，细水长流。

酒困路长惟欲睡，日高人渴漫思茶。敲门试问野人家。

——苏轼《浣溪沙·簌簌衣巾落枣花》

草

cǎo

汉字造意

甲骨文字形，像是小草初生的样子，表示禾本类植物。金文字形变得更为规矩；在小篆中，“草”变成了由“艸”和“早”组成的形声字，由此演变为现在的字形。

字义源流

草：本义是禾本植物的总称，如：野草、稻草、草地。又引申指山野、民间，如：草莽、草寇、落草；又引申指轻贱、粗糙，如：草民、草纸；又引申指粗率、简略，如：草率、潦草、草草了事；又引申指初步的，如：草稿、草案、草创；又指草书，如：行草、章草、狂草。

妙语精粹

寸草不生　草长莺飞　结草衔环　草木皆兵

天不生无用之人，地不长无名之草。

枝上柳绵吹又少。天涯何处无芳草。——苏轼《蝶恋花·春景》

cài

小篆 楷书

汉字造意

小篆字形，由“艸”和“采”组成，表示植物的可采食部分，即蔬菜，由此演变为现在的字形。

字义源流

菜：本义是蔬菜，如：青菜、野菜、菜园子。引申指烹调好的佐餐食品，如：荤菜、素菜、凉拌菜；又特指油菜，如：菜油、菜籽。

妙语精粹

残羹剩菜　面有菜色　看菜吃饭　糠菜半年粮

张飞吃豆芽——小菜一碟

儿童急走追黄蝶，飞入菜花无处寻。——杨万里《宿新市徐公店》

huā

huá

huà

甲骨文 金文 小篆 楷书繁 楷书简

汉字造意

花和华原本是同一个字。甲骨文字形，像是一棵树木开满了花朵。金文字形变化较大，已不容易看出树上开花的样子了；小篆承续金文，并增加字符“艸”；隶变后在楷书中写作華；汉字简化后写作华。

字义源流

华：本义是树木开花，如：春华秋实、华而不实。引申指花朵，这个含义后来由“花”代替，如：桃花、梨花、牡丹花；表示以上意思时，均读作：huā。华又读作：huá，表示绚丽的、炫目的，如：华彩、华丽、华灯；又引申指事物最好的部分，如：年华、才华、精华；又引申指中国，如：华夏、中华、华人。华又读作：huà，表示华山以及与之相关的事物，如：华阴、华县。

妙语精粹

才华横溢　锦绣年华　豆蔻年华　风华正茂

冬去春又来，年华似水流。

粗缯大布裹生涯，腹有诗书气自华。　　　　——苏轼《和董传留别》

万

wàn
mò

甲骨文　金文　小篆　楷书繁　楷书简

汉字造意

甲骨文字形，像是一只蝎子的简图，表示蝎子之意。金文字形，在蝎子尾部增加一个横置的手形，表示蝎尾可以像人手一样出击；小篆承续金文字形，且整齐化；隶变后在楷书中写作萬；汉字简化后写作万。

字义源流

万：本义是蝎子。蝎子产卵量大，喜欢群居，加之人们对其毒性的恐惧，故而借用表示数之极，相当于十个一千，如：万户侯、万贯家财、千千万万；又引申指数量上极大的，如：万物、万象、万花筒；又用作副词，表示极、绝对，如：万幸、万全、万无一失；表示以上意思时，均读作：wàn。万又读作：mò，譬如复姓“万俟”，读作：mò qí。

妙语精粹

万全之策　万里挑一　千丝万缕　千差万别

积财千万，不如薄技在身。

万事到头都是梦，休休。明日黄花蝶也愁。

——苏轼《南乡子·重九涵辉楼呈徐君猷》

落

luò
là
lào

小篆

落
楷书

汉字造意

小篆字形，由“艸”“水”和“各”组成，由此演变为现在的字形。这里的“艸”代指植物，“水”代指流动，“各”代指到某处去，整体表示植物的叶子、花朵从枝条上脱落下来、枯萎凋零。

字义源流

落：本义是植物的叶、花凋零，如：落花、落叶、凋落。引申指掉下、降下、处于，如：落水、落日、落笔；又引申指丢失、错失，如：落第、落选、名落孙山；又引申指着地、止息，如：落脚、落户、着落；又引申指居住的地方、所在的范围，如：院落、村落、部落；又引申指无遮挡的、空荡荡的，如：冷落、落寞、落落大方；又引申指衰败、倒退，如：没落、衰落、破落；表示以上意思时，均读作：luò。在口语中，落又读作：là，表示遗漏、忘记、跟不上，如：丢三落四、落下一行字。落又读作：lào，表示掉下、降低，如：落汗、落枕；也指流行于京津冀地区的民间曲艺，如：落子、莲花落。

妙语精粹

不落俗套　碧落黄泉　沉鱼落雁　瓜熟蒂落

刀不磨要生锈，人不学要落后。

无边落木萧萧下，不尽长江滚滚来。　　——杜甫《登高》

yè

甲骨文 金文 小篆 楷书繁 楷书简

汉字造意

甲骨文字形，像是树木上长满了叶子，表示叶子之意。金文字形，转变为枝条上长有叶片之形；小篆承续金文，且转变为“枼”，并增加字符“艸”；隶变后在楷书中写作葉；汉字简化时，借用了“叶”（本义为谐）的字形，写作叶。

字义源流

叶：本义是叶子，如：树叶、菜叶、落叶。引申指薄而像叶子的东西，如：百叶、肺叶、一叶扁舟；又引申指较长历史时期的分段，如：唐朝中叶、上世纪后半叶。

妙语精粹

落叶归根 一叶知秋 金枝玉叶 一叶障目，不见泰山

牡丹虽好，全仗绿叶扶持。

叶上初阳干宿雨，水面清圆，一一风荷举。 ——周邦彦《苏幕遮·燎沉香》

zhù

小篆 楷书

汉字造意

小篆字形，由“竹”和“者”组成，者有火势附着蔓延之意，箸指的就是能够使食物附着于上的筷子，隶变后在楷书中写作箸；为了分化字义，后来又用“艸”替换“竹”创造了“著”，表示由火蔓延而引申出的明显之意；宋代又由“著”的草体楷化，分化出“着”。

字义源流

著：本义是筷子。引申指明显，如：显著、卓著、见微知著；又引申指标示、显露，如：著名、著称；又引申指撰写、写作，如：著作、编著、著书立说；又引申指作品，如：原著、名著、专著。

妙语精粹

著作等身　鸿篇巨著　著书立说　见微知著

粪堆上插旗子——臭名昭著

春天衣著为君舞，蛱蝶飞来黄鹂语。　　——杜甫《白丝行》

汉字造意

甲骨文字形，像是一个人跪坐于地双手持拿草木之形，因此有种植的含义。金文主要有两种字形：一种与甲骨文字形类似，另一种在草木下边增加字符“土”，并把人简化为两只手；小篆承续金文后一种字形，并增加字符“艸”（代指植物）和“云”（表示说、传授），有传授农业种植技术之意；隶变后在楷书中写作藝；汉字简化后写作艺。

字义源流

艺：本义是种植，如：树艺五谷。种植是农业社会里重要的技能，由此引申后泛指技能，如：手艺、技艺、工艺；又引申指艺术，如：文艺、曲艺、艺人。

妙语精粹

德艺双馨　多才多艺　艺不压身　艺高人胆大

不怕人不请，就怕艺不精。

事业无成耻艺成，南宫起草旧连名。　　——柳宗元《叠后》

药

yào  藥 药

金文 小篆 楷书繁 楷书简

汉字造意

金文字形，由“艸”和“乐”（代指舒服）组成，表示能够解除病痛的草木材料，即《说文·艸部》所谓“治病草”。小篆承续金文字形，并增加字符“白”；隶变后在楷书中写作藥；汉字简化时，借用了“葯”的简化字形，写作药。

字义源流

药：本义是能够治病的草木材料，如：草药、中药、药材。引申后泛指能够防治疾病的物质，如：西药、胃药、感冒药；又引申指用药物毒死，如：下药、药死了、药老鼠；又引申指反应剧烈的化学物质，如：火药、炸药。

妙语精粹

对症下药　不可救药　灵丹妙药　不药而愈

一日三笑，不用吃药。

嫦娥应悔偷灵药，碧海青天夜夜心。 ——李商隐《嫦娥》

虎

hǔ 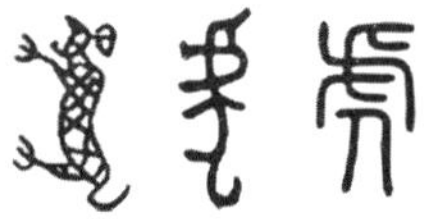 虎

甲骨文 金文 小篆 楷书

汉字造意

甲骨文字形，像是一只大口、长足、巨身带花纹的老虎之形。金文字形稍变，简省了兽身上的花纹；小篆字形继续讹变，已经看不出老虎的样子了；隶变后在楷书中写作虎。

字义源流

虎：本义是老虎，如：东北虎、华南虎、狐假虎威。引申指威猛的、勇猛的，如：虎将、虎贲、虎步；又引申指像老虎的，如：虎头鞋、虎头帽、虎头虎脑。

妙语精粹

虎落平阳　龙行虎步　调虎离山　龙潭虎穴

不入虎穴，焉得虎子。

垓下美人泣楚歌，定陶美人泣楚舞，真龙亦鼠虎亦鼠。——王象春《书项王庙壁》

汉字造意

金文字形，像是一个头戴虎皮冠的人凭几而坐，并以突出的“止”（脚）来表示止息之意。小篆有两种字形：一种承续金文并简省“人形”，另一种则进一步简省“虎头”，只剩下字符“夂”（zhǐ，表示脚）和“几”；隶变后，在楷书中分别写作處和处；汉字简化时，规范处为正体。

字义源流

处：本义是止息。引申指居、住、存、在，如：处境、共处、处心积虑；又特指未出嫁之女或未出仕之士，如：处女、处士；又引申指交往，如：相处、处得来；又引申指裁决、安排，如：处理、处置、裁处；又引申指惩罚，如：处罚、处决、论处；表示以上意思时，均读作：chǔ。处又读作：chù，表示地方，如：住处、此处、高处；又引申指事物的方面或部分，如：好处、痛处、妙处；又引申指某些机关、单位的名称，如：行政处、教务处、处长。

妙语精粹

坦然处之　朝夕相处　设身处地　泰然处之

八月桂花开——到处飘香

怕相思，已相思，轮到相思没处辞，眉间露一丝。——俞彦《长相思·折花枝》

汉字造意

小篆字形，由“虎”（代指大）和“丘”组成，本义是大丘，由此演变为现在的字形。

字义源流

虚：本义是大丘，如：昆仑丘谓之昆仑虚。引申指废墟，此义后来由“墟”继承，如：殷墟；又引申指空无的、不实在的，如：虚无、虚岁、虚怀若谷；又引申指身体不结实，如：虚汗、虚弱、气虚；又引申指假的、抽象的，如：虚幻、虚名、虚词；又用作副词，表示不真实地，如：虚夸、虚拟、虚报；又表示徒然、白白地，如：虚度、虚惊、虚耗。

妙语精粹

避实就虚　乘虚而入　虚无缥缈　徒有虚名

耳听为虚，眼见为实。

流年莫虚掷，华发不相容。　　——方干《送从兄部》

汉字造意

号有两个来源，一个是号令之“号”，一个是呼号之“號”，以下分别解读。

号的小篆字形，下边是号角之形，上边的“口”表示发声，本义是用号角传递信息，由此演变为现在的字形。號的小篆字形，由“号”和“虎”组成，表示老虎的咆哮声；隶变后在楷书中写作號；汉字简化时，借用了“号”的字形，写作号。

字义源流

号：本义有二，一、用号角传信，读作：hào，如：号召、号令；二、虎啸，读作：háo，如：呼号、号叫。由用号角传信又反指号角，如：军号、小号、牛角号；又引申指命令，如：信号、发号施令；又引申指称谓、名称，如：国号、称号、名号；又引申指标志、标记，如：符号、记号、暗号；又引申指商店，如：宝号、分号、商号；又引申指排定的次序，如：排号、挂号、编号。由虎啸引申指动物的叫声或自然界发出的声音，如：八月秋高风怒号，卷我屋上三重茅；又引申指大声痛哭，如：哀号、号丧。

妙语精粹

奔走呼号　呼天号地　号令如山　狂风怒号

开会喊口号——异口同声。

孤鸿号外野，翔鸟鸣北林。　——阮籍《咏怀八十二首》

虫

chóng

汉字造意

甲骨文字形，像是一条蛇的简图，指的就是蛇。金文承续甲骨文字形；小篆字形，转变为多条弯曲的虫子，有的还以三个“虫”相叠加，表示虫子喜欢聚堆儿的习性；隶变后在楷书中写作虫。

字义源流

虫：本义是蛇。引申指像蛇一样在地上爬行的虫子，如：蛔虫、大青虫、毛毛虫；虫子作茧后可以重生为飞虫，由此泛指昆虫，如：害虫、益虫、虫灾；在中国古代，虫又泛指一切动物，如：称鸟类为羽虫，称走兽为毛虫，称鱼类为鳞虫，称有甲壳的虫类及水族为甲虫，等等；又引申指对某类人的称呼，通常含有诙谐或贬义，如：瞌睡虫、糊涂虫、应声虫。

妙语精粹

雕虫小技　虫鱼之学　夏虫语冰　百足之虫，死而不僵

水停百日生虫，人闲百日生病。

今夜偏知春气暖，虫声新透绿窗纱。　　——刘方平《月夜》

xuè

xiě

甲骨文　小篆　楷书

汉字造意

甲骨文字形，由“皿”（表示器皿）和一个圆点（代指血滴）组成，原指祭祀时滴在器皿中的牲血。小篆字形，圆点简化为短横；隶变后在楷书中写作血。

字义源流

血：本义是用作祭祀的牲血，如：血，祭所荐牲血也。引申指血液，即存在于高等动物体内，输送氧气、营养物质的温热红色液体，如：鲜血、血浆、血管；又引申指像血一样的红色，如：杜鹃灿烂，血艳夺目；又引申指具有同一祖先的、同一宗族的，如：血统、血亲、血缘；中医又特指月经，如：所以血不止者，其症不去故也；表示以上意思时，均读作：xuè。在口语中，血又读作：xuě，如：猪血、血肠、血豆腐。

妙语精粹

呕心沥血　血气方刚　含血喷人　一针见血

萝卜干炖豆腐——没点血色。

其间旦暮闻何物？杜鹃啼血猿哀鸣。　　——白居易《琵琶行》

众

zhòng

甲骨文 金文 小篆 楷书繁 楷书简

汉字造意

甲骨文字形，由“日”（表示太阳）和三个“人”组成，表示日出时众人相聚而作之意。金文字形，“日”的形状发生讹变；小篆承续金文字形，且整齐化；隶变后在楷书中写作衆；汉字简化后写作众。

字义源流

众：本义是人们相聚而作。引申指老百姓，如：民众、观众、众所周知；又引申指军队，如：兴师动众、率众突围、乌合之众；又引申指许多的、各种的，如：众生、众口一词、众口难调；又引申指一般的、普通的，如：臣事范、中行氏，范、中行氏皆众人遇我，我故众人报之。

妙语精粹

博采众长　大庭广众　不负众望　万众一心

高台上表演——众人仰望。

众鸟高飞尽，孤云独去闲。相看两不厌，只有敬亭山。——李白《独坐敬亭山》

行

háng

xíng

甲骨文 金文 小篆 楷书

汉字造意

甲骨文字形，像是十字路口之形，由此演变为现在的字形。

字义源流

行：本义是十字路。引申后泛指道路，如：行有死人，尚或墐之；引申指横向的排列，如：行列、行伍、行间距；又引申指兄弟、姐妹间按年龄的排序，如：排行、行辈；又引申指职业，如：行业、行情、行家；又引申指提供某些专项服务的机构，如：银行、车行、鞋行；表示以上意思时，均读作：háng。行又读作：xíng，表示走、前进，如：行人、旅行、行踪；又引申指流通、传播，如：发行、流行、行销；又引申指做、从事，如：行动、行医、行善；又引申指表明品质的行为，如：品行、德行、言行；又引申指被应允的、走得通的，如：行，我答应你。

妙语精粹

雷厉风行　见机而行　谨言慎行　言之无文，行而不远

立如松，坐如钟，卧如弓，行如风。

行到水穷处，坐看云起时。　——王维《终南别业》

jiē

小篆　楷书

汉字造意

小篆字形，由“行”（表示十字路）和“圭”组成，由此演变为现在的字形。《说文·行部》上说：“街，四通道也。从行，圭声。”本义是城市里比较宽的大道，本文从此说。

字义源流

街：本义是城市里比较宽的大道，如：街道、街坊、街区。引申指城市里商店比较集中的地区，如：街市、街上、逛街。

妙语精粹

街头巷尾　大街小巷　街谈巷议　过街老鼠

马虎失街亭，大意失荆州。

天街小雨润如酥，草色遥看近却无。 ——韩愈《早春呈水部张十八员外》

yī
yì

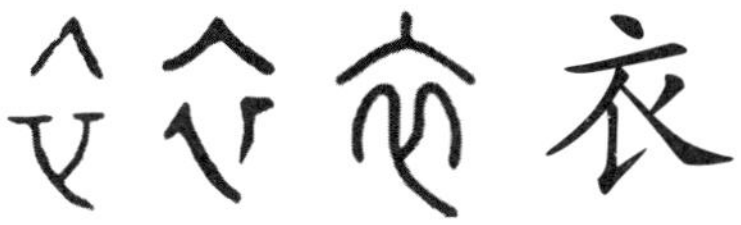

甲骨文 金文 小篆 楷书

汉字造意

甲骨文字形，像是一件有领子、袖口和大襟的衣服，由此演变为现在的字形。

字义源流

衣：本义是带大襟的上装，如：颠倒衣裳。引申后泛指衣服，如：衣衫、毛衣、雨衣；又引申指覆盖在物体表面的一层东西，如：糖衣、肠衣、地衣；表示以上意思时，均读作：yī。衣用作动词时读作：yì，表示穿上，如：衣锦还乡、衣冠禽兽、衣锦夜行。

妙语精粹

缩衣节食　量体裁衣　布衣之交　天衣无缝

若要人下水，自己先脱衣。

吴宫花草埋幽径，晋代衣冠成古丘。 ——李白《游金陵凤凰台》

biǎo

甲骨文 小篆 楷书

汉字造意

甲骨文字形，像是兽毛朝外的皮袄。小篆字形，转变为“衣”和“毛”的组合，仍然表示皮袄之意；隶变后在楷书中写作表。

字义源流

表：本义是兽毛朝外的皮袄。引申指外面、外部，如：表面、外表、表层；又引申指表亲，如：表哥、表妹、表叔；又引申指显示、彰显，如：表明、代表、表扬；又引申指一种奏章，如：表疏、出师表、陈情表；又引申指表格，即格式化、栏目化的文件，如：报表、课程表、统计表；又用作“錶”的简化字，如：手表、仪表、表盘。

妙语精粹

表里不一　表面文章　仪表堂堂　溢于言表

脸上写字——表面文章

出师一表真名世，千载谁堪伯仲间。——陆游《书愤》

制

zhì

制

小篆　楷书

汉字造意

小篆字形，由“未”（表示枝叶繁茂的树）和“刀”组成，表示给树木剪枝，由此演变为现在的字形。

字义源流

制：本义是用刀具修剪枝条。引申指做、创造，如：制作、制造、制品；又引申指约束、限定，如：控制、限制、制约；又引申指规划、拟定，如：制定、编制、因地制宜；又引申指法规、规章，如：制度、体制、法制；又用作“製”的简化字，表示剪裁衣物，如：裁制、制裁。

妙语精粹

出奇制胜　后发制人　克敌制胜　因地制宜

用斧子裁衣裳——粗制滥造

是仙是幻是温柔。独自凄凉还自遣，自制离愁。——龚自珍《浪淘沙·写梦》

西

xī

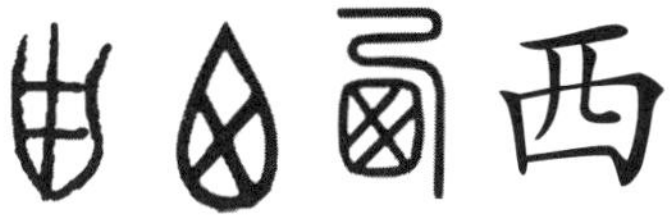

甲骨文　金文　小篆　楷书

汉字造意

甲骨文字形，像是鸟巢之形，表示鸟巢的意思。金文字形，亦像鸟巢的样子；小篆字形变化较大；隶变后在楷书中写作西。

字义源流

西：本义是鸟巢。日落西方，飞鸟归巢，由此引申指西方，如：西风、西瓜、西汉；又引申指欧化的、欧式的，如：西餐、西服、西药；又是死的委婉说法，如：一命归西、上西天。

妙语精粹

东奔西跑　东张西望　日薄西山　声东击西

东西越用越少，学问越学越多。

谁道人生无再少？门前流水尚能西！休将白发唱黄鸡。

——苏轼《浣溪沙·游蕲水清泉寺》

要

yāo
yào

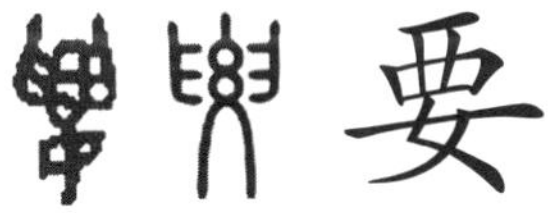

金文　小篆　楷书

汉字造意

金文字形，由“女”和两只手组成，以双手叉腰表示人的腰部。小篆字形，女形转变为突出腰部的人形；隶变后在楷书中写作要。

字义源流

要：本义是人的腰部，此义后来由“腰”承续。引申指邀请，如：张良出，要项伯；表示以上意思时，均读作：yāo。要又读作：yào，表示关键的，如：重要、要害、要塞；又引申指重点、关键部分，如：摘要、纪要、纲要；又引申指索取、企图得到，如：要求、要账、要挟；又用作副词，相当于必将、将近，如：快要、将要、就要来了；又相当于应该、必须，如：要小心、不要太过分；又用作连词，相当于如果，如：要是、要不、要么。

妙语精粹

漫天要价　不得要领　简明扼要　要言不烦

打蛇打七寸——攻其要害。

试玉要烧三日满，辨材须待七年期。　——白居易《放言》

见

jiàn

xiàn

甲骨文　金文　小篆　楷书繁　楷书简

汉字造意

甲骨文字形，由一个跪着的人和一只突出的眼睛组成，强调看到之意。金文与甲骨文字形相似，由此演变为现在的字形。

字义源流

见：本义是看到，如：看见、见识、见闻。引申指与别人会面、会晤，如：接见、拜见、会见；又引申指看得出，如：日见好转、日久见人心；又引申指看法、观点，如：见地、高见、真知灼见；又用在动词前，表示被动，如：见笑、见教、见谅；表示以上意思时，均读作：jiàn。见又读作：xiàn，表示显现、被看见，此义后来由“现”继承，如：风吹草低见牛羊。

妙语精粹

固执己见　见怪不怪　可见一斑　见贤思齐

小巫见大巫——没了神气

君不见，青海头，古来白骨无人收。——杜甫《兵车行》

视

shì

甲骨文 小篆 楷书繁 楷书简

汉字造意

甲骨文字形，由“示”（代指祭台）和“目”组成，表示查看天象、神谕之意。小篆字形，将“目”转变为“见”，由此演变为现在的字形。

字义源流

视：本义是查看天象、神谕。引申指看，如：视野、视力、注视；又引申指仔细查看，如：视察、监视、巡视；又引申指看待、对待，如：重视、轻视、视如己出。

妙语精粹

长生久视　目不斜视　视死如归　狼贪虎视

学问再深也别满足，过失再小也别忽视。

捐躯赴国难，视死忽如归。——曹植《白马篇》

亲

qīn

qìng

金文 小篆 楷书繁 楷书简

汉字造意

金文字形，由“辛”和“见”组成；在小篆中，繁化了“辛”的字形；隶变后在楷书中写作親；汉字简化后写作亲。《说文·见部》上说：“親，至也。从见，亲声。”本义是关系密切、感情深厚，本文从此说。

字义源流

亲：本义是关系密切、感情深厚，如：亲密、亲近、亲疏。引申指父母，如：父亲、母亲；又引申指有血缘关系的家人，如：亲人、亲情、血亲；又特指婚姻，如：相亲、娶亲、亲事；又引申指用嘴、脸等部位接触，如：亲吻、亲嘴；又引申指本人直接做，如：亲自、亲笔、亲生；表示以上意思时，均读作：qīn。亲又读作：qìng，表示两家儿女成亲后的亲戚关系，如：亲家公、亲家母。

妙语精粹

和蔼可亲　事必躬亲　亲如手足　大义灭亲

人急投亲，鸟急投林。

遥见人家花便入，不论贵贱与亲疏。　　　　——白居易《又题一绝》

观

guān
guàn

甲骨文　金文　小篆　楷书繁　楷书简

汉字造意

甲骨文字形，像是瞪着眼睛的猫头鹰，表示仔细看之意。金文有两种字形：一种与甲骨文字形类似，另一种增加字符“见”，使仔细看的含义更为明显；小篆承续了金文后一种字形；隶变后在楷书中写作觀；汉字简化后写作观。

字义源流

观：本义是仔细看，如：观察、观战、观众。引申指景象、情景，如：景观、美观、壮观；又引申指对事物的看法、认识，如：观点、主观、人生观；表示以上意思时，均读作：guān。观又读作：guàn，特指道教的庙宇，如：道观、白云观、长春观。

妙语精粹

隔岸观火　叹为观止　坐井观天　以观后效

入田观察，从小看大。

坐观垂钓者，徒有羡鱼情。 ——孟浩然《望洞庭湖赠张丞相》

角

jiǎo
jué

甲骨文 金文 小篆 楷书

汉字造意

甲骨文和金文字形，均像是兽角，由此演变为现在的字形。

字义源流

角：本义是兽角，如：牛角、羊角、鹿角。引申指尖头、硬实，像兽角一样的东西，如：菱角、豆角、触角；又引申指物体边沿相交接的地方、偏僻的地方，如：桌角、墙角、拐角；又引申指几何学上的角度，如：锐角、钝角、直角；表示以上意思时，均读作：jiǎo。角又读作：jué，原指动物用兽角防身，引申指竞赛，如：角斗、角逐、角力；又引申指戏剧演员专业分工的类别，如：生角、旦角、丑角；又指演员扮演的戏中人物，如：主角、配角。

妙语精粹

勾心斗角　凤毛麟角　天涯海角　犄角之势

牛不知角弯，马不知脸长。

墙角数枝梅，凌寒独自开。 ——王安石《梅花》

解

jiě
jiè

甲骨文 金文 小篆 楷书

汉字造意

甲骨文字形，由“角”“牛”和双手组成，以拔掉牛角来表示对牛的屠宰、剖割。

金文承续甲骨文字形；小篆字形，简省了双手，并增加字符“刀”；隶变后在楷书中写作解。

字义源流

解：本义是屠宰、剖割牛，如：庖丁解牛。引申指剖开，如：解剖、解体、肢解；又引申指松开、分开，如：解脱、解散、劝解；又引申指对问题的推理、说明，如：解释、解读、讲解；又引申指免除、消除，如：解毒、解渴、解码；表示以上意思时，均读作：jiě。解又读作：jiè，表示押送犯人，如：解送、起解；又特指唐宋时期举进士的人由地方推荐发送入京，如：解元。

妙语精粹

不解之缘　解囊相助　浑身解数　不求甚解

远水不解近渴，远亲不如近邻。

杨花榆荚无才思，惟解漫天作雪飞。　——韩愈《晚春二首》

汉字造意

甲骨文字形，在“舌”的上边加一短横，表示鼓舌说话，由此演变为现在的字形。

字义源流

言：本义是鼓舌说话，如：言说、言之有理、言多必失。引申指话语、辞令，如：言语、方言、格言；又用作量词，相当于词、句，如：千言万语、下笔千言、五言绝句。

妙语精粹

不言而喻　金石之言　名正言顺　君子一言，快马一鞭

哑巴打官司——有口难言。

自古逢秋悲寂寥，我言秋日胜春朝。 ——刘禹锡《秋词》

jì

小篆 楷书繁 楷书简

汉字造意

小篆字形，由“言”和“十”（代指数字）组成，表示统计数字之意，由此演变为现在的字形。

字义源流

计：本义是统计数字。引申后泛指计算，如：会计、统计、核计；又引申指谋划、策略，如：计策、计划、空城计；又引申指测量并标注指数的仪器，如：血压计、温度计、气压计。

妙语精粹

不计其数　从长计议　不可胜计　诡计多端

白骨精骗唐僧——一计不成又生一计

此情无计可消除，才下眉头，却上心头。——李清照《一剪梅·红藕香残玉簟秋》

xùn

小篆 楷书繁 楷书简

汉字造意

小篆字形，由“言”和“川”组成，表示教导、教诲之意，由此演变为现在的字形。

字义源流

训：本义是教导、教诲，如：教训、训导、训斥。引申指教导的内容，如：古训、家训、校训；又引申指教练，如：训练、培训、集训；又引申指顺释词义，如：训诂、训释。

妙语精粹

不足为训　典谟训诰　过庭之训　训练有素

闭着眼睛训话——瞎说

玄元亦有训，知止则不殆。　——白居易《高仆射》

记

jì　記　記　记

小篆　楷书繁　楷书简

汉字造意

小篆字形，由“言”和“己”（表示缠绕的绳子）组成，表示用语言记述已经发生过的事情，即记录的意思，由此演变为现在的字形。

字义源流

记：本义是记录，如：记载、记名、登记。引申指将信息留存在脑子里，如：记住、记忆、牢记；又引申指记载事物的文字或书册，如：日记、笔记、传记；又引申指标志、符号，如：记号、印记、标记；又用作量词，相当于次，如：一记劲射、两记耳光。

妙语精粹

博闻强记　记忆犹新　死记硬背　铭记不忘

好记性不如烂笔头。

一年好景君须记，最是橙黄橘绿时。　——苏轼《赠刘景文》

访

fǎng

小篆　楷书繁　楷书简

汉字造意

小篆字形，由“言”和“方”（代指四方）组成，表示广泛地征求意见，即咨询的意思，由此演变为现在的字形。

字义源流

访：本义是咨询，如：王访于箕子。引申指调查、交流，如：采访、查访、明察暗访；又引申指看望、问候，如：拜访、家访、回访；又引申指探寻，如：访古、寻访。

妙语精粹

明察暗访　访亲问友　织当访婢　访贫问苦

广交不如择友，投师不如访友。

宣室求贤访逐臣，贾生才调更无伦。　　——李商隐《贾生》

设

shè

甲骨文　小篆　楷书繁　楷书简

汉字造意

甲骨文字形，由“言”和“殳”组成，由此演变为现在的字形。《说文·言部》上说：“设，施陈也。从言，从殳。殳，使人也。”本义是安排、布置，本文从此说。

字义源流

设：本义是安排、布置，如：陈设、设施、设宴。引申指谋划、制定，如：假设、设计、设局；又引申指创立、开办，如：建设、设厂、开设。

妙语精粹

不堪设想　设身处地　天造地设　设心处虑

暗锁加明锁——层层设防

此去经年，应是良辰好景虚设。便纵有千种风情，更与何人说？

——柳永《雨霖铃·寒蝉凄切》

汉字造意

金文字形，由“言”和“午”（代指捣杵）组成，原指捣杵舂米时发出的声音，由此演变为现在的字形。

字义源流

许：本义是捣杵舂米时发出的声音，此时读作：hǔ。由舂米过程中杵的时上时下，引申指说话时不断地点头，即应允、点头答应之意，此处及后面各引申义，均读作：xǔ，如：允许、赞许、许诺、许婚；又引申指可能，如：兴许、或许、也许；又用作代词，相当于如此、这样，如：如许、许久、许多；又用作约数，相当于大概、大约，如：些许、少许、上午九时许。

妙语精粹

封官许愿　以身许国　目成心许　只许州官放火，不许百姓点灯

许诺太多等于零。

晚风不许鉴清漪，却许重帘到地垂。　——杨万里《晚风》

试

shì

小篆 楷书繁 楷书简

汉字造意

小篆字形，由“言”和“式”（代指程序、套路）组成，原指按照一定程序对别人（尤指官员）进行的口头考核，由此演变为现在的字形。

字义源流

试：本义是按照程序对别人进行的口头考核，如：私人之子，百僚是试。引申指考核、检测，如：考试、试卷、笔试；又引申指按照预想的套路去做，如：试验、尝试、试探；又引申指初次使用，如：试工、试用、试飞。

妙语精粹

屡试不爽　小试牛刀　跃跃欲试　日试万言

有枣无枣打一棒——试试看

我最怜君中宵舞，道“男儿到死心如铁”。看试手，补天裂。

——辛弃疾《贺新郎·同父见和再用韵答之》

诗

shī

小篆 楷书繁 楷书简

汉字造意

小篆字形，由“言”（代指言辞）和“寺”（代指挽留、留存）组成，表示能够长期流传的前人之言。隶变时，“寺”中的“止”被讹变为“土”，在楷书中写作詩；汉字简化后写作诗。

字义源流

诗：本义是能够长期流传的前人之言，譬如《诗经》中的句子。引申指一种文学体裁，通过精练而富有韵律的语言，来抒发个人情感，展现社会生活，如：诗歌、唐诗、律诗、乐府诗、散文诗。

妙语精粹

横槊赋诗　诗情画意　七步成诗　子曰诗云

穿着衣裳洗澡——诗（湿）人

熟读唐诗三百首，不会作诗也会吟。　　——孙洙《唐诗三百首序》

话

huà

小篆

話

楷书繁

话

楷书简

汉字造意

小篆字形，由“言”和“昏”（guā）组成；隶变时，将“昏”讹变为“舌”，由此演变为现在的字形。《说文·言部》上说：“话，合会善言也。从言，昏声。”本义是交谈、谈论，本文从此说。

字义源流

话：本义是交谈、谈论，如：对话、话别、话剧。引申指所说的言语、口语，如：官话、土话、客套话；又引申指在民间流传的历史或故事，如：神话、话本。

妙语精粹

说来话长　话不投机　传为佳话　打开天窗说亮话

秤能称轻重，话能量人心。

酒逢知己千杯少，话不投机半句多。　　——欧阳修《春日西湖寄谢法曹韵》

认

rèn

小篆 楷书繁 楷书简

汉字造意

小篆字形，由“言”和“刃”组成；隶变时，增加字符“心”，在楷书中写作認；汉字简化后写作认。《说文·言部》上说：“认，识认也。”本义是识别、辨清，本文从此说。

字义源流

认：本义是识别、辨清，如：认字、辨认、认证。引申指同意、肯定，如：认可、认输、确认。

妙语精粹

矢口否认　六亲不认　直认不讳　认贼作父

宁可认错，不可说谎。

为寻庄子知归处，认得无何是本乡。——白居易《读庄子》

语

yǔ
yù

金文 小篆 楷书繁 楷书简

汉字造意

金文字形，由“言”和两个“五”组成；小篆字形，转变为“言”和“吾”的组合，由此演变为现在的字形。《说文·言部》上说：“语，论也。从言，吾声。”本义是谈论、议论，本文从此说。

字义源流

语：本义是谈论、议论，如：私语、耳语、默默无语。引申指言论、言辞，如：语文、汉语、成语；又引申指代替语言传递意思的动作或信号，如：哑语、旗语、手语；又引申指诗文或言辞中的字词或句子，如：语病、引语；表示以上意思时，均读作：yǔ。语又读作：yù，表示告诉，如：贫者语于富者曰。

妙语精粹

只言片语　风言风语　妙语连珠　同日而语

冰天雪地发牢骚——冷言冷语

物是人非事事休，欲语泪先流。　　——李清照《武陵春·春晚》

诚

chéng

小篆　誠 楷书繁　诚 楷书简

汉字造意

小篆字形，由“言”和“成”（代指战斧向下劈砍）组成，表示说到做到的意思，由此演变为现在的字形。

字义源流

诚：本义是说到做到、真实不虚，如：诚实、诚信、真诚。引申指确实、的确，如：诚然、诚如是、诚惶诚恐。

妙语精粹

以诚相待　开诚布公　诚心实意　心悦诚服

肝胆相照，相见以诚。

诚知此恨人人有，贫贱夫妻百事哀。　　——元稹《遣悲怀三首·其二》

误

wù  誤 误

小篆 楷书繁 楷书简

汉字造意

小篆字形，由“言”和“吴”（代指说大话）组成，因此有错谬的含义，由此演变为现在的字形。

字义源流

误：本义是错谬，如：错误、误会、误区。引申指不正确的言行，如：口误、笔误、纠误；又引申指耽搁、延迟，如：耽误、误工、误事；又引申指妨害、伤害，如：误人子弟、误国误民。

妙语精粹

误入歧途　贻误军机　执迷不悟　误打误撞

磨刀不误砍柴工。

误落尘网中，一去三十年。——陶渊明《归园田居·其一》

说

shūo shuì yuè  說 说

小篆 楷书繁 楷书简

汉字造意

小篆字形，由“言”和“兑”（代指说出）组成，表示口头表达的意思，由此演变为现在的字形。

字义源流

说：本义是口头表达，如：说话、说笑、好说歹说。引申指解释、阐明，如：

说明、说法、解说；又引申指观点、理论，如：学说、假说、著书立说；表示以上意思时，均读作：shūo。说又读作：shuì，表示诱导、劝别人听从，如：游说、说客、说服。说又借用为悦，读作：yuè，如：学而时习之，不亦说乎！

妙语精粹

不容分说　痴人说梦　胡说八道　说一不二

哑剧演员——光做不说

少年不识愁滋味，爱上层楼。爱上层楼。为赋新词强说愁。

——辛弃疾《丑奴儿·书博山道中壁》

谁

shuí
shéi

金文　小篆　楷书繁　楷书简

汉字造意

金文字形，由“言”和“隹”（表示小鸟）组成，由此演变为现在的字形。《说文·言部》上说：“谁，何也。从言，隹声。”本义是疑问代词，相当于何、什么，本文从此说。

字义源流

谁：本义是疑问代词，相当于何、什么，如：满地黄花堆积，憔悴损，如今有谁堪摘？引申指不确指的、不确知的人，如：你是谁、谁知道、谁与争锋；表示以上意思时，均读作：shuí。在口语中，谁又读作：shéi，如：那个人是谁？

妙语精粹

鹿死谁手　舍我其谁　吾谁与归　谁与争锋

老虎逛公园——谁敢拦

人生自古谁无死，留取丹心照汗青。　——文天祥《过零丁洋》

课

kè

小篆　　楷书繁　　楷书简

汉字造意

小篆字形，由“言”和“果”组成，由此演变为现在的字形。《说文·言部》上说：“课，试也。从言，果声。”本义是按照一定程序进行的考核，本文从此说。

字义源流

课：本义是按照一定程序进行的考核，如：有官而无课，是无官也；有课而无赏罚，是无课也。引申指征收、处罚，如：课税、盐课、国课；又引申指教书讲学或攻读学习，如：上课、授课、课徒；又引申指教学上的时间段，如：课间、课余、课外；又引申指教学的科目，如：专业课、必修课、课程表。

妙语精粹

课语讹言　课嘴撩牙　循名课实　日程月课

讲课还是老一套——屡教不改。

十万夫家供课税，五千子弟守封疆。　　——白居易《登阊门闲望》

调

tiáo

diào

小篆　　楷书繁　　楷书简

汉字造意

小篆字形，由“言”和“周”组成，由此演变为现在的字形。《说文·言部》上说：“调，和也。从言，周声。”本义是和谐，本文从此说。

字义源流

调：本义是和谐，如：协调、和调、风调雨顺。引申指使和谐、使合适，如：调味、调停、调试；又引申指挑逗、戏弄，如：调戏、调情、调侃；表示以上意思时，均读作：tiáo。调又读作：diào，表示更动、重新安排，如：调任、调遣、调度；又引申指查访，如：调查、函调、调研；又引申指音乐上的韵律，如：音调、曲调、黄梅调；又引申指人的风度、类型，如：情调、格调、笔调。

妙语精粹

步调一致　陈词滥调　老调重弹　众口难调

猫头鹰唱歌——怪声怪调

何日归家洗客袍？银字笙调，心字香烧。　　——蒋捷《一剪梅·舟过吴江》

小篆　楷书繁　楷书简

汉字造意

小篆字形，由“言”和“炎”组成，由此演变为现在的字形。《说文·言部》上说：“谈，语也。从言，炎声。”本义是对话交流，本文从此说。

字义源流

谈：本义是对话交流，如：谈话、洽谈、闲谈。引申指交流的内容，如：美谈、怪谈、奇谈怪论。

妙语精粹

不经之谈　高谈阔论　经验之谈　混为一谈

弹琴知音，谈话知心。

羽扇纶巾，谈笑间，樯橹灰飞烟灭。　　——苏轼《念奴娇·赤壁怀古》

请

qǐng

金文 小篆 楷书繁 楷书简

汉字造意

金文字形，由“言”和“青”组成，由此演变为现在的字形。青原指植物在水井边青葱旺盛地生长，本义是充满活力、生机的状态。请指的就是用语言打动对方，使之接受要约。

字义源流

请：本义是用语言打动对方，使之接受要约，如：邀请、聘请、请柬。引申指恳求，如：请求、请假、请示；又用作人际交往中的敬语，如：请坐、您请、请进。

妙语精粹

不情之请　请君入瓮　另请高明　为民请命

观音请假——天知道

请君看取东流水，方识人间别意长。——严仁《鹧鸪天·惜别》

论

lùn

lún

小篆 楷书繁 楷书简

汉字造意

小篆字形，由“言”和“仑”（代指条理）组成，表示有条理地分析说明，由此演变为现在的字形。

字义源流

论：本义是有条理地分析说明，如：讨论、论证、论战。引申指评说，如：评论、另当别论、品头论足；又引申指评判、评定，如：论罪、论功行赏、论资排辈；又引申指观点、学说，如：立论、论点、唯物论；表示以上意思时，均读作：lùn。在《论语》中，论又读作：lún。

妙语精粹

不易之论　谈古论今　就事论事　盖棺定论

坐飞机写文章——高论

不论平地与山尖，无限风光尽被占。——罗隐《蜂》

zhū

小篆　楷书繁　楷书简

汉字造意

小篆字形，由“言”和“者”组成，由此演变为现在的字形。《说文·言部》上说：“诸，辩也。从言，者声。”本义是起区别之用的语气助词，本文从此说。

字义源流

诸：本义是语气助词，用在“其”“或”等少数单音词后添补音节，相当于或者、或许，如：夫子之求也，其诸异乎人之求之与？又用作兼词，相当于之于，如：投诸渤海之尾；又相当于之乎，如：虽有粟，吾得而食诸？又表示分指，相当于各、众、多，如：诸位、诸如此类、诸子百家。

妙语精粹

付诸东流　反求诸己　诸恶莫作　诸善奉行

贪是诸恶源，诚为万善本。

海内风尘诸弟隔，天涯涕泪一身遥。——杜甫《野望》

讲 jiǎng

小篆　楷书繁　楷书简

汉字造意

小篆字形，由“言”和“冓”（代指两相交接）组成，表示和解的意思，由此演变为现在的字形。

字义源流

讲：本义是和解，如：讲和。引申指谈判、商谈，如：讲价、讲条件；又引申指追求、注重，如：讲究、讲卫生、讲礼貌；又引申指解说，如：讲课、讲解、讲演；又引申指叙述，如：讲话、讲述、讲故事；又引申指练习，如：讲武堂、讲习所。

妙语精粹

讲经说法　蛮不讲理　讲信修睦　高头讲章

吃着话梅讲话——一股酸味

掏茶书院静，讲易药堂春。　——于鹄《赠李太守》

谢 xiè

小篆　楷书繁　楷书简

汉字造意

小篆字形，由“言”和“射”组成，由此演变为现在的字形。《说文·言部》上说：“谢，辞去也。从言，射声。”本义是辞去官职，本文从此说。

字义源流

谢：本义是辞去官职，如：谢职、谢官。引申指推辞，如：推谢、谢绝、闭门谢客；又引申指告别，如：谢别、谢世、辞谢；又引申指感激，如：道谢、多谢、谢谢；又引申指道歉，如：谢罪、谢过；又引申指凋零，如：凋谢、代谢、谢顶。

妙语精粹

敬谢不敏　谢庭兰玉　水流花谢　千恩万谢

病好不谢医，下次无人医。

人事有代谢，往来成古今。——孟浩然《与诸子登岘山》

汉字造意

证有两个来源，一个是谏诤之“証”，一个是作证之“證”，以下分别解读。

証的小篆字形，由“言”和“正”（代指纠正）组成，表示以言纠正，即谏诤的意思，由此演变为现在的字形。證的小篆字形，由“言”和“登”（代指使显露）组成，表示举报的意思；隶变后在楷书中写作證；汉字简化时，借用了“証”的简化字形，写作证。

字义源流

证：本义有二，一、谏诤，如：愎过自用，不可证移。此义现已不用；二、举报，如：其父攘羊，其子证之。由举报引申指验证，即列举事实以表明，如：证明、对证、公证；又引申指凭据、根据，如：票证、证件、出入证。

妙语精粹

铁证如山　证据确凿　死无对证　引古证今

泥人经不起雨淋，假话经不起对证。

秤杆上的铜星子——个个是见证

识

shí
zhì

金文 小篆 楷书繁 楷书简

汉字造意

在金文中，识（識）与戠是同一个字，表示记号的意思。小篆增加字符“言”，表示辨别、辨认的意思；隶变后在楷书中写作識；汉字简化后写作识。

字义源流

识：本义是记号，如：标识。引申指记住，如：默而知之、博闻强识；表示以上意思时，均读作：zhì。识又读作：shí，表示辨别、辨认，如：识别、认识、识字；又引申指知道、懂得，如：赏识、识时务、识大体；又引申指见解，如：学识、知识、胆识。

妙语精粹

不识大体　不识时务　见多识广　老马识途

不怕不识货，就怕货比货。

画图省识春风面，环佩空归夜月魂。——杜甫《咏怀古迹·其三》

议

yì

小篆 楷书繁 楷书简

汉字造意

小篆字形，由“言”和“義”（代指道义）组成，表示辩论是非的意思。隶变后在楷书中写作議；汉字简化后写作议。

字义源流

议：本义是辩论是非，如：会议、审议、议题、争议、议会。引申指提出的观点、意见，如：建议、刍议、提议。

妙语精粹

街谈巷议　不可思议　无可非议　力排众议

发动群众提倡议——集思广益

汉家君臣欢宴终，高议云台论战功。——王维《少年行四首》

读

dú
dòu

小篆

讀

楷书繁

读

楷书简

汉字造意

读由牍假借而来。牍是用木片制作的书写材料，功能与竹简类似，可以作为商品出售，因此由“木”和“卖”组成。用“言”替换“木”后，就组成了“读”，表示出声地念书写在木牍上的文字，即诵书的意思。隶变后在楷书中写作讀；汉字简化后写作读。

字义源流

读：本义是诵书，如：诵读、朗读、宣读。引申指看书，如：阅读、读本、读者；又引申指求学，如：读小学、读高中；表示以上意思时，均读作：dú。读又读作：dòu，表示句中语意未完、语气可以停顿的地方，古文中长的停顿称为“句”，短的停顿称为“读”，合称“句读”，如：详训诂，明句读。

妙语精粹

闭门读书　不忍卒读　映雪读书　寒窗苦读

补漏趁天晴，读书趁年轻。

闲坐小窗读周易，不知春去几多时。——叶采《暮春即事》

变

biàn

變　变

小篆　楷书繁　楷书简

汉字造意

小篆字形，由“䜌”和“攴”组成；隶变后在楷书中写作變，汉字简化后写作变。《说文·攴部》上说：“變，更也。从攴，䜌声。”本义是更改、更换，本文从此说。

字义源流

变：本义是更改、更换，如：改变、变化、变通。引申指发生重大转折的事件，如：事变、政变、变乱。

妙语精粹

变幻无穷　变化无常　瞬息万变　节哀顺变

龙老爷翻脸——要变天

池塘生春草，园柳变鸣禽。　——谢灵运《登池上楼》

让

ràng

讓　让

小篆　楷书繁　楷书简

汉字造意

小篆字形，由“言”和“襄”组成；隶变后在楷书中写作讓；汉字简化后写作让。《说文·言部》上说：“讓，相责讓。从言，襄声。”本义是责备，本文从此说。

字义源流

让：本义是责备，如：夷吾诉之，公使让之。引申指谦虚退让，如：谦让、礼让、让步；引申指将财物或权利转出去，如：出让、转让、让位；又引申指允许、促使，如：让他去吧，谁让他这么干的？又用作介词，相当于被，如：让人说闲话，手让玻璃划破了。

妙语精粹

当仁不让　寸土不让　急病让夷　让礼一寸，得礼一尺

让羊看菜园——自找苦吃。

大行不顾细谨，大礼不辞小让。　　——《史记·项羽本纪》

豆

dòu

甲骨文　金文　小篆　楷书

汉字造意

甲骨文字形，像是中国古代的高脚食器，由此演变为现在的字形。

字义源流

豆：本义是中国古代高脚食器，如：印盛于豆。后来借作“菽”，表示豆类作物，如：黄豆、绿豆、豆腐；又引申指形状像豆子的东西，如：土豆、糖豆、花生豆。

妙语精粹

目光如豆　煮豆燃萁　撒豆成兵　红豆相思

小葱拌豆腐——一清二白

红豆生南国，春来发几枝。愿君多采撷，此物最相思。　　——王维《红豆》

丰

fēng

甲骨文　金文　小篆　楷书

甲骨文　金文　小篆　楷书

汉字造意

丰有两个来源，一个是表示茂盛植物之“丰”，一个是表示用玉石装饰的贵重

大鼓之“豐”，以下分别解读。

丰的甲骨文字形，像是一株根部包土、长势茂盛的待移栽树木，由此演变为现在的字形。古人把树木移栽到封地的边界，以其作为分界的标识，丰指的就是作为地界标识的移栽树木。豐的甲骨文字形，像是一个用玉石装饰的贵重大鼓。金文、小篆承续甲骨文字形；隶变后在楷书中写作豐；汉字简化时，借用了“丰”的字形，写作丰。

字义源流

丰：本义有二，一、作为地界标识的移栽树木；二、用玉石装饰的贵重大鼓。由移栽树木茂盛的长势，引申指茂盛的、高大的，如：丰茂、丰碑、丰功伟绩；又引申指充盈的、饱满的，如：丰满、丰润、丰姿。由祭祀所用的贵重大鼓，引申指普遍意义上的众多，如：丰富、丰盛、五谷丰登。

妙语精粹

丰衣足食　丰富多彩　丰功伟绩　羽翼丰满

年年丰收——常熟

莫笑农家腊酒浑，丰年留客足鸡豚。——陆游《游山西村》

贝

bèi

汉字造意

甲骨文字形，像是蛤、螺、蚌等介壳类软体动物，由此演变为现在的字形。

字义源流

贝：本义是介壳类软体动物，如：扇贝、海贝、鲜贝。引申指贝壳，如：玉贝、宝贝、贝饰；又指中国古代用海贝制作的货币，如：贝朋、贝币、石贝。

妙语精粹

齿若编贝　珠宫贝阙　梵册贝叶

拷贝掉进油锅里——诈骗（炸片）

皓齿还如贝色含，长眉亦似烟华贴。

——陆龟蒙《陌上桑》

小篆　楷书繁　楷书简

汉字造意

小篆字形，由“贝”（代指钱币）和“才”（表示有用之物）组成，表示财物的意思，由此演变为现在的字形。

字义源流

财：本义是财物，如：财产、财富、发财、财主、守财奴、财大气粗。

妙语精粹

和气生财　生财有道　破财免灾　人为财死，鸟为食亡

娶妻娶德不娶色，交友交心不交财。

国计已推肝胆许，家财不为子孙谋。

——罗隐《夏州胡常侍》

小篆　楷书繁　楷书简

汉字造意

小篆字形，由“分”（表示分割）和“贝”（代指财产）组成，以财产因分割

而减少的意象，表示缺乏钱财、生活困难的意思，由此演变为现在的字形。

字义源流

贫：本义是缺乏钱财、生活困难，如：贫困、贫乏、清贫。引申指缺少、缺乏，如：贫血、贫油；又引申指空泛的、缺乏实质内容的，如：贫瘠、贫矿、贫嘴；又用作僧道自称的谦辞，如：贫道、贫僧、贫尼。

妙语精粹

安贫乐道　劫富济贫　一贫如洗　宁可清贫，不作浊富

奢者富不足，俭者贫有余。

日暮苍山远，天寒白屋贫。——刘长卿《逢雪宿芙蓉山主人》

小篆　楷书繁　楷书简

汉字造意

小篆字形，由“化”（表示转化）和“贝”（代指钱财）组成，表示能够转化为钱或者相当于钱的东西，即财物的意思，由此演变为现在的字形。

字义源流

货：本义是财物，如：不贵难得之货，使民不为盗。引申指商品，如：货物、进货、退货；又引申指买或卖，如：鱼多又货长安市，换得香醪吃个醉；又引申指对人带有贬义的称呼，如：二货、蠢货、贱货。

妙语精粹

奇货可居　杀人越货　一路货色　货真价实

钢铁厂的产品——全是硬货

掷果河阳君有分，货酒成都妾亦然。——骆宾王《艳情代郭氏答卢照邻》

责

zé

甲骨文 金文 小篆 楷书繁 楷书简

汉字造意

甲骨文字形，由“朿”和“贝”组成，像是在用带尖儿的工具给贝壳钻孔，由此演变为现在的字形。中国古代作为货币的贝壳皆为海贝，且均有钻孔，打磨海贝并钻孔，是使其成为货币的必要工序，由此引申出义务的含义。

字义源流

责：本义是给海贝钻孔。引申指分内的义务，如：责任、职责、责无旁贷；又引申指赋税，如：王易（赐）小臣缶湡责五年，意即：王赏赐小臣缶湡地五年的赋税；又引申指债务，此义后来由“债”继承，如：谁习计会，能为文收责于薛者乎？又引申指索取，如：宋多责赂于郑，郑不堪命；又引申指要求、命令，如：责备、责令、责成；又引申指批评、抱怨，如：责问、责难、斥责。

妙语精粹

责无旁贷　法不责众　求全责备　天下兴亡，匹夫有责

责人之心责己，恕己之心恕人。

砍树的砍树，劈柴的劈柴——各尽其责

贮

zhù

甲骨文 金文 小篆 楷书繁 楷书简

汉字造意

甲骨文字形，像是在匣子中存放“贝”（代指财物）之形。金文字形与甲骨文类似；小篆字形，将“贝”置于匣子之外；隶变后在楷书中写作貯；汉字简化

后写作贮。

字义源流

贮：本义是用匣子存放财物。引申指积蓄、储存、囤积，如：贮存、贮藏、贮蓄。

妙语精粹

金屋贮娇　囊漏贮中　停辛贮苦

贮水防旱，积谷防荒。

汉帝重阿娇，贮之黄金屋。——李白《妾薄命》

汉字造意

贵有两个来源：一个是金文中的字形，一个是战国古文中的字形。在金文中，“贵”是“遗”的初文，上边像是双手捧沙遗漏的样子，下边的“辵”（chuò）表示移动，整体表示遗漏的意思；在小篆中，沙子的字形变得有些像“人”，简省了“辵”，并增加“贝”。古文中的“贵”，上边像是一种盛器，盛器中装满了“贝”（代指财物），因此表达不贱的意思。因为“贵”与“遗”字形相近，“遗”的字形逐渐被“贵”借用；隶变后在楷书中写作貴；汉字简化后写作贵。

字义源流

贵：本义是不贱、价格高，如：昂贵、贵重、洛阳纸贵。引申指重要，如：贵客、珍贵、宝贵；又用作动词，表示以……为贵，如：兵贵神速，不贵难得之货；又用作敬辞，用于称呼与对方有关的事物，如：贵地、贵姓、贵庚。

妙语精粹

贵在知心　高抬贵手　难能可贵　民贵君轻

不当家不知柴米贵，不养儿不知父母恩。

钟鼓馔玉不足贵，但愿长醉不复醒。——李白《将进酒》

买

mǎi

甲骨文　金文　小篆　楷书繁　楷书简

汉字造意

甲骨文字形，由“网”和“贝”组成，表示以网取贝的意思。金文、小篆承续甲骨文字形；隶变后在楷书中写作買；汉字简化后写作买。

字义源流

买：本义是以网取贝。引申指求取、追逐，如：便辟伐矜之人，将以此买誉成名。又引申指用钱交换东西，如：购买、买进、买东西；又引申指拉拢、取得，如：收买、买通、买官。

妙语精粹

买椟还珠　招兵买马　收买人心　一锤子买卖

货买三家不吃亏，路走三遭不陌生。

千金纵买相如赋，脉脉此情谁诉。君莫舞。君不见、玉环飞燕皆尘土。

——辛弃疾《摸鱼儿·更能消几番风雨》

贺

hè

小篆　楷书繁　楷书简

汉字造意

小篆字形，由“加”和“贝”组成，表示以贝相加、送礼庆祝的意思，由此演变为现在的字形。

字义源流

贺：本义是送礼庆祝，如：贺礼、贺寿、贺喜。引申后泛指道喜，如：祝贺、贺词、贺电。

妙语精粹

恭贺新禧　燕雀相贺

爆竹店里起火——自己庆贺自己

野幕敞琼筵，羌戎贺劳旋。　　　　——卢纶《和张仆射塞下曲·其四》

赏

shǎng

金文　小篆　楷书繁　楷书简

汉字造意

金文有两种字形：一种由“商”和“贝”组成，一种由“尚”和“贝”组成，皆表示奖励、赐予的意思。小篆承续了金文中的后一种字形；隶变后在楷书中写作賞；汉字简化后写作赏。

字义源流

赏：本义是奖励、赐予，如：奖赏、赏赐、犒赏。又引申指赏赐的东西，如：领赏、悬赏、请赏；又引申指称许，如：赞赏；又引申指把玩、领略，如：欣赏、鉴赏、赏识；又用作敬辞，表示请对方接受要求，如：赏脸、赏光、赏个面子。

妙语精粹

论功行赏　孤芳自赏　赏心悦目　重赏之下，必有勇夫

中秋节赏桂花——花好月圆

赏心乐事共谁论？花下销魂，月下销魂。——唐寅《一剪梅·雨打梨花深闭门》

贤

xián

金文 小篆 楷书繁 楷书简

汉字造意

金文字形，由“臣”（竖目，表示态度恭顺）“又”（手，表示能干）和“贝”（代指钱财）组成，表示态度恭顺、能力出众的人，由此演变为现在的字形。

字义源流

贤：本义是态度恭顺、能力出众的人。引申指德才兼备的人，如：圣贤、先贤、野无遗贤；又引申指有才德的，如：贤明、贤良、贤惠；又引申指超过，如：师不必贤于弟子；又用作敬辞，称呼自己的平辈或晚辈，如：贤侄、贤弟、贤妹。

妙语精粹

见贤思齐　礼贤下士　求贤若渴　任人唯贤

隔着门缝看吕洞宾——小看贤（仙）人

贤愚千载知谁是，满眼蓬蒿共一丘。　——黄庭坚《清明》

卖

mài

金文 小篆 楷书繁 楷书简

汉字造意

金文字形，由“省”和“贝”组成，以展示货物给人看来表示卖出之意。小篆有两种字形：一种承续金文，“省”的字形发生讹变；一种由“买”和“出”组成，表示与购买相反的行为。隶变时，依据“卖”的后一种字形，在楷书中写作賣；汉字简化后写作卖。

字义源流

卖：本义是卖出，即以货换钱，如：卖货、卖菜、买卖。引申指炫耀、表现，如：卖弄、卖乖、卖俏；又引申指用技艺或其他手段（非货物）换取钱财，如：卖艺、卖笑、卖苦力；又引申指无保留地付出、发挥，如：卖劲、卖命、卖人情。

妙语精粹

卖剑买琴　老王卖瓜　倚老卖老　装疯卖傻

买卖不成仁义在。

小楼一夜听春雨，深巷明朝卖杏花。　　——陆游《临安春雨初霁》

汉字造意

金文字形，由“斦”（zhì，表示两物相当）和“贝”（代指价值）组成，表示价值相当的意思。小篆承续金文字形，且整齐化；隶变后在楷书中写作質；汉字简化后写作质。

字义源流

质：本义是价值相当。引申指抵押，如：质押、典质、质当；又引申指作为抵押的人员，如：人质；又引申指核实、诘问，如：对质、质疑、质问；又引申指物质，即构成万物的材料，如：质料、材质、气质；又引申指事物的根本特性，如：本质、素质、性质。

妙语精粹

兰质蕙心　金玉其质　天生丽质　文质彬彬

泥人经不起风雨——本质太差

天质自森森，孤高几百寻。　　——王安石《孤桐》

赤

chì

甲骨文　金文　小篆　楷书

汉字造意

甲骨文字形，由“大”（表示人）和“火”组成，由此演变为现在的字形。上古时期，存在把人（通常是俘虏）放在火上焚烧的祭祀方式，这种祭祀方式就是赤，譬如，甲骨卜辞中有“贞勿赤”之说。

字义源流

赤：本义是一种焚烧人牲祭祀的方式。焚烧人牲时，衣服首先被烧光，由此引申指裸露、空无，如：赤裸、赤脚、赤贫；燃烧的火焰呈红黄色，由此引申指红色，如：赤子、赤卫队、赤县神州；又引申指纯真、忠诚，如：赤诚、赤忱、赤胆忠心。

妙语精粹

赤子之心　赤诚相待　面红耳赤　赤地千里

赤脚戴礼帽——顾头不顾尾

赤日炎炎似火烧，野田禾稻半枯焦。　——施耐庵《赤日炎炎似火烧》

走

zǒu

金文　小篆　楷书

汉字造意

金文字形，由一个摇摆双臂、迈开大步的人和“止”（表示脚）组成，表示奔跑的意思，由此演变为现在的字形。

字义源流

走：本义是奔跑，如：走兽、走狗、走马观花。引申指逃跑，如：兵刃既接，弃甲曳兵而走；又引申指步行，如：走访、走路、竞走；又引申指离开，如：撵走、抬走、快走；又引申指运行、进行，如：走势、走运、走红；又引申指偏离，如：走眼、走神、走样；又引申指失控、泄露，如：走水、说走了嘴、走漏风声；又引申指交往，如：走亲戚、走朋友、走得很近。

妙语精粹

奔走相告　东奔西跑　铤而走险　走投无路

饭后百步走，活到九十九。

嗟余听鼓应官去，走马兰台类转蓬。　——李商隐《无题·昨夜星辰昨夜风》

汉字造意

小篆字形，由“走”和“巳”组成；隶变后在楷书中，有将“巳”讹为“已”的字形，写作起，后来以此为正体。《说文·走部》上说：“起，能立也。从走，巳声。”本义是由躺到坐，或由坐到站立，本文从此说。

字义源流

起：本义是由躺到坐，或由坐到站立，如：起立、坐起来、站起来；引申指竖直方向的上升，如：起锚、起落、起重机；又引申指开始、发生，如：起步、起飞、起草；又引申指兴起、发动，如：起哄、起兵、起事；又用作量词，相当于批、次、组、件，如：一起事件、一起案子；又用在动词后面，表示动作行为的起始趋向，如：说起、问起、想起。

妙语精粹

此起彼伏　白手起家　东山再起　风起云涌

按下葫芦浮起瓢——顾了这头丢那头

溪云初起日沉阁，山雨欲来风满楼。——许浑《咸阳城东楼》

zú

甲骨文　金文　小篆　楷书

汉字造意

足和疋（shū）原本是同一个字。甲骨文字形，像是人由臀部至脚底的整个肢体。在金文中，“足”与“正”字形相似，使用时容易发生混淆，正的一部分含义，譬如“充足”混入足字之中；小篆字形整齐化，并与“疋”分化成两个字；隶变后在楷书中分别写作足和疋。由于人们习惯于使用足这一字形，疋的字义逐渐被淡化。

字义源流

足：本义是人由臀部至脚底的整个肢体。引申指脚，如：足迹、足球、赤足；又引申指动物用以行走的器官，如：画蛇添足、百足之虫；又引申指某些器物下部形状像足的支撑结构，如：三足鼎立、鼎足之势；因为混入“正”的充足含义，因此又指充实、完备，如：充足、富足、足够；又用作副词，相当于够得上，如：不足挂齿、微不足道。

妙语精粹

丰衣足食　评头论足　裹足不前　知足常乐

千里之行，始于足下。

最爱湖东行不足，绿杨阴里白沙堤。——白居易《钱塘湖春行》

路

lù

金文　小篆　楷书

汉字造意

金文字形，由“足”和“各”（代指到来）组成，表示路过、途径的意思，由此演变为现在的字形。

字义源流

路：本义是路过、途径，如：路不周以左转兮，指西海以为期。引申指道路，如：公路、铁路、马路；又引申指途径、方式，如：门路、销路、活路；又引申指线索、条理，如：思路、纹路、笔路；又特指电流通路，如：电路、短路；又用作量词，相当于线或队，如：二路汽车、三路纵队。

妙语精粹

筚路蓝缕　峰回路转　广开言路　路见不平，拔刀相助

出门问路，入乡问俗。

路漫漫其修远兮，吾将上下而求索。——屈原《离骚》

身

shēn

甲骨文　金文　小篆　楷书

汉字造意

甲骨文字形，像是人腹中有子怀孕的样子。金文字形，将胎儿简化为一点；小篆承续金文，字形稍作变化；隶变后在楷书中写作身。

字义源流

身：本义是怀孕，此义后来被“孕”代替，如：大任有身，生此文王。引申

指躯体，如：身体、身高、身影；又引申指事物的主干或主体部分，如：桥身、车身、机身；又引申指生命，如：终身大事、奋不顾身、杀身成仁；又用作量词，修饰附着于身躯的事物，一身汗、一身病、一身西装、一身正气、一身本领。

妙语精粹

立身处世　大显身手　分身乏术　功成身退

大象身上的跳蚤——微不足道

不畏浮云遮望眼，只缘身在最高层。　　——王安石《登飞来峰》

车

chē

jū

甲骨文　　金文　　小篆　　楷书繁　　楷书简

汉字造意

甲骨文有繁简两种字形：繁体像是一辆古代战车的简图，能形象地看出两轮及辕、轭、轴等部件；简体变为车轴和两个车轮。这两种字形，均表示古代战车之意。金文承续甲骨文的两种字形，并将简体的“车”进一步简化为车轴和一个车轮；小篆承续金文简体字形；隶变后在楷书中写作車；汉字简化后写作车。

字义源流

车：本义是古代的战车，如：操吴戈兮披犀甲，车错毂兮短兵接。引申后泛指车子，如：马车、汽车、自行车；又引申指借助转轮工作的机器，如：车床、车刀、车间；又引申指借助转轮做工，如：车水、车花边；表示以上意思时，均读作：chē。车又读作：jū，表示中国象棋中的一种棋子，如：对车、车马炮。

妙语精粹

安步当车　车水马龙　杯水车薪　螳臂挡车

搬着车轱辘上山——硬干

宝马雕车香满路。凤箫声动，玉壶光转，一夜鱼龙舞。

——辛弃疾《青玉案·元夕》

军

jūn

金文 小篆 楷书繁 楷书简

汉字造意

金文字形，由一只环曲的手臂和“车”组成，表示许多车环绕驻扎，这种构思来自于古代行军驻扎时，常以战车自围扎营的习惯。小篆承续金文字形，且整齐化；隶变后在楷书中写作軍；汉字简化后写作军。

字义源流

军：本义是军队驻扎、扎营，如：沛公军霸上，未得与项羽相见。引申指武装部队、作战集群，如：陆军、军备、军法；又特指军队编制单位，春秋时期，主要诸侯国多设上、中、下三军，历代沿用此称呼，如：三军可夺帅也，匹夫不可夺志也，现在指师、旅以上的编制单位，如：军长、军政委。

妙语精粹

横扫千军　千军万马　军令如山　异军突起

大军之后，必有凶年。——《老子》

十五从军征，八十始得归。——《十五从军征》

轻

qīng

小篆 楷书繁 楷书简

汉字造意

小篆字形，由“车”和“巠”（jīng）组成，由此演变为现在的字形。《说文·车部》上说：“轻，轻车也。从车，巠声。”本义是轻便的战车，本文从此说。

字义源流

轻：本义是轻便的战车，如：前轻辌之锵锵兮。引申指灵便的、不感到有负担的，如：轻松、轻便、轻快；又引申指省力地、不费劲儿地，如：轻信、轻取、轻描淡写；又引申指重量小或密度小，如：轻如鸿毛、油比水轻；又引申指程度不深，如：伤得不轻、轻拿轻放、年轻力壮、人微言轻；又引申指不重视、小看，如：轻视、轻生、轻敌；又引申指不严肃、不庄重，如：轻佻、轻浮、轻率。

妙语精粹

不知轻重　掉以轻心　轻而易举　举重若轻

年轻人扛大梁——后生可畏

两岸猿声啼不住，轻舟已过万重山。　　——李白《早发白帝城》

汉字造意

甲骨文字形，像是錾凿一类的工具，有的在上边添加一个表示敲击的短横，由此演变为现在的字形。

字义源流

辛：本义是錾凿一类的工具。辛常用作刑具，由此引申指难以忍受的，如：辛苦、辛酸、艰辛；又引申指辣味，如：辛辣、香辛料、含辛茹苦；又用作天干的第八位，如：辛丑、辛亥、辛未。

妙语精粹

千辛万苦　停辛贮苦　蓼虫忘辛　备尝辛苦

黄连伴生姜——辛苦了

千淘万漉虽辛苦，吹尽狂沙始到金。　　——刘禹锡《浪淘沙》

农

nóng

甲骨文 金文 小篆 楷书繁 楷书简

汉字造意

甲骨文字形，由“林”（或“艸”）“辰”（表示蚌镰）和“又”（表示手）组成，表示手持蚌镰除草，即从事耕作劳动之意。金文在甲骨文基础上，增加字符“田”（代指田地），有的又把“林”讹变为双手；小篆分别承续金文两种字形，并把“田”讹变为“囟”；隶变时，上部字形合并为“曲”，在楷书中写作農；汉字简化后写作农。

字义源流

农：本义是从事耕作劳动，如：农耕、农田、农业。引申后泛指农业，如：务农、农学、农经；又引申指以耕种为生的人，如：农民、佃农、果农。

妙语精粹

不违农时　士农工商　寓兵于农　牛农对泣

腊月底看农历——没日子啦

时人不识农家苦，将谓田中谷自生。　　——颜仁郁《农家》

迎

yíng

小篆 楷书

汉字造意

小篆字形，由“辵”（chuò，表示行进）和“卬”（áng，代指抬头）组成，表示逆行而上。隶变后在楷书中写作迎。

字义源流

迎：本义是逆行而上，如：越人迎流而进，顺流而退。引申指向着、面对着，如：迎面遇上、迎头痛击、迎刃而解；又引申指相遇、相逢；又引申指前去接，如：欢迎、迎亲、迎宾。

妙语精粹

善气迎人　迎头赶上　送旧迎新　迎来送往

迎风吐唾沫——自作自受

风雨送春归，飞雪迎春到。已是悬崖百丈冰，犹有花枝俏。

——毛泽东《卜算子·咏梅》

近

jìn

小篆

近

楷书

汉字造意

小篆字形，由“辵”（chuò，表示行进）和“斤”（表示斧子）组成，由此演变为现在的字形。《说文·辵部》上说：“近，附也。从辵，斤声。”本义是空间距离短，本文从此说。

字义源流

近：本义是空间距离短，如：附近、近景、近视眼。引申指时间间隔短，如：近期、近代、近来；又引申指距离（时间）被缩短，如：接近、逼近、临近；又引申指关系密切，如：亲近、套近乎、走得近。

妙语精粹

急功近利　不近人情　平易近人　远交近攻

人无远虑，必有近忧。

近水楼台先得月，向阳花木易为春。——苏麟《断句》

追

zhuī 

甲骨文　金文　小篆　楷书

汉字造意

甲骨文字形，上边的字符逆时针旋转 90 度，像极臀部坐于地上留下的印记，下边的“止”（表示脚）与之结合，表示寻踪追逐的意思。金文字形，增加字符“彳”（chì，代指道路）；小篆承续金文字形，且整齐化；隶变后在楷书中写作追。

字义源流

追：本义是寻踪追逐，如：追赶、追捕、追击。引申后泛指从后面赶、寻求，如：追求、追寻、追名逐利；又引申指紧逼不放，如：追问、追究、追债；又引申指回溯过去，如：追悼、追思、慎终追远；又引申指事后补救，如：追补、追加、追认。

妙语精粹

奋起直追　夸父追日　穷寇莫追　追悔莫及

单车追汽车——望尘莫及

更催飞将追骄虏，莫遣沙场匹马还。　——严武《军城早秋》

退

tuì 

甲骨文　金文　小篆　楷书

汉字造意

甲骨文字形，由“簋”（guǐ，代指食器）和“夂”（suī，表示倒置的脚）组成，表示撤去祭品的意思。金文字形，增加字符“彳”（chì，表示道路）；小篆字形，将“簋”讹变为“日”；隶变后在楷书中写作退。

字义源流

退：本义是撤去祭品。引申指向后移动，如：后退、退让、退步；又引申指撤销，如：退学、退兵、退亲；又引申指返回，如：退票、退货、退款；又引申指下降，如：退烧、退潮、退色。

妙语精粹

进退维谷　急流勇退　功成身退　退避三舍

稻田里插秧——以退为进

谁似浮云知进退，才成霖雨便归山。　——王安石《雨过偶书》

汉字造意

金文字形，由“辵”（chuò，表示行进）和倂（yìng，表示人双手持篙撑船）的省形组成；小篆字形，右边讹变为“火”和“廾”（gǒng，表示双手）；隶变后在楷书中写作送，俗体字写作送；如今规范送为正体。《说文·辵部》上说：“送，遣也。从辵，倂省。”本义是送亲，即将新娘送至男方家，本文从此说。

字义源流

送：本义是送亲。引申后泛指陪行一程，如：送行、送客、遣送；又引申指运输、传递，如：运送、送信、送交；又引申指赠予，如：奉送、赠送、送礼；又引申指了结掉，如：送死、送命、葬送。

妙语精粹

雪中送炭　金风送爽　千里送鹅毛　送君千里，终须一别

黄鼠狼给鸡送礼——不怀好意

爆竹声中一岁除，春风送暖入屠苏。　——王安石《元日》

逆

nì

甲骨文 金文 小篆 楷书

汉字造意

甲骨文字形，由“辵”（chuò，表示行进）和“屰”（倒置的人，代指反向）组成，表示迎面走来之意，由此演变为现在的字形。

字义源流

逆：本义是迎接，如：上卿迎于境。引申指方向交错而行，如：晋侯逆夫人嬴氏以归；又引申指反向而行，如：逆风、逆旅、逆水行舟；又引申指不顺的，如：逆境、逆序；又引申指违背、反叛，如：逆耳、叛逆、逆反。

妙语精粹

莫逆之交　逆耳之言　忠言逆耳　相视而笑，莫逆于心

逆风放火——引火烧身

流星透疏木，走月逆行云。　　——贾岛《宿山寺》

通

tōng

tòng

甲骨文 金文 小篆 楷书

汉字造意

甲骨文字形，由“彳”（chì，表示道路）和“用”组成；金文字形，变为“辵”（chuò，表示行进）和“甬”（代指畅通）的组合；小篆承续金文字形，且整齐化；隶变后在楷书中写作通。《说文·辵部》上说：“通，达也。从辵，甬声。”本义是达、到达，本文从此说。

字义源流

通：本义是达、到达，如：通达、通车、通道。引申指相来往、相联系，如：通婚、沟通、通假；又引申指贯穿，如：通风、贯通、打通；又引申指传达，如：通知、通告、通风报信；又引申指使不堵塞，如：通炉子、通下水道；又引申指普遍的、惯常的，如：普通、通常、通病；又引申指全部的、彻底的，如：通透、通晓、精通；又引申指整个的，如：通宵、通史、通体考虑；表达以上意思时，均读作：tōng。通又用作量词（数词限用“一”），此时读作：tòng，如：乱说一通、挨一通骂。

妙语精粹

触类旁通　串通一气　博古通今　财运亨通

七窍通六窍——一窍不通

身无彩凤双飞翼，心有灵犀一点通。　　——李商隐《锦瑟》

汉字造意

金文字形，由“辵”（chuò，表示行进）和“东”（表示袋子）组成；小篆字形，将“东”转变为“束”；隶变后在楷书中写作速。《说文·辵部》上说：“速，疾也。从辵，束声。”本义是行动快的、迅疾的，本文从此说。

字义源流

速：本义是行动快的、迅疾的，如：快速、迅速、速效。引申指速度，如：风速、时速、光速；又用作副词，相当于快速地，如：速溶、速食、速记；又借用为召请，如：不速之客、主人速宾；又引申指招致，如：君子多欲则贪慕富贵，枉道速祸。

妙语精粹

兵贵神速　速战速决　十万火速　兵闻拙速

欲速则不达。

明朝游上苑，火速报春知。　　——武则天《催花诗》

造

zào

金文 小篆 楷书

字义源流

金文有多种字形，说明其存在不同的造字来源；每种字形都与“告”相关，说明这些字形具有相同的内核。在中国古代，师傅传授徒弟手艺讲究口耳相传、口传心授，这个过程就是“告”，因所告（传授）内容的不同，“造”因此有多种字形。因此，造指的也是传授手艺。小篆字形，由“辵”（chuò，表示行进）和“告”组成，表示投师学艺的意思，由此引申出求教、拜访等含义；隶变后在楷书中写作造。

字义源流

造：本义是传授手艺。引申指造作、制作，如：制造、建造、造船；又引申指谋划、策动，如：造句、造谣、造反；又引申指拜访，如：造访、造谒、夜造；又引申指前往、到达，如：登峰造极；又引申指求教、培养，如：深造、造就、可造之材。

妙语精粹

不敢造次　天造地设　矫揉造作　恩同再造

千日造船，一日过江。

造化钟神秀，阴阳割昏晓。——杜甫《望岳》

连

lián

小篆 楷书繁 楷书简

汉字造意

小篆字形，由“辵”（chuò，表示行进）和“车”组成，由此演变为现在的字形。

《说文·辵部》上说：“连，负车也。从辵，从车。”本义是人拉车，本文从此说。

字义源流

连：本义是人拉车。引申指结合、衔接，如：连环、连年、心连心；又引申指不中断地，如：连载、连任、连忙；又引申指一并包括在内，如：连累、连坐、株连九族；又引申指军队的编制单位，在营之下、排之上，如：连长、连部、连队。

妙语精粹

比目连枝　连绵不绝　妙语连珠　流连忘返

半夜吃黄连——暗中叫苦

烽火连三月，家书抵万金。　　——杜甫《春望》

汉字造意

甲骨文字形，由“隹”（表示小鸟，譬如麻雀）和“止”（表示脚、爪）组成；金文增加字符“彳”（chì，表示道路）；小篆承续金文字形，且整齐化；隶变后在楷书中写作進；汉字简化后写作进。麻雀这类小鸟，不会两只脚分开行走，也不会向后退，只会一蹦一跳地向上或向前移动，古人正是细致地观察到这一现象，巧妙地创造出“进”这个字。

字义源流

进：本义是小鸟向上或向前蹦跳移动。引申后泛指前行，如：前进、进步、进展；又引申指由外到内，如：进门、进货、进大学；又引申指吃，如：进食、进餐、水米未进；又引申指献、奉上，如：进贡、进献、进香；又引申指提出，如：进谏、进言；又用作量词，表示宅院前后的层次，每层为一进，如：三进的大宅院。

妙语精粹

齐头并进　激流勇进　得寸进尺　百尺竿头，更进一步有上坡必有下坡，有进路必有出路。

不管垂杨珠泪进，滴碎荷声千顷。　　　　——王夫之《清平乐·咏雨》

汉字造意

金文字形，由“寓”和“辵”（chuò，表示行进）组成；小篆字形，将“寓”转变为“禺”，隶变后在楷书中写作遇。《说文·辵部》上说：“遇，逢也。从辵，禺声。”本义是相逢，即未经约定而碰到，本文从此说。

字义源流

遇：本义是相逢，如：遇见、相遇、不期而遇。引申指遭受、受到，如：遭遇、遇险、遇救；又引申指款待、对待，如：待遇、礼遇、厚遇；又引申指机会，如：机遇、际遇；又引申指赏识，如：恩遇、不遇。

妙语精粹

将遇良才　百年不遇　随遇而安　怀才不遇

秀才遇到兵，有理说不清。

幸遇三杯酒好，况逢一朵花新。　　　　——朱敦儒《西江月·世事短如春梦》

汉字造意

甲骨文字形，由“㫃”（yǎn，表示旗帜）和“子”（表示孩子）组成，像是孩子执旗之形；金文承续甲骨文字形；小篆增加字符“水”，表示人在水中浮行；隶变后在楷书中写作游，汉字简化时，合并异体字“遊”，统一写作游。《说文·㫃部》上说：“游，旌旗之流也。从㫃，汓（qiú，表示游泳）声。”本义是古代旗帜下沿的垂饰，本文从此说。

字义源流

游：本义是古代旗帜下沿的垂饰，此时读作：liú。游又读作：yóu，表示人在水中浮行，如：游泳、游水、游船；又引申指河流的一段，如：上游、中游、下游；又引申指流动的、不固定的，游资、游牧、游击；又用作“遊”，表示在陆地上行走，如：游侠、游说、云游；又引申指到处旅行玩乐，如：旅游、游戏、游历；又引申指外出求学、做官，如：游学、宦游；又引申指闲散，如：游民、游手好闲；又引申指结交，如：秦时与臣游，项伯杀人，臣活之。

妙语精粹

旧地重游　力争上游　游必有方　秉烛夜游

孔夫子游列国——尽是理（礼）

暖风熏得游人醉，直把杭州作汴州。　　——林升《题临安邸》

汉字造意

小篆字形，由“辵”（chuò，表示行进）和“军”（代指部队）组成，表示部队的调动、转战，由此演变为现在的字形。

字义源流

运：本义是部队的调动、转战。引申指物体的迁徙、移动，如：是鸟也，海运则将徙于南冥；又引申指策动、进行，如：运用、运营、运算；又引申指输送，如：运输、水运、空运；又引申指事物变化发展的轨迹，如：运气、国运、命运。

妙语精粹

财运亨通　时来运转　运用自如　运筹帷幄

运动员下跑场——你追我赶

想当年、空运筹决战，图王取霸无休。——柳永《双声子·晚天萧索》

过

guò

guo

金文　小篆　楷书繁　楷书简

汉字造意

金文字形，由“辵”（chuò，表示行进）和“骨”（骨头，通常有中空的腔）组成，表示从某个空间穿行，即经由的意思。在小篆中，“骨”的字形稍作变化；隶变后在楷书中写作過；汉字简化后写作过。

字义源流

过：本义是经由，如：经过、路过、过客。引申指经历时间，如：度过、过年、过日子；又引申指时光流逝，如：过去、时过境迁；又引申指去世，如：过世；又引申指转移，如：过户、过继、过目；又引申指超越某种界限，如：过分、过期、过关；又用作副词，表示超常地，如：过热、过敏、过早；又引申指犯错误，如：过错、过失、过而能改；又引申指错误，如：功过、改过、记过；表示以上意思时，均读作：guò。过又虚化为助词，用在动词后面，表示动作完成，此时读作：guo，如：见过、有过、说到过。

妙语精粹

白驹过隙　闭门思过　过犹不及　改过迁善

白日莫闲过，青春不再来。

过尽千帆皆不是，斜晖脉脉水悠悠。肠断白苹洲。——温庭筠《望江南·梳洗罢》

道

dào

金文 小篆 楷书

汉字造意

金文字形，由“行”（表示四通的路）和“首”（表示人的头部）组成，有的还增加字符“止”（表示脚），以能看清路上来人的相貌，来表明这是宽敞、笔直的大路之意。小篆字形，转变为“辵”（chuò，表示行进）和“首”的组合；隶变后在楷书中写作道。

字义源流

道：本义是宽敞、笔直的大路，如：周道、驰道、康庄大道。引申后泛指通路，如：街道、河道、地道、下水道；又引申指途径、技艺，如：茶道、武道、长生之道；又引申指规律、法则，如：公道、道理、天道酬勤；又引申指真理、正义，如：道德、道义、仁道；又引申指主张、学说，如：孔孟之道、传道授业、离经叛道；又引申指有形世界的起源，如：道生一，一生二，二生三，三生万物；又指道家，是诸子百家之一，以老子、庄子为代表；又指道教，东汉末年由张道陵所创立，尊奉老子为教祖；又用作量词，如：一道题、一道菜、一道门。

妙语精粹

盗亦有道　津津乐道　得道多助　道高一尺，魔高一丈

八只脚的螃蟹——横行霸道

东边日出西边雨，道是无晴却有晴。　——刘禹锡《竹枝词》

达

dá
tà

甲骨文 金文 小篆 楷书繁 楷书简

汉字造意

甲骨文字形，由“辵”（chuò，表示行进）和“大”（表示人）组成，表示一

个人在路上阔步前行。金文增加字符“羊”，表示像羊一样行动轻捷；小篆承续金文字形，且整齐化；隶变后在楷书中写作達；汉字简化后写作达。

字义源流

达：本义是行动轻捷，此时读作：tà，如：挑兮达兮，在城阙兮。达又读作：dá，表示畅通，如：直达、通达、畅达；又引申指直抵、走到目的地，如：到达、传达、达标；又引申指通晓、透彻，如：练达、明达、守经达权；又引申指心胸开阔，如：达观、豁达、旷达；又引申指得志的、成功的，如：显达、达人、达官贵人。

妙语精粹

飞黄腾达　达官知命　四通八达　词不达意

大轴和马达——只有一个心眼儿

乡书何处达，归雁洛阳边。　——王湾《次北固山下》

汉字造意

金文字形，由“辵”（chuò，表示行进）和“袁”组成；小篆承续金文字形，且整齐化；隶变后在楷书中写作遠；汉字简化后写作远。《说文·辵部》上说：“远，辽也。从辵，袁声。”本义是空间距离特别长，本文从此说。

字义源流

远：本义是空间距离特别长，如：远方、远东、遥远。引申指超长距离地，如：远行、远足、远走高飞；又引申指距离现在时间特别长的，如：远祖、远见、久远；又引申指血缘关系不近的，如：远亲、远房、疏远；又引申指不接近、保持较大的距离，如：君子远庖厨、敬而远之。

妙语精粹

深谋远虑　声名远播　志怀高远　好高骛远

望远镜观天——一孔之见

远上寒山石径斜，白云生处有人家。——杜牧《山行》

汉字造意

金文字形，由“帝”和“口”组成；小篆字形，增加字符“辵”（chuò，表示行进）；隶变后在楷书中写作適；汉字简化时，借用了“适”（原指迅速）的简化字形，写作适。《说文·辵部》上说：“适，之也。从辵，啻（chì）声。”本义是前往，本文从此说。

字义源流

适：本义是前往，如：无所适从、使适四方。引申指切合、与……一致，如：适合、适当、适应；又引申指舒畅、安好，如：舒适、安适、闲适；又用作副词，表示恰好、正好，如：适用、适销、适逢其会。

妙语精粹

削足适履　适可而止　适得其反　无所适从

何三的兄弟——合适（何四）

向晚意不适，驱车登古原。夕阳无限好，只是近黄昏。——李商隐《登乐游原》

汉字造意

小篆字形，由“辵”（chuò，表示行进）和“巽”组成，由此演变为现在的字形。《说文·辵部》上说：“选，遣也。从辵巽，巽，遣之。巽亦声。”本义是遣送、放逐，本文从此说。

字义源流

选：本义是遣送、放逐。引申指挑拣、择定，如：挑选、竞选、选举；又特指量才授官，如：凡选，每岁有大选，有急选，有远方选；又引申指被挑拣出来的人或物，如：人选、选手、入选；又引申指挑拣出来编辑在一起的作品，如：文选、诗选、作品选。

妙语精粹

东床之选　选贤举能　别无选择　一时之选

筐里选瓜——越选越差

天生丽质难自弃，一朝选在君王侧。　——白居易《长恨歌》

汉字造意

金文字形，上边像是双手捧沙遗漏的样子，下边的“辵”（chuò）表示移动，整体表示丢失、落（là）下的意思。在小篆中，沙子的字形变得有些像“人”，并增加字符“贝”（代指钱物），强调丢失的内涵；隶变后在楷书中写作遺；汉字简化后写作遗。

字义源流

遗：本义是丢失、落下，如：遗漏、遗失、遗忘。引申指疏漏，如：刑过不避大臣，赏善不遗匹夫；又引申指脱离，如：北方有佳人，遗世而独立；又引申指遗漏的东西，如：路不拾遗；又引申指留下、留存，如：遗产、遗稿、遗训；表示以上意思时，均读作：yí。遗又读作：wèi，表示将东西送给他人，如：置币遗单于。

妙语精粹

不遗余力　巨细无遗　沧海遗珠　补阙拾遗
屎壳郎传宗接代——遗臭万年
古人学问无遗力，少壮工夫老始成。　　——陆游《冬夜读书示子聿》

部

bù  部

小篆　楷书

汉字造意

小篆字形，由“咅”（pǒu）和“邑”（yì，表示城镇）组成，由此演变为现在的字形。《说文·邑部》上说：“部，天水狄部。从邑，咅声。”本义是古代划分出的地方行政区，本文从此说。

字义源流

部：本义是古代划分出的地方行政区。又特指由血缘关系构建的氏族集体，如：部落、部族；又引申指军队，如：部队、率部、残部；又引申指古代的官署名，或现代的机关、企事业办公中心，如：吏部、商务部、人事部；又引申指构成整体的一块或几块，如：部分、内部、西部；又引申指文字、书籍等的门类，如：经部、史部、子部、集部；又用作量词，修饰合成性的事物，如：一部机器、一部电影。

妙语精粹

按部就班　分别部居　半部论语治天下　千部一腔，千人一面
刑部的后身——老（牢）眼
岂无蜀兵三千人，部领辛苦江山长。　　——杜甫《杂歌谣辞·大麦行》

都

dū
dōu

金文 小篆 楷书

汉字造意

金文字形，由“者”（代指附着）和“邑”（表示城镇）组成，由此演变为现在的字形。《说文·邑部》中说：“都，有先君之旧宗庙曰都。从邑，者声。”本义是有先君宗庙的城镇，本文从此说。

字义源流

都：本义是有先君宗庙的城镇。引申指附属众多小城镇的大城市，如：首都、京都、都市；又特指首都，如：建都、迁都、定都；又引申指以特产或特色著称的城市，如：瓷都、煤都、雾都；表示以上意思时，均读作：dū。都又读作：dōu，用作副词，表示全部、总括，如：全都、都是、都来了。

妙语精粹

都中纸贵　通都大邑　长明都尉　都头异姓

四面八方都是客——朋友遍天下

都道无人愁似我，今夜雪，有梅花，似我愁。——蒋捷《梅花引·荆溪阻雪》

乡

xiāng

金文 小篆 楷书繁 楷书简

汉字造意

甲骨文字形，中间像是盛满食物的食器，左右是两个跪坐的人，表示两人在一起享用食物。小篆字形，将跪坐的人讹变为“邑”；隶变后在楷书中写作鄉；汉字简化后写作乡。

字义源流

乡：本义是两人在一起享用食物。在远古时期，只有同一氏族的人才可能聚在一起吃饭，这种亲缘关系扩大后，转变为生活在同一地方的乡土观念，如：乡亲、故乡、乡愁；又引申指一种地方行政区划，现代的乡，隶属于县、区，涵盖村、屯，如：乡镇、乡长；又泛指农村，即城市以外的地区，如：乡下、山乡、乡间。

妙语精粹

流落他乡　背井离乡　入乡随俗　衣锦还乡

梁园虽好——不是久恋之乡

君自故乡来，应知故乡事。　——王维《杂诗三首·其二》

字义源流

甲骨文有两种字形：一种由“酉”和两条曲线组成，可以表示酒香四溢，也可以表示酒满溢出；另一种由“水”和“酉”组成，强调酒的液体状态。金文字形，直接就是个大酒坛子（酉）；小篆字形，又变成“水”和“酉”的组合；隶变后在楷书中写作酒。

字义源流

酒：本义是由粮食、果实等发酵酿制而成的，含有乙醇的香甜兴奋饮料，如：白酒、啤酒、红酒、黄酒。引申指饮酒，如：常酒者，天子失天下，匹夫失其身。

妙语精粹

斗酒百篇　对酒当歌　杯酒释兵权　醉翁之意不在酒

酒后吐真言。

千里莺啼绿映红，水村山郭酒旗风。　——杜牧《江南春》

医

yī

小篆　　楷书繁　楷书简

字义源流

小篆有两种字形。一种由“医”“殳”和“酉”组成，“医”里的“矢”指用砭石等制作的早期医用刀具，“医”则可以理解为工具箱；“殳”指手持器物击打、划割，可视作外科手术；“酉”指酒，“酒为百药之长”（《汉书·食货志》），相当于内服药物。这种组合，包含了医疗器械、外科手术、内服药物等多种内容。另一种字形，用“巫”替换“酉”，表明中国古代巫医同源的一面。隶变时，主要采用了小篆第一种字形，在楷书中写作醫；汉字简化后写作医。

字义源流

医：本义是治病，如：医治、医疗、医院。引申指替人或动物治病的人，如：医生、兽医、军医；又引申指关于保持健康、防治疾病的学问、技术，如：医学、中医、西医。

妙语精粹

讳疾忌医　久病成医　上医医国　死马当作活马医

华佗行医——名不虚传

医得眼前疮，剜却心头肉。　——聂夷中《伤田家》

里

lǐ

金文　小篆　楷书

汉字造意

金文字形，由“田”和“土”组成，以有田有土来表示人所聚居的地方。小篆承续金文字形，且整齐化；隶变后在楷书中写作里；汉字简化时，合并了“裏”（表示衣服的内层）“裡”（裏的异体字）等字的含义，统一写作里。

字义源流

里：本义是古人耕种、生活的地方，如：乡里、故里、里正。引申指城镇的街道，如：里弄、里巷；又引申指地方，如：这里、那里、哪里；又引申指中国古代行政单位，各代大小不同，如：三朋为里（七十二家）、五邻为里（二十五家）；又用作长度单位，上古三百步为一里，现在一里合五百米；又用作“裏”的简化字，表示衣服的内层，如：衬里、被里；又泛指内部，如：里面、家里、心里；又引申指一定范围之内，如：城市里、目光里、春天里。

妙语精粹

百里挑一　拒人千里　表里如一　不知就里

差之毫厘，谬以千里。

夜月一帘幽梦，春风十里柔情。　　——秦观《八六子·倚危亭》

重

zhòng
chóng

汉字造意

甲骨文字形，由“人”和“东”（表示装有东西的袋子）组成，表示人背重物之意。金文字形与甲骨文类似，只不过把“人”放在了“东”的上边；有的还在下边增加字符“土”，以袋子难以提离地面表示沉重的内涵；又由人一次次努力尝试提起袋子，引申出重复、叠加等意思。小篆承续金文第二种字形；隶变后在楷书中写作重。

字义源流

重：本义是人背重物。引申指沉的、重量大的，如：重物、重担、沉重；又引申指程度深的，如：重伤、重犯、严重；又引申指深深地，如：重办、重奖、重读；又引申指关键的、作用大的，如：重要、重臣、重头戏；又引申指在乎，如：重义轻利；表示以上意思时，均读作：zhòng。重又读作：chóng，表示叠加，如：重复、重影、重阳；又用作副词，表示再次，如：重播、重逢、重见天日；又用作量词，相当于层、次，如：重围、三重门、双重标准。

妙语精粹

不知轻重　避重就轻　恩重如山　举足轻重

背着棉花过河——越来越重

待到重阳日，还来就菊花。　——孟浩然《过故人庄》

野

yě

汉字造意

甲骨文字形，由“林”和“土”组成，表示长满草木的土地，即郊外的意思。金文字形与甲骨文类似；小篆字形，转变为“里”和“予”的组合；隶变后在楷书中写作野。

字义源流

野：本义是郊外，如：田野、原野、野外。引申指地域、界限，如：视野、分野；又引申指原始的、粗鄙的，如：野蛮、粗野、狂野；又引申指非人工驯养或培植的，如：野兽、野菜、野生；又引申指放纵的、不受约束的，如：野心、野性、玩野了；又引申指民间、不主政的地位，如：下野、朝野；又引申指非官方的、非正式的，如：野史、野路子、野狐禅。

妙语精粹

稗官野史　孤云野鹤　哀鸿遍野　野心勃勃

林冲到了野猪林——绝处逢生

野旷天低树，江清月近人。　——孟浩然《宿建德江》

量

liàng
liáng

甲骨文 金文 小篆 楷书

汉字造意

甲骨文字形，由“口”和“东”（表示装有东西的袋子）组成，表示可以测定容积的器具。金文字形，将“口”讹变为“日”，有的字形还增加字符“土”（表示把袋子放在地上）；小篆承续金文第二种字形；隶变后在楷书中写作量。

字义源流

量：本义是测定容积的器具，如：度量衡。引申指限度、范围，如：酒量、气量、胆量；又引申指数量，如：产量、流量、客运量；表示以上意思时，均读作：liàng。量又读作：liáng，表示用事先规定的统一标准测度、估算实物，如：测量、计量、量体重；又引申指推测、估摸，如：商量、打量、量力而行。

妙语精粹

量才录用　不可限量　等量齐观　量入为出
大人不记小人过——宽宏大量
十年生死两茫茫，不思量，自难忘。——苏轼《江城子·乙卯正月二十日夜记梦》

金

jīn

金文 小篆 楷书

汉字造意

金文字形，左边像是两块铜饼，右边由“今”（甲骨文或作“亼”）的省形和“王”（表示斧钺）的省形组成，表示由矿物熔炼而来，并可以用来铸造兵器的金属“铜”。小篆字形，将两块铜饼插入“王”的字形之中；隶变后在楷书中写作金。

字义源流

金：本义是铜。引申后泛指金属，如：冶金、五金、合金；又特指钟鼎等青铜器，如：金文、金石；又引申指中国古代军中的一种金属打击乐器，行军时闻之则止步或退兵，如：金之则止，重金则退；又特指黄金，如：金币、金矿、金子；又引申指货币、钱财，如：资金、奖金、金融；又引申指最宝贵的、最有价值的，如：金牌、金婚、金嗓子。

妙语精粹

金兰之契　敝帚千金　金蝉脱壳　金科玉律

兄弟同心，其利断金。

金风玉露一相逢，便胜却人间无数。　　——秦观《鹊桥仙·纤云弄巧》

汉字造意

小篆字形，由“金”和“咸”组成；隶变后在楷书中写作鍼，又有俗体字形針；汉字简化后写作针。《说文·金部》上说：“鍼，所以缝也。从金，咸声。”本义是缝衣针，本文从此说。

字义源流

针：本义是缝衣针，针线、绣花针、针头线脑。引申指像针一样的东西，如：松针、时针、避雷针；又特指中医刺穴位治病的金属针，如：针灸、针刺、行针；又指西医注射液体药物的器具，如：针头、针筒；又指注射用的液体药物，如：打预防针、打瘦脸针。

妙语精粹

海底捞针　见缝插针　绵里藏针　穿针引线

只要工夫深，铁杵磨成针。

春衫犹是，小蛮针线，曾湿西湖雨。　　——苏轼《青玉案·送伯固归吴中》

yín

小篆　楷书繁　楷书简

汉字造意

小篆字形，由“金”和“艮”组成，由此演变为现在的字形。艮原指人回头看，此时人的眼白尤其凸显，银指的就是类似于眼白颜色的金属，故而《说文·金部》上说：“银，白金也。”

字义源流

银：本义是一种白色的金属，如：白银、银子、银矿。又引申指货币，或与货币相关的事物，如：银元、银两、银行；又引申指像银子的颜色，如：银白、银灰、银汉。

妙语精粹

火树银花　银河倒泻　银钩铁画　此地无银三百两

落地的水银——无孔不入

银瓶乍破水浆迸，铁骑突出刀枪鸣。　　——白居易《琵琶行》

qián

jiǎn

小篆　楷书繁　楷书简

汉字造意

小篆字形，由“金”和“戋”（jiān）组成，由此演变为现在的字形。《说文·金部》上说：“錢，铫，古田器。从金，戋声。”本义是中国古代的一种农具，用来铲土，本文从此说。

字义源流

钱：本义是中国古代的一种农具，读作：jiǎn。因为这种农具曾做过早期铸币的一种模型，因此金属铸币也称为“钱”（读作：qián，以下均读此音）；又引申指用铜等合金铸成的货币，通常为圆形方孔，如：制钱、一文钱、一吊钱；引申后又泛指货币、财物，如：挣钱、花钱、零钱；又引申指费用，如：车钱、饭钱、房钱；又引申指像铜钱一样的东西，如：纸钱、榆钱；又用作量词，指一种市制质量单位，如：1 钱合 5 克，10 分是 1 钱，10 钱是 1 两。

妙语精粹

不值一钱　不名一钱　见钱眼开　钱可通神

勤是摇钱树，俭是聚宝盆。

金樽清酒斗十千，玉盘珍羞直万钱。　　——李白《行路难·其一》

汉字造意

钟有两个来源，一个是钟鼓之“鐘”，一个是表示酒器之“鍾”，以下分别解读。

鐘的金文字形，由“金”和“童”组成，童原指年幼的奴隶，因其常受欺负、打骂而引申出敲打之意，钟指的就是一种用于敲打的金属乐器；小篆承续金文字形，且整齐化；隶变后在楷书中写作鐘；汉字简化后写作钟。鍾的金文字形，由“金”和“重”组成，重里面含有字符“东”（装有东西的袋子），在此取东之形，钟指的就是一种形状类似于东的腹大、颈细、口小器皿，常用来盛酒；小篆承续金文字形，且整齐化；隶变后在楷书中写作鍾；汉字简化时，借用了“鐘”的简体字形，写作钟。

字义源流

钟：本义有二，一、一种敲打乐器，如：编钟、铜钟、钟鼓；二、一种酒器，如：千钟不醉。由敲打乐器引申指寺庙悬挂的钟，如：做一天和尚撞一天钟；又引申指计时器，如：钟表、闹钟、石英钟；又引申指时间、时刻，如：十点钟、八点钟。由酒器引申后泛指酒杯、茶杯，此义后来由“盅”继承，如：酒盅、茶盅；又引申指汇聚、集中，如：钟情、钟爱、钟灵毓秀。

妙语精粹

黄钟大吕　老态龙钟　一见钟情　钟鸣鼎食

半夜敲钟——一鸣惊人

姑苏城外寒山寺，夜半钟声到客船。　——张继《枫桥夜泊》

铁

tiě

小篆

鐵

楷书繁

铁

楷书简

汉字造意

小篆字形，由“金”和“𢧜”组成；隶变后在楷书中写作鐵；汉字简化后写作铁。《说文·金部》上说：“铁，黑金也。从金，𢧜声。”本义是一种金属，本文从此说。

字义源流

铁：本义是金属铁，如：钢铁、铁钉、铁丝。引申指武器，如：手无寸铁；又引申指像铁的颜色，如：脸色铁青；又引申指坚强、坚硬，如：铁腕、铁拳、铁汉子；又引申指确定不移的，如：铁定、铁证、铁饭碗；又引申指无情的、暴烈的，如：铁面无私、铁血宰相。

妙语精粹

趁热打铁　铜墙铁壁　金戈铁马　恨铁不成钢

王八吃秤砣——铁了心

夜阑卧听风听雨，铁马冰河入梦来。　——陆游《十一月四日风雨大作》

长

cháng
zhǎng

甲骨文 金文 小篆 楷书繁 楷书简

汉字造意

甲骨文字形，像是一个突出长发的老人，表示年高发长之意。金文字形与甲骨文类似；小篆承续金文字形，并稍作变化；隶变后在楷书中写作長；汉字简化后写作长。

字义源流

长：本义是年高发长。引申指头发，如：扬长而去；又引申指距离大的，如：长河、长空、长城；又引申指时间久的，如：长久、长寿、长期；又引申指长度，即两端之间的距离，如：边长、周长、长宽高；又引申指长处，即在某方面的优点，如：特长、专长、擅长；表示以上意思时，均读作：cháng。长又读作：zhǎng，表示年岁大的，如：年长、尊长、长辈；又引申指排行第一的、最大的，如：长兄、长子、长孙；又引申指首领，如：酋长、首长、长官；又引申指发育、变化，如：生长、长高、长胖了；又引申指滋生、萌发，如：长草、长庄稼、长尾巴；又引申指增进、增加，如：增长、长志气、长见识。

妙语精粹

鞭长莫及　揠苗助长　别无长物　长篇累牍

经一事，长一智。

长恨此身非我有，何时忘却营营。——苏轼《临江仙·夜饮东坡醒复醉》

门

mén

甲骨文 金文 小篆 楷书繁 楷书简

汉字造意

甲骨文字形，像是有两扇门板、两根门柱的门形，由此演变为现在的字形。

字义源流

门：本义是有两扇门板的房门或院门，如：城门、门口、门前。引申指车、船等的出入口，或能开关的屏障物，如：车门、舱门、冰箱门；又引申指用于开关的活板，如：闸门、阀门、油门；又引申指关卡、要塞，如：雁门关、玉门关；又引申指家族、家庭，如：门第、名门、门当户对；有引申指派别、类别，如：佛门、部门、五花八门；又引申指途径、诀窍，如：门道、法门、窍门；又用作量词，相当于项、种，如：一门功课、一门技术。

妙语精粹

师出名门　班门弄斧　门庭若市　将门虎子

好事不出门，恶事行千里。

都门帐饮无绪。留恋处、兰舟催发。　　——柳永《雨霖铃·寒蝉凄切》

汉字造意

金文字形，由“门”和“才”组成，由此演变为现在的字形。才原指草木初生，引申指木材，闭的字形好似以木顶门，所以有关门的意思。

字义源流

闭：本义是关门，如：关闭、闭门羹、夜不闭户。引申指关上、不通行，如：闭目、闭塞、闭气；又引申指停止、结束，如：闭幕、闭市、闭会。

妙语精粹

闭关自守　闭门思过　关门闭户　闭门造车

闭着眼睛进山洞——难免碰壁

甫能炙得灯儿了，雨打梨花深闭门。　——秦观《鹧鸪天·枝上流莺和泪闻》

开

kāi  開 开

古文 小篆 楷书繁 楷书简

字义源流

古文字形，由“门”“廾”（gǒng，表示双手）和一短横（代指门栓）组成，表示拿掉门栓开门的意思。小篆字形，门栓断裂，并与手合并；隶变后在楷书中写作開；汉字简化后写作开。

字义源流

开：本义是开门，如：开关、开门揖盗、开我东阁门，坐我西阁床。引申指打开，如：开弓、开锁、开棺验尸；又引申指启动、初始运行，如：开始、开学、开业；又引申指创立、开创，如：开户、开国、开办；又引申指向外张、使不受束缚，如：开花、散开、解开、离开；又引申指拓展、发掘，如：开拓、开采、开垦、开发；又引申指列出、写出，如：开列、开具、开方子；又引申指解除、消除，如：开禁、开除、开冻、七九河开，八九燕来、若夫淫雨霏霏，连月不开，阴风怒号，浊浪排空；又引申指消耗，如：开销、开支、开工资；又引申指明白、无障碍，如：想开点、吃得开、混得开；又引申指沸腾，如：开锅了、赶快把水烧开，还等着喝茶呢；又用作量词，表示分数、比率，如：三七开，就是按照三比七的比率分配，十六开纸，就是一整张纸（全开纸）的十六分之一。

妙语精粹

豁然开朗　继往开来　开山鼻祖　异想天开

白骨精开口——不讲人话

开轩面场圃，把酒话桑麻。　　——孟浩然《过故人庄》

闲

xián

金文　小篆　楷书繁　楷书简

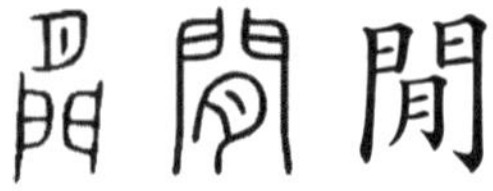

金文　小篆　楷书

字义源流

闲有两个来源，一个是表示门栅栏之“閑”，一个是表示空隙之“閒”，以下分别解读。

閑的金文字形，由“门”和“木”组成，表示门栅栏的意思，由此演变为现在的字形。閒的金文字形，由“门”和“月”组成，表示月光从门缝射入，因此有空隙的意思；小篆承续金文字形，且整齐化；隶变后在楷书中写作閒；汉字简化时，借用了“閑”的简化字，写作闲。

字义源流

闲：本义有二，一、门栅栏；二、空隙。由门栅栏引申指木栏之类的遮挡物，如：（虎贲氏）舍则守王闲，王在国则守王宫，国有大敌，则守王门；又特指马厩，如：天子十有二闲，马六种；又引申指限制、防范，如：性与天道合一，闲邪存乎诚。由空隙引申指空着的，未派上用场的，如：闲钱、闲职、闲杂；又引申指无目的地，如：闲逛、闲扯、闲聊；又引申指时间上自由的，如：闲适、闲人、悠闲；又引申指可以自由支配的时间，如：空闲、农闲、闲工夫；又引申指安静、寂静，如：人闲桂花落，夜静春山空；又引申指宽大，如：烟水闲，乾坤大，四面云无遮碍。

妙语精粹

等闲之辈　闲情逸致　闲云野鹤　忙里偷闲

吃多了盐——尽讲闲(咸)话

闲愁最苦。休去倚危栏，斜阳正在、烟柳断肠处。

——辛弃疾《摸鱼儿·更能消几番风雨》

间

jiàn
jiān

金文 小篆 楷书繁 楷书简

汉字造意

金文字形，由“门”和“月”组成，表示月光从门缝射入，因此有空隙的意思。小篆承续金文字形，且整齐化；隶变时，将“月”讹变为“日”，在楷书中写作間；汉字简化后写作间。间（間）与闲（閒）属于同源分化字，间主要表示隔开、衔接处等意思，闲主要表示时间自由、不匆忙等意思。

字义源流

间：本义是空隙，如：间隙、间距、间不容发。引申指隔开、使不连接，如：间隔、间接、离间；又引申指掺入、夹杂，如：间谍、间杂；表示以上意思时，均读作：jiàn。间又读作：jiān，表示处于两种事物相接的地方，如：中间、天地间、两国之间；又引申指处于一种事物当中，如：时间、空间、人间；又引申指房子、建筑物，如：房间、单间、车间；又用作量词，表示建筑物的数量，如：一间房、两间宅院。

妙语精粹

伯仲之间　旦夕之间　挑拨离间　字里行间
青石进了石灰窑——要留清（青）白在人间
间关莺语花底滑，幽咽泉流冰下难。　——白居易《琵琶行》

关

guān

金文 小篆 楷书繁 楷书简

汉字造意

金文字形，像是门上有闩的样子，表示闭门之意。小篆字形，转变为“门”

和“𢇇”（guān，表示贯穿）的组合，仍然表示闭门；隶变后在楷书中写作關；汉字简化时，借用了“关”（𢍏的变体）的字形，写作关。

字义源流

关：本义是闭门，如：关门。引申后泛指闭合，如：关窗、关闭、开关；又引申指停止、倒闭，如：关机、关灯、关张；又引申指控制出入的紧要部位，如：关卡、海关、关键；又引申指涉及、牵连，如：关联、有关、关系；又引申指照应、重视，如：关心、关照、关注。

妙语精粹

关怀备至　关门大吉　机关算尽　一夫当关，万夫莫开

鬼门关止步——出生入死

渐霜风凄紧，关河冷落，残照当楼。——柳永《八声甘州·对潇潇暮雨洒江天》

汉字造意

小篆字形，由“阜”（代指屏障）和“方”组成，由此演变为现在的字形。《说文·阜部》上说：“防，堤也。从阜，方声。”本义是堤坝，本文从此说。

字义源流

防：本义是堤坝，如：堤防。引申指守御，即守卫领土，抵御进攻，如：防守、驻防、防空；又引申指与防守有关的事物或措施，如：边防、国防、设防；又引申指做好准备，事先阻止发生，如：防备、防伪、防腐剂。

妙语精粹

杜渐防微　防患未然　以防万一　明枪易躲，暗箭难防

千里之堤，溃于蚁穴。

防身岂乏智，殉命有余忠。　　　　——李世民《伤辽东战亡》

降

jiàng
xiáng

甲骨文　金文　小篆　楷书

汉字造意

甲骨文字形，由“阜”和两个向下的“止”（表示脚）组成，由此演变为现在的字形。阜原指上下地穴的脚窝，引申指梯子、台阶、山包、屏障等事物。降指的就是顺着地穴上的脚窝向下走，即从高处走下来的意思。

字义源流

降：本义是从高处走下来。引申后泛指下落，如：降落、升降、降雨；又引申指使下落，如：降职、降薪、降级；又引申指给予、附加，如：降福、降罪；表示以上意思时，均读作：jiàng。降又读作：xiáng，表示压制、使放下，如：降服、降得住、降龙伏虎；又引申指向对方屈服，如：投降、归降、降兵降将。

妙语精粹

屈尊降贵　从天而降　喜从天降　一物降一物

兵来将挡，水来土掩——各有办法

我劝天公重抖擞，不拘一格降人才。　　　　——龚自珍《己亥杂诗》

限

xiàn

金文　小篆　楷书

汉字造意

金文字形，由“阜”（代指屏障）和“艮”（表示回头看）组成，表示人的视线被屏障阻隔的意思，由此演变为现在的字形。

字义源流

限：本义是阻隔，如：牵牛织女遥相望，尔独何辜限河梁。引申指规定范围、设定要求，如：限制、限期、宽限；又引申指界线、规定的范围，如：期限、上限、权限。

妙语精粹

不可限量　户限为穿

屋子里放风筝——高也有限

一向年光有限身，等闲离别易销魂，酒筵歌席莫辞频。

——晏殊《浣溪沙·一向年光有限身》

汉字造意

小篆字形，由“阜”（代指台阶）和“余”（表示房舍）组成，表示房舍前的台阶，由此演变为现在的字形。

字义源流

除：本义是房舍前的台阶，如：阶除、庭除。引申指宫殿的台阶，如：自前殿南下椒除；又引申指调任，如：自江州司马除忠州刺史；又引申指去掉、排除，如：除尘、除害、除夕；又引申指算数中的一则运算，即用一个数去分另一个数，如：除法，6 除以 3 等于 2。

妙语精粹

斩草除根　除暴安良　排除万难　为民除害

扁鹊开药方——药到病除

曾经沧海难为水，除却巫山不是云。　——元稹《离思五首·其四》

阴

yīn

金文 小篆 楷书繁 楷书简

汉字造意

金文字形，由“阜”（代指屏障）“今”（表示口含物）和“云”组成，以能够遮蔽阳光、向下喷射雨水的乌云，来表示阴天的意思。小篆承续金文字形，且整齐化；隶变后在楷书中写作陰；汉字简化后写作阴。

字义源流

阴：本义是阴天，如：阴转晴、阴云密布。引申指山之北、水之南背阳之处，如：华阴、淮阴、江阴；又引申指背光处，如：阴影、树阴、光阴；又引申指不明显的，如：阴沟、阴河；又引申指诡诈、不光明正大的，如：阴谋、阴险、阴损；又引申指男女生殖器，如：阴茎、阴道；又引申指冥间，即想象中的死人的世界，如：阴间、阴宅、阴曹地府；又特指带负电的，如：阴极、阴离子。

妙语精粹

光阴荏苒　阴阳怪气　阴魂不散　阴阳交错

大树底下晒太阳——阴阳不分

篱落疏疏一径深，树头花落未成阴。　　　　——杨万里《宿新市徐公店》

陆

lù

甲骨文 金文 小篆 楷书繁 楷书简

汉字造意

甲骨文字形，由“阜”和两个重复字符组成；金文承续甲骨文字形；小篆字形，将右边的字符合并为“坴”（lù）；隶变后在楷书中写作陸；汉字简化后写作陆。

有人将甲骨文右边的字符解释为庐屋，陆则可以解释为楼房或有人居住的大山，但是都无确证。《说文·阜部》上说："陆，高平地。从阜，从坴，坴亦声。"本义是高平的土地，本文从此说。

字义源流

陆：本义是高平的土地，如：陆地、大陆、陆军。引申指连续、持续，如：陆续、陆陆续续；又用作"六"的大写，如：陆拾元。

妙语精粹

斑驳陆离　光怪陆离　神州陆沉　推舟于陆

大陆边上打草蛇——随人说长论短

西陆蝉声唱，南冠客思深。——骆宾王《在狱咏蝉》

阳

yáng

甲骨文　金文　小篆　楷书繁　楷书简

汉字造意

甲骨文字形，左边为"阜"（代指山坡），右边像是阳光向下照射之形，表示山坡向阳的一面。金文字形，右边字符转变为"昜"，阳光照射之意更为明显；小篆承续金文字形，且整齐化；隶变后在楷书中写作陽；汉字简化后写作阳。

字义源流

阳：本义是山坡向阳的一面，又扩展为山之南、水之北向阳之处，如：汉阳、衡阳、咸阳。引申指有光亮的、外显的，如：阳刚、阳关大道、阳奉阴违；又引申指男性生殖器，如：阳具、阳痿；又引申指属于活人的，如：阳间、阳宅、还阳；又特指带正电的，如：阳极、阳离子；又用作"暘"，指太阳，如：阳光、阳历、夕阳。

妙语精粹

阳春白雪　骄阳似火　丹凤朝阳　高阳酒徒

撑阳伞戴凉帽——多此一举

古道西风瘦马，夕阳西下，断肠人在天涯。　　——马致远《天净沙·秋思》

雄

xióng

小篆　楷书

汉字造意

小篆字形，由“厷”（gōng，像是遒劲有力的手臂）和“隹”（表示鸟）组成，由此演变为现在的字形。《说文·隹部》上说：“雄，鸟父也。从隹，厷声。”本义是公鸟，本文从此说。

字义源流

雄：本义是公鸟。引申指公的，即生物中能产生精细胞的，如：雄性、雄鸡、雄蕊；又引申指勇武有力的、有气魄的，如：雄壮、雄厚、雄伟；又引申指有气势地，如：雄辩、雄踞；又引申指强有力者，如：英雄、奸雄、战国七雄。

妙语精粹

盖世英雄　决一雌雄　巾帼英雄　雄才大略

白娘子喝了雄黄酒——现了原形

生当作人杰，死亦为鬼雄。　　——李清照《夏日绝句》

集

jí

甲骨文　金文　小篆　楷书

汉字造意

甲骨文字形，像是鸟落在树上的样子。金文承续甲骨文字形，有的把“隹”增加为三个；小篆分别承续金文中的两种字形，且整齐化；隶变后在楷书中写作集。

字义源流

集：本义是群鸟栖息在树上，如：黄鸟于飞，集于灌木。引申指聚合，如：集会、集资、聚集；又引申指定期开办的市场，如：赶集、大集、集市；又引申指汇编的书册，如：诗集、散文集、故事集；又用作量词，表示作品的部分、片段，如：第一集、二十集电视连续剧；又用作副词，表示汇聚地，如：集成、集训、集装箱。

妙语精粹

百感交集　悲喜交集　云集响应　经史子集

人多主意强——集思广益

好鸟集珍木，高才列华堂。　　——李白《叙旧赠江阳宰陆调》

难

nán

nàn

汉字造意

金文字形，由“蒦”（hàn）和“隹”（表示鸟）组成；小篆承续金文字形，且整齐化；隶变后在楷书中写作難；汉字简化后写作难。《说文·鸟部》上说：“难，鶧也。从鸟，堇声。难，鶧或从隹。”本义是一种鸟名，本文从此说。

字义源流

难：本义是鸟名。借指费心力的、不容易解决的，如：难题、难关、困难、很难；又用作副词，表示不容易地、不大可能地、不舒服地，如：难耐、难吃、难免、难为情；表示以上意思时，均读作：nán。难又读作：nàn，表示灾祸、忧患，如：遇难、难民、空难；又引申指质问、责问，如：责难、非难、刁难。

妙语精粹

没齿难忘　独木难支　难能可贵　知易行难

世上无难事，只怕有心人。

相见时难别亦难，东风无力百花残。　——李商隐《无题·相见时难别亦难》

雨

yǔ
yù

甲骨文　金文　小篆　楷书

汉字造意

甲骨文字形，上边的一横代表天或天上的云层，下边的点点滴滴代表雨水，由此演变为现在的字形。

字义源流

雨：本义是下雨，如：雨我公田，遂及我私。引申指像雨一样从空飘落，如：失时不雨，民且狼顾；用作动词时，均读作：yù。雨又读作：yǔ，表示从云层中降落的水滴，如：雨水、小雨、雨伞；又引申指像雨一样的事物，如：流星雨、枪林弹雨。

妙语精粹

疾风暴雨　风雨交加　风雨同舟　春风化雨

宋江的绰号——及时雨

回首向来萧瑟处，归去，也无风雨也无晴。　——苏轼《定风波·三月七日》

雪

xuě

甲骨文　小篆　楷书

汉字造意

甲骨文字形，由“羽”和简写的“雨”组成，表示像羽毛一样从天而降的雪花。小篆字形，变成“雨”和“彗”（表示手持帚）的组合，表示雪由雨变成，可以用扫帚扫起来；隶变后在楷书中写作雪。

字义源流

雪：本义是从天空飘落的羽绒状冰晶，如：雪花、滑雪、冰雪。雪给人以干净的感觉，由此引申指除去、使干净，如：雪耻、雪恨、洗雪。

妙语精粹

阳春白雪　报仇雪耻　程门立雪　风花雪月

瑞雪兆丰年。

有梅无雪不精神，有雪无诗俗了人。　——卢梅坡《雪梅·其二》

汉字造意

甲骨文字形，上边的两横代指天空，下边是气团回旋之形，整体表示天空中舒卷、漂浮的气团。小篆字形，增加字符“雨”，表明云和雨具有紧密的关联；隶变后在楷书中写作雲，汉字简化后写作云。

字义源流

云：本义是天空中舒卷、漂浮的气团，如：白云、云雾、云层。引申指像气团一样地，如：云集、云游、云散；云气漂浮不定，由此引申指不确切的言说，如：子曰诗云、人云亦云、不知所云；又用作助词，起停顿或填补音节的作用，如：礼云礼云，玉帛云乎哉？士大夫之族，曰师曰弟子云者。

妙语精粹

不知所云　拨云见日　叱咤风云　义薄云天

半天云里长满草——破天荒

晴空一鹤排云上，便引诗情到碧霄。　——刘禹锡《秋词》

电

diàn

金文　小篆　楷书繁　楷书简

汉字造意

金文字形，由“雨”和“申”（代指闪电）组成，表示下雨时常见的闪电。小篆承续金文字形，并稍作变化；隶变后在楷书中写作電；汉字简化后写作电。

字义源流

电：本义是闪电，如：雷电、电闪雷鸣、雷电交加。由闪电的转瞬即逝，引申指快速，如：电光火石、风驰电掣；引申后泛指电力这种物理能，如：电流、电灯、发电机；又特指电报，如：贺电、致电、电汇；又引申指触电，如：手指被电了一下。

妙语精粹

电光火石　追风掣电　电照风行　投壶电笑

打着手电走夜路——前途光明

遂使四时都似电，争教两鬓不成霜。　——白居易《遣怀》

露

lù

lòu

小篆　楷书

汉字造意

小篆字形，由“雨”和“路”组成，表示清晨路边、野地上常见的露水，由此演变为现在的字形。

字义源流

露：本义是露水，如：朝露、晨露、甘露。引申指身处户外空间，如：露天、露营、露宿；又引申指显现出、无遮蔽，如：暴露、露骨、揭露；又引申指人工提取、制作的液态物质，如：枇杷露、果子露、沐浴露；表示以上意思时，均读作：lù。在口语中，露又读作：lòu，如：露脸、露马脚、露一手。

妙语精粹

风餐露宿　初露锋芒　抛头露面　草行露宿

白骨精遇到孙悟空——原形毕露

露从今夜白，月是故乡明。——杜甫《月夜忆舍弟》

青

qīng

金文　小篆　楷书

汉字造意

金文字形，由“生”和“井”组成，表示植物在水井边青葱旺盛地生长，充满活力、生机的状态，由此演变为现在的字形。

字义源流

青：本义是充满活力、生机的状态，如：青草、青春、青年。引申指深绿色的，如：青色、青菜、青衣；又引申指深蓝色的，如：青天、青云、藏青；又引申指黑色的，如：青丝、沥青；又引申指黑眼珠，如：青睐、垂青、青白眼。

妙语精粹

丹青妙手　青红皂白　炉火纯青　垂名青史

冬天的青蛙——躲起来了

青青园中葵，朝露待日晞。——《长歌行》

静

jìng

金文 小篆 楷书繁 楷书简

汉字造意

金文字形，由“青”（代指植物的色彩）和“争”组成，表示色彩鲜明的意思，由此演变为现在的字形。

字义源流

静：本义是色彩鲜明。引申指安宁，如：安静、平静、宁静；又引申指使内心安定，如：静一静、静下心来、平心静气；又引申指没有噪音，如：寂静、静电、静悄悄；又用作副词，表示无杂念地、无噪音地，如：静坐、静思、静养；又通“竫”，表示静止不动，如：静止、静物、动静。

妙语精粹

风平浪静　平心静气　夜阑人静　以静制动

静坐常思己过，闲谈莫论人非。

人闲桂花落，夜静春山空。——王维《鸟鸣涧》

非

fēi

甲骨文 金文 小篆 楷书

汉字造意

甲骨文字形，像是两人相背的样子，因此有违背之意，上面加短横，或者是要与“北”相区别。金文字形逐渐讹变，以致《说文》以为像鸟翅相背，由此演变为现在的字形。

字义源流

非：本义是违背，如：非法、非分、非礼勿动。引申指责难、抵制，如：非议、非难、无可厚非；又引申指错误，如：是非、为非作歹、痛改前非；又引申指不是，如：人非圣贤、答非所问；又用作表示否定的副词，相当于不，如：非常、非凡、非但；又用作否定性前缀，构成名词性词语，如：非卖品、非导体、非金属。

妙语精粹

非同寻常　大是大非　文过饰非　明辨是非

冰冻三尺，非一日之寒。

似此星辰非昨夜，为谁风露立中宵。——黄景仁《绮怀》

miàn

甲骨文　小篆　楷书

汉字造意

甲骨文字形，由“目”（表示眼睛）和线框（代指脸部轮廓）组成，表示脸部。小篆字形，将“目”讹变为“首”，且整齐化；隶变后在楷书中写作面。

字义源流

面：本义是脸部，如：面孔、脸面、面子。引申指外表，如：表面、桌面、面料；又引申指方向，如：南面、反面、左面；又引申指面向、正视，如：面对、面临、面南而坐；又引申指事物的某个部分、层次，如：片面、全面、面面俱到；又用作几何学名词，表示由一条直线或线段平行移动形成的图形，如：平面、斜面、点线面；又用作量词，修饰扁平状事物，如：一面墙、一面镜子；又用作“麺”的简化字，表示由小麦或其他粮食磨成的粉状物，如：面粉、白面、面包；又特指面条，如：挂面、方便面、打卤面；又引申指粉末状的事物，如：药面儿、辣椒面儿；又指口感绵软的，如：这南瓜可真面。

妙语精粹

八面玲珑　满面春风　耳提面命　四面八方

拜年的见了面——你好我也好

人面不知何处去，桃花依旧笑春风。　　　　——崔护《题都城南庄》

汉字造意

金文字形，像是用工具刮掉兽皮上的毛。古文字形，将中间带毛的兽皮讹变为双手；小篆字形，将双手讹变为“口”；隶变后在楷书中写作革。

字义源流

革：本义是除去兽皮上的毛。引申后泛指除去、消除，如：变革、革新、革命；又引申指脱毛的兽皮，如：皮革、人造革；又引申指用皮革制作的甲胄、盾牌，如：兵革、坚革利兵；又特指用皮革制作的乐器，属于中国古代八音（八类乐器）之一，如：鼓。

妙语精粹

洗心革面　马革裹尸　革旧维新　西装革履

国步犹艰难，兵革未衰息。　　　　——杜甫《送韦讽上阆州录事参军》

只解沙场为国死，何须马革裹尸还。　　　　——徐锡麟《出塞》

汉字造意

小篆字形，由“倝”（gàn，表示旗杆）和“韦”（代指围绕）组成；隶变后在楷书中写作韓；汉字简化后写作韩。《说文·韦部》上说：“韩，井垣也。从韦，取其匝也，倝声。”本义是围绕水井口的栏杆，本文从此说。

字义源流

韩：本义是围绕水井口的栏杆。借指周代分封的诸侯国名，故地在今陕西韩城市，春秋时被晋所灭；又指战国时期的韩国，故地在今河南中部、山西东南部，公元前230年被秦国所灭；又指古朝鲜的国名，1897年，朝鲜王李熙改国号为韩。

妙语精粹

韩寿偷香　苏海韩潮　韩卢逐块　韩信将兵，多多益善

韩湘子吹箫——不同凡响

范增一去无谋主，韩信原来是逐臣。　　　　——严遂成《乌江项王庙》

汉字造意

甲骨文字形，由“言”和一些“点儿”组成，表示有实质内容的言说。金文字形，则将“点儿”加在了“口”中；小篆承续金文字形，且整齐化；隶变后在楷书中写作音。

字义源流

音：本义是有实质内容的言说，如：听话听音、弦外之音、话外之音。引申指人声，如：音调、口音、音容笑貌；又引申指声响，如：声音、噪音、杂音；又引申指消息，如：音信、音讯、静候佳音；又引申指乐声，如：音乐、音律、音区；又用作“八音”，指中国古代乐器的总称，具体包括：金、石、丝、竹、匏、土、革、木。

妙语精粹

空谷足音　余音绕梁　音容笑貌　五音不全

胡琴上挂铃铛——弦外之音

少小离家老大回，乡音无改鬓毛衰。——贺知章《回乡偶书》

顶

dǐng

小篆 楷书繁 楷书简

汉字造意

小篆字形，由“丁”（表示读音）和“页”（表示头部）组成，表示头顶之意，由此演变为现在的字形。

字义源流

顶：本义是头顶，如：秃顶、顶头上司、醍醐灌顶。引申指物体的最高部分，如：山顶、顶峰、顶层；又引申指方位的极端、尽头，如：顶里头、顶南边；又引申指用头部支撑，如：顶戴、顶天立地、顶盔掼甲；又引申指冲撞、对抗，如：顶撞、顶嘴、顶牛；又引申指代替、接住，如：顶替、顶罪；又用作副词，相当于最、极，如：这真是顶好的；又用作量词，修饰有顶的事物，如：一顶帽子。

妙语精粹

顶天立地　顶礼膜拜　泰山压顶　绝顶聪明

草帽烂边——顶好

会当凌绝顶，一览众山小。——杜甫《望岳》

顺

shùn

金文 小篆 楷书繁 楷书简

汉字造意

金文字形，由“川”（表示水流）和“页”（表示头部）组成，表示不停点头、依从的意思，由此演变为现在的字形。

字义源流

顺：本义是依从，如：顺从、归顺、百依百顺。引申指不别扭、心思畅通，如：顺心、顺耳、顺眼；又引申指行得通的、如意的，如：顺畅、顺利、顺便；又引申指有序的、符合事理的，如：顺序、理顺、顺理成章；又引申指沿着一个方向，如：顺流而下、顺水行舟。

妙语精粹

耳顺之年　名正言顺　风调雨顺　节哀顺变

赶集走亲戚——顺路的事

若顺吾皇意，即无臣子心。

——栖蟾《送迁客》

汉字造意

甲骨文字形，像是人脸上长胡子的样子。金文字形，转变为“页”（表示头部）和“彡”（shān）的组合，仍然表示人面部的胡子，由此演变为现在的字形。

字义源流

须：本义是胡子，如：胡须、须发、须眉。引申指像胡须一样细长卷曲的东西，如：触须、根须、玉米须；又引申指片刻、极短暂的时间，如：须臾；又用作副词，表示必要、应当，如：必须、须要、须知。

妙语精粹

巾帼须眉　溜须拍马　磨砺以须　送君千里，终须一别

打架揪胡子——谦虚（牵须）

酒斟时、须满十分。浮名浮利，虚苦劳神。叹隙中驹，石中火，梦中身。

——苏轼《行香子·述怀》

领

lǐng  領 领

小篆　楷书繁　楷书简

汉字造意

小篆字形，由“令”（代指上传下达）和“页”（表示头部）组成，表示连接头部与身躯的脖子，由此演变为现在的字形。

字义源流

领：本义是脖子，如：首领、领带、引领而望。引申指衣服围绕脖子的部分，如：衣领、领口、立领；引申指引导、指挥，如：引领、领导、带领；又引申指拥有、统属，如：领主、领地、占领；又引申指事物的要点、纲要，如：要领、纲领、提纲挈领；又引申指理解，如：领悟、领会、领略；又引申指接受，如：领情、领奖、认领。

妙语精粹

心领神会　不得要领　领异标新　看家本领

师傅领进门，修行在个人。

江山代有才人出，各领风骚数百年。　——赵翼《论诗》

头

tóu  頭 头

小篆　楷书繁　楷书简

汉字造意

小篆字形，由“豆”（表示圆形高脚盛器）和“页”（表示头部）组成，页的本义就是头部，因为做了偏旁，故而增加字符豆来强调头部的含义。隶变后在楷书中写作頭；汉字简化后写作头。

字义源流

头：本义是头部，如：头颅、头顶、头发。引申指事物的顶端、末端，如：枝头、尽头、田间地头；又引申指物体的残余部分，如：布头、线头、粉笔头；又引申指起点或终点，如：头绪、从头开始、头头是道；又引申指次序在前的，如：头筹、头班车、头等舱；又引申指首领，如：头领、头目、带头的；又用作量词，相当于只、匹，如：一头牛、一头猪；表示以上意思时，均读作：tóu。头又虚化为后缀，此时读作：tou，如：上头、想头、木头。

妙语精粹

白头偕老　百尺竿头　三头六臂　出人头地

按着牛头喝水——勉强不得

头上尽教添白发，鬓边不可无黄菊。　　——宋江《满江红·喜遇重阳》

小篆　楷书繁　楷书简

汉字造意

小篆字形，由“是”和“页”（表示头部）组成，由此演变为现在的字形。《说文·页部》上说：“题，额也。从页，是声。”本义是额头，本文从此说。

字义源流

题：本义是额头，如：是黑牛也而白题。引申指条形事物的顶端，如：黄肠题凑；又引申指概括想法的名目、词句，如：主题、题目、题材；又引申指为了测试、练习目的而设置的需要解答的问题，如：试题、习题、数学题；又引申指写上、签署，如：题跋、题字、题诗；又引申指品评、评论，如：一经品题，便作佳士。

妙语精粹

小题大做　借题发挥　文不对题　金榜题名

膝盖上钉掌——离题（蹄）太远

老僧已死成新塔，坏壁无由见旧题。 ——苏轼《和子由渑池怀旧》

愿

yuàn

小篆 楷书

字义源流

小篆有两种字形：一种由“原”（代指初始）和“心”（代指想法）组成，一种由“原”和“页”（头部，代指观念）组成，皆表示初始的想法、观念之意。隶变后在楷书中分别写作愿和願；汉字简化时，以愿为正体。

字义源流

愿：本义是初始的想法、观念，如：愿望、心愿、志愿、许愿。引申指希望、由衷地期许，如：祝愿、愿意、愿景、心甘情愿；又引申指老实、恭谨，如：乡愿，德之贼也。

妙语精粹

事与愿违　天随人愿　心甘情愿　姜太公钓鱼，愿者上钩

大街上相亲——一厢情愿

愿得一心人，白头不相离。 ——卓文君《白头吟》

风

fēng

甲骨文 金文 小篆 楷书繁 楷书简

汉字造意

甲骨文字形，像是一只长有高冠、花翎、长尾的大鸟，与“凤”原本是同一个字，

这也许是因为风这一抽象名词难以表达，故而以大鸟展翅带动气流来使之具象化吧，有的甲骨文又增加字符“凡”。金文字形，大鸟尾羽开始分化，变得有些像虫子之形；小篆字形，简省了大鸟，变为“凡”和“虫”的组合；隶变后在楷书中写作風；汉字简化后写作风。

字义源流

风：本义是空气流动的现象，如：春风、风筝、东南风。引申指民俗、流行的作法，如：风俗、风土、民风；又引申指态度、一贯的做法，如：风格、风范、作风；又引申指无根据、不确定的，如：风闻、风险、风言风语；又引申指流行，如：风行、风靡、跟风；又引申指景色，如：风景、风光、风物；又用作中医术语，六淫（风、寒、暑、湿、燥、火）之一，如：风湿、风瘫、鹅掌风；又指一种病理性疾病，如：中风、痛风；又指因空气流动而变干、变碎，如：风干、风肉、风化。

妙语精粹

玉树临风　两袖清风　风餐露宿　见风使舵

长线放风筝——慢慢来

长风几万里，吹度玉门关。　　——李白《关山月》

汉字造意

小篆字形，由三只鸟类的翅膀和一条直线接续而成，表示不停地扇动翅膀，即飞翔之意。隶变后在楷书中写作飛；汉字简化后写作飞。

字义源流

飞：本义是飞翔，如：飞鸟、飞行、飞腾。引申指迅速，如：飞镖、飞弹、飞碟；又引申指在空中运行的动力装置，如：飞机、飞艇、飞船；又引申指物体在空中飘浮，如：飞花、飞雪、灰飞烟灭；又引申指意外的，如：飞灾、飞来横祸；又引申指往上翘、扬起，如：飞檐、眉飞色舞；又用作副词，表示极快地，如：飞快、飞涨、飞奔。

妙语精粹

插翅难飞　飞黄腾达　笨鸟先飞　不翼而飞

背着喇叭坐飞机　一吹上天了

飞流直下三千尺，疑是银河落九天。　——李白《望庐山瀑布》

食

shí

sì

甲骨文　金文　小篆　楷书

汉字造意

甲骨文字形，上边是倒置的“口”，下边是盛满食物的“豆”（代指盛器），中间的两个点可以表示食满外溢，也可以表示唾沫星子。金文字形，省去了中间的两个点，“豆”的形状也稍作变化；小篆字形，已经看不出“豆”的样子了；隶变后在楷书中写作食。

字义源流

食：本义是张口吃饭，如：食欲、食言、月食。引申指可以吃的东西，如：粮食、食品、主食；食做偏旁时写作“饣”（shí），所组成的字多与食物和吃相关，如：饭、饼、馍。食又读作：sì，表示喂养，如：谨食之，时而献焉。

妙语精粹

节衣缩食　丰衣足食　废寝忘食　不食烟火

早起的鸟儿有食吃。

春城无处不飞花，寒食东风御柳斜。　——韩翃《寒食》

饭

fàn

金文 小篆 楷书繁 飯 楷书简 饭

汉字造意

金文字形，由“食”（表示吃）和“反”组成，由此演变为现在的字形。《说文·食部》上说：“饭，食也。从食，反声。”本义是进食，本文从此说。

字义源流

饭：本义是进食，如：廉颇老矣，尚能饭否？引申指喂、给饭吃，如：（韩）信钓于城下，诸母漂，有一母见信饥，饭信，竟漂数十日；又引申指煮熟的谷类食物，如：饭菜、米饭、吃饭；又特指大米饭，如：他喜欢吃饭，不喜欢吃面；又引申指每天的定时进食，如：早饭、晚饭、每顿饭。

妙语精粹

靠天吃饭　一饭之恩　家常便饭　酒囊饭袋

白米饭好吃，五谷田难种。

百花仙酝能留客，一饭胡麻度几春。　　——王昌龄《题朱炼师山房》

饮

yǐn
yìn

甲骨文 金文 小篆 楷书繁 飲 楷书简 饮

汉字造意

甲骨文字形，像是一个人手捧酒坛探头伸舌的样子，表示喝酒的意思。金文字形，舌头演变为倒置的“口”，并与人形断裂为两部分；小篆有两种字形：一种承续于金文，并将倒置的“口”转变为“今”，另一种则用“食”替换左边的字形，并将人形移到上边；隶变时，综合了小篆中的两种字形，在楷书中写作飲；

汉字简化后写作饮。

字义源流

饮：本义是喝酒，如：宴饮、豪饮、痛饮。引申后泛指喝，如：饮茶、饮料、茹毛饮血；又引申指可以喝的东西，如：冷饮、热饮；又引申指承受、享受，如：饮恨、饮弹、饮誉；表示以上意思时，均读作：yǐn。饮又读作：yìn，表示给予吃喝，如：饮水、饮牲口、饮马长江。

妙语精粹

饮鸩止渴　饮泣吞声　饮水思源　开怀畅饮

白娘子痛饮雄黄酒——得意忘形

烹羊宰牛且为乐，会须一饮三百杯。　　——李白《将进酒》

汉字造意

甲骨文字形，由“羊”和“攴”（pū）组成，表示持鞭牧羊之意。金文与甲骨文字形类似；小篆字形，转变为“羊”和“食”（表示饲喂）的组合，突出了饲喂（代指圈养）的内涵；隶变后在楷书中写作養；汉字简化后写作养。

字义源流

养：本义是牧羊。引申指饲喂动物，如：养蚕、养猪、养鸡；又引申指养活、供养，如：抚养、赡养、养家糊口；又引申指培植，如：养花、养草、培养；又引申指调理、休息，如：养生、养病、休养；又引申指品德、学识的积累，如：学养、教养、修养；又引申指父母与子女间属于非亲生关系的，如：养父、养母、养子。

妙语精粹

俭以养德　休养生息　养精蓄锐　养虎为患

养儿防老，积谷防饥。

遍身罗绮者，不是养蚕人。　　——张俞《蚕妇》

汉字造意

小篆字形，由“食”（代指物质资源）和“余”（代指充足）组成，表示宽裕、丰足之意，由此演变为现在的字形。

字义源流

馀：本义是宽裕、丰足。引申指剩下、残余、长久、其他的、零头等含义。以上含义，现在均由“余”继承。

妙语精粹

齿牙馀惠　断纸馀墨　枯骨之馀　弃其馀鱼

其人虽已没，千载有馀情。　　——陶渊明《咏荆轲》

洞门高阁霭馀辉，桃李阴阴柳絮飞。　　——王维《酬郭给事》

汉字造意

甲骨文字形，像是长有毛发、眼睛和嘴的头部，但更像是动物的头部。金文主要有两种字形：一种对头部进行简化，并突出了毛发，另一种进一步将头部简化为“自”（鼻子）；小篆承续金文后一种字形，并调整了头发的形状；隶变后在楷书中写作首。

字义源流

首：本义是头部，如：首领、首饰、首尾。引申指领导人，如：首长、元首、匪首；又引申指开端、开头，如：篇首、岁首、祸首；又引申指初始的、第一的，如：首先、首次、首相；又用作副词，表示最早地、最先地，如：首创、首要、首选；又引申指出面告发或出面认罪，如：出首、自首；又用作后缀，表示方位，如：上首、下首、南首；又用作量词，修饰诗、歌、曲等，如：读首诗、唱首歌、弹首曲子。

妙语精粹

俯首帖耳　昂首挺胸　狐死首丘　痛心疾首

豆腐做匕首——软刀子

小楼昨夜又东风，故国不堪回首月明中。——李煜《虞美人·春花秋月何时了》

香 xiāng

汉字造意

甲骨文字形，由“黍”和“口”（代指容器）组成，像是容器中盛黍之形，表示粮食馨香之意。小篆字形，将“口”讹变为“甘”；隶变时，转变为“禾”和“日”的组合，在楷书中写作香。

字义源流

香：本义是粮食馨香，如：稻花香里说丰年，听取蛙声一片。引申指食物味道好，如：香甜、香醇、香喷喷；又引申指气味好闻的，如：香椿、香油、香水；又引申指好闻的气味，如：花香、幽香、墨香；又引申指某些有香味的东西或制品，如：麝香、蚊香、烧香；又引申指感觉上舒服的，如：睡得香、吃嘛嘛香；又引申指受欢迎的，如：吃香、香饽饽。

妙语精粹

古色古香　口齿生香　书香门第　香消玉减

百灵鸟戏牡丹——鸟语花香

东篱把酒黄昏后。有暗香盈袖。莫道不销魂，帘卷西风，人比黄花瘦。

——李清照《醉花阴·薄雾浓云愁永昼》

马

mǎ

甲骨文　金文　小篆　楷书繁　楷书简

汉字造意

甲骨文字形，像是马的侧视简图，包含马首、长鬃、二足、马尾等元素。金文字形稍作变化，仍能看出马的样子；小篆承续金文字形，且整齐化，但是已不容易看出马的样子了；隶变后在楷书中写作馬；汉字简化后写作马。

字义源流

马：本义是大型家畜马，如：马匹、骏马、马车。引申指骑兵，如：马刀、马枪；又引申指大的，如：马蜂、马勺、马桶。

妙语精粹

猴年马月　兵荒马乱　马到成功　风马牛不相及

路遥知马力，日久见人心。

胡马大宛名，锋棱瘦骨成。竹批双耳峻，风入四蹄轻。——杜甫《房兵曹胡马诗》

惊

jīng

小篆　楷书繁　楷书简

汉字造意

小篆字形，由“敬”（代指警惕、神经紧张）和“马”组成，表示马匹因受刺激而狂奔。隶变后在楷书中写作驚；汉字简化后写作惊。

字义源流

惊：本义是马匹因受刺激而狂奔，如：马惊了，在街上跑了起来。引申后泛指因受意外刺激而神经紧张的状态，如：惊讶、惊喜、吃惊；又引申指使惊动，如：惊扰、打草惊蛇、惊天动地。

妙语精粹

宠辱不惊　惊慌失措　一鸣惊人　惊心动魄

半夜打雷心不惊——问心无愧

打起黄莺儿，莫教枝上啼。啼时惊妾梦，不得到辽西。　——金昌绪《春怨》

汉字造意

甲骨文字形，像是骨节关联的样子，表示人或动物身上的骨头。古文字形，由两根骨头和“肉”组成，表示肉附于骨之意；小篆承续古文字形，且整齐化；隶变后在楷书中写作骨。

字义源流

骨：本义是骨头，如：骨骼、排骨、刮骨疗毒。引申指人的品格、气概，如：骨气、风骨、傲骨；又引申指事物的支架，如：伞骨、扇骨、船骨。

妙语精粹

刻骨铭心　毛骨悚然　粉身碎骨　脱胎换骨

鸡蛋里挑骨头——没碴找碴

知汝远来应有意，好收吾骨瘴江边。　——韩愈《左迁至蓝关示侄孙湘》

体

tǐ

小篆　楷书繁　楷书简

汉字造意

小篆字形，由“骨”和“豊”（礼，与敲鼓祭神有关）组成，人在祭神行礼时，肢体（包括四肢和头部）动作最为频繁，故而用“体”来表示肢体之意。隶变后在楷书中写作體；汉字简化时，借用了“体”的俗体写法，转变为“人”和“本”的组合，以“人之本”来表示躯干之意，不过此时已经将“体”和“身”混为一谈了。

字义源流

体：本义是肢体，包括四肢和头部，如：四体不勤、五体投地、强身健体。现在指全身，如：身体、体型、体重；引申指事物的本身，如：物体、集体、浑然一体；又引申指事物的形态，如：液体、固体、结晶体；又引申指制度、形式，如：体制、体系、政体；又引申指文章的表现形式，如：体裁、文体、骈体文；又引申指文字的书写形态，如：字体、篆体、楷体；又引申指亲身经历、感悟，如：体验、体会、身体力行。

妙语精粹

不识大体　躬体力行　身体发肤　体大思精

心宽体胖，勤劳体壮。

王杨卢骆当时体，轻薄为文哂未休。　——杜甫《戏为六绝句·其二》

高

gāo

甲骨文　金文　小篆　楷书

汉字造意

甲骨文字形，由简省的“京”（表示高大建筑）和“口”（分化符号）组成，表示竖直距离大的概念，由此演变为现在的字形。

字义源流

高：本义是竖直距离大，如：高楼、高山、高度。引申指高度，如：身高、层高、音高；又引申指向上，如：高升、高飞、高扬；又引申指在一般水平之上的，如：高价、高调、高利贷；又用作副词，表示程度深，如：高歌、高兴、高烧；又用作敬辞，称呼和对方有关的事物，如：高见、高论、高足。

妙语精粹

步步高升　好高骛远　才高八斗　高风亮节

海阔凭鱼跃，天高任鸟飞。

明月楼高休独倚。酒入愁肠，化作相思泪。　　——范仲淹《苏幕遮·怀旧》

汉字造意

甲骨文字形，像是鱼的简图，表示鱼这种水生脊椎动物。金文字形，大致还能看出鱼的样子；小篆字形，已经没有鱼之形了；隶变后在楷书中写作魚；汉字简化后写作鱼。

字义源流

鱼：本义是水生脊椎动物鱼，如：鲤鱼、鲫鱼、鲶鱼。引申指长得像鱼的动物，如：鲸鱼、鳄鱼、章鱼；又引申指形状像鱼的东西，如：鱼雷、木鱼；又引申指书信，如：鱼素、鱼书、鱼雁传书。

妙语精粹

临渊羡鱼　漏网之鱼　沉鱼落雁　如鱼得水

瞎子摸鱼——碰运气

渐行渐远渐无书，水阔鱼沉何处问。——欧阳修《玉楼春·别后不知君远近》

鲜

xiān
xiǎn

金文 小篆 楷书繁 楷书简

汉字造意

金文字形，由“鱼”和“羊”组成，由此演变为现在的字形。《说文·鱼部》上说：“鲜，鱼名，出貉国。从鱼，羴（羶）省声。”本义是一种鱼名，本文从此说。

字义源流

鲜：本义是一种鱼名。引申后泛指鱼、虾等水产，如：河鲜、海鲜、烹小鲜；又引申指活的、未变质腐败的，如：鲜鱼、鲜肉、鲜花；又引申指滋味美好，如：鲜美、这鱼汤可真鲜啊；又引申指富有活力的、充满生气的，如：鲜艳、鲜明、鲜血；表示以上意思时，均读作：xiān。鲜又读作：xiǎn，用作副词，表示少、不经常，如：鲜有、寡廉鲜耻、鲜为人知。

妙语精粹

屡见不鲜　鲜车怒马　若烹小鲜　靡不有初，鲜克有终

陈芝麻烂谷子——不新鲜

涉江玩秋水，爱此红蕖鲜。　——李白《折荷有赠》

鸟

niǎo
diǎo

甲骨文 金文 小篆 楷书繁 楷书简

汉字造意

甲骨文字形，像是一只鸟的简图，表示鸟类之意，由此演变为现在的字形。

字义源流

鸟：本义是鸟类，读作：niǎo，如：飞鸟、鸟巢、候鸟、鸟瞰。也借作“屌”，指男性外生殖器，表示下流的、可恶的，此时读作：diǎo，如：鸟人、很鸟、鸟玩意儿。

妙语精粹

笨鸟先飞　惊弓之鸟　鸟尽弓藏　百鸟朝凤

鸟字写成乌——还差一点

鸟宿池边树，僧敲月下门。　　——贾岛《题李凝幽居》

鸣

míng

甲骨文　金文　小篆　楷书繁　楷书简

汉字造意

甲骨文字形，由“口”（代指声音）和“鸟”组成，表示鸟叫，由此演变为现在的字形。

字义源流

鸣：本义是鸟叫，如：鸟鸣、鸡鸣、鸣叫。引申指昆虫叫或动物叫，如：虫鸣、蝉鸣、蛙鸣、鹿鸣；又引申指呼唤、表达，如：鸣谢、鸣冤、百家争鸣；又引申指发出声响，如：鸣笛、鸣金、耳鸣、雷鸣。

妙语精粹

一鸣惊人　鸣金收兵　钟鸣鼎食　不平则鸣

枯树上的知了——自鸣得意

两个黄鹂鸣翠柳，一行白鹭上青天。　　——杜甫《绝句》

mài

甲骨文 金文 小篆 楷书繁 楷书简

汉字造意

甲骨文字形，由“来”和“夂”（suī，表示倒置的脚）组成，由此演变为现在的字形。来原指麦类作物，是从西亚等地区传入中国的，因此有到来之意。关于“夂”主要有两种说法：一、当“来”主要表示到来之意后，人们便在其下增加倒置的脚，表示这是一种外来的作物；二、来自小麦的生长特点，每当春季，农民常要用脚或碌碡（liù zhou）把麦苗压倒，以利于小麦分蘖(niè)增产。小麦成熟于夏初，正处于“青黄不接”之时，因此有“接绝续乏”的作用，是非常重要的农作物。小麦碾制的面粉，至今仍是人们的主要粮食。

字义源流

麦：本义是麦类作物，如：小麦、大麦、燕麦。又专指小麦，如：麦子、麦苗、麦穗。

妙语精粹

不辨菽麦　兔葵燕麦　黍离麦秀　针尖对麦芒

关云长走麦城——大难临头

田家少闲月，五月人倍忙。夜来南风起，小麦覆陇黄。

——白居易《观刈麦》

huáng

甲骨文 金文 小篆 楷书繁 楷书简

汉字造意

甲骨文字形，像人佩璜（半环状佩玉）的样子，是“璜”的本字。金文字形繁化，由此演变为现在的字形。

字义源流

黄：本义是中国古代一种半环状佩玉。引申指黄颜色，如：黄金、黄豆、黄花菜；又引申指某些黄颜色的东西，如：牛黄、鸡蛋黄、老夫聊发少年狂，左牵黄，右擎苍；又特指传说中的轩辕黄帝，如：炎黄子孙、《黄帝内经》；又特指雌黄，是古人涂改文字的颜料，如：观天下书未遍，不得妄下雌黄；又特指黄河，如：治黄、黄泛区；又特指色情，如：扫黄、黄书、黄色录像。

妙语精粹

飞黄腾达　黄袍加身　青黄不接　不到黄河心不死

哑巴吃黄连——有口难言

黄鹤一去不复返，白云千载空悠悠。　　　　　　——崔颢《登黄鹤楼》

汉字造意

金文字形，像人面部被施以墨刑（刺字或图案，再染上墨）的样子，有的金文，将小点扩及全身。小篆字形，将人的身躯讹为“炎”，将人的面部讹为烟囱之形，变成炎火上出烟囱的构思；隶变后在楷书中写作黑。

字义源流

黑：本义是人面部被施以墨刑。引申指像墨的颜色，如：黑土、黑发、黑豆；又引申指光线暗的，如：黑夜、黑暗、昏黑；又引申指夜晚，如：黑白倒班、起早贪黑；又引申指不公开的、非法的，如：黑幕、黑帮、黑市；又引申指歹毒的，如：黑心肝、心狠手黑。

妙语精粹

黑白颠倒　白纸黑字　黑白分明　起早贪黑

近朱者赤，近墨者黑。

黑云压城城欲摧，甲光向日金鳞开。　　——李贺《雁门太守行》

点

diǎn　　點　点

小篆　楷书繁　楷书简

汉字造意

小篆字形，由“黑”和“占”组成，表示人脸上的细小黑色斑痕；隶变后在楷书中写作點；汉字简化后写作点。

字义源流

点：本意是人脸上的细小黑色斑痕。引申后泛指斑痕，如：斑点、污点、麻点；又引申指液滴或小块固体，如：油点、点心、早点；又引申指用笔沾墨在书上作句读标记，如：点评、指点、可圈可点；又引申指特定的地方，如：地点、据点、窝点；又引申指一定位置或限度的标识，如：起点、沸点、转折点；又引申指事物具有代表性的部分或方面，如：优点、缺点、特点；又引申指核对、查验，如：点名、清点、盘点；又引申指选定，如：点菜、点歌、点播；又引申指装饰、渲染，如：点缀、装点、点染；又引申指把火引着，如：点火、点燃、点烟；又引申指小时，即钟表上标示整时的圆点记号，如：十点钟、十二点；又用作量词，修饰某些部分、事项、方面，如：一点建议、有点胆量。

妙语精粹

蜻蜓点水　画龙点睛　点石成金　星火燎原

家有千金，不点双灯。

回首天涯，一抹斜阳，数点寒鸦。　　——张可久《折桂令·九日》

鼻

bí

甲骨文 小篆 楷书

汉字造意

甲骨文字形，由“自”和“畀”（bì）组成，由此演变为现在的字形。自的本义就是鼻子，因为后来专指“自我”等引申义，所以需要另造一个字来代替。畀原指响箭，也称鸣镝，即箭头上有孔的箭，因此有相通之意。用“自”和“畀”的组合来表示鼻子，既表明了“鼻”来源于“自”，又强调了鼻子通气的功能。

字义源流

鼻：本义是鼻子，如：鼻孔、鼻腔、鼻梁。引申指某些器物上带孔的部分，如：针鼻儿、门鼻儿；又引申指开始、创始，如：鼻祖。

妙语精粹

仰人鼻息　鼻青脸肿　鼻息如雷　开山鼻祖

鼻子里插大葱——装相（象）

酷暑天，葵榴发，喷鼻香十里荷花。——白朴《得胜乐·夏》

齿

chǐ

甲骨文 金文 小篆 楷书繁 楷书简

汉字造意

甲骨文字形，像是口中有牙的样子，表示牙的意思。金文字形，增加字符“止”（脚，代指能动），强调了牙齿的咬合功能；小篆承续金文字形，且整齐化；隶变后在楷书中写作齒；汉字简化后写作齿。

字义源流

齿：本义是牙，如：牙齿、齿根、唇齿相依。引申指齿状或具有咬合功能的事物，如：梳齿、锯齿、齿轮；又引申指说起、提及，如：不足挂齿、难于启齿；又引申指年龄，如：年齿、序齿、齿德俱尊。

妙语精粹

伶牙俐齿　没齿难忘　齿白唇红　唇亡齿寒

甘言夺志，糖多坏齿。

明眸皓齿谁复见，只有丹青余泪痕。　　——苏轼《虢国夫人夜游图》

808 中日韩共同常用汉字字表

1 一	2 七	3 三	4 上	5 下	6 不	7 世	8 中
9 主	10 久	11 乘	12 九	13 事	14 二	15 五	16 井
17 亡	18 交	19 京	20 人	21 仁	22 今	23 他	24 仙
25 代	26 令	27 以	28 仰	29 伏	30 伐	31 休	32 位
33 低	34 住	35 何	36 佛	37 作	38 使	39 来	40 例
41 依	42 便	43 俗	44 保	45 信	46 修	47 个	48 借
49 假	50 伟	51 停	52 备	53 传	54 伤	55 价	56 亿
57 元	58 兄	59 充	60 兆	61 先	62 光	63 免	64 儿
65 入	66 内	67 全	68 两	69 八	70 公	71 六	72 共
73 兵	74 典	75 册	76 再	77 冬	78 冰	79 冷	80 出
81 刀	82 分	83 刑	84 列	85 初	86 判	87 别	88 利
89 到	90 则	91 前	92 力	93 功	94 加	95 助	96 勇
97 勉	98 动	99 务	100 胜	101 劳	102 势	103 勤	104 劝
105 化	106 北	107 区	108 十	109 千	110 午	111 半	112 卒
113 协	114 南	115 印	116 危	117 卷	118 厚	119 原	120 去
121 参	122 又	123 及	124 友	125 反	126 取	127 受	128 口
129 古	130 句	131 可	132 史	133 右	134 各	135 合	136 吉
137 同	138 名	139 向	140 君	141 否	142 吹	143 告	144 味
145 呼	146 命	147 和	148 哀	149 品	150 唱	151 商	152 问
153 善	154 喜	155 丧	156 单	157 严	158 四	159 回	160 因
161 困	162 固	163 国	164 园	165 圆	166 图	167 团	168 土
169 在	170 地	171 均	172 城	173 执	174 基	175 堂	176 坚
177 报	178 场	179 增	180 士	181 壮	182 寿	183 夏	184 夕
185 外	186 多	187 夜	188 大	189 天	190 太	191 夫	192 央
193 失	194 奉	195 女	196 好	197 如	198 妙	199 妹	200 妻
201 姊	202 始	203 姓	204 威	205 婚	206 妇	207 子	208 字
209 存	210 孝	211 季	212 孙	213 学	214 宅	215 宇	216 守
217 安	218 完	219 宗	220 官	221 宙	222 定	223 客	224 室
225 害	226 家	227 容	228 宿	229 密	230 富	231 寒	232 察
233 实	234 写	235 寸	236 寺	237 射	238 将	239 尊	240 对
241 小	242 少	243 就	244 尺	245 尾	246 局	247 居	248 屋

249 展	250 山	251 岛	252 崇	253 川	254 工	255 左	256 巨
257 己	258 已	259 市	260 布	261 希	262 师	263 席	264 常
265 平	266 年	267 幸	268 幼	269 序	270 店	271 度	272 庭
273 广	274 建	275 式	276 弓	277 引	278 弟	279 弱	280 强
281 形	282 彼	283 往	284 待	285 律	286 後	287 徒	288 得
289 从	290 德	291 心	292 必	293 忍	294 志	295 忘	296 忙
297 忠	298 快	299 念	300 怒	301 思	302 急	303 性	304 怨
305 恨	306 恩	307 悟	308 患	309 悲	310 情	311 惜	312 惠
313 恶	314 想	315 愁	316 意	317 爱	318 感	319 慈	320 庆
321 忧	322 忆	323 应	324 成	325 我	326 战	327 户	328 所
329 手	330 才	331 打	332 扶	333 承	334 技	335 投	336 抱
337 招	338 拜	339 拾	340 持	341 指	342 授	343 采	344 探
345 接	346 推	347 扬	348 支	349 收	350 改	351 放	352 政
353 故	354 效	355 救	356 败	357 教	358 敢	359 散	360 敬
361 敌	362 数	363 文	364 料	365 新	366 方	367 施	368 旅
369 族	370 日	371 早	372 明	373 易	374 昔	375 星	376 春
377 昨	378 是	379 时	380 晚	381 昼	382 景	383 晴	384 暑
385 暖	386 暗	387 暮	388 暴	389 曲	390 更	391 书	392 最
393 会	394 月	395 有	396 服	397 望	398 朝	399 期	400 木
401 未	402 末	403 本	404 朱	405 材	406 村	407 东	408 松
409 林	410 果	411 枝	412 柔	413 校	414 根	415 栽	416 案
417 植	418 业	419 极	420 荣	421 乐	422 树	423 桥	424 权
425 次	426 欲	427 歌	428 欢	429 止	430 正	431 步	432 武
433 岁	434 历	435 归	436 死	437 杀	438 母	439 每	440 比
441 毛	442 氏	443 民	444 气	445 水	446 永	447 江	448 决
449 河	450 油	451 治	452 泉	453 法	454 波	455 泣	456 注
457 泰	458 洋	459 洗	460 活	461 流	462 浪	463 浮	464 浴
465 海	466 消	467 凉	468 净	469 深	470 混	471 浅	472 清
473 减	474 湖	475 温	476 满	477 渔	478 汉	479 洁	480 火
481 烈	482 无	483 然	484 烟	485 热	486 灯	487 争	488 父
489 片	490 牛	491 物	492 特	493 犬	494 独	495 玉	496 王
497 现	498 球	499 理	500 甘	501 生	502 产	503 用	504 田
505 由	506 申	507 男	508 界	509 留	510 番	511 画	512 异
513 当	514 病	515 登	516 发	517 白	518 百	519 的	520 皆
521 皇	522 皮	523 益	524 盛	525 尽	526 目	527 直	528 相

529 省	530 看	531 真	532 眠	533 眼	534 着	535 知	536 短
537 石	538 破	539 研	540 示	541 祖	542 祝	543 神	544 祭
545 禁	546 福	547 礼	548 秀	549 私	550 秋	551 科	552 移
553 税	554 种	555 谷	556 究	557 空	558 窗	559 立	560 章
561 童	562 端	563 竞	564 竹	565 笑	566 第	567 笔	568 等
569 答	570 算	571 节	572 米	573 精	574 约	575 红	576 纯
577 纸	578 素	579 细	580 终	581 结	582 绝	583 给	584 统
585 经	586 绿	587 线	588 练	589 续	590 罪	591 羊	592 美
593 义	594 习	595 老	596 考	597 者	598 耕	599 耳	600 圣
601 闻	602 声	603 听	604 肉	605 育	606 胸	607 能	608 脱
609 臣	610 自	611 至	612 致	613 与	614 兴	615 举	616 旧
617 舌	618 舍	619 舞	620 船	621 良	622 色	623 花	624 若
625 苦	626 英	627 茶	628 草	629 菜	630 华	631 万	632 落
633 叶	634 著	635 艺	636 药	637 虎	638 处	639 虚	640 号
641 虫	642 血	643 众	644 行	645 街	646 衣	647 表	648 制
649 西	650 要	651 见	652 视	653 亲	654 观	655 角	656 解
657 言	658 计	659 训	660 记	661 访	662 设	663 许	664 试
665 诗	666 话	667 认	668 语	669 诚	670 误	671 说	672 谁
673 课	674 调	675 谈	676 请	677 论	678 诸	679 讲	680 谢
681 证	682 识	683 议	684 读	685 变	686 让	687 豆	688 丰
689 贝	690 财	691 贫	692 货	693 责	694 贮	695 贵	696 买
697 贺	698 赏	699 贤	700 卖	701 质	702 赤	703 走	704 起
705 足	706 路	707 身	708 车	709 军	710 轻	711 辛	712 农
713 迎	714 近	715 追	716 退	717 送	718 逆	719 通	720 速
721 造	722 连	723 进	724 遇	725 游	726 运	727 过	728 道
729 达	730 远	731 适	732 选	733 遗	734 部	735 都	736 乡
737 酒	738 医	739 里	740 重	741 野	742 量	743 金	744 针
745 银	746 钱	747 钟	748 铁	749 长	750 门	751 闭	752 开
753 闲	754 间	755 关	756 防	757 降	758 限	759 除	760 阴
761 陆	762 阳	763 雄	764 集	765 难	766 雨	767 雪	768 云
769 电	770 露	771 青	772 静	773 非	774 面	775 革	776 韩
777 音	778 顶	779 顺	780 须	781 领	782 头	783 题	784 愿
785 风	786 飞	787 食	788 饭	789 饮	790 养	791 馀	792 首
793 香	794 马	795 惊	796 骨	797 体	798 高	799 鱼	800 鲜
801 鸟	802 鸣	803 麦	804 黄	805 黑	806 点	807 鼻	808 齿

主要参考书目

《说文解字》（东汉·许慎 中华书局 2013 年 7 月）

《说文解字注》（清·段玉裁 中华书局 2013 年 7 月）

《金文编》（容庚编著 中华书局 2013 年 7 月版）

《甲金篆隶大字典》（四川辞书出版社 2010 年 5 月版）

《甲骨文大字典》（徐中舒主编 四川辞书出版社 2014 年 1 月版）

《汉字源流字典》（谷衍奎编 语文出版社 2008 年 1 月版）

《说文新证》（季旭昇著 海峡出版发行集团 福建人民出版社 2010 年 12 月版）

《古代汉语字典》（商务印书馆国际有限公司 2015 年 3 月版）

《新华大字典》（商务印书馆国际有限公司 2011 年 8 月版）

《常用汉字字理》（吴锡有编著 长春出版社 2012 年 5 月版）

《汉字密码》（唐汉著 陕西师范大学出版社 2009 年 4 月版）